따로 또 같이 이루어온 공동체문화의 터전,
대곡

연구책임자

이영배　안동대학교 민속학연구소장 · 안동대학교 민속학과 교수

집필진(게재순)

강윤정　안동대학교 사학과 교수
이상현　안동대학교 민속학과 교수
강석민　안동대학교 민속학연구소 연구원
공다해　안동대학교 민속학연구소 연구원
한양명　안동대학교 민속학과 교수
이중구　안동대학교 대학원 민속학과 4단계 BK21교육연구팀 학술연구교수
박선미　안동대학교 민속학연구소 연구교수
정연상　안동대학교 건축공학과 교수
신호림　안동대학교 국어국문학과 교수
한정훈　전남대학교 국어국문학과 교수

안동의 마을민속 _ 09
따로 또 같이 이루어온 공동체문화의 터전,
대곡

초판1쇄 발행　2021년 12월 14일

지은이　한양명 외
펴낸이　홍종화

편집 · 디자인　오경희 · 조정화 · 오성현 · 신나래
　　　　　　　박선주 · 이효진 · 정성희
관리　박정대 · 임재필

펴낸곳　민속원
창업　홍기원
출판등록　제1990-000045호
주소　서울 마포구 토정로 25길 41(대흥동 337-25)
전화　02) 804-3320, 805-3320, 806-3320(代)
팩스　02) 802-3346
이메일　minsok1@chollian.net, minsokwon@naver.com
홈페이지　www.minsokwon.com

ISBN　978-89-285-1692-6　94380

ⓒ 한양명 외, 2021
ⓒ 민속원, 2021, Printed in Seoul, Korea

이 책은 저작권법에 따라 보호를 받는 저작물이므로 무단전재와 복제를 금지하며,
이 책의 전부 또는 일부를 이용하려면
반드시 저작권자와 출판사의 서면동의를 받아야 합니다.

안동의 마을민속__09

따로 또 같이 이루어온 공동체문화의 터전,
대곡

한양명 외

민속원

발간사

　우리 박물관에서는 안동의 마을을 조사·연구하여 마을민속지를 발간하는 사업을 진행해 오고 있습니다. 2013년 『전통과 혁신의 마을, 내앞』을 시작으로 『전통과 역사의 마을, 조탑』, 『전통과 상생의 마을, 신전』, 『천지갑산이 굽어보는 마을, 송제』, 『전통과 조화의 큰 마을, 금소』, 『심씨 할매와 삼베, 농요의 마을 저전』, 『마곡서당과 당고사의 마을, 사신』, 『수몰을 거슬러 역사를 사랑하는 마을, 원천』을 발간한데 이어 2021년에는 『따로 또 같이 이루어온 공동체문화의 터전, 대곡』을 간행하게 되었습니다.

　안동시 임동면에 위치한 대곡마을은, 1608년 편찬된 『영가지永嘉誌』에 기록된 당시 임하현臨河縣에 속한 56개 촌村 중 하나입니다. 대곡마을은 행정구역상 1리와 2리로 나누어져 있으며, 대곡 1리는 큰바드래(해천·바드래)·복수천(복바드래)·새들(새터, 셋터)·강변(갱변, 갱밴)·갯골마을 그리고 대곡 2리는 간촌(윗마, 아랫마)·한실·고도(옛고두·고두말)·금수천(금바드래)·군마(굿마)·돌메기(석항)·갈마골·가르점으로 구성되어 있습니다. 각 자연마을의 형성 시기를 정확히 알 수는 없지만, 대부분의 마을들이 형성된 시기를 고려~조선시대로 짐작할 수 있습니다.

　대곡마을은 바드래를 시작으로 후 점차 마을이 확장된 것으로 보이며, 『대곡동 토지조사부』(1912~1914, 조선총독부 임시토지조사국)를 통해 마을에 안동김씨·김해김씨·경주김씨·순천김씨 등 40여 개가 넘는 성씨들이 함께 살았음을 알 수 있습니다.

이번에 발간한 『따로 또 같이 이루어온 공동체문화의 터전, 대곡』에서 다룬 내용은 모두 10가지 주제로, 마을의 역사와 변화, 사회조직의 활동 양상과 특징, 세시풍속, 민속신앙과 종교생활, 마을주민들의 의·식·주생활, 전설, 일생의례 등에 대하여 안동대학교 민속학연구소의 전문 연구자들이 현장을 조사하고 연구한 성과를 수록하였습니다.

이 책은 대곡마을 주민들이 고령화와 인구감소 등의 급격한 사회변화와 위기 속에서도 자연마을 간의 소통과 화합을 강조하고, 산촌山村이라는 지리적으로 녹록치 않은 입지와 지형에 따라 분산되어 여러 개의 마을로 함께 하면서 삶과 사회 및 역사의 구성물로서 공동체문화를 산출해온 것과 같이, 대곡마을 주민들이 '따로 또 같이' 함께 하며 각자가 일구어낸 공동체문화의 기록입니다.

이 책이 발간되기까지 어려운 여건에서도 여러 차례의 현지조사로 원고를 완성해주신 안동대학교 민속학연구소 이영배 소장님을 비롯한 집필진 여러분과 조사활동에 많은 도움을 주신 마을 주민분들께 깊은 감사의 인사를 드립니다. 특히 이번 작업은, 코로나19라는 예기치 않은 어려움에도 불구하고 의미 있는 결실을 맺었다는 점에서 더욱 소중하다고 하겠습니다. 지연된 일정에도 책 발간을 기다려주신 독자분들께도 감사의 인사를 드립니다.

2021년 12월
안동시립민속박물관장 이 희 승

머리말

"따로 또 같이 이루어온 공동체문화의 터전, 대곡"

골을 따라 오랜 세월 자연환경과 역사적 변화 속에서 제자리를 이루며 모듬을 이루고 그 모듬들이 지형에 따라 산개하여 어울려 온 마을공동체 대곡. 그 마을의 역사와 문화를 현재의 시점에서 살펴 한 권으로 된 민속지를 만드는 작업은 예년과 달리 어려움이 많았다. 무엇보다도 2019년 12월에 발생하여 팬데믹으로 지구를 덮친 코로나 전염병 사태는 생물학적·의학적 사태를 넘어 하나의 역사적 사건이 되었다. 특히 접촉을 통한 감염이 문제시되는 상황 속에서 '사회적 거리두기'가 만들어낸 21세기 초엽의 새로운 문화적 풍경은 유례가 없을 정도로 공동체적 제 관계를 재구성해가고 있다. 그 과정에서 대곡마을의 민속지는 코로나 팬데믹과의 사투에 다름 아니었고 원천적으로 대면 접촉이 불가능한 상황 속에서 어쩌다 생기는 접촉의 기회를 잡아 그 틈새 속에서 접촉을 통해 일구어낸 대화적 소통에 다름 아니다.

어쩌면 대곡마을의 민속지는 고지대로부터 산 아래로, 그리고 평지로 확장되면서 형성되어온 마을의 역사와 닮아 있는지도 모른다. 즉 대곡 1리가 큰바드래(해천·바드래)·복수천(복바드래)·새들(새터, 셋터)·강변(갱변, 갱밴)·갯골로 자리잡아왔고 대곡 2리가 간촌(윗마, 아랫마)·한실·고도(옛고두·고두말)·금수천(금바드래)·군마(굿마)·돌메기(석항)·갈마골·가르점으로 자리잡아온 것처럼, 이 민속지는 주어진 팬데믹의 조건 속에서 틈틈이 산개해서 모두어 들인 '따로 또 같이'의 공동체적 산물인지도 모른다. 산촌의 한몸살이(공동체)가 지형에 따라 분산되어 여러 개의 마을로 함께 하면서 삶과 사회 및 역사의 구성물로서 공동체문화를 산출해온 것과 같이, 대곡마을 민속지는 '따로 또 같이' 함께 하며 각자가 일구어낸 공동체문화의 기록이 되었다.

대곡마을의 역사와 문화 전통은 이 책의 2장에서 주목한 바와 같이, 밀도 높아 피로가 누적되어 임계점을 넘어 폭발하는 근대 문명의 한계 속에서 재발견되는 공동체문화의 전통 즉, 적절한 거리 속에서 소통·교류하며 이루어온 공동체문화로서 새로운 의미를 부여할 수 있는 것일지도 모른다. 대곡마을의 역사와 문화적 전통을 조사 기록한 이 책의 제목을 '따로 또 같이 이루어온 공동체문화의 터전'으로 명시한 것은 바로 그러한 의미에서이다. 구체적으로 이 책에서 다룬 내용은 총 10가지 주제로 마을의 역사와 변화, 사회조직의 활동 양상과 특징, 세시 전통과 문화생활, 민속신앙과 종교생활, 윷놀이의 공동체문화적 의미, 농업과 식생활, 가옥의 공간 구조, 전설, 근대화와 집합기억, 일생의례의 기억에 대한 것이다. 이 대곡마을의 민속지를 통해 마을공동체의 역사와 문화적 전통이 소멸·해체되어가는 낡은 것이 아니라, 이 시대의 한복판에서 우리 사회의 구조적 병폐를 성찰할 수 있는 지혜로서 접근되길 소망해본다. 그러한 소망을 되새김질하는 마음으로 10가지 주제를 선정하고 어려운 조건 속에서 작업해준 저자들의 옥고에 담긴 핵심 내용을 간추리는 것으로 머리말을 갈음하고자 한다.

「대곡마을의 역사」는 마을의 유래, 개창과 확산, 1910년대 마을구성원과 살림살이, 한국근대시기 대곡마을의 항일투쟁 등을 조사 기록하고 있다. 주요 내용을 간략하게 정리하면 다음과 같다. 대곡마을은 1608년 편찬된 『영가지永嘉誌』에 당시 임하현臨河縣에 속한 56개 촌村 중 하나로 "현의 동쪽 50리에 있다"는 내용이 기록되어있다. 마을은 바드래를 시작으로 이후 점차 마을이 확장된 것으로 보인다. 각 자연마을의 형성 시기는 알 수 없지만, 새들·신평新坪 등의 마을을 제외하면 모두 그 형성시기가 고려~조선시대로 짐작된다. 『대곡동 토지조사부』(1912~1914, 조선총독부 임시토지조사국)에 기록된 토지소유자를 통해 안동김씨, 김해김씨, 경주김씨, 순천김씨 등 40여 개가 넘는 성씨들이 이곳에 함께 살았음을 알 수 있다.

대곡 출신 항일투쟁의 중심 인물로는 박처사朴處士(이명 朴仁和·朴仁花, 미상~1908), 권계홍權桂洪(1871~1945), 1896년부터 의병으로 활약하던 류시연, 임한천林漢天(1879~미상)과

류승락柳承洛(생몰연도 미상) 등이 있다. 대곡마을 사람들은 1919년 3월 21일 임동 편항시장鞭巷市場(챗거리장)에서 일어난 3.1만세시위에도 다수 참여했을 것으로 짐작된다. 3.1운동 이후 대곡마을의 독립운동가로는 김무규金武圭(1887~1945)가 확인된다. 본적이 안동 임동면 대곡리 289번지로 기록되어 있다. 그는 1920년 음력 8월 중 태을교(흠치교) 신자가 되어 8인조에 소속되어 포교활동을 하고 있었다. 독립운동 자금을 징수하는 등 열성적으로 활동하였다.

1960년 대곡마을은 1리와 2리를 합쳐 169가구로 줄어들었다. 마을민의 증언에 따르면 6.25전쟁 전에는 한실의 윗동네인 갈마골·가르점에만 100여 가구가 살았다고 한다. 그러나 전쟁기 소개령疏開令이 내려 마을을 떠난 사람들이 많았다고 전한다. 이후 2010년에 이르러 대곡마을은 141가구에 253명의 인구가 거주하고 있는 것으로 기록되어 있다. 대곡마을의 현대사에서 빼놓을 수 없는 부분이 바로 대성분교 설립이다. 대성분교장은 1946년 3월 1일 개교하였다. 이후 503명의 졸업생을 배출하고 1997년 3월 1일 폐교되었다. 1960·70년대 대곡 학생들과 마을 사람들의 모습을 읽어낼 수 있는 자료가 남아있다. 이오덕이 엮은 농촌 아이들의 시모음집 『일하는 아이들』과 『우리도 크면 농부가 되겠지』 등이다. 이오덕은 1960년대와 1970년대 두 차례 이곳 대곡분교에서 근무하였다. 이오덕이 엮은 농촌 아이들의 시모음집 『일하는 아이들』에는 순박하고 정직한 목소리가 담긴 272편의 작품이 수록되어 있다. 쓴 시기는 1958년에서 1977년까지 20년 동안이다. 그런데 학교별로 보면 대곡분교가 149편으로 가장 많다. 여기에는 당시 농촌의 삶을 들여다볼 수 있는 소중한 기록들이 남아있다.

「팬데믹 속 대곡리 사회조직의 활동 양상과 특징」은 공식적 조직으로 이장, 반장, 노인회, 부녀회를 살펴보았고 비공식적 조직으로 동계를 집중 조명하고 있다. 마을조직의 최근 경향으로 주민복지에 중점을 둔 친환경 영농과 농촌 발전 정책 경향에 주목하여 마을의 공식적 조직들이 사회적 약자를 실질적으로 발굴하고 이를 꾸준히 모니터링하는 등의 실질적 도움을 주는 역할로 그 활동범위와 점차 확대되고 있다는 점을 살펴보고 있다. 이를테면 대곡1리 부녀회의 경우 동리의 취약계층 그리고 가족 등 방문 및 돌봄·청소봉사, 마을 주변 공병 줍기, 소하천 환경정비, 노인정(경로당) 관리 등의 활동을 전개하고 있다.

대곡1리에는 마을의 대소사를 논의하는 동계洞契가 각 자연마을인 바드레, 복수천, 강변 및 새들 자연마을별로 운영되고 있다. 이를테면 바드레 동계의 경우 운영은 1년 임기의 유사 2명이 공동기금을 관리하는 형태이다. 공동기금은 갹출을 기본으로 하나 최근에는 찬조를 통해서도 기금 형성이 이루어지는 것으로 보이고, 12월경 정일 없이 한 차례씩 모여 식사와 함께 기금운영과 새로운 유사 선출 등에 대한 회의를 진행하여 왔다. 현재 마을에서 운영 중인 계도 친목을 목적으로 하는 경우가 대다수이고, 계원들이 점차 고령화되어 가는 가운데 활동성이 약화되고 결원이 점차 생겨나면서 더 이상 조직을 유지할 수 없게 되면서 자연스럽게 해체되고 있다. 그럼에도 불구하고 사교를 목적으로 하거나 친목을 도모하기 위한 동갑계同甲契는 상당한 기간 동안 유지되어 왔음을 확인할 수 있다. 이는 계의 목적 가운데 상호부조, 상부상조, 친목이라는 공동체적 성격 그리고 이를 토대로 정서적인 동질감과 안정을 찾는 등의 효과에서 비롯된 것으로 추측된다.

특히 코로나바이러스감염증-19(이하 코로나19)로 발생한 팬데믹pandemic 속에서 마을사회 조직들의 새로운 기능에 주목하고 있다. 즉 마을의 사회조직은 여전히 자신의 기능을 수행하며, 나아가 특수한 사회 조건 속에서 공공성 그리고 긴밀하게 연결된 공동체성을 더욱 부각하거나 담보하는 형태를 보이고 있다. 특히 일상적인 공유의 공간과 그 안에서의 활동이 현재 비대면의 상황 속에서 이루어지기 힘들던 공적 돌봄을 대체하고 있다는 사실을 여실히 확인하고 있다. 다만 이러한 영향력의 기저에 위치한 비공식적 조직의 구성원들, 공동체적 성격이 정부 지침 그리고 과소화, 고령화 등과 같은 일정한 조건과 만나면서 오히려 환경적 측면에서 팬데믹 이후의 사회를 고민해 볼 여지를 주고 있다. 무엇보다 앞으로의 회복된 사회 그리고 회복을 위한 노력을 경주해야 할 사회를 그릴 때 정부나 지자체의 재난관리 역량보다 지역공동체의 사회자본이 더 주요한 요소임을 확인할 수 있다.

「세시 전통과 문화생활」은 대곡 1리의 1년 12달 세시관행에 대해 조사하여 기록하고 있다. 설날에는 차례와 세배·덕담, 복 기원, 액막이, 윷놀이, 널뛰기, 연날리기 등을 행했고 대보름에는 당제, 복토 훔치기, 용알뜨기, 달맞이, 모의농사, 풍흉 점치기, 액막이, 지신밟기를 행했다. 2월 초하룻날에는 영등고사를 지냈으며 3월 삼짇날에는 한 해

농사의 풍흉이나 판매금을 점쳤다. 또한 3월 말부터 4월 초에 이르면 화전놀이를 갔으며 4월 초파일에는 동암사라는 절을 방문하여 연등을 달고 5월 단오가 되면 창포에 머리감기, 궁궁이 꽂기, 약쑥 말리기뿐만 아니라 그네와 씨름을 진행했으며 쑥떡을 해먹었다. 6월 유두에는 국수를 삶아 유두제사를 지내고, 7월 칠석에는 목욕재계를 하고 칠석제를 지냈으며 백중 무렵에 풋구를 크게 지냈는데, 이를 주민들은 '풀꾼' 또는 '풋군'이라고 칭했다. 이때 화전과 마찬가지로 집집마다 음식을 준비하여 함께 나누어 먹었으며, 주로 더꾸먹의 느티나무 아래에서 모여 놀았다.

8·9·10월은 한 해의 결실을 거두어들이고 이를 가족과 마을, 조상과 신들과 함께 나누는 의례들이 집중되어 있다. 가장 강조되는 때는 단연 8월 추석인데, 공휴일 지정에 따라 성격과 기능이 강화된 추석이라는 시간에 9월 중구와 10월 시제, 때로는 3월 한식과 청명까지 통합되는 양상을 보인다. 11월 동짓달에는 동지 절일이 있으며, 이때는 팥죽을 쑤어 먹을 뿐 아니라 가신들께도 팥죽을 올림으로써 집안의 안녕을 도모한다. 12월 섣달그믐에는 묵은세배, 수세, 불 밝히기, 복주머니 짓기, 빚 갚기, 참새 먹기 등을 행한다. 윤달은 같은 달이 반복되어 1년 12개월 외에 추가된 달로, 공달이라고도 한다. 윤달에는 무슨 일을 해도 탈이 나지 않으므로, 조심스러워 평소에 잘 하지 못하는 이장·이사, 집·변소·장독 고치기, 수의 짓기 등을 한다.

「민속신앙과 종교생활」은 대곡마을의 동제, 기우제, 가정신앙, 민간의료를 중점적으로 조사하여 기록하고 있다. 대곡1리의 마을 중에 동제를 지냈던 곳은 복수천 한 곳으로 조사되었다. 바드레는 400여 년 된 아름드리 느티나무 3~4그루가 마을 끝 '덕꾸먹'에 자리하고 있지만, 동제를 지내지는 않았다고 한다. 복수천의 당은 소나무로 주민들은 이를 '당산할배'라고 부른다. 마을에서 지내는 제사는 '당제'라고 하며, 음력 1월 15일 보름날 자시에 지냈다. 제의가 끝나고 집으로 돌아온 제관 부부는 간단하게 음복을 했다. 날이 밝으면 마을 주민들이 모여 감주를 비롯한 음식을 나누어 먹고, 마을 운영에 관한 동회의를 했다. 그리고 난 뒤에는 마을 주민들은 모두 윷놀이를 하고 놀았다. 그러나 마을 주민이 줄어들면서 당제를 중단하게 되었는데, 좋지 않은 일들이 일어나자 다시 당제를 지내기 시작했다가, 약 10여 년 전에 "천년 뒤에 만납시다, 마을을 잘 도와주십시오"라는 말과 함께 마지막 당제를 지내고 중단했다. 당제는 중단되었지만 여전히 마을 주민들은 1년에 한 번씩 당산할배 주변을 깨끗하게 청소하고 있다. 바드래는 동제를 지내지 않지만, 비가 오지 않아 가뭄이 들면 기우제를 지냈다. 기우제는 하지가 지나고 난 뒤에 지냈는데, 안동의 고을 원님이 와서 지냈다고 전해질 만큼 영험했다고 한다. 과거 바드래에서 기우제를 지내게 되면, 이웃 마을에서도 막걸리와 같은 음식을 부조하기도 했다. 이는 바드래의 기우제가 단순히 마을 차원이 아니라 지역 차원에서 이루어졌던 것을 의미한다고 할 수 있다.

집안의 가신은 윗대 조상과 아랫대 조상이 일상의 시공간에 함께 거주하면서 교감하는 것으로 이를 몸으로 경험함으로써 그에 대한 인식과 감각이 공유되었다고 할 수 있다. 그러나 아랫대와의 거주공간이 분리되어 살아가는 지금의 상황 속에서는 이 감각을 공유할 수 없게 되었다. 과거 마을에서 이루어졌던 민간의료법 사례는 모두 아이와 관련된 것으로 하나는 놀란 아이를 진정시키는 방법이고, 다른 하나는 아이의 건강과 장수를 기원하는 주술적 치료 방식이다. 바람따기는 아이가 크게 놀라 진정하지 못하면, 이를 바람들었다고 하여, 바람을 따야만 아이가 다시 안정을 되찾을 수 있었다. 아이팔기는 아이의 명이 짧거나, 사주가 좋지 않을 경우 신이나 자연물 또는 사람을 수양부모로 정하여 아이의 수명장수를 비는 의례이다.

「대곡동 윷놀이의 공동체문화적 성격과 함의」는 현재 대곡1리의 대동놀이로서 윷놀이에 주목하여 그 공동체적 의미와 마을사회의 변화로 달라진 놀이방식을 검토하고 있다. 특히 윷놀이 방식의 변화에서 1980년대에는 뒤로 한 칸을 물리는 "뒷도"가 생겼으며, 2010년대 초반부터는 새로운 방식의 윷놀이를 즐겨한다는 점을 살펴보고 있다. 주요 내용을 중심으로 정리하면 다음과 같다. 대곡1리의 윷놀이는 마을을 터전으로 전승되었다. 따라서 윷놀이의 형식과 내용에는 마을의 사회문화적 환경과 생업환경 등이 반영되어 있다. 대곡1리는 4개의 자연마을이 있지만, 새들과 강변이 하나의 놀이공동체로 자리 했다. 새들과 강변의 주민들은 길흉사에 상호부조를 하고, 동답 등의 공유재산을 함께 조성, 관리함으로써 생활공동체의 면모를 보여줬다. 이는 상대적으로 규모가 작은 새들과 강변이 연대해서 현안을 함께 풀어나간 것으로서 이 같은 면모가 윷놀이에도 반영되어 하나의 놀이공동체를 이룰 수 있었다. 이에 비해 마을의 규모가 컸던 바드래와 복수천은 독자적으로 생활공동체를 형성하였고 윷놀이 역시 각 마을 단위로 이루어질 수 있었다.

한편 대곡1리의 윷놀이는 마을공동체의 변화에 상응하는 변화를 겪었다. 특히 1990년대 이후 인구 감소로 인해 복수천 같은 마을의 윷놀이 전승이 어려워짐에 따라, 2000년대 중반부터 대곡1리의 주민들이 자연마을의 경계를 넘어 함께 윷놀이를 즐기게 됐다. 현재 농어촌사회의 인구 특성은 고령화와 인구감소, 성비의 여초현상女超現像으로 집약되는데, 이런 상황이 위기로 인식되면서 대곡1리에서도 자연마을 간의 소통과 화합이 강조되고 있다. 마을의 남성 원로들이 주도한 마을 단위 윷놀이와 달리 부녀회가 주도하는 통합윷놀이는 이 같은 위기상황에 대한 축제적, 놀이적 대응이라고 할 수 있다.

「화전火田으로 일군 농업과 식생활」은 대곡마을의 토질로부터 생업의 조건이 규정되고 그렇게 해서 형성된 마을 생업의 생태와 변화를 조명하고 있다. 즉 대곡마을은 논농사를 할 수 없는 토질로, 논의 면적이 넓지 않다보니 묵은 땅이나 산을 개간하여 토지로 쓸 수밖에 없어서 복수천과 바드래 마을처럼 해발고도가 높고 골짜기에 터를 잡고 살았던 농가일수록 토지를 개간하는 사례가 많았다. 1960~1970년대까지도 복수천과 바드래 마을 인근 토지를 중심으로 화전火田을 활발하게 하였는데, 이때 화전을 한 토지는 대부분 밭으로 활용하였다는 점을 확인하고 있다. 또 농업용수 이용 관행도 살펴보고 있는데, 천수답 관행에서 '파래방티'를 이용한 협력적 노동관행과 봇도랑 이용 관행 등을 정리하고 있다.

대곡1리의 농업은 밭농사 중심으로 벼농사는 소수라는 점, 대체로 논 이용도 밭작물을 재배하고 있는 점 등을 확인하고 있고, 그 다음으로 환금작물 재배와 농가경제, 식재료 조달 방법과 변화 등을 살펴보고 있다. 특히 식재료 조달에서 식품차, 반찬차, 장차 등으로 불리는 현대판 '이동수퍼', 두 그룹의 보따리장사 즉 '생고등어장사'와 '마른고기장사' 등을 통해 근대화 과정에서 사라져간 식생활의 전이적 상황을 재현하고 있다. 이외에도 통일벼 보급 이전의 식생활과 서열의식, 전통 의례에서 잔치음식을 차례로 검토하고 있다. 전통적인 식사 관행에 나름의 위계가 작동하고 있는데, 이를테면 시아버지는 홀로 사랑방에서 독상을 받았고, 나머지 식구들은 같은 방에 모두 모여서 식사를 했으며, 시아버지를 제외하곤 모두 공동 그릇에 퍼서 덜어 먹거나 함께 먹는 형태 등을 기록하고 있다. 전통적으로 의례를 집에서 치를 때는 의례 수행가 외에도 친인척이나 이웃이 함께 음식을 하고 나누어 먹은 나눔의 전통이 있었는데, 혼례, 회갑례를 사례로 조사 기록하고 있다. 이들 의례에서 잔치음식은 경제 사정에 따라서도 차이를 보이는데, 대곡1리에서도 사정이 좀 더 나은 농가에서는 길사 때 소를 잡고, 그렇지 않은 농가에서는 돼지를 잡거나 돼지고기를 사서 음식을 만들어 대접하였다고 한다.

「임동면 대곡리 가옥의 공간 구조」는 먼저 마을의 형성과 공간 구조를 조망하고 마을의 가로 구조와 그 변화상을 종합적으로 기술하고 있다. 이를 바탕으로 마을의 주거 공간과 구조를 정리하고 있다. 그 내용을 간추리면 다음과 같다. 실제 거주자들이 다수 거주하고 있는 바드레마을과 복수천마을 가옥을 중심으로 전통가옥의 옛 모습을 간직하고 있는 가옥을 면밀히 검토하고 있다. 바드레마을의 건물은 크게 주거용 가옥과 창고, 이외 마을회관과 정자, 동암사가 있다. 가옥의 평면 형태는 '一'자형과 'ㄱ'자형, 장방형으로 되어 있는데, 장방형은 최근에 지은 가옥이다. 현재 존재하는 바드레마을 가옥 중 근현대기 개량형 한옥 구조를 유지하고 있는 가옥이 있다. 이 개량형 한옥은 'ㄱ'자형으로 두름산을 등지고 대지의 경사방향을 따라 북동향을 하고 있다. 'ㄱ'자 평면은 좌측부터 방, 방, 부엌, 화장실, 방 순으로 배열되어 있다. 이 가옥의 구조는 기본적으로 개량형 한식 목구조로 짜여 있다. 사각기둥 상부는 직절형 초익공 형식으로 결구 되어 있으며, 기둥과 기둥 사이 주간에는 소로를 끼워 장식했다. 대들보는 별도의 큰 부재를 이용하여 보머리 부분을 마감했고 처마는 길이가 짧은 서까래를 걸고 부연을 올린 겹처마 구조다. 지붕은 평기와 형태의 금속기와를 올려 마감했다. 이 가옥의 지붕은 건립 당시 시멘트 평기와를 올려 마감한 것으로 추정되며, 이후 지붕 개량하면서 현재와 같은 형태의 지붕 재료로 바꾼 것으로 판단된다.

복수천마을 가옥은 전체적으로 현대식 재료나 구조로 개조 또는 신축한 건물이 대부분인 것을 알 수 있다. 가옥의 평면은 '一'자형이 대부분이며, 현대식으로 신축한 정방형 가옥도 있다. 가옥들은 대부분 지형의 경사 방향을 따라 양지산을 등지고 북동향을 하고 있다. 대부분 가옥들의 부엌과 욕실 및 화장실은 현대적 욕구에 따라 실내에 있다. 마을 내 가옥은 대문과 담장이 없이 대부분 열린 구조인데, 일부 시멘트블록을 쌓고 철재 대문으로 마감한 예도 있다. 대지 경계 내 안마당과 건물의 기단은 콘크리트로 모두 마감한 상태다. 복수천마을의 가옥 중 전통 목구조를 유지하고 있는 건물은 대부분 사라진 상태로 판단되며, 현재 벽체 마감은 대부분 시멘트 회반죽, 비늘판벽, 스투코 마감 등 현대식 재료 바뀌었다. 지붕은 맞배지붕, 팔작지붕, 우진각지붕, 평지붕 등으로 다양한데, 슬레이트를 올린 지붕이 아직도 남아 있으며, 금속기와는 대부분 시멘트 평기와 형태다. 경량목구조나 조적조를 제외한 가옥들은 대부분 정면 기단 위에 차양 설치하여 부족한 내부공간을 확장할 수 있도록 하면서 내외간 완충공간으로 이용하도록 했다.

「대곡 마을과 전설」은 이제까지 이루어진 전설 채록 현황을 검토하여 대곡마을 전설 채록의 필요성을 제기하고 조사 시점에서 총 34편 정도의 전설을 새롭게 확인하고 있다. 주로 지명 전설과 관련된 것으로 이 전설이 자연에 대한 마을 구성원들의 인식과 태도를 보여주고 있다는 점을 규명하고 있다. 즉 대곡리의 전설을 통해서 봤을 때, 마을 구성원들이 자연과 맺는 상호증여적인 관계, 더 나아가 호혜적인 관계에 대해서 이야기하고 있다는 것이다. 또한 대곡리의 전설들은 마을의 문화지리를 형성하고 있으며, 그 이야기의 총체가 대곡리의 정체성을 형성하고 있는 점도 중요하게 논의되고 있다. 소수임에도 불구하고 전설 제보자가 더 남아있기 때문에 지속적인 관심을 가지고 전설 자료의 발굴과 기록, 보존이 진행되어야 할 것을 제언하고 있다.

「근대화와 집합기억」은 조사 시기를 한국전쟁부터 현재까지로 설정하고 한국전쟁, 산전山田, 탈향과 귀향, 일상에서 나타난 근대적 삶의 작은 변화를 중심으로 서술하고 있다. 주목되는 현상은 한국전쟁에 대한 경험이 공동체 이야기판에서 중요한 이야기 소재가 되었는데, 현재 시점에서 그 기억의 소멸이 빠르게 진행되고 있다는 진단이다. 화전에 대한 기억의 기술에서 주목되는 점은 화전이라는 용어보다는 '산전山田'이라는 용어를 사용하고 있다는 점이다. 그 연유는 유명한 성씨 집단도 이 마을에서 함께 살아왔기 때문에 그 말이 어울리는 말이 아니었기 때문이다. 대곡1리의 산전은 1970년대 말까지 계속되다가 사라졌는데, 1966년 「화전 정리에 관한 법률」 제정, 1973년 '치산녹화 10개년 계획' 시행, 그리고 화학비료와 통일벼 등 신품종 보급, 경제 성장과 노동시장의 확대 등의 복합 요인으로 인해 점차 감소했다. 이 외에도 이 글은 탈향과 귀향으로 변주되고 있는 마을사회의 변화를 탐문하고 있으며, 상수도와 도로, 버스 운행, 파마 등에 대한 집합기억을 살피고 있다. 특히 파마에 대한 기억이 흥미로운데, 파마가 유행하면서 혼례와 결합하는 양상을 통해 일상의 근대화를 검토하고 있다. 그러나 이 모든 기억들이 전승 주체의 단절로 인해 급속히 망각되는 양상을 띠고 있는데, 이 글이 그러한 상황 속에서 마을사회의 작은 이야기 문화판을 기록하여 보존할 수 있을 것이라는 의의를 부여하고 있다.

「일생의례의 기억과 수행적 의미」는 강변마을의 강복순·유이숙 부부와 바드래마을의 김동석·남영자 부부를 중심으로 일생의례의 기억을 살펴보고 있다. 의례의 세부적인 진행 과정이 아닌 기억에 주목하여, 제보자가 발화하는 의례의 기억이 지닌 의미망을 살펴보는 것에 초점을 두고 있다. 또한 제보자의 생애 궤적에 따라 혼례-출산-환갑-상례 순으로 다루고 있다. 일생의례는 한 개인의 생애 주기 속에서 중요한 기점마다 이루어지는 것으로, 마을 공동체 구성원들의 긴밀한 연결과 협동이 이루어지는 장이었다. 하지만 한편으로 일생의례는 가부장적 질서를 견고하게 하기 위한 하나의 문화적 장치기도 했다. 의례를 수행하기 위해서 손님을 접대하기 위해 집을 정비하고, 음식을 장만하는 등의 강도 높은 노동이 여성에게 요구되었다. 그런 탓에 의례의 상품화는 여성들에게 강요되었던 노동의 해방을 의미하는 것이기도 했다. 그러나 의례 절차에 담긴 여러 함의들이 상품화로 인해 무화되거나, 축소된 채 그 절차가 형식적으로 진행되기만 할 뿐이다. 그런 탓에 의례를 통해 전달되었던 의미나 뜻이 대부분 사라지는 상품화된 의례를 거부하는 욕망이 표현되기도 한다. 이를테면 장례지도사인 타인이 고인의 마지막을 정리하고, 상주들은 이를 유리창 넘어 보기만 하는 것은 마치 "남"의 죽음을 "구경"하는 것과 다름없는 것으로 여겨진다. 또한 자식들이 까만 정장의 상복보다는 베로 만든 상복을 입길 바란다. 이처럼 일생의례의 전통을 제보해준 이들은 지금의 장례를 비판적으로 인식하면서 과거 상장례 경험에 새로운 의미를 덧붙이고 있다. 고인의 마지막을 지켜보고, 염습을 하고, 곡을 하는 것, 그리고 마을 주민들과 대돋움을 한 공동체적 의례 수행의 기억들을 통해 현재의 장례문화가 가진 문제들을 환기시키고 좀 더 나은 공동체 문화의 실제를 살아가기를 자식들에게 또는 독자들에게 전하고 있는지 모른다.

저자들을 대신하여 이영배 씀

目次
CONTENTS

발간사 4
머리말 6

21 대곡마을의 역사
강윤정
1. 들어가는 말 ·· 21
2. 행정 공간의 변화 ·· 23
3. 대곡마을의 개창과 확산 ·· 25
4. 1910년대 마을구성원와 살림살이 ···································· 27
5. 한국근대시기 대곡마을의 항일투쟁 ································ 31
6. 대곡마을의 현대사 ·· 35

39 팬데믹 속 대곡리 사회조직의 활동 양상과 특징
이상현
1. 팬데믹과 마을 사회의 변동 ·· 39
2. 조사지 개관 및 마을 사회조직의 구성 ·························· 40
3. 팬데믹 속 마을과 사회조직의 적응 ································ 53
4. 결론 ·· 57

59 세시 전통과 문화생활
강석민
1. 마을 사회의 동향과 특징 ·· 59
2. 마을의 사회경제적 조건과 그 변화 ································ 62
3. 세시 전통의 구조와 풍속의 추이 ···································· 67
4. 문화생활의 현재적 양상 ·· 76

79 민속신앙과 종교생활

공다해

1. 개관	79
2. 마을신앙	80
3. 가신신앙	84
4. 민간의료	96
5. 조건의 변화와 민속종교의 의미	100

103 대곡동 윷놀이의 공동체문화적 성격과 함의

한양명
이중구

1. 마을윷놀이를 주목하는 까닭	103
2. 마을윷놀이의 전승양상	105
3. 마을윷놀이의 통합과 변화	115
4. 마을윷놀이의 함의	120

125 화전火田으로 일군 농업과 식생활

박선미

1. 자연·지리적 환경과 농업 조건	125
2. 재배 작물의 종류와 농업의 변화	131
3. 식재료 조달 방법과 식생활	138

147 임동면 대곡리 가옥의 공간 구조
정연상
1. 마을의 형성 및 공간 구조 ········· 147
2. 마을의 주거 공간과 구조 ········· 157

165 대곡 마을과 전설
신호림
1. 마을과 전설의 관계 ········· 165
2. 전설 자료의 존재 양상 ········· 168
3. 전설을 통해 본 대곡마을의 특징 ········· 185
4. 대곡마을의 전설과 이야기 문화 ········· 190

195 근대화와 집합기억
한정훈
1. 마을 사람들의 근대 경험과 집합기억화 ········· 195
2. 한국전쟁의 경험과 기억 ········· 199
3. 산전山田의 기억과 전근대적 계급 의식의 충돌 ········· 204
4. 탈향의 기억과 귀향의 신화화 ········· 210
5. 일상의 작은 변화 속에 나타난 근대의 삶 ········· 215

227 일생의례의 기억과 수행적 의미
공다해
1. 일생의례 기억의 재현과 생애담 ········· 227
2. 유이숙·강복순 부부의 일생의례 ········· 228
3. 김동석·남영자 부부의 일생의례 ········· 241
4. 일생의례의 수행적 의미 ········· 255

따로 또 같이 이루어온 공동체문화의 터전
대곡

대곡마을의 역사

강윤정

1. 들어가는 말

안동대학교에서 동쪽으로 경동로를 따라 15km를 달리다 보면 중평 삼거리가 나온다. 그곳에서 예안·위동 방면으로 좌회전하여 2.8km 지점에서 다시 예안·재산방면으로 5.6km 달린다. 그곳에서 만나는 갈림길에서 대곡 방향으로 가다보면 위리교를 지나 대곡리 입구인 강변마을이 나온다. 대곡마을은 마을이 크고 긴 골짜기 모양을 하고 있다고 하여 붙혀진 이름이다. 실제로 입구에서 마을이 끝나는 가르점까지 무려 6km에 이를 정도로 골이 깊다. 마을 가운데로 장갈령長葛嶺에서 나온 대곡천大谷川이 흐르고 있으며, 이 대곡천은 마을을 가르는 주요 요소이다. 대곡천을 따라 큰길이 조성되어 있는데, 천과 큰길의 양쪽으로 자연마을이 형성되어 있다. 남쪽으로 대곡1리, 북쪽에 대곡2리가 위치하고 있다.

이 두 행정마을 가운데 이 글에서 중점적으로 다루고자 하는 마을은 대곡1리이다. 그러나 대곡마을 역사를 대곡1리와 대곡2리로 명확하게 구분하여 서술하기는 어렵다. 이를 명확히 구별할 수 없는 것은 자료의 부재가 큰 이유이다. 이에 본 장 「대곡마을의 역사」 부분은 대곡리 전체를 아우르는 내용이 상당 부분을 차지하고 있음을 밝혀둔다.

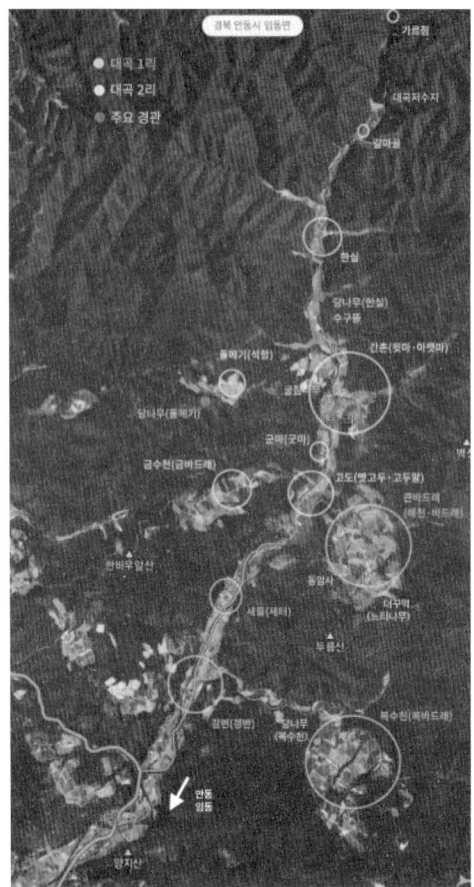

〈그림 1〉 임동면 대곡1, 2리 (민속학연구소 제공)

〈사진 1〉 갈마골 대곡저수지

〈사진 2〉 한실의 만산재

〈사진 3〉 간촌의 굴참나무

〈표 1〉 대곡마을의 주요구성과 경관

행정리	자연마을	주연경관 및 생태
대곡1리	큰바드레(해천海川·바드레)	천해당(무제), 동암사(사찰), 용의 굴
	복수천(복바드레)	소나무(당나무)
	새들(새터·샛터)	
	강변(갱변·갱밴)	
	갯골	느티나무(당나무)
대곡2리	고도(예고두·고무말)	
	군마(굿마)	
	금수천(금바드레)	
	돌매기(석항)	
	간촌(윗마·아랫마)	굴참나무
	한실	
	갈마골	
	가르점	

2. 행정 공간의 변화

대곡마을의 행정 명칭은 17세기 이후 여러 문헌에서 확인된다. 대곡마을은 17세기 임하현臨河縣에 속하였다. 1608년 편찬된 『영가지永嘉誌』에서 그 행정 지명이 확인된다. 『영가지』에는 당시 임하현臨河縣에 속한 56개 촌村이 기록되어 있다. 이 가운데 대곡촌大谷村에 대한 기록은 "현의 동쪽 50리에 있다"는 내용이 전부이다.[1]

그 뒤 18세기 후반(1789년 추정)의 기록인 『호구총수戶口總數』에는 안동군 임동면臨東面에 편제된 대곡리大谷里 지명이 확인된다. 『호구

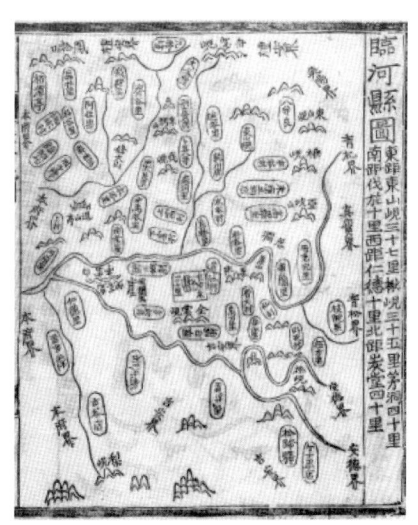

〈그림 2〉 임하현도(臨河縣圖)_영가지

---

[1] 안동문화원, 『국역 영가지』, 2001, 62~67쪽.

총수』에는 임동면에 속한 11개 리里가 확인되는데, 임당리林塘里·계의리界義里·박곡리朴谷里·악사리岳沙里·수곡리水谷里·하숙리下宿里·고천리高川里·동산리東山里·상숙리上宿里·위동리渭洞里·대곡리大谷里이다.²

이후 1895년 지방제도 개편이 있었으나, 대곡리가 속한 임동면은 큰 변화가 없었다. 이는 1899년 편찬한 『안동부읍지』에서 확인되는데, 임동면은 여전히 11개 행정 동리를 유지하였고, 그 가운데 대곡리가 포함되어 있다.³ 이후 『舊韓國地方行政區域名稱一覽』의 기록에는 임동면에 속한 행정리가 10개이다. 1개 리가 줄어들었음을 알 수 있다. 이때 행정리 명칭에도 변화가 있었으나, 대곡리는 명칭을 그대로 유지하였다.⁴ 이후 1914년 일제의 행정구역 통폐합에 따라 임동면은 8개 동洞으로 줄어들었다. 수곡동·박곡동·중평동·고천동·갈전동·마령동·대곡동·위동이다. 이때 기존의 대곡리와 더불어 위동에 속해있던 일부 지역이 편입되었다.⁵ 그 뒤 1961년 편찬된 『安東大觀』에 따르면 대곡은 대곡1동과 2동으로 나뉘어 졌으며, 이는 현재까지 그대로 유지되고 있다. 다만 동洞이 리里로 바뀌었다.⁶

〈표 2〉 대곡마을 행정 소속 및 명칭 변화⁷

근거 자료		기준년도	군현 / 면	행정명칭 변화
자료명	발간연도			
『영가지』	1608	-	임하현	大谷村
『호구총수』	1789	-	안동군 임동면	大谷里
『안동부읍지』	1899	-	안동부 임동면	大谷里
『舊韓國地方行政區域名稱一覽』	1914	1912	안동군 임동면	大谷里
『新舊對照朝鮮全道府郡 面里洞 名稱一覽』	1917	1914	안동군 임동면	大谷洞
『安東大觀』	1961	1960	안동군 임동면	大谷 1洞, 2洞
『경북마을지』	1992	1992	안동군 임동면	大谷 1里, 2里
(안동시군통합)	-	1995	안동시 임동면	大谷 1里, 2里

2   서울대학교규장각, 『戶口總數』(규장각자료총서), 1996, 268쪽.
3   『호구총수』의 계의리는 『안동부읍지』에서 사의리(思義里)로 기록되어 있다.
4   조선총독부, 『舊韓國地方行政區域名稱一覽(1912)』, 태학사, 1997, 613쪽(수곡동, 梧岑里, 中坪洞, 박곡리, 馬嶺洞, 위동, 대곡리, 고천동, 葛田洞, 동산리).
5   조선총독부, 『新舊對照 朝鮮全道府郡面里洞 名稱一覽(1917)』, 태학사, 1997, 513쪽.
6   안동군지편찬소, 「제5장 현황」, 『안동대관』, 1961, 42~44쪽.
7   서울대학교규장각, 『호구총수』(규장각자료총서), 1996, 268쪽.

3. 대곡마을의 개창과 확산

대곡마을에 언제부터 사람이 살았는지는 명확하지 않다. 다만 대곡1리의 바드레(해천·상수천으로도 불림) 마을은 선사先史시대부터 사람이 살았을 가능성이 크다. 바드레는 새들에서 북쪽으로 1km정도 가다가, 동암사東岩寺 방향인 오른쪽으로 난 길을 따라 1km정도를 더 가면 나온다. 동암사 서쪽 편에서 북동쪽을 내려다보면, 대곡2리가 한눈에 들어올 정도로 높은 지대에 자리하고 있다. 이 마을의 지명유래와 관련된 조사 자료에는 다음과 같은 기록이 있다.

"마을의 모양이 바다에 배가 떠 있는 형상이므로 해천海川이라고 하였으며, 산마루에 위치하였다 하여 상수천上受川이라 한다. 이 마을에는 용굴과 굴터가 있어서 장수와 용마龍馬가 났다는 전설도 있다. 또 장수가 말을 타고 달리다가 말을 세운 곳에 말발굽 자국과 윷놀이 판이 형체처럼 바위에 새겨져 있으므로 왕우재하는 이름이 전해지고 있다. 옛날 농기구를 제작했다는 곳으로 소부전골이란 이름도 전해오고 있다. 옛날에 기우제를 올렸다는 천혜당이라는 곳이 있어서 날씨가 흐린 날은 산속에서 물이 흐르는 소리와 베틀 소리가 들린다는 전설이 있다."[8]

〈사진 4〉 바드레마을 동암사에서 바라본 대곡2리

---

[8] 『경상북도 지명유래 총람』, 경상북도교육위원회, 1984, 274쪽; 『안동의 지명유래』, 안동민속박물관, 2002, 340쪽.

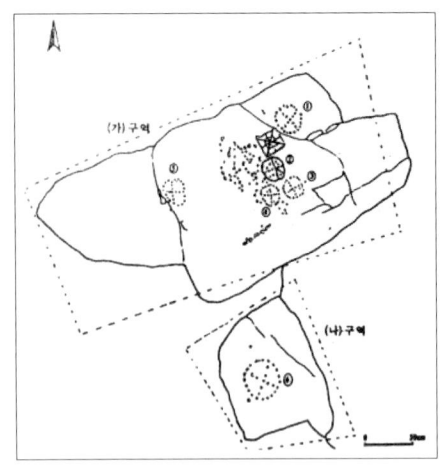

〈그림 3〉 대곡리 암각화 실측도면
(권미현, 「윷판형 암각화의 연구」, 47쪽)

전설에 등장하는 '굴에서 태어난 장수와 용마, 바위 그림, 소부전골, 기우제'와 같은 용어는 모두 고대인의 세계관과 제의祭儀와 관련된 형성물로 짐작된다. 대곡리에는 청동기시대에 조성된 것으로 추정되는 암각화 유적이 있다. 동암사의 서쪽 산허리를 따라 320m가량을 내려가면 빽빽한 잡목으로 둘러싸인 2기의 너른 바위가 있다. 바위는 남쪽과 북쪽의 두 부분으로 나누어지는데, 북쪽 바위에 대부분에는 그림이 있다. 북쪽 바위 면을 (가)구역, 남쪽 바위 면을 (나)구역으로 나누어 보면, (가)구역에는 5개의 윷판 모양 도형과 하나의 고누가 있고, (나)구역에는 하나의 윷판 모양 바위 그림이 있다. (가)구역에는 윷판 모양 도형 외에 지름 2㎝, 깊이 0.6㎝ 정도의 수십 개 원형 홈이 흩어져 있고, (나)구역에도 한 개의 윷판 모양이 새겨져 있으며, 몇 개의 원형 홈이 있다. 대곡리 유적의 특징은 암각화 옆에 참꼰이 새겨져 있다는 점이다. 이는 쪼아서 새긴 윷판형 암각화와는 다르게 날카로운 도구로 그어서 새긴 것이다. 이 밖에 원형 홈으로 이루어진 도형의 외곽 원과 내부 십자 중 한쪽의 선을 선으로 이어놓은 것이 있다. 이는 윷판형 암각화 유적 가운데 새로운 형태로 파악되고 있다.[9]

이러한 바위 그림은 구석기시대부터 그려진 것으로 알려져 있지만, 신석기시대를 지나 청동기시대에 전성기를 맞아 활발히 제작되었다. 임동면 대곡리 암각화도 청동기시대 그림으로 파악된다. 바위 그림에는 선사시대의 생활 모습과 신앙을 보여주는 여러 형상들이 새겨져 있다. 주제는 풍요와 다산을 기원하는 주술적인 내용들이 대부분인데, 자연에 대한 경외감과 두려움이 많았던 선사시대 사람들이 암각화를 통해 자신들의 안녕을 소원하였던 것이다. 바드레마을은 높은 산들의 정상부에 집들이 모여 이루어진 곳이며, 바위 그림이 있는 곳은 산 아래를 내려다보기에 좋은 지점이다. 이는 제의를 행하기에 적절한 위치인 것이다. 이를 종합하면 바드레마을에는 청동기시대 사람들이

---

9 권미현, 「윷판형 암각화의 연구」, 『안동사학』 제2집, 안동대학교사학회, 1996, 46~48쪽; 『안동문화연구』 9, 안동문화연구회, 1995; 『안동시사』, 안동시사편찬위원회, 1999; 『안동역사 바로보기』, 경북지역사연구소 · 안동문화연구회, 2000; 『안동유적지도』, 국립안동대학교박물관 · 안동시, 2000.

살았거나, 적어도 제의가 이루어진 공간이라고 할 수 있다.

농기구를 만들었다는 '소부전골' 또한 제의와 관련이 깊다. 실제 농기구를 만들었을 가능성도 있지만, 고대인의 세계관에서 쇠를 다루는 인물은 샤먼과 관련이 있다. '기우제'를 지냈다는 천혜당 역시 그 시기를 명확하게 알기 어렵지만, 바드레 지역의 특징을 보여주는 '역사적 함의'로서의 의미를 엿볼 수 있다. 대곡마을은 바드레를 시작으로 이후 점차 마을이 확장된 것으로 보인다.

각각의 자연마을의 형성시기는 알 수 없지만, 새들(신평新坪) 등의 마을을 제외하면 모두 그 형성시기가 고려~조선시대로 짐작된다. 1608년 편찬된 『영가지永嘉誌』에 대곡리라는 행정명칭이 등장하는 것을 보면 한실을 비롯한 대곡마을의 중심마을인 굿마·샛마間村 등이 이미 형성되어 있었음을 짐작하게 한다. 전근대시기 대곡마을의 인구 규모를 추적 할 수 있는 자료는 확인되지 않는다. 다만 1910년대 조사된 『대곡동 토지조사부』 (1912~1914, 조선총독부 임시토지조사국)는 조선시대와 일제강점기 두 시대를 관통하고 있다고 할 수 있다. 이러한 역사적 과정의 반영물로서 1910년대 『대곡동 토지조사부』에 주목하고자 한다.

4. 1910년대 마을구성원와 살림살이

『대곡동 토지조사부』에 따르면 대곡동에 주소지를 둔 사람은 모두 239명이다. 이들의 성씨별 분포를 보면 다음과 같다. <표 3>에서 드러나듯이 대곡마을 토지소유자의 성씨별 구성은 매우 다양하다. 김, 권, 금, 박, 엄, 류, 우, 이, 임, 정 등 무려 37개 성에 달한다. 이들 성씨 가운데 김씨 (69명), 이씨(49명), 권씨(32명)가 가장 많으며, 이어 임씨(10명), 박씨(8명), 엄씨(8명), 우씨(5명), 정씨(5명) 순서이다. 그런데 김씨의 경우는 현재 안동김씨, 김해김씨, 경주김씨, 순천김씨로 구성되어 있다. 이로보아 실제로는 이 무렵 40여 개가 넘는 성씨들이 모여 살았음을 알 수 있다. 또한 토지를 소유하지 못한 사람을 감안 한다면 매우 다양한 성씨들이 살았음을 알 수 있다.

〈표 3〉 대곡동에 주소지를 둔 토지소유자의 성씨구성과 분포[10]

성씨	姜	具	權	琴	金	南	盧	文	朴	方	裵	孫	宋
인원	2	1	32	4	69	2	2	1	8	1	2	1	2
성씨	辛	申	沈	安	嚴	余	禹	柳	劉	俞	李	林	張
인원	3	2	1	8	1	5	7	1	1	49	10	3
성씨	田	鄭	丁	趙	池	秦	千	崔	韓	洪	黃	계	**37**
인원	2	5	2	2	1	1	1	3	1	1	1	계	**239**

성씨 구성도 다양하지만 토지 소유자의 전체 숫자에도 주목할 필요가 있다. 토지조사부에 기재된 토지 소유자 숫자가 239명에 이른다. 이들이 개별 가구를 이루고 있었는지는 명확하지 않지만, 대곡마을에는 상당한 규모의 세대가 살았음을 알 수 있다. 즉 특정 성씨을 중심으로 한 세력이 세거한 안동의 반촌과는 상당히 대조적인 모습이다.

『대곡동 토지조사부』에서는 1914년 대곡마을 사람들의 전답과 대지·임야·분묘지 등의 규모를 확인할 수 있다. 1914년 대곡동의 전체 토지면적은 1,011,777평이었다. 그 가운데 전이 809,971평, 답이 153,420평으로 약 80%가 밭이다. 대곡동의 농지 규모는 같은 시기 안동의 다른 마을에 견주어 매우 큰 규모이며, 밭의 비율이 상당히 높은 편이다. 이는 대곡동의 자연 환경적 특징에서 기인하고 있다. 대독동의 농지는 너른 평지보다는 산기슭에 자리하고 있다. 이는 논농사에 매우 부적합한 환경이다.

〈표 4〉 대곡동 소재 토지현황 (1912~14년 작성)

구분	田	畓	垈地	林野	墳墓地	雜種地	총계
필지	1,126	446	176	11	21	1	1,781
평수	809,971	153,420	30,207	12,321	5,786	72	1,011,777

대곡동의 전체 토지 가운데 대곡동에 거주하는 사람들이 소유한 토지는 밭 595,149평, 논 88,622평, 대지 22,219평이다. 이는 대곡동 소재 전체 토지의 70%가 넘는다. 대곡동에 거주하지 않은 사람들의 토지가 약 30%를 차지한다. 이는 다른 지역에 견주어 대곡동 주민의 농지소유율이 매우 높았음을 의미한다. 다만 농지 가운데 논의 소유비율

[10] 조선총독부임시토지조사군,『임동면 대곡동토지조사부』, 1912~1914.

〈표 5〉 대곡동 주민 소유 및 부재지주 토지

구분		田	畓	垈地	林野	墳墓地	雜種地	총계
대곡동민 소유	필지	862	268	142	7	3	1	1,283
	평수	595,149	88,622	22,219	6,131	1,212	72	713,405
부재지주 소유	필지	264	178	34	-	15	-	491
	평수	214,822	64,798	7,988	-	3,842	-	291,450

은 약 58%로 전체 토지소유면적에 견주어 낮게 나타나고 있다.

그리고 이를 다시 성씨별로 분류해 토지규모를 살펴본 것이 〈표 6〉이다. 일제강점기 통상 경영규모를 나눌 때 사용하는 분류 기준에 따라 5단계로 나누었다. 5단보 미만의 영세농은 Ⅰ그룹, 5단보~1정보 미만의 소농은 Ⅱ그룹, 1정보~2정보 미만의 중농하층은 Ⅲ그룹, 2정보~3정보 미만의 중농상층은 Ⅳ그룹, 3정보 이상의 상농층은 Ⅴ그룹으로 나누었다.

이 표를 통해 알 수 있듯이 5단보 미만의 토지를 가진 영세농은 87명으로 36.4%, 5단보~1정보 미만의 농지를 소유한 소농은 모두 55명으로 23%를 차지한다. 이들은 자신의 농지만으로는 생계가 어려운 사람으로 이들이 60%를 차지하고 있다. 그리고 2정보미만의 중농하층도 71명으로 30%에 달한다. 2정보~3정보 미만의 중농상층은 18명으로 7.5%이다. 3정보 이상의 토지를 소유한 상농층은 8명으로 3.5%에 이른다. 그런데 상농층에 해당하는 8명은 모두 금씨(3명, 31,934평)와 류씨(5명 51,806평)이다. 이들이 소유한 토지는 약 83,000평으로 전체 농지의 12% 정도이다. 이는 이 무렵 타 지역에 견주어 상농층의 토지 점유율이 그다지 높지 않았음을 의미한다. 중농상층이 소유한 농지는 126,926평으로 대곡동 동민이 소유한 전체 농지의 약18%이다. 중농상층에 해당하는 성씨 구성은 권씨(2호), 금씨(8호), 서씨(1호), 류씨(6호), 최씨(1호)이다. 이를 종합하면 대곡마을은 중농하층 이하의 농가가 전체의 89%를 차지하고 있다. 이들이 대곡동 밖에 다른 토지를 소유하고 있지 않은 한 매우 어려운 살림살이를 꾸려 갔음을 알 수 있다.

〈표 6〉 대곡동 주민 성씨별 농지소유현황

성씨	계		영세농 (1500평 미만)		소농 (1500~3000평)		중농하층 (3000~6000평)		중농상층 (6000~9000평)		상농층 (9000평 이상)	
	소유인원	소유면적	소유인원	소유면적	소유인원	소유면적	소유인원	소유면적	소유인원	소유면적	소유인원	소유면적
姜	2	912	2	912								
具	1	2,969			1	2,969						
權	32	79,407	12	10,096	10	21,473	8	34,205	2	13,633		
琴	4	9,956	1	452	2	5,159	1	4,345				
金	69	233,043	22	18,572	16	33,896	20	92,573	8	56,068	3	31,934
南	2	5,170	1	234			1	4,936				
盧	2	1,383	2	1,383								
文	1	2,069			1	2,069						
朴	8	14,435	4	3,978	3	6,816	1	3,641				
方	1	2,714			1	2,714						
裵	2	457	2	457								
孫	1	592	1	592								
宋	2	7,164			2	7,164						
辛	3	8,490	1	117			2	8,373				
申	2	6,820			1	2,292	1	4,528				
沈	1	3,764					1	3,764				
安	1	491	1	491								
嚴	8	18,978	4	3,042	1	2,857	3	13,079				
余	1	4,374					1	4,374				
禹	5	15,776	2	1,851			2	7,859	1	6,066		
劉	1	1,161	1	1,161								
俞	1	2,859			1	2,859						
柳	7	11,108	5	3,193			2	7,915				
李	49	210,332	12	6,508	6	13,721	20	93,544	6	44,753	5	51,806
林	10	16,211	7	3,617	1	1,753	2	10,841				
張	3	2,597	2	701	1	1,896						
田	2	4,605	1	1,196			1	3,409				
鄭	5	9,634	1	103	3	6,449	1	3,082				
丁	2	450	2	450								
趙	2	7,513			1	1,725	1	5,788				
池	1	5,147					1	5,147				

秦	1	3,162					1	3,162				
千	1	254	1	254								
崔	3	6,432			3	6,432						
韓	1	6,406							1	6,406		
洪	1	2,161			1	2,161						
黃	1	4,409					1	4,409				
소계	239	713,405	87	59,360	55	124,405	71	318,974	18	126,926	8	83,740

5. 한국근대시기 대곡마을의 항일투쟁

1) 중·후기의병과 대곡마을

나라가 무너지던 시기, 무너지는 나라를 지키기 위한 국권수호운동은 크게 두 갈래로 전개되었다. 한쪽은 무기를 들고 전면적으로 일제와 맞서 싸운 의병義兵항쟁이었고, 한쪽은 부강한 나라를 준비하기 위한 애국계몽운동이었다. 1905년 을사늑약 이후부터 시작된 대곡마을 사람들의 항일투쟁은 크게 두 가지로 분류된다. 을사늑약 이후 의병전쟁 참여와 일제강점 이후인 1920년대 흠치교를 통한 군자금 모금관련 활동이다. 그 밖의 독립운동은 확인되지 않는다.

〈표 7〉 항일투쟁을 전개한 대곡마을 출신들

성명	자/호	이명	생몰연도	활동분야	포상
박처사(朴處士)		朴仁和·朴仁花	미상~1908	중·후기의병	애국장(91)
권계홍(權桂洪)	자: 繼承 호: 海岩	權桂弘	1871~1945	후기의병	애족장(90)
임한천(林漢天)			(1879)~미상	후기의병	애족장(13)
류승락(柳承洛)			미상	후기의병	-
김무규(金武圭)			1887~1945	자금모집	건국포장(08)

안동 대곡 출신으로 알려진 박처사朴處士(이명 朴仁和·朴仁花, 미상~1908)는 1905년 을사늑약이 있자, 사방에 격문을 띄우고 의병을 일으켰다. 그 뒤 300여 명의 의병을 거느리고, 영양·진보·안동 등지에서 항전을 전개하였다. 1907년 9월에는 대구경찰서에서 안

동분서로 부임하는 일본인 순사 오무라[小森] 일행을 납치하여 사살했다는 기록이 보인다. 그러나 이듬해 1908년 5월 4일 대구경찰서 무장대와 전투를 벌이다가 붙잡혀 총살되고 말았다. 박처사는 임동 대곡 출신으로 알려져 있으나, 이는 명확하지 않다. 다만 그가 싸우다가 체포된 곳이 '바드레'라는 기록이 있는 것으로 보아 대곡마을과 관련이 있는 것은 명확해 보인다.[11]

대곡마을 출신으로 박인화 의병장 아래에서 활동한 인물이 있다. 바로 권계홍權桂洪(1871~1945)이다. 그는 본적이 '경북 안동 임동 대곡 1045번지 해천마을(바드레)' 출신으로 기록되어 있다. 1905년 을사늑약 이후 박인화와 함께 안동·영양·봉화 등지에서 3년 동안 항전을 이어갔다. 그러나 1908년 7월 14일(음력) 영양 순사주재소를 습격하였다가 붙잡히고 말았다. 1909년 1월 대구지방재판소에서 소위 폭동 및 내란죄로 징역 3년형을 선고받았다. 여기에 불복하여 공소하였으나 3월 27일 공소가 기각되어 옥고를 치렀다.[12]

대곡마을은 박인화 의병장이 이끄는 의병들이 활동했던 주요 공간이었다. 그런데 이들 이외에도 대곡에서 활약한 인물이 확인된다. 바로 임동면 수곡리 출신의 류시연柳時淵이다. 1896년부터 의병으로 활약하던 류시연은 1905년 10월 을사늑약이 있자, 다시 대규모 의병부대를 조직하여 활동하기 시작했다. 1907년 8월 군대해산 이후 후기의병 시기에도 주로 서민층을 구성원으로 부대를 꾸리고, 안동·청송·진보·영양·영해·영덕지방을 무대로 활동하였다. 대곡출신의 임한천林漢天(1879~미상)과 류승락柳承洛(생몰연도 미상)도 이 시기에 류시연 휘하에서 함께 활약하였다.

임한천은 1907년 음력 11월 28일 류시연의진에 참가하여, 안동군 일원에서 활동하였다. 그해 12월 20일 안동군 길안면 용담사龍潭寺 부근에서 일본군 및 일본군수비대와 교전하였으며, 이튿날인 21일에는 의병 수십 명과 함께 임북면 세천동細川洞에서 목면木棉 4필 등 군수품을 모집하다가 체포되었다. 그 후 소위 폭동 및 강도죄로 기소되어 1909년 1월 대구지방재판소에서 징역 5년을 선고받았다. 여기에 불복하여 공소하였으나, 3월 공소가 기각되어 옥고를 치렀다.[13] 류승락도 1907년 류시연부대에 참여하였다.

---

[11] 『한국독립운동사』 자료 9권 · 11권; 『독립운동사자료집』 3집; 국가보훈처 공훈전자사료관; 경상북도독립운동기념관 홈페이지.(국가보훈처 공훈록에는 1963년에 포상된 '朴仁和'가 있다. 그의 본적은 경상북도 영양 首比 竹波로 기록되어 있으며, 활동 내용이 비슷한 것으로 보아 동일인일 가능성이 크다.)
[12] 「판결문」,(1909.1.27, 대구지방재판소); 「판결문」,(1909.3.27, 대구공소원); 국가보훈처, 『독립운동사자료집』 별집 1집, 467 · 468 · 469 · 470 · 479쪽.
[13] 「판결문」(1919.1.27., 대구지방재판소); 국가보훈처, 『독립운동사자료집』 별집 1집, 467~468쪽.

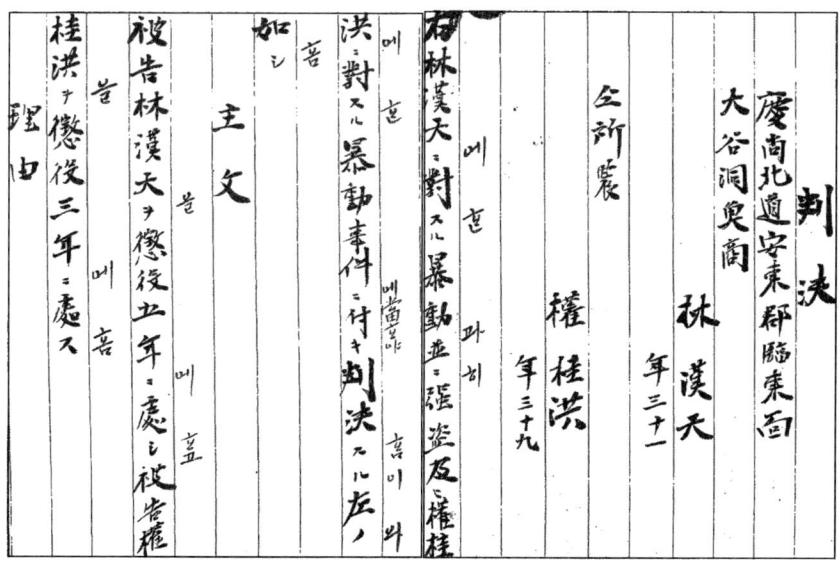

「임한천·권계홍 판결문」(1919.1.27, 대구지방재판소)

이후 그는 1908년까지 임동면 부근에서 의병항쟁을 펼치다가 체포되었으나, 무죄판결을 받고 풀려났다.[14] 이러한 대곡마을 출신들의 의병전쟁 참여와 함께 주목해야 할 점은 경북북부지역의 중후기 의병항쟁사에서 대곡마을은 중요한 활동 공간으로 기능하였다는 점이다. 이와 관련된 기록이 여러 자료에서 확인된다.

유시연은 1908년 여름까지 안동군 임동면을 중심으로 경북 북부와 동부지역 일원에서 활동하였다. 이때 유시연은 안동군 임동면 대곡리大谷里 출신의 의병장 박인화朴仁和가 이끄는 박처사의진 朴處士義陣과 영덕의 신돌석의진申乭石義陣, 그리고 영양의 김성운의진金成雲義陣 등과 연결하여 일본군 토벌대를 공략하는 유격전을 감행하였다. 1908년 2월 28일 임동군 대전大田[15]에서 일본군 토벌대와 전투를 벌인 뒤 동년 5월경 의병부대를 해산하고....(「류시연 공훈록」)[16]

내부경무국장 松井茂사건 : 안동군 임동면 대곡동 부근, 동산리, 입암, 수곡, 위동 등지와 예안군 동하면 갈전동 상면, 건천방면에 근래 의병 출몰이 빈번하여 의병 토벌을 위하여 당지 주재 순사 출장.(「안동군 내 임동면 및 예안군 동하면 화적 출몰건」)[17]

---

14 「판결문」(1909.6.14., 대구지방재판소).
15 臨東面 大田의 오기로 보이며, 여기에 임동면 대전은 대곡 '한실'로 짐작된다.
16 국가보훈처 공훈록.

2) 3·1운동과 그 직후의 대곡마을

대곡마을 사람들은 1919년 3월 21일 임동 편항시장鞭巷市場(챗거리장)에서 일어난 3·1 만세시위에도 다수 참여했을 것으로 짐작된다. 이곳의 만세운동은 류연성·류동수·류교희 등의 주도로 일어났다. 안동의 임동면시위는 류동시柳東蓍가 1919년 3월 초 광무황제 인산에 참가했다가 귀향하면서부터 계획되었다. 정재 류치명의 주손인 그는 협동학교를 운영하던 류동태柳東泰·이균호李均鎬와 함께 만세운동을 의논하고, 숙부 류연성柳淵成과도 협의하였다. 이후 3월 15일 류연성·류동수·이강욱·홍명성·박재식·류교희·박진성 등이 임동의 편항시장 동쪽에 있는 공동 타작마당에 모여 만세 날짜를 3월 21일로 정하고, 각자 마을 사람들을 모으는 일을 분담하면서 구체화되었다. 이날 류연성은 대곡동과 위동, 류동수는 마령동, 박진성과 박재성은 중평동, 류교희는 수곡동과 박곡동, 이강국과 홍명성은 갈전동을 각각 맡아 참여자를 모으기로 하고, 준비에 돌입했다. 이로 미루어보아 대곡마을을 담당한 류연성이 마을을 방문했을 가능성이 크다. 또한 3월 21일 당일에 대곡마을 사람들도 참여했을 것으로 짐작된다. 그러나 그 참여 규모와 인물은 확인되지 않는다.

3·1운동 이후 대곡마을의 독립운동가로는 김무규金武圭(1887~1945)가 확인된다. 그는 본적이 임동면 대곡리 289번지로 기록되어 있다. 김무규는 1920년 음력 8월 임동면에서 흠치교에 가입하고 자금모집 및 교도포섭에 힘을 쏟았다. 일제하 증산교甑山敎를 비롯한 여러 종교가 민중들 사이에 널리 퍼지게 되었는데, 특히 민족정신을 고취하는 측면이 강해 일제의 탄압을 피할 수 없었다. 전라도 고부 출신의 유생 강일순姜一淳은 1901년 전주 모악산 아래에서 흠치교를 창도하였다. 이 종교의 주문에 '흠치흠치'라는 말이 있고, 태을천상원군太乙天上元君이라고 되어 있어 '흠치교' 혹은 '태을교'라고 불렀다. 태을교는 주로 비밀결사를 조직하고 독립운동 자금을 모집하는 활동을 전개하였는데, 김무규는 1920년 음력 8월 중 태을교(흠치교) 신자가 되어 8인조에 소속, 포교활동을 시작하였다. 그는 상위자上位者로부터 1924년 갑자해甲子歲에 교주 차경석이 계룡산에 도읍을 정하고 제위帝位에 올라 일제의 통치로부터 독립시킬 것이라는 말을 들었다. 이에 그는 태을교 신자들이 모두 독립된 국가의 국민이 되고 그 자격에 따라 관직을 얻을 것을 굳게 믿고, 독립운동 자금을 징수하는 등의 활동을 전개하였다.

---

17 『隆熙 2年 4月 暴徒에 관한 編冊(忠淸, 全羅, 慶尙道)』 1, 1908.4.28.

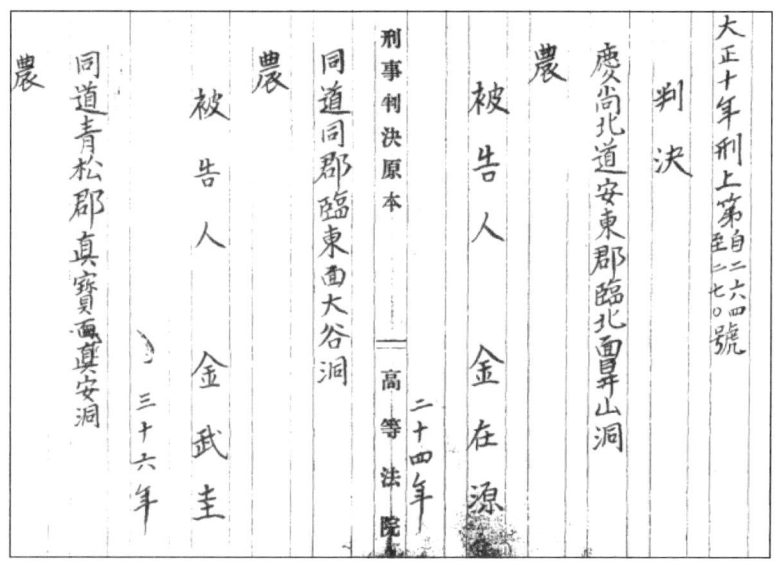

「김무규 등 판결문」(1921.11.26., 대구지방법원)

이처럼 김무규를 비롯한 신자들이 민족 독립을 위해 태을교를 포교하자 일제는 그들을 검거하였다. 김무규도 체포되어, 대구지방법원 안동지청에서 1921년 4월 22일 소위 제령 제7호 위반으로 징역 1년을 선고받았다. 이에 불복하고 11월 26일 대구복심법원, 고등법원에 항소를 제기하였으나 기각되어 안동형무소에서 옥고를 치렀다.[18]

6. 대곡마을의 현대사[19]

1910년대 대곡마을은 250여 가구 이상이 살았을 것으로 추정된다. 이는 1910년대 『대곡동 토지조사부』 등을 근거로 추산한 것이다. 그런데 1960년 대곡마을은 1리와 2리를 합쳐 169가구로 줄어들었다. 마을민의 증언에 따르면 6·25전쟁 전에는 한실의 윗동네인 갈마골·가르점에만 100여 가구가 살았다고 한다. 그러나 전쟁기 소개령疏開 令이 내려 마을을 떠난 사람들이 많았다고 전한다. 1960년의 통계는 이러한 정황이 반영된 것으로 보여진다. 이후 2010년에 이르러 대곡마을은 141가구에 253명의 인구가

---

18 「판결문」(1921.4.22, 대구지방법원 안동지청); 「판결문」(1921.11.26., 대구지방법원); 국가보훈처 공훈전자사료관.
19 이 장은 특별한 각주가 없는 부분은 정진영의 「앞의 글」을 참고하여 작성하였다.

〈표 8〉 1916년 대곡마을 세대수와 인구[20]

연도	동명	세대수	인구			출처
			남	여	계	
1960	대곡1	74	216	237	290	안동대관 (1961)
	대곡2	95	299	289	394	
	계	169	515	526	684	
2000	대곡1리	64	79	76	155	안동통계연보 (2001)
	대곡2리	73	91	93	184	
	계	137	170	169	339	
2010	대곡1리	68	58	65	123	안동통계연보 (2011)
	대곡2리	73	63	67	130	
	계	141	121	132	253	

거주하고 있는 것으로 기록되어 있다. 1960년 684명의 거주 인구가 253명으로 줄어든 것이다.

대곡마을의 현대사에서 빼놓을 수 없는 부분이 바로 대성분교 설립이다. 대성분교는 1946년 3월 1일 개교하였다. 이후 503명의 졸업생을 배출하고 1997년 3월 1일 폐교되었다. 대성분교는 폐교되면서 건물은 '산야초생산단지회'에 매각되었다.[21] 현재는 입구에 신앙촌이라는 안내판이 있다.

1960·70년대 대곡 학생들과 마을 사람들의 모습을 읽어낼 수 있는 자료가 남아있다. 이오덕이 엮은 농촌 아이들의 시모음집 『일하는 아이들』과 『우리도 크면 농부가 되겠지』 등이다. 이오덕은 1960년대와 1970년대 두 차례 이곳 대곡분교에서 근무하였다. 이오덕이 엮은 농촌 아이들의 시모음집 『일하는 아이들』에는 순박하고 정직한 목소리가 담긴 272편의 작품이 수록되어 있다. 쓴 시기는 1958년에서 1977년까지 20년 동안이다. 그런데 학교별로 보면 대곡분교가 149편으로 가장 많다. 여기에는 당시 농촌의 삶을 들여다볼 수 있는 소중한 기록들이 남아있다.[22]

---

[20] 안동군지편찬소, 「제5장 현황」, 『안동대관』, 1961, 44쪽.
[21] <네이버 블로그 'kimsagatt의 세상사는 이야기'>. https://blog.naver.com/kimsagatt ; <경상북도안동교육지원청 홈페이지> 폐교활용안내. http://www.gbe.kr
[22] <네이버 블로그 'kimsagatt의 세상사는 이야기'>. https://blog.naver.com/kimsagatt ; <경상북도안동교육지원청 홈페이지> 폐교활용안내. http://www.gbe.kr

〈사진 5〉 대성초등학교 행사
(출처: 『여성신문』, 2013.8.20)

〈사진 6〉 현재의 학교터

나는 어머니하고 보리밭을 매러 갔습니다. 밭을 매다가 아가가 울어서 어머니가 "아가보러 가거라" 합니다. 나는 "예" 하고 갔습니다. 가서 보니 자꾸 웁니다. "어머니 가셔요." "오냐" "어머니 빨리 가셔요." "어머니 아가가 자꾸 울어요." 아가가 오줌을 쌌습니다. 어머니가 기저귀를 한데 내놨습니다. "인지는 안 운다 니가 봐라" "예. 보지요" 어머니는 어두울 때까지 밭을 자꾸 매다가 손이 부풀었습니다. (대곡분교 2학년 김후남, 「보리밭」, 1968.4)[23]

아침에 나하고 동생하고 어머니하고 아버지하고 밥을 먹었습니다. 동생이 조밥을 먹어보니 맛이 좋아서 맛있다 하며 먹었습니다. 나는 동생하고 이야기를 해가며 먹었습니다. 내 동생이 나를 보고 이야 맛있다 하며 자꾸 맛있다 하며 먹는데 입이 조그만한 게 오물오물하면서 먹는 걸 보니 불쌍한 생각이 들었습니다. 내가 어서 커야지 생각하며 먹었습니다. (대곡분교 2학년 이재흠, 「아침밥」)[24]

봄이 오면 / 나는 학교 갔다 오면 / 아기를 업고 점심을 하다가 /
아기가 자면 / 호미를 들고 가서 밭을 맨다. (대곡분교 3학년 김춘자, 「봄」, 1970.2)[25]

---

[23] 이오덕 엮음, 『우리도 크면 농부가 되겠지』, 양철북, 2018, 32쪽.
[24] 위의 책.
[25] 이오덕 엮음, 『일하는 아이들』, 양철북, 2018, 37쪽.

봄아, 봄아, 오너라 / 나는 봄이 오면 / 따뜻한 곳으로 지게 지고 / 나무하러 간다 /
나무를 가득지고 / 집에 갖다 놓고 또 나무하러 간다 /
봄이 오면 나는 날마다 나무하고 / 보리밭도 맨다. (대곡분교 2학년 이용옥, 「봄」, 1971. 2)[26]

아침마다 지게를 지고 꽁 지키로 앞밭에 간다.
꽁은 온산에서 껄껄 하고 운다.
밭에서 워, 워 하고 쫓으니
꽁은 예쁜 소리로 울며 날아가고 있다.
콩 잎사귀들은 모두 해님을 쳐다보고 있다. (대곡분교 3학년 이승영, 「꽁 지키기」)

---

[26] 위의 책, 36쪽.

팬데믹 속 대곡리 사회조직의 활동 양상과 특징

이상현

1. 팬데믹과 마을 사회의 변동

코로나바이러스감염증-19(이하 코로나19)로 발생한 팬데믹pandemic은 2019년 12월 이래 2년여간 교육, 문화, 소비, 노동 등 사람들의 일상생활을 뒤흔들며 삶과 사회 전반에 걸친 급격한 변화를 가져왔다. 우리나라는 안전과 방역에 초점을 둔 새로운 형태의 '거리두기'가 새로운 형태의 삶의 양식이 되고 있고, 이를 기반으로 사람의 행동 곧 사회활동의 모습 또한 급격하게 변화하고 있다.

이런 모습을 대표적으로 살필 수 있는 곳이 학교 교육의 현장이다. 개학 연기, 온라인 수업이라는 새로운 형태의 교육 시행에 따라 학생과 부모, 교원들은 다양한 혼란을 경험하였고 또 지금까지도 적응 중에 있다. 상호 간에 감염을 예방하는 차원에서 이루어지고 있는 '거리두기'는 학교라는 오프라인 현장에서의 만남과 지식 전달 그리고 학습이라는 전통적 교육 현장을 플랫폼 기반의 온라인 그리고 비대면으로 변동시켰다.

이런 변화에는 교육의 중심이 큰 틀거리에서 학교에서 가정으로 확장 및 이동되었고 홀로 시간을 보낼 수밖에 없게 된 아동과 학생의 증가 그리고 공적 돌봄의 공백이 야기하는 돌봄 취약계층이 새로운 문제로 부각되었다. 또한 이로 아동학대나 교육 양극화에 대한 우려가 사회적 문제로 대두되면서 코로나19가 지속되는 상황에서 사회와 교육의 역할과 본질의 재조명이 필요함을 절감하게 되었다.

학교의 기능과 역할이라는 측면에서 살필 수 있었던 문제들은 그 사회의 공동체와 밀접하고 긴밀하게 연결되어 있다. 따라서 팬데믹으로 인하여 학교에서 습득하게 되는 공동체 생활에 대한 직접적이고 간접적 경험이 원활하게 이루어지지 못할 가능성이 크다. 공동체 구성원에게 양보하고, 배려하며 소통하는 등의 갈등을 다루는 사회적 그리고 정서적 능력의 함양, 생활습관 지도 등 인성과 전인교육의 어려움이 앞으로 더욱 두드러지게 나타날 것이다. 이런 경험의 결여를 불러온 감염병으로 인한 팬데믹의 심화는 곧 공동체의 위기이라는 점이 명확하다.

앞으로 공동체의 새로운 구성원 그리고 기초가 될 교육현장에서의 위기감은 공동체와 사회 전반의 영향 가운데 일부분일 뿐이다. 농촌 공동체의 기본 단위인 '마을'과 '마을 사람들'은 감염병에 따른 팬데믹에 적응하고 있고 또한 이와 관련된 마을 내 사회 조직의 여러 활동도 농촌 마을 주민들의 적응 양상을 보여주고 있다.

본 조사는 마을의 사회조직의 특징을 마을의 역사적 변화 과정 그리고 현재 활동 특징을 중심으로 기술하고 분석한다. 특히 현재 코로나19시대의 마을 생활의 특징을 마을 내 사회조직의 활동을 통해서 살펴볼 계획이다.

2. 조사지 개관 및 마을 사회조직의 구성

1) 조사지 개관

대곡리는 임동면의 동북쪽에 위치한 마을이다. 임동 중평삼거리에서 지방도 935번을 따라 예안 방면으로 9킬로미터 정도 들어가면 대곡천을 만나게 된다. 이를 따라 다시 북쪽으로 2킬로미터 지점에 경로당(대곡1리 노인회관)을 만날 수 있다. 대체로 이곳을 중심으로 대곡리 여러 자연마을로 진입이 가능하다.

대곡리는 1리와 2리로 구성되었으며, 임동면 위리와 예안면과 접하여 있다. 대곡리는 원래 임하현의 지역이었으나 고종 32년(1895)에 안동군 임동면에 편입되었고, 1914년 행정구역 변경에 따라 복수천, 해천, 신평, 고토, 금수천, 고사, 갈마곡과 위리 일부를 병합하여 대곡동(리)이라고 하면서 현재에 이르고 있다. 현재 행정리는 강변(새마을), 새들, 바드레, 복바드레의 자연마을로 이루어진 대곡1리와 샛마, 굿마, 한실, 가르점, 돌목이, 고들마, 금바드레 등의 자연마을로 이루어진 대곡2리로 나뉘어져 있다.

대곡리에는 500년 정도로 추정되며 높이가 22.5m, 둘레는 5.4m의 '대곡리 굴참나무'와 '대곡리 바위그림'이 있다. '대곡리 굴참나무'의 경우 천연기념물 제288호로 지정되어 있다. '대곡리 바위그림'은 대곡리 바드레 마을 어귀에 있으며, 윷판 모양의 도형과 몇 개의 원형 홈으로 이루어져 있다. 윷판 모양의 암각화 옆에 참꾼(고누)가 새겨져 있는 것이 특이하며, 쪼아서 새긴 윷판 모양 바위그림과 달리 날카로운 도구로 그어 새겼다는 특징을 보여준다.

〈표 1〉 안동시 천연기념물 목록

지정번호	명칭	위치	지정일
제174호	안동 송사동 소태나무	길안면 송사리 100-7 외	1966. 01. 13.
제175호	안동 용계리 은행나무	길안면 용계리 744-1 외	1966. 01. 13.
제252호	안동 구리 측백나무 숲	남후면 광음리 산1-1	1975. 09. 27.
제275호	안동 사신리 느티나무	녹전면 사신리 256 외	1982. 11. 09.
제288호	**안동 대곡리 굴참나무**	**임동면 대곡리 583**	**1982. 11. 09.**
제314호	안동 주하리 뚝향나무	와룡면 주하리 634 외	1982. 11. 09.
제473호	안동 하회마을 만송정 숲	풍천면 뱃나들길 74 외	2006. 11. 09.

크고 긴 골짜기 모양에서 비롯한 대곡大谷 또는 한실이라고 불리며, 길안면에도 같은 지명의 행정동이 있다. 여러 마을 가운데 복바드레는 '하늘 아래 첫 동네'라 부를 만큼 높은 산 위에 있는 마을이다. 이곳에는 예로부터 "마을 뒷산에 큰 고목이 있어 사람들이 소원을 빌면 복을 받는다."는 이야기가 전해오고 있으며, 이에 따라 지명도 복바드레 또는 복수천福受川이라 부른다. 당나무는 마을 초입에서 오른쪽 시멘트 길을 따라 200여 미터에 위치한 소나무[1]이다.

자연마을 가운데 하나인 바드레(해천海川 또는 상수천上受川) 마을에는 용굴과 굴터가 있어

---

[1] 대곡리 산20번지 위치, 1982년 11월 2일에 보호수로 지정되었으며, 수형이 아름다운 당나무로 품격에 걸맞은 우람한 위용을 지니고 있다. 보호수 지정 당시 수령 400년, 높이 15미터, 둘레 4.9미터였다. 단오 때에 그네를 매기도 하였다. 당제로 불리는 동제가 매년 정월보름 자정에 거행되었으나, 2012년부터 단절되어 현재에 전승되지 않고 있다. 안동민속박물관 민속향토시연구담당, 『안동의 당나무』, 영남사, 171쪽 참고.

〈사진 1〉 대곡리 복바드레 소나무　　　　　　　　〈사진 2〉 동암사 미륵불

서 장수와 용마龍馬가 났다는 전설이 전해지고 있다. 장수가 말을 타고 달리다 세운 곳에 말발굽 자국과 윷놀이판이 바위에 새겨져 있어 '왕우재'라는 이름도 전승되고 있다. 또 농기구를 제작했다는 곳으로 '소부전골'이란 이름도 전해오고 있다. 마을이 위치한 두름산(483.3m)은 기우제를 올렸다는 '천혜당'이라는 곳이 있고, 날씨가 흐린 날은 산 속에서 물이 흐르는 소리와 베틀소리가 들린다고 한다. 마을의 서북쪽에 위치한 동암사東岩寺[2] 절 내 미륵종불이라 불리는 석불은 대웅전 내부에 있는 주존불로, 높이는 94㎝ 정도이다. 좌대座臺는 팔각으로, 두 조각으로 합쳐져 있고 십이지신상十二支神像이 양각되어 있다. 목은 굵고, 코는 시멘트로 붙여져 있으며[3], 눈은 음각되어 있다. 이 외에도 선찰사仙刹寺[4]의 답 1필지(226평)의 땅이 1931년 당시 대곡리에 있었다.

　대곡리는 과거 큰 재를 넘지 않아도 영양 청기면과 예안면으로 통할 수 있는 지름길인 장갈령長葛嶺을 따라 그 주변으로 자리한 민가들로 이루어졌고 또한 과거 인근한 중평의

---

[2] 대한 불교 조계종 종단 가운데 정토종 계열의 사찰이다. 안동시 예안면 신남리(속칭 세항 바드레)에 소재한 사찰터에서부터 유래하였다고 알려져 있다. 1900년경 영야군 일암면 대천리(속칭 구레두물)로 옮겨진 뒤 대천리 새실마을 앞산에 절을 짓고 부처님을 모셔오다가, 1950년 6·25전쟁으로 사찰과 문서가 모두 소실된 이후 인근에 임시로 부처님을 모시다가 송병학 주지스님과 2천 신도들의 도움으로 현재의 위치로 옮겨왔다. 1969년 주지스님이 타개한 후 3년 후인 1972년에 임동면 대곡리 이유섭 씨를 주지로 추대하였고, 동년 현재의 위치에 사찰과 오사채 1동, 산신당 등을 건립하여 미륵종불을 영양군 입안면 대천리에서 모셔왔다. 1996년 이유섭 주지스님 타개 후 우석현 주지스님이 동암사를 관리하여 오던 중 1999년 신도 615명의 도움으로 7층 석탑을 건립하여 현재에 이르고 있다.

[3] 미륵불을 어느 종가에서 모셔 왔다고 하여, 미륵종불이라 부른다고 한다. 6·25전쟁 당시 지역 경찰이 미륵불의 코를 총으로 쏘아 파손시키고 죽었다고 이야기가 전하며, 신도들이 생남불공으로 아들을 얻었다거나, 이 절을 찾는 신도의 한 가지 소원을 들어준다고도 한다.

[4] 신라시대에 창건된 것으로 알려지고 있으나 누가 창건한지는 알 수 없다. 현재 안동시 길안면에 소재하나 원위치는 이곳이 아닌 임하댐 건설로 수몰된 임하현 남쪽 17리쯤 되는 약산(藥山) 동쪽으로 알려져 있다. 물길이 휘돌아 돌고, 왼쪽은 절벽으로 막혀 있으며, 앞으로 독산이 마주한 곳에 터를 잡고 있었다고 영가지(永嘉誌)의 기록에도 나타나 있다. 다만 이곳은 임하댐의 건설로 인해 수몰되어 지금은 찾아 볼 수 없다.

쳇거리장(임동장)을 비롯해 안동 그리고 영양을 넘나드는 보부상과 소장수들이 애용하였던 교통의 요지로도 불려왔다. 하지만 현재는 교통로와 운송수단의 발달 그리고 경제적 중심지 등이 이동하는 변화에 따라 그러한 인식은 사라졌고, 산 구석구석 자리한 집과 마을이 독특한 산간 마을이다.

대곡리 출신으로는 박처사, 본명은 박인화朴仁和로 추정되는 의병장을 꼽을 수 있겠다. 그는 1905년 의병 300여 명을 거느리고 예안·안동·진보·영양 등지에서 항일투쟁을 펼쳤고, 1907년 9월 10일 오무라 순사 일행을 공격하여 사살하는 전과를 올리기도 했다. 박처사의진은 1905년부터 1908년까지 활동하면서 류시연·신돌석의진과 연대관계를 맺고 있었다. 특히 류시연의진과는 1907년 2월 예안 분파소를 같이 공격하였다. 1908년 들어서 박처사의진의 활동은 더욱 활발하게 전개 되었다. 안동군 임동면 편항, 진보군(현 청송군 진보면) 기곡동, 영양군 등지에서 일본군과 교전함과 동시에 인근 지역의 의진과 연합하기도 하였다. 그러나 1908년 5월 3일 임동면 대곡동에서 밀정에 의해 살해되었다.[5]

대곡동 주민들은 1919년(에는) 전국에서 격렬하게 진행된 3·1 만세운동에 참여하기도 했다. 3월 21일 임동면 중평동에 위치한 편항시장鞭巷市場 장날에 대곡동大谷洞과 위동渭洞 주민들이 규합하여 만세운동 참여하였다. 당시 만세운동은 상당히 격렬하게 진행되었다.[6]

대곡리의 주요 농업과 생산 작물에 관하여 살펴보면, 대체로 산 비탈면을 따라 조성된 과수원과 천변을 따라 밭을 일구어 개간하는 밭농사 형태의 농업이 대다수를 이루고 있다. 1913년 안동군 길안면吉安面 대곡동大谷洞 토지조사부土地調査簿에서도 이러한 사실을 확인할 수 있다. 당시 토지는 모두 1,091필지, 480,132평이다. 이 가운데 전田은 519필지 297,182평, 답畓은 482필지 162,471평, 대垈는 83필지 18,900평, 잡종지雜種地는 1필지 32평, 분묘지墳墓地는 6필지 1,547평 등으로 구성되어 있다.[7] 전체적으로는 전이 답보다 필지 수에 있어서 1.1배, 면적에 있어서 1.9배나 많음[8]을 확인할 수 있다.

---

[5] 정진영·강윤정·노광욱, 『안동 근현대사』 2권, 2010, 65쪽.
[6] <공훈전사사료관> 독립유공자 공훈록 및 공적조서 참고. https://e-gonghun.mpva.go.kr/user/index.do
[7] 대곡동 토지 소유자의 성씨별 분포는 모두 37개 성씨로 姜氏 2명, 權氏 35명, 琴氏 4명, 金氏 74명, 南氏 3명, 盧氏 2명, 朴氏 12명, 裵氏 2명, 孫氏 2명, 宋氏 7명, 辛氏 3명, 申氏 3명, 新氏 2명, 安氏 2명, 嚴氏 13명, 余氏 4명, 禹氏 7명, 柳氏 11명, 劉氏 5명, 李氏 48명, 林氏 10명, 張氏 3명, 全氏 2명, 鄭氏 5명, 丁氏 2명, 趙氏 2명, 千氏 6명, 崔氏 3명, 具氏·文氏·方氏·沈氏·池氏·秦氏·韓氏·洪氏·黃氏 등 각 1명이다.
[8] <한국학자료센터> 참고. https://yn.ugyo.net/dir/list?uci=KSAC%2BK05%2BKSM-XD.1913.4717-20130630.T47171307_1

재배작물로는 당귀, 천궁 등의 약초, 사과, 깨, 담배, 고추, 양파, 호박, 옥수수, 땅콩, 감자, 고구마, 마늘, 메주콩, 배, 배추, 무, 블루베리 등이 나타나지만, 주요 작물로는 대체로 사과와 배 같은 과수작물과 약초 위주가 주를 이루고 있다. 주요 작물 가운데 약초의 경우 '약초재배단지'를 안동시 차원에서 임동면 전체에 450ha 가량 조성할 계획으로, 고천·대곡리 일대에 10만평을 우선 조성하였다.[9] 산야초생산단지회는 임동초 대성분교장[10]을 교육지원청의 폐교활용에 따라 매수하여 식용 및 양용으로 재배되는 산야(약)초를 생산 및 가공하는 소득증대시설로 활용하고 있다.

사과는 다수의 경작지가 등고선과 평행하거나 자연경사 방향과 직각으로 경운하여 작물을 재배하는 등고선재배等高線栽培라 불리는 등고선 경작법을 차용하고 있다. 해당 방법의 경작법은 경사도가 높아 경사지에 다량이 비가 내리면 표면수로 인해 대량의 토양침식이 발생할 수 있다는 점에서 유용한 방법이다. 또한 경작지에 토양을 덮어주는 비닐 피복 멀칭을 적용하여 해발고도가 높은 경작지와 경사도에 따른 토양 침식을 방지하고, 수분증발을 억제하는 농법에 중심을 두고 있음을 확인할 수 있다.

> 현재는 사과 농사 짓는데, 이 동네는 사과 많이 지었어. 우리 동네는 지금 딱 1사람이 담배를 하는데, 2리에는 좀 있는 걸로 아는데 많이 안 해요. 예전만큼은. 대곡1리 사과작목반이 있긴 있어. 전체로 있는데 빠진 사람도 있고 요즘에는 지원도 없고 하니까 무의미하잖아. 그래서 빠지는 사람도 있고 예전에는 한 10여 명 되었는데, 명목은 있고. 1리만 하는 작목반이었지. 1리만. 회장도 있고, 총무도 있고 하지만. 예전에 양파 위동(위1·2리)하고 대곡동(1·2동) 양파 작목반이 있었지만, 무의미하고. 명목상에 유지는 되어가고 있어. 크게 저거(활동)는 안 하고.[11]

대곡리의 마을의 성씨 구성에 대해 살펴보면 다음과 같다. 조선총독부 임시토지조사국에서 1913년 작성한 안동군 임동면臨東面 대곡동大谷洞 토지조사부土地調査簿에 따르면, 대곡동에는 姜氏·具氏·權氏·琴氏·金氏·南氏·盧氏·文氏·朴氏·方氏·裵氏·孫氏·宋氏·辛氏·申氏·新氏·沈氏·安氏·嚴氏·余氏·禹氏·柳氏·劉氏·李氏

---

[9] 안동시에서는 2006년 초기 낙동강수계기금을 통해 임동면에 10만 평 조성하였고, 2008년 이후 국비지원을 통해 재배단지 규모를 확대할 계획을 수립하였다. 개별농가 및 작목반을 통해 유기질비료, 농자재, 관정개발, 점적관수 등을 지원할 것으로 기대를 모았다. 또한 풍신읍의 바이오산업단지와 연계해 직거래를 통한 품질의 고급화와 산지유통 대형화를 계획하였다.
[10] 안동시 임동면 대곡리 541에 위치하고 있으며, 1946년 3월 1일 개교하여 1997년 3월 1일 임동초등학교와 통폐합하기까지 졸업생 503명을 배출하였다.
[11] 권상기(69세)의 제보.

·林氏·張氏·全氏·鄭氏·丁氏·趙氏·池氏·秦氏·千氏·崔氏·韓氏·洪氏·黃氏 등 적어도 37개 이상의 성씨가 거주하고 있었던 것으로 보인다. 이 가운데 李氏·權氏가 다수를 차지하고 있다. 1934년 조선총독부에서 발간한 『조선의 성朝鮮の姓』에는 안동김 씨 30호가 거주하는 것으로 조사[12]되었다. 2003년 기준으로 안동김씨는 24가구[13]로 확인 된다.

여기는 성별이 다 섞여있어. 뭐 각성이 다 들어와서 사니까 권가들이 좀 있죠. 김씨들도 있고. 여기는 각성들이 같이 살아요. 어떤 마을 여개 대곡동은 집단 그 집성촌은 아니에요. 같은 성을 가져 모여 사는 그런 게 아니고, 각성들이 모여서 사는 그런 마을입니다. 권씨, 김씨, 뭐 천씨도 있고, 유씨도 있고, 남씨도 쪼매 있고. 보면은 진성이씨도 있고 경주김씨들도 있고 안동권씨, 기계 유씨, 뭐 각성받이라 거의 다 있다 봐야죠.[14]

1950년대 대곡리는 3동으로 구성되어 있었다고 하며, 3동에 약 120가구, 2동에 약 200가구가 산 여기저기 흩어져 거주하고 있었다고 한다. 당시 바드레로 시집 온 제보자 들을 통해서도 이를 공통적으로 확인할 수 있었다. 하지만 본격적인 농촌 인구유출, 도시 인구유입의 이촌향도가 발생한 1960년대 이후인 1980년대의 경우 30여 호로 절반 가까이 감소되었던 것으로 조사되었다.

바드레가 땅이 좋고 그래가 좋은 동네라 그랬어. 요즘 뜯긴 집이 많아서 그랬지. 50-60호 가까이 살았어요. 높은데서 보면 집이 돌방하게 자글자글 있었어. 다른 동네(대곡리 내 자연마을) 는 가다 있고, 가다 있고 그랬지만, 여기는 길 따라 쭉 있어서 구경할 맛이 났어. 골목 여기저기 있고, 거기 따라서 집도 있고. 시집 올 때 그때만 해도 많았지요. 내가 여기 온지 70년이 넘어섰으 니까. 100명이 넘게 살았다고 봐야지.[15]

---

[12] <한국학진흥원성과포털> 참고.
http://waks.aks.ac.kr/dir/searchView.aspx?qType=0&secType=&sType=&sWord=%ea%b5%b4%ec%b0%b8%eb%82%98%eb%ac%b4&dataID=AKS-2011-CAC-1101_DES@KSAC+K05+KSM-XD.1913.4717-20130630.T47171307_1
[13] 정진영·강윤정·노광욱, 『안동 근현대사』 3권, 2010, 90쪽.
[14] 권영일(67세)의 제보
[15] 이순남(대계댁, 77세).심장규(감호댁 87세)의 제보.

지금 바드레는 23호인데, 내가 올 때만 해도 한 32호 됐지. 한 30년 전에는. 원래 고향은 여기인데 부산에 나가서 29년 만에 돌아왔지.[16]

〈표 2〉 2013년~2020년 대곡1·2리 세대 및 인구 현황

연도	행정구역	계	남	여	세대수
2020	대곡1리	112	59	53	73
	대곡2리	104	57	47	68
2019	대곡1리	117	60	57	77
	대곡2리	106	61	45	67
2018	대곡1리	118	62	56	79
	대곡2리	107	59	48	69
2017	대곡1리	121	65	56	77
	대곡2리	121	66	55	74
2016	대곡1리	122	61	61	76
	대곡2리	131	68	63	75
2015	대곡1리	123	65	58	77
	대곡2리	122	63	59	69
2014	대곡1리	124	67	57	75
	대곡2리	127	66	61	73
2013	대곡1리	124	67	57	75
	대곡2리	128	64	64	72

위 표는 최근 8년간의 대곡1리와 2리의 주민등록 인구와 세대의 수를 나타낸 것이다.[17] 대곡1리의 최대 세대수는 2019년, 2017년, 2015년으로 77세대로 동일하다. 등록 인구수는 2014년과 2013년의 124명이다. 대곡2리의 경우, 세대수는 2014년, 인구수는 131명의 2016년으로 나타난다. 2020년 대곡리의 가구는 모두 224호, 215명의 주민들이 거주하며 다양한 성씨들이 모여살고 있었으며, 2021년 대곡1리는 75가구 120여명이 거주하고 있는 것[18]으로 파악되었다.

---

[16] 권상기(69세)의 제보.
[17] <안동시청 홈페이지> 주민등록 인구 참고. https://www.andong.go.kr/portal/inquiry/selectPopulation.do?mId=0502030000
[18] 권영일(67세)의 제보.

2) 대곡1리의 사회조직과 활동

대곡1리의 공식적 조직을 살펴보면, 이장을 중심으로 각 자연마을별 반장 6명, 노인회 그리고 부녀회로 크게 구분할 수 있다. 다른 마을처럼 공식적 조직 중에 가장 이장과 반장 체제로 운영되는 행정조직이 마을에서 가장 중심적인 역할을 한다. 특히 이장은 행정조직 상으로는 가장 낮은 직급으로 간주되고 있지만, 특정 정책을 주민들에게 직접 전달하고 민원을 행정기관에 전달한다는 측면에서 마을을 대표하는 인물로 간주할 수 있다. 특히 한정된 지자체 예산을 활용하여 마을의 숙원사업을 수행하는 데 중추적인 역할을 한다는 점에서 행정상뿐만 아니고 주민들에게도 중요한 역할을 하는 인물이다.

다만 이 마을에서는 이장이 새마을지도자를 겸하여 활동하고 있다는 점이 특이하다. 새마을지도자는 1970년대 새마을운동이 활발하였던 당시 마을의 이장·개발위원장·개발위원을 겸하거나 면리농협장·청년회장·4H회장 등 일선 행정기관과 직간접적으로 연계되는 등 상당히 중요한 직책이었다. 특히 농민의 무상노동력 또는 그에 준하는 싼 값의 노동력을 통해 농촌 마을의 사회 간접자본을 건설하는 등의 개발에 앞장섰다. 이러한 대표적 사업이 농로사업이나 지붕개량 사업이라 할 수 있다.

당시 새마을중앙협의회에서부터 새마을지도자를 필두로 한 마을총회까지의 중앙집권적 행정조직이 완성되었고, 마을총회는 이러한 행정조직의 말단 기구로 편입되어 중앙행정과 마을 간의 상시적인 대면이 가능케 하였다. 다만 현재는 새마을지도자가 점차

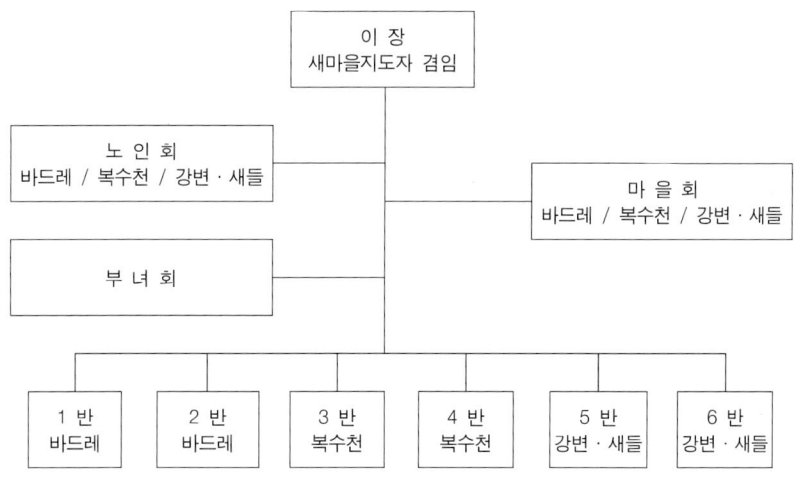

〈표 3〉 대곡리 사회조직의 구조

이러한 농촌개발 또는 농촌발전을 시행해야 할 책임은 물론이고 정부 방침으로부터 위로부터의 수직적 행정체제로 시행되는 농정정책이 점차 줄어들었다. 무엇보다 농정정책의 방향성이 과거와 달리 농촌의 천편일률적 발전이나 개발에 중점을 두고 있지 않고, 주민복지에 중점을 둔 친환경 영농과 농촌 발전에 지자체를 비롯한 정부부처가 각각 정책을 펼치고 있다.

최근 이러한 흐름 가운데 사회복지서비스가 필요한 독거노인이나 소득, 건강, 주거, 사회접촉 등에 어려움을 겪는 사회적 약자를 실질적으로 발굴하고 이를 꾸준히 모니터링하는 등의 실질적 도움을 주는 역할로 그 활동범위와 점차 확대되고 있다. 이러한 행정업무에는 이장뿐만 아니라 부녀회장, 노인회장 그리고 상대적으로 젊은 반장들을 중심으로 활동이 전개되고 있다.

> 4개 동네라 이장일 할 때 힘들었어. 일 많이 했지. 일 볼 때 도로 포장도 하고 그랬지. 부녀회는, 대곡1동 전체 부녀회장이 있지.[19]

> 대곡1리의 동네 업무는 동장(이장)이 하면서 그 밑에 (자연마을별) 복수천, 바드레, 새들·강변이 합친 마을회 이렇게 3개가 (주요하게 활동한다.), 반상회도 반 별로 행사가 있다 던지 아니면 마을의 공사 같은 공동된 일을 해야 할 때면 개최합니다. 반은 6반, 반장 6명(구성되어 있다.) 청년회는 옛날에는 있었는데 지금 현재는 유명무실한 옛날 명맥만 있는거지 따로 활성화가 안되어 있습니다. 그래서 일련의 모임을 한다던가가 없어요. 한 6~7년 전부터 그냥 이름만 있어요. 그 대신 동네별로 모임을 하죠. 여기 부락이 떨어져 있다보니깐 바드레는 바드레대로 새터는 새터대로 복수천은 복수천대로.[20]

부녀회의 경우 자연마을이 아닌 대곡1리 전체 부녀를 대상으로 운영되고 있는 조직이다. 현재와 같은 부녀회의 시작은 1970년 새마을운동의 일환으로 조직된 새마을부녀회에서 살필 수 있다. 근면, 자조, 협동과 같은 정신을 강조한 새마을운동과 더불어 생활의 다양한 관습과 행동, 비합리적 부분을 주민 스스로 개선하여 살기 좋은 마을을 만든다는 취지아래 전국 각지에서 조직되어 현재까지 운영되고 있다.

---

[19] 권상기(69세)의 제보.
[20] 권영일(67세)의 제보.

안동은 1978년 2월 새마을부녀회가 설립되어, 1984년 3월 새마을운동중앙회 안동시지회 사무국이 설치되어 안동시 새마을부녀회가 소속되었다. 1995년 1월 시군 통합에 따라 중앙회 안동시지회가 안동시지회로 개칭되었고, 2002년 5월 사단법인 안동시 새마을회로 법인 설립 등기하여 새마을회 소속이 되었다.

이렇게 새마을운동중앙회 소속 부녀자들이 형성한 초기의 봉사단체는 소속 단체의 변모에 따라 점차 달리하게 되지만, 지역 주민 특히 부녀와 점차 밀착함과 동시에 마을 사회에 여러 활동을 전개하게 된다. 특히 마을의 환경 가꾸기, 사회 안전망의 기저 활동에 의미가 있다. 농경 후 발생하게 되는 폐기물 수거 등과 같은 숨은 자원 모으기나 환경 가꾸기, 봉사대와 같이 독거노인 등에 대한 김장 담가주기와 같은 활동이 이에 해당한다.

대곡1리 부녀회도 이러한 활동과 더불어 대곡리 마을 공동체와 관련된 활동을 진행하고 있다. 동리의 취약계층 그리고 가족 등 방문 및 돌봄·청소봉사, 마을 주변 공병 줍기, 소하천 환경정비, 노인정(경로당) 관리 등의 활동을 전개하고 있다. 조직의 구성은 회장, 부회장, 총무 등으로 구성되어 있다. 회원의 경우 65세 이하 주민의 부녀가 참가하는 것을 원칙으로 하나 이러한 나이제한 보다는 본인이 부녀회 여러 행사들에 활동할 여력이 있는지를 스스로 판단하는 것이 보통이다.

반장의 경우 자연마을 별 각 2개 반씩 총 6개 반[21]으로 구분되어 있다. 대체로 반班은 세20가구 이상이 50가구 미만을 하나의 반을 구성되는 것을 안동시 리, 통, 반 설치 조례로 규정하고 있으나 이러한 구분이 명확하지 않은 것이 현실이다. 반장은 월 1회 정기적으로 반상회를 개최할 수 있으며, 반장이 필요하다고 인정 될 때에는 임시반상회를 개최할 수 있다. 대체로 반상회에서는 마을 내 농로나 마을 진입로 등 도로공사, 생활 개선 관련 마을사회간접자본 시설물의 개선 및 신축, 예를 들어 저온저장고 및 마을공동작업장 신축공사 등 다양한 활동 내용을 다룬다.

노인회는 각 자연마을별 노인회관(노인정)을 중심으로 운영되고 있으며, 별도 조직으로 구성되어 있다. 각각 회장과 부회장, 총무 등으로 구성된 노인회는 노인의 권익 신장과 복지 증진 및 봉사활동 등 사회 발전에 기여하기 위해 1969년 4월 15일 설립된 대한노인회 안동시지회[22] 소속이다. 운영경비는 대부분 회원의 회비나 지방유지나 회원 자녀

---

[21] 안동시 리·통·반 설치 조례의 리, 통, 반의 명칭과 관할구역에 따르면, 대곡1리 반별 관할 구역은 제1반이 1521~1527, 제2반 1521~1527, 제3반 1004~1297, 제4반 1005~1294, 제5반 1223~1235, 6반 43~55, 514~17140이다.
[22] 2020년 2월 27일 운흥동에 신축된 안동시노인종합복지관으로 이전했다.

〈사진 3〉 복수천 경로당   〈사진 4〉 바드레 경로당   〈사진 5〉 대곡1리 경로당

의 찬조금, 지자체의 지원으로 충당하고 있다. 또 회원들이 일부 회비를 갹출하여 기금을 조성하기도 한다.

각 노인회 활동의 중점은 노인회관을 중심으로 하는 노인여가시설의 운영이라고 하겠다. 사회복지시설로서 노인정(경로당)은 노인여가선용을 위해 마을주민 특히 노인회 소속 인원들이 식사와 취미생활 그리고 친목 도모 등을 위하여 이용하는 것이 보통이다.

대체로 삼삼오오 모인 회원들이 식사 때에 맞춰 음식을 서로 나누기도 하고, 방송을 시청하거나 음악을 듣기도 한다. 또한 윷놀이나 화투, 바둑, 장기 등의 오락 활동을 함께 즐기는 모습을 쉽게 확인할 수 있다. 무엇보다 고령층의 농업활동이 빈번한 가운데 농번기 무더위를 피하는 쉼터의 역할을 하는가 하면 농한기의 무료한 시간을 동년배들과 함께 보내기도 한다.

대곡1리에는 공식적 조직에 해당하는 이장, 부녀회, 노인회, 각 자연마을 별로 구분된 반장뿐만 아니라 마을의 대소사를 논의하는 동계洞契가 각 자연마을인 바드레, 복수천, 강변 및 새들 자연마을별로 운영되고 있다. 동계는 마을 내 주민의 협동을 통한 상부상조, 복리증진 등의 목적을 달성하기 위해 공유자산을 형성하여 관리하는 마을의 자치적인 사회 조직이다. 동계의 발생은 대체로 마을 단위의 행사에 대한 필요성, 곧 경비 부담에 대한 공동부담에 대한 필요에 따라 현재와 같은 동계와 비슷한 형태의 조직이 발생한 것으로 볼 수 있다. 그러한 의미로 볼 때, 개별 자연마을 가운데 바드레 마을의 동계(도가축)[23]는 호미씻이 곧, 풋굿(풋구)와 연관되어 있을 것으로 생각된다.

---

[23] '도가축'이라는 동계의 이름에 대한 연원을 확인할 수 없으나, 동신에게 올리는 제사인 동제에서 제수(祭需)를 준비하고 제물을 장만하는 등의 책임지는 사람이나 그 일이 이루어지는 집을 아울러 뜻하는 '도가'를 의미하는 것이 아닌가 추측된다. 원래 도가(都家)가 조선시대 시전(市廛)의 사무 및 공사 처리를 위한 사무소 또는 전계(廛契)의 공동창고'를 의미하던 '도가(都家)'에서 취한 말이고, 원래 동제를 위해 관리되던 물품이나 관련 장소 또는 공적 공간을 뜻하는 도가의 의미가 계의 이름으로 굳어진 것이 아닌가 한다.

동계와 관련하여 조사를 진행할 때 '두레'라는 명칭을 확인할 수 없다. 다만 동계를 설명하면서, 반드시 "7월 중의 제초작업과 음식을 차려 놓고 놀았다(호미씻이)"라는 제보 그리고 해당하는 행사의 중요성을 강조하는 태도에서 안동지역의 호미씻이 전통과의 연결성을 어느 정도 찾을 수 있을 것으로 보인다. 특히 1913년 안동군 길안면吉安面 대곡동大谷洞 토지조사부土地調査簿 '대곡동 본동소유지本洞所有地로 전 1필지 82평이 있다.'고 기록된 것으로 보아, 대곡리 자연마을의 동계가 해당 연도 이전에 이미 조직되어 있었음을 짐작하게 한다. 무엇보다 마을에서는 공동재산의 공동재산을 소유하였고 이를 빌려주거나 임대하여 수익을 거두기도 하였다.

> 동네마다 동네 회의 있지. 마을 마다 저거 마을끼리 있지. 여기(바드레) 도가축이라고 동네의 계가 있어. 동네 마을별로 1년에 한 번씩 하는 계래. 유사가 1년이 임기인데 2명이서 마을을 관리하고, 풀 베고. 동네 일 보지. 7-80년 전부터 내려오던 계인데, 무슨 뜻인지는 잘 모르고. 12월 31일 전에 총회를 한 번 하는데, 마을 사람들 전부 모이고 점심해먹고 잔칫날이지. 동네일 그런 일들 의논하지. 회비를 거두기도 하고 나도 여기 온지 한 30년 되는데, 그때 동네 어르신들이 도가축이라기 보다도 '바드레계'한다 그래. 그때는 풀을 많이 베니까, 아마 그런 계였던 거 같아. 근데 지금은 그런 일은 잘 없으니까. 동네마다 계이름은 모르겠지만, 동장이라 오라고 해도 동회라고 알고 가는 거지.[24]

> 동네 계지. 도가축이, 저거 유사를 두 분 세우고. 요즘은 행사도 없지. 동지 12월 달쯤 모였지요. 예전에는(풀 베고) 마을사람들 같이 부역하고, 누가 찬조하고 그럼 조금씩 모으고 해서 그렇게 운영했어.[25]

바드레 동계 운영은 1년 임기의 유사 2명이 공동기금을 관리하는 형태로 운영되고 있다. 공동기금은 갹출을 기본으로 하나 최근에는 찬조를 통해서도 기금 형성이 이루어지는 것으로 보이고, 12월 경 정일 없이 한 차례씩 모여 식사와 함께 기금운영과 새로운 유사 선출 등에 대한 회의를 진행하여 왔다. 이러한 대동회의는 마을공동체 성원들의 대동적 회의이자 민중조직체로서의 성격을 지닌다. 대개의 마을회의는 정기적 혹은 부

---

[24] 권상기(69세)의 제보.
[25] 이순남(대계댁, 77세)·심장규(감호댁, 87세)의 제보.

정기적 마을회의로 마을주민 전체가 참여하는 가운데 1년간의 대소사를 결정한다. 이러한 형태의 모임은 마을공동체의 단체성의 민주적 통로로 역할을 하는 것이다. 이러한 민중조직으로서의 단체성을 나타내는 또 다른 사회조직으로 계契 혹은 회會 등을 들 수 있다.

이처럼 마을의 대표적인 대동회의적 성격을 지닌 비공식 조직인 동계뿐만 아니라 여러 계가 조직되어 왔으나, 현재에는 거의 사라진 실정이다. 현재 마을에서 운영 중인 계도 친목을 목적으로 하는 경우가 대다수이고, 계원들이 점차 고령화되어 가는 가운데 활동성이 약화되고 결원이 점차 생겨나면서 더 이상 조직을 유지할 수 없게 되면서 자연스럽게 해체되고 있는 것으로 보인다. 무엇보다 새로운 계를 조직할 인적자원의 다양성이 사라지면서 이러한 현상이 나타났다. 또한 영리를 목적으로 하는 식리계殖利契, 지계紙契, 금계金契 뿐만 아니라 공제共濟 및 구제救濟를 위한 목적의 혼상계, 위친계, 학계 등 전통적 계 형태를 빌어 해결할 필요성이 결여되면서 점차 그 조직의 의미를 상실해 가고 있다.

그럼에도 불구하고 사교를 목적으로 하거나 친목을 도모하기 위한 동갑계同甲契는 상당한 기간 동안 유지되어 왔음을 확인할 수 있다. 이는 계의 목적 가운데 상호부조, 상부상조 그리고 친목이라는 공동체적 성격 그리고 이를 토대로 정서적인 동질감과 안정을 찾는 등의 효과에서 비롯될 것으로 추측된다. 식리계가 갖는 계금, 곧 공동자금의 관리에 대한 부담감 없이 계회를 개최하고 구성원이 갹출한 가운데 구성한 공동재산으로 친목도모를 위한 활동이 중점을 두는 활동이 두드러진다는 점에서 더욱 그러하다.

> 친목회나 계는 다 깨버렸지. 젊은 사람들 마을에 대 여섯 뿐인데. 예전에는 동갑계도 많이 했지. 지금은 사람들이 없으니까. 사람들이 다 죽고, 나가고. 사람들이 없으니까. 이 동네도 몇이 없어.[26]

> 계모임은 (나도 어른들도 부녀들은) 많이 안 하셨어요. 돈이 있어야 금계를 하지. 여기는 없었어. 옛날 어른들 여유가 있어야 계를 하지. 도시야 금계나 그런 계를 많이 하지.[27]

---

[26] 권상기(69세)의 제보.
[27] 이순남(대계댁, 77세)·심장규(감호댁, 87세)의 제보.

식리계의 조직과 운영과 관련해서는 대체로 예전부터 존재하지 않았거나 운영하였더라도 아주 일부라고 표현할 만큼 마을 주민 일부만이 조직하였다고 하는데, 대체로 식리 관련 계의 경우 목적을 달성하게 되면 "계를 깬다"고 하는 만큼 모임이 해체되는 것이 일반적이다. 일반적으로 식리계는 부녀들이 조직 및 운영하는 경우가 많고, 이러한 계의 조직이나 운영과 관련하여 가족 구성원에게 공유하지 않아 제보나 구술로는 그 내용을 정확히 확인하기 어렵다. 다만 다분히 식리를 목적으로 하는 계뿐만 아니라 상호부조 목적의 혼상계婚喪契 혹은 혼구계婚具契 등도 계 조직의 바탕이 되는 경제적 기반, 곧 혼례 및 상례 관련 문화의 현대화를 비롯한 전반적 변화에 따라 더 이상 유효한 사회조직으로 기능하지 못하게 되면서 점차 사라졌다.

3. 팬데믹 속 마을과 사회조직의 적응

지난 2년간 지속되어 온 코로나19 감염증으로 비롯된 일련의 팬데믹으로 인하여 우리는 사회 전반의 변화를 모색할 수밖에 상황에 처하게 되었다. 사실 농촌사회라 일컬어지는 지방의 작은 마을들은 인구집중도 그리고 그 경제적 활동의 범위 등을 고려할 때, 수도권을 비롯한 대도시보다 그 심각성을 적게 인식하고 있을 것으로 예상하고 있다. 이러한 추측은 서울을 비롯한 수도권은 인구가 밀집되어 있는 반면, 농촌은 상대적으로 넓은 땅 위에 아주 작은 사람들이 충분한 거리를 가지고 생활하고 있다는 가정에 기인하고 있다.

역설적으로 팬데믹 이후 우리 사회가 준비하는 위드코로나가 지향하는 비대면 접촉, 저밀도 사회의 모습을 이미 농촌이 가지고 있다는 점이다. 아이러니하게도 이러한 농촌의 강점은 소멸위험, 지방소멸, 인구의 과소화, 고령화, 초고령화 등의 키워드와 함께 언급된 코로나 이전의 일상에서 농촌의 약점으로 지적된 부분이었다.

그러나 다른 사람들을 자주 접촉해야 하는 대도시와 달리 논과 밭에서 일하고 함께 거주하는 식구들을 제외하고는 마주치는 사람이 거의 없는 농촌에서는 마스크를 쓸 필요가 없는 상황이 대부분이다. 따라서 농촌마을 사람들이 코로나를 대처하는 방법은 도시와는 사뭇 다르다. 단적으로 2020년 3월부터 6월까지 마스크 품귀 대란으로 시행된 정부의 공적마스크 수급책으로 출생연도 끝자리에 따라 지정된 요일에만 1인당 2매씩의 공적 마스크를 구매할 수 있는 '마스크 5부제'가 시행되었다. 이때만 해도 우리 사회가 코로나에 대한 이해가 낮았고, 충분히 준비되지 않았기에 불가피 조치였다고 평가할 수 있다.

당시 도시에서는 마스크 구매를 위해 약국과 마트 등 공적마스크를 판매하는 곳에 길게 줄을 서고 기다리는 모습이 수개월 이어졌다. 물론 일부 농촌지역에도 이에 해당하는 일들이 없다고 할 수는 없지만, 대부분의 농촌지역 그리고 대곡리의 주민들은 이런 마스크 구매의 이유는 본인이 사용하기 위해서가 아니라 도시나 해외로 나간 자식이나 손주들의 몫을 확보하려는 이유가 더욱 컸다.

우리 사회의 코로나 대응 전략은 '사회적 거리두기'로 집약된다. 정부의 방역체계는 감염병 위기단계의 상향 혹은 하향에 따라, 코로나19 대응을 위한 조직을 국무총리를 본부장으로 하는 중앙재난안전대책본부를 가장 상위로 범정부적으로 방역에 집중하고 있다. 감염병 대응의 특수성과 전문성을 고려하여 방역 컨트롤타워인 '중앙방역대책본부'(질병관리본부)가 전체 방역을 수행하는 가운데, 각 지방자치단체에서도 단체장을 중심으로 '지역재난안전대책본부'를 구성하여 감염병전담병원과 병상을 확보하고, 수용범위를 넘어서면 중앙에서 병상, 인력, 물자 등의 자원을 지원하는 큰 틀의 방역체계를 유지 중에 있다.

이런 방역체계 속에서 이루어지는 사회적 거리두기는 확진자의 지역사회 감염 차단을 위한 정부의 권고 수칙으로, 2020년 6월 28일부터는 각종 거리두기의 명칭이 '사회적 거리두기(social distancing)'로 통일되고, 코로나19 유행의 심각성과 방역조치의 강도에 따라 1~3단계로 구분돼 시행했다. 그러다 2020년 11월 7일부터는 3단계에서 5단계(1.5단계, 2.5단계 신설)로 세분화하는 내용의 사회적 거리두기 개편안이 시행되었다. 이후 2021년 6월 20일에는 강화된 방역, 의료역량과 예방접종 진행 상황을 반영해 4단계로 나뉜 사회적 거리두기 체계 개편안이 발표됐으며 이는 7월 1일부터 적용되었다.

다만 이런 사회적 거리두기의 설정과 적용 그리고 개편의 연속성 속에 농촌 마을이 정책 수립에 있어 고려의 대상이 되었는지는 명확하지 않다. 앞서의 공적마스크의 상황만 살펴보더라도 코로나에 놓인 도시와 농촌의 상황은 극렬하게 대비된다. 물론 갑작스럽게 누구도 예상하지 못한 코로나의 상황에서 모두를 고려한 정책이 입안되고 또 실행되기에는 어렵다는 사실은 인정할 수밖에 없을지 모르나 코로나로 농촌이 어떻게 변화할지, 또 농촌에 코로나 '이후'가 과연 있는가에 대한 고민은 지금부터라도 반드시 수행해야할 과제가 아닐까 생각한다.

이러한 문제의식 속에서 살펴본 대곡리의 코로나에 적응하고자 하는 마을과 사람 그리고 조직의 활동 양상을 살핌으로 앞으로 코로나와 함께 또는 코로나 이후의 사회에서 농촌은 어떤 모습일지 살펴보는 것이 필요하다.

개별 구성원들의 삶은 물론이고 사회 조직의 운영의 기저에는 기본적으로 정부 지침인 사회적 거리두기가 우선 적용되었을 것으로 보인다. 사회적 거리두기가 그 내용이 자주 개편되고, 거리두기의 대상이 개편의 내용에 따라 달라졌기에 일괄적으로 적용될 수는 없다. 그럼에도 코로나 이후 우리 사회를 움직인 중요한 지침이 '사회적 거리두기'라는 점에는 크게 이견이 없을 것이다.

우선 마을의 사랑방 역할을 하던 노인정의 경우 방역조치와 관련하여 장기간의 폐쇄에 따라 출입이 금지됨에 따라 일상에서 대면 그리고 접촉으로 상징되는 만남의 장이라는 공간을 잃게 되었다. 노인정은 기존에 노인회만이 점유하던 공간이 아니다. 동계가 열리는 계회의 장소이며, 노인회원들이 일상을 공유하던 공간이기도 하다. 또한 갑작스러운 마을의 대소사에 주민들이 모여 의견을 나누던 공론의 장이기도 하며, 어버이날이면 주민들이 모여 잔치를 벌이던 곳이기도 하다.

> 근 2년은 (코로나) 때문에 그런 것도 없어. (노안정에) 모여서 식사도 하고 그래했지. 밭에서 일하다 중간에 시원한 에어컨 바람 쐬러 들어오기도 하고, 저녁에는 모여서 같이 밥해먹고 티비(텔레비전)도 보고 했지. 요즘에는 영탁이 나오는 거 미스트롯에 나왔던 가수들 나오는 거 많이 봐.[28]

마을 구성원들이 공유하던 장에 정부의 일관된 지침과 방역 단계로 재단된 거리두기가 다시 과거처럼 마을생활의 행정 집행자로 등장하게 된 것이다. 이런 상황은 마치 과거 위로부터 아래로 향하는 수직적 방향성의 농정정책과 크게 달라 보이지 않는다. 불가피함과 필요성 그리고 발전과 발달이라는 방향성을 타자의 판단으로 일관되게 적용했던 과거는 그나마 국가적 그리고 사회적이라는 거시적 목표에 대한 환상이 존재하였기에 마을 구성원들이 일정 부분 정책을 따를 수 있었다. 하지만 현재는 마을 구성원들의 묵시적 합의 없음은 물론이고 당사자들이 고려되지 않은 가운데 스스로의 생명을 담보하는 가운데 이를 따라야 한다는 점에서 큰 차이를 보인다. 충분한 목적의식을 공유하지 못한 가운데 지침을 준수해야 할 적극성이 결여되어 있다.

이런 가운데 노인정이 갖는 사회간접자본 시설의 성격, 곧 공동체를 유지시키던 공공

---

[28] 이순남(대계댁, 77세).심장규(감호댁, 87세)의 제보.

재적 그리고 공동체적 복지 등의 순기능이 더욱 부각되기에 이르렀다. 최근 7월 거리두기가 재개편됨에 따라 공공시설에 대한 방역 수준이 일부 축소되거나 해제되었다. 이는 마을 공동체의 대표적 시설 가운데 노인정을 통해 국가 그리고 정부 및 지자체가 일상에서도 감당하지 못했던 공공성의 공백을 메우고 있었음을 확인하는 조치에 하나로 이해될 수 있다.

이러한 공공성은 노인복지나 취약계층에 대한 돌봄 정도로만 해석해서는 안 될 것이다. 아래 그림과 같이 최근 노인정을 다시 개방하면서 정부와 지자체는 방역에 대한 관리에 있어 마을의 구성원을 담당자로 하고 있다는 점을 통해서도 확인할 수 있다. 노인정이라는 공간이 갖는 공공성은 우리가 잃었다고 생각했던 공동체성에 기반을 두고 있다고 생각된다. 특히 마을 내 여러 사회조직과 그 구성원들은 개별 조직별로 각기 따로 운영하고 있지만 실제로는 사회조직 상호 간에 밀접하게 그리고 긴밀하게 연결된 상태로 운영되는 협력적 관계였음을 보여주고 있다.

주로 노인회가 점유하던 공간인 노인정은 오락이나 취미활동 위주의 활동이 이루어졌다. 그러한 가운데 노인이라는 계층을 돌봄의 대상으로 삼는 부녀회는 노인회의 식사나 대내외적 활동에 적극적으로 지원하는 형태를 갖추게 된다. 또한 이장을 비롯한 공식적 조직의 활동도 대다수의 마을 구성원들인 노인회에 중심을 둘 수밖에 없는 행정활동과 지원을 유지하게 된다. 이러한 일련의 흐름 속에서 동계 속 전체 구성원들 또한 각 사회조직의 구성원들이 모인 집합이라는 점에서 큰 틀거리에 벗어나지 않는 마을 대소사의 처리가 이루어지게 되는 것이다.

이처럼 동계 그리고 노인회, 부녀회, 작목반 등 공식적 그리고 비공식적 조직들이 동일하게 사용하여 오던 공공의 장소 그리고 그 장소로 자연스럽게 수렴되어 왔던 마을 구성원들이 장소와 공간을 점유하던 방식을 보면 과거의 공동체보다 그 크기는 축소되고 구성원의 측면에서 다양성은 부족할지 모르나 오히려 각각이 홀로 유지될 수 없다는 상황에서 서로를 돌보고 살피는 긴밀함은 연속성을 가지게 된 것이라 하겠다.

긴밀성의 또 다른 배경에는 마을이 겪고 있는 마을 인구의 감소 그리고 고령화 등이 일부 역할을 한 것이라 보인다. 우선 과소화의 경우 점차 축소되는 구성원의 수에 더하여 이러한 구성원 축소 속에 세대, 곧 고령층을 제외한 다른 세대가 줄어들게 되었다. 이러한 결과로 마을의 인구의 특성이 작은 인구구성 가운데 동일 또는 유사세대가 큰 마을 구역 안에서 서로 흩어진 채 살아가게 될 것이다. 특히 대곡리와 같은 산간에 위치한 벽지마을이 이러한 특징을 더 잘 보여주게 될 것이다.

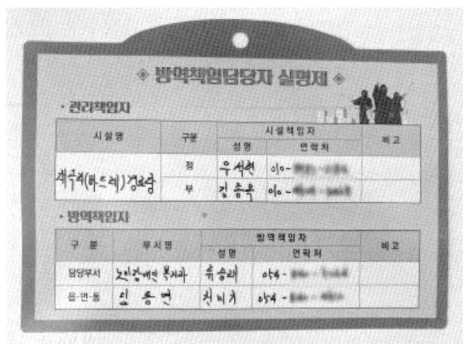 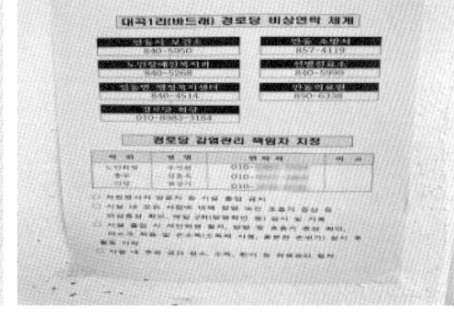

〈사진 6〉 방역책임담당자 실명제　　　　〈사진 7〉 경로당 비상연락 체계

4. 결론

임동면 대곡리는 안동 벽지의 산간마을이라 할 수 있다. 마을의 민속을 꾸준하게 연구해왔던 지역 대학을 비롯한 다양한 학술연구기관의 자료에서도 소외되다 표현할 수 있을 만큼 축적된 자료도 부족하다. 임하호를 따라 난 구불구불한 길을 따라 깊은 골짜기 속 산 주변으로 흩어진 마을은 최근까지 마실 상수도 시설이 완비되지 않아 식수가 제대로 공급되지 않기도 하였던 만큼 오지라 할 수 있는 곳이다.

적응하고 순응하지 않으면 삶을 영위하기 어려운 자연환경 속에서 척박하지만 나름대로 마을사회를 개척하였던 구성원들이 코로나19라는 감염병에 비롯된 팬데믹을 겪고 있는 상황이다. 조사를 위해 마을을 찾을 때면 사회적 거리두기 지침을 지키는 것은 당연한 것이었지만 혹여 조용한 마을에 코로나를 옮기는 일을 하는 것이 아닐까 걱정이 앞서기도 하였다.

걱정을 뒤로 하고 대곡천을 따라 펼쳐진 두름산을 비롯해 장갈령으로 이어지는 험지 곳곳에 위치한 집들 사이에 살아가는 주민들을 보면서 오히려 복잡하고 어려운 현실에서 벗어나는 경험을 할 수 있었다. 다만 조사 가운데 비대면을 강조하는 정부 지침에 따라 늘 가깝게 보며 함께 취미와 오락 나아가 밥을 먹으며 함께 생활하던 이웃 구성원들을 만나기 어려웠다고 전하는 주민들을 만날 때 마다 코로나 그리고 팬데믹이 오지의 마을과 주민들의 삶에도 깊숙하게 침투하여 왔음을 실감할 수 있었다.

그런 가운데 마을의 사회조직은 여전히 자신의 기능을 적응의 측면을 수행하며, 나아가 특수한 사회 조건 속에서 공공성 그리고 긴밀하게 연결된 공동체성을 더욱 부각하거나 담보하는 형태를 보이고 있었다. 특히 일상적인 공유의 공간과 그 안에서의 활동이 현재 비대면의 상황 속에서 이루어지기 힘들던 공적 돌봄을 대체하고 있었다는 사실을 여실히 확인할 수 있었다. 무엇보다 여전히 행정력을 수행하는 공식적 조직을 바탕으로 기존 농촌사회의 문제점으로 지적되었던 상황이 오히려 팬데믹을 이겨내는 데 어느 정도 영향을 미쳤음을 확인할 수 있었다.

다만 이러한 영향력의 기저에 위치한 비공식적 조직의 구성원들 그리고 공동체적 성격이 정부 지침 그리고 과소화, 고령화 등과 같은 일정한 조건과 만나면서 오히려 환경적 측면에서 팬데믹 이후의 사회를 고민해 볼 여지를 주고 있다. 무엇보다 앞으로의 회복된 사회 그리고 회복을 위한 노력을 경주해야 할 사회를 그릴 때 정부나 지자체의 재난관리 역량보다 지역공동체의 사회자본이 더 주요한 요소임을 확인할 수 있다.

세시 전통과 문화생활

강석민

1. 마을 사회의 동향과 특징

대곡마을이 속해있는 임동면은 1992년 임하댐의 준공으로 인해 저지대에 있는 경작지와 주거지가 임하호에 잠기게 된 역사적 사건을 지니고 있다. 이에 따라 면소재지도 그 터를 옮겼을 뿐 아니라 주민들의 생활권에 큰 변동이 있었다. 경북마을지에 따르면, 임동면은 본래 임하현에 속하는데, 숙종 때 임하현臨河縣이 현내면縣內面 · 임동면臨東面 · 임남면臨南面 · 임북면臨北面의 5개 면으로 분할되면서 안동군에 편입되었다. 임동면은 임하현의 동쪽에 위치하고 있으며, 임당리林塘里 · 사의리思義里 · 악사리岳沙里 · 박곡리朴谷里 · 수곡리水谷里 · 상숙리上宿里 · 하숙리下宿里 · 고천리高川里 · 동산리東山里 · 위곡리渭谷里 · 대곡리大谷里 11개 동리를 관할했다. 그러다가 1914년 행정구역통폐합 시행에 따라 임당리 · 사의리 · 악사리는 임하면으로, 갈전리葛田里 · 고천리 · 대곡리 · 마령리馬嶺里 · 박곡리 · 수곡리 · 위리 · 중평리中平里 8개 동리는 임동면으로 개편되었다. 1992년 당시 임동면의 총면적은 151.7㎢인데, 전 11㎢, 답 7㎢이고, 임야는 119.3㎢, 기타 면적이 14.4㎢였다.[1]

이 중 대곡마을은 임동면의 북동쪽에 있다. 임동면에 속한 마을 중 위도상 가장 북쪽에 위치하고 있으며, 마을 한가운데에는 장갈령에서 흘러나오는 대곡천이 가로지르고 있다. 대곡마을은 북쪽으로 예안면 동천리, 동쪽으로 영양군 청기면과 입암면, 남쪽으로 위리와 장갈리, 서쪽으로 예안면 인계리와 구룡리와 인접하고 있다. 역시 경북마을지에서 대곡마을 역사의 일면을 살펴볼 수 있는데, 이를 옮기면 다음과 같다. 대곡마을은 본래 임하현 지역에 속했으며 크고 기다란 골짜기라는 의미에서 한실 또는 대곡이라고 불렀다. 임동면의 행정구역 개편과 마찬가지로 고종 32년(1895년) 안동군 임동면에 편입 되었다가 1914년 행정구역통폐합 시행에 따라 복수천·해천·신평·고도·금수천·고사·갈마곡·위동 일부가 병합되면서 이곳을 대곡동 또는 대곡리라고 하였다. 1992년 발간 당시 총 153가구가 거주하고 있었으며 안동권씨와 안동김씨가 많이 살기는 했지만 다양한 성씨를 가진 가구들이 어울려 사는 마을이었다.[2]

주민들의 구전에 의거하여 마을의 과거와 현재를 기술하면 다음과 같다. 초창기 대곡 마을이 형성될 때에는 고지대에 먼저 사람이 들어와 살았고, 차차 산 아래와 평지로 확장되어갔다. 대곡 1리는 갯골에, 대곡 2리는 돌메기에 가장 먼저 사람들이 들어와 살았다. 마을은 대체로 해발 고도가 높은 곳에 사람들이 모여 살고 있는 산촌으로, 농사 또한 산을 조금씩 경작해가며 토지를 넓혀나가는, 이른바 산전山田이라는 경작 방식을 택해왔다. 대곡 1리와 대곡 2리 모두 마을에 가장 사람이 많았을 때는 약 150여 가구가 각각 살았다고 한다. 하지만 대규모로 경작하거나 많은 이들이 모여 살 만한 토지가 많지 않은, 산촌이라는 지리적 특성상 작은 규모의 많은 자연마을들이 형성되었다. 대곡 1리의 자연마을은 큰바드레(해천·바드레)·복수천(복바드레)·새들(새터, 셋터)·강변(갱변, 갱밴)·갯골로, 대곡 2리의 자연마을은 간촌(윗마, 아랫마)·한실·고도(옛고두·고두말)·금수천(금바드레)·군마(굿마)·돌메기(석항)·갈마골·가르점으로 구성되어 있다. 대곡마을은 두 행정리로 나뉘어 있지만 이렇듯 모두 10개가 넘는 자연마을들로 구성되어 따로 또 같이 모둠살이를 이어가고 있다.

대곡 1리 큰바드레는 바드레라는 지명을 가진 안동 소재의 열두 곳 중에 가장 크다고 하여 큰바드레(이하 바드레)라는 이름이 붙여졌다고 전하며, 또한 배가 물에 떠 있는 형상 이라고 하여 해천海川이라고도 불렸다. 이곳에는 예전 안동 고을 원님이 직접 기우제(무제)를 지내던 천해당天海當(또는 천혜당이라고도 함)과 동암사, 그리고 용의 굴이 위치하고

---

[1] 경북향토사연구협의회, 『경북마을지』 하, 1992, 366~367쪽.
[2] 위의 책, 372~373쪽.

있다. 복수천은 벌이 모여 있는 모습을 본 지나가던 스님이 '복 받을 동네'라 하여 복바드레는 이름을 지어줬다고 전한다. 새들은 집안과 마을이 새롭게 만들어져 붙여진 이름이고, 강변은 말 그대로 도랑(개울) 근처에 마을이 형성되었다고 하여 붙여진 이름이라고 한다.[3]

대곡 2리 한실이라는 마을 이름에는 상술한 길다란 골짜기라는 뜻 외에도 다른 곳보다도 특히 추운 곳이자 다른 마을들보다 깊은 골이라는 뜻이 주민들 사이에서 동시에 구전되고 있다. 한실에 들어서는 마을 입구에는 수구뜰이라는 지명을 가진 숲이 자리하고 있으며, 이 숲은 한실의 당나무(느티나무)를 품고 있다. 대곡큰길이 나게 되면서 숲의 일부를 없앨 수밖에 없었다고 전한다. 간촌은 한실과 고도 사이에 있는 마을이라 하여 그와 같은 이름이 붙여졌다고 한다. 간촌은 간촌웟마와 간촌아랫마로 나뉘어져 있으며 현재 대곡 2리의 자연마을 중 가장 많은 가구가 거주한다. 또 이곳에는 천연기념물로 유명한 대곡리굴참나무가 자리하고 있다. 돌메기는 석항이라고도 불리며, 해발 450~500m에 자리한 마을이다 보니 가파른 길을 올라야 만날 수 있다. 갈마골은 목마른 말이 물을 먹고 있는 형국이라는 특성이 지명에 반영된 사례이다. 갈마골과 가르점은 각각 대곡저수지 위와 아래에 위치한다.[4]

대곡 1리와 대곡 2리의 거주 인구 현황은 대체로 유사하다. 대곡 1리에는 약 60호 정도가 살고 있으며, 강변·새들·복수천·바드레 순서로 각각 10~20호 정도가 모여 살고 있다. 대곡 2리 역시 약 60호 정도가 살고 있으며, 돌메기·군마·금수천·고도·한실·간촌 순서로 각각 3~20호 정도가 모여 살고 있다. 대곡 1리 갯골, 대곡 2리 갈마골과 가르점에는 과거 사람들이 모여 살아 마을을 형성했지만 지금은 사람이 살지 않는다. 마을의 조직 구성도 이에 따른다. 대곡 1리의 마을 조직은 이장을 중심으로 6반까지 조직되어 있으며, 바드레는 1·2반, 새들은 3반, 강변은 4반, 복수천은 5·6반에 속해 있고 이밖에 바드레 노인회, 강변과 새들 노인회, 복수천 노인회, 그리고 대곡 1리 부녀회가 조직되어 있다. 대곡 2리의 마을 조직은 이장을 중심으로 7반까지 조직되어 있으며, 간촌은 1·2반, 한실은 3반, 고도는 4반, 군마는 5반, 금수천은 6반, 돌메기는 7반에 속해 있고 이밖에 한실 노인회, 간촌 노인회, 고도 노인회, 그리고 대곡 2리 부녀회가 조직되어 있다.

---

[3] 권상기(남, 1952년생)의 제보(2020년 6월 13일, 제보자 자택).
[4] 장대경(남, 1955년생)·임용실(남, 1947년생)·권재식(남, 1949년생)·김종한(남, 1954년생)의 제보(2020년 6월 13일, 대곡 2리 한실 마을회관).

과거 대곡마을에서는 서숙(조)과 나락(쌀), 보리를 주로 경작하였다. 그러다가 담배 농사를 짓게 되었으며 이후 점차 콩·마늘·양파·고추 이모작을 실시하여 지금에 이르고 있다. 근래에는 과수농사를 많이 짓게 되었는데 특히 사과를 주요 작물로 삼고 있다. 사과농사를 짓기 위해 귀농하여 마을에 정착한 사람들이 있고, 시내 또는 임동에 거주하지만 마찬가지로 사과농사를 짓기 위해 마을을 오가는 사람들도 다수 있다. 생태지리적 환경 또는 사회경제적 배경으로 인해 과거부터 쌀농사는 주력으로 하지는 않았으며, 한다고 하더라도 수익을 위한 것이라기보다는 필요한 농가가 각자 자급할 정도만 짓고 있다. 이모작에 비해 쌀농사는 수익이 덜 하다는 것이 오늘날에도 쌀농사를 크게 짓지 않는 큰 이유 중의 하나이다. 이외에도 대곡 2리에서는 당귀·강황·작약 등 약초를 재배했고, 지금도 재배하고 있는 농가가 손에 꼽힐 정도로는 있다.

이처럼 대곡마을은 두 개의 행정리, 열 곳 남짓한 자연마을이 큰 골, 즉 대곡이라는 마을 이름을 공유하며 살아가고 있다. 대곡마을은 그 이름만큼이나 임동면에서 가장 크고 사람들이 많이 사는 마을(골)로 운위되고 있다. 여기에 속한 대곡 1리와 대곡 2리, 그리고 자연마을들은 위치상 인접한데다가 서로 유사한 환경 및 배경을 지니고 있으며, 향유하고 있는 문화적 문법과 현상 또한 사실상 대동소이하다. 하지만 이들 모두를 결합시키는 문화 형식은 지금으로서는 찾아보기 어려우며, 다소 분산되어 서로 다른 모둠살이를 이어가고 있다고 볼 수 있다. 다시 말해 현재의 시점에서 확인할 수 있는 점은 인구의 규모가 영세할지라도 각 자연마을들이 독립적인 신앙공동체·놀이공동체·노동 공동체를 조성하고 있다는 점이다. 따라서 모든 마을의 사례들을 들여다보는 것은 한계가 있다. 이 글은 대곡 1리와 여기에 속한 네 자연마을에 살고 있는 주민들의 이야기를 보다 중점적으로 들어보고, 이를 통해 그들의 생활상을 들여다보고자 한다.

2. 마을의 사회경제적 조건과 그 변화

"주로 다 농사를 위주로 해서, 약간 오지죠 벽지라고 봐야 되겠죠. 안동에서 저 끝자락이 붙어 있고 저희가 이게 조금. 그 다음에 해발 한 지금 특히 그저께 찾아가신 바드레 같은 경우는 해발 한 450m 돼요. 여기 언덕에 있는 마을이요. 그 다음에 마을 전체가 대곡 1동은 4개 부락으로 형성이 돼 있고. 지금 현재 세대에서는 한 73세대. 주 작물은 여기는 고추, 콩 그 다음에 과수원. 사과가 한 90프로 되고 한 10프로 정도. 이 정도로 있고. 그 다음에 전부 평야는 없잖아요.

전부 산에 그래서 지금 현재 버스가 운행되고 있는 도로 옆으로 땅은 평평하지만은 대다수의 땅이 경사지죠. 경사지고 개활지도 크게 넓은 곳도 없고 조금 답답한 지역이죠. 어떻게 보면은 그리고 지금은 이동 수단이 좋죠. 버스도 하루에 네 번 왕래를 하고 시내버스가 하지만 옛날에는 정말 여기 벽촌이었습니다. 학교 다니기도 어렵고 그러다 보니까 교육 수준도 옛날에는 좀 떨어졌다고 봐야죠. 또 주로 주민들이 지금은 이제 기존에 살던 원주민들도 있고. 그 다음에 귀농 귀촌하신 분들도 꽤 많으세요. 귀농인들이 한 10% 정도 10% 정도 된다고 보는데. 10가구 이상 되죠. 귀농인들하고 현지에 살던 분들하고 잘 화합을 해서 재밌게 진행이 되는데, 가장 농촌의 가장 문제가 이제 그거예요. 이 화합을 어떻게 하느냐가 중요한 부분이고 앞으로 잘 되겠죠. 그러다 보니까 또 여기는 특별한 거는 없어요. 사실은 그런데 특별하게 공기는 좋지. 산도 좋잖아 이 산이 좋으니까 공기는 좋아요. 그래서 이제 그런 부분은 좀 동네 장점이라 그러면 좋은 곳에서 편하게 농사 지을 수 있는 그런 곳이다. 그 정도예요."[5]

위의 구술은 대곡 1리 마을 사회의 특징을 압축적으로 보여주고 있다. 대곡 1리는 이른바 '산간벽촌', '오지', '하늘 아래 첫 마을', '가장 큰 골' 등으로 운위된다. 특히 소개되는 '벽촌'이라는 명칭에는 마을이 산간 오지에 자리했으며, 이러한 위치상의 한계가 교육 수준의 한계로 이어진다는 주민의 인식을 살펴볼 수 있다. 실제로 대곡 1리는 마을 한가운데를 흐르는 대곡천 주변의 땅은 평평하지만 그 외의 다른 땅은 대부분 경사지일 정도로 개활지를 찾아보기 어려운 지리적 환경에 처해 있기도 하다. 낙후된 생활 경험에 대한 구술은 단번에, 전보다 나아진 현재의 모습에 대한 구술로 이어진다. 즉 경사진 땅은 오히려 귀농귀촌을 하기에 좋은 조건이 되기도 하는데, 오늘날 주요 환금작물의 하나라고 할 수 있는 사과의 재배는, 해발 고도가 높고 경사진 땅이라는 조건이 오히려 이점이 될 수 있기 때문이다. 마을이 가진 천혜의 자연 환경은 편하게 농사지을 수 있는 장점으로도 의미화된다. 이와 함께 벽촌이라는 조건과 교육 수준의 상승에 대한 열망은 비교적 외부에 열린 마을의 성격을 나타내기도 하며, 실제 귀농인들이 적지 않은 상황에서 원주민과 귀농인의 화합이 마을의 향방을 결정짓는 중요한 현안으로 제기되고 있다. 즉 대곡 1리의 여러 마을들은 대체로 입향에 대한 정확한 정보와 같은, 마을의 시초적 연원과 관련된 역사가 뿌리 깊게 전승되어오고 있다고 보기는 어렵지만, 척박한 고산지대의 땅을 일궈온 역사가 마을의 자부심과 연결되어 구술 곳곳에서 활성화되고 있다

---

[5] 권영일(남, 1955년생)의 제보(2021년 4월 4일, 제보자 자택).

는 것이 특징이다. 뿐만 아니라 주민들은 대곡 1리를 천혜의 자연 경관 그리고 환금작물에 적합한 토질과 기후를 가진 입지를 자랑하며, 좋은 산과 공기를 지니고 있는 곳으로 그 의미를 풀어내고 있다.

상술했듯이 현재 대곡 1리 주민들은 쌀·콩·마늘·양파·고추·사과농사를 짓고 있으며 특히 최근 마을은 고추와 사과의 주요 생산지로 자리 잡고 있다. 1970년대 초 실시된 본격적인 새마을운동의 영향으로 농업 생산시설 기반이 확충되면서 대곡 1리 또한 환금작물의 생산비중이 점차 증가하게 되었다. 특히 그 이전부터 생산하던 담배는 초기 자금이 크게 투입될 필요가 없을 뿐 아니라 연초조합과 연계되어 있기 때문에 당시로서는 어렵지 않게 마을의 주요 작물로 자리 잡았다. 여기에 통일벼의 보급은 자급자족적 성격을 띠던 그 이전의 농업이 수익성을 띤 사업으로 전환된 또 하나의 요인이었다. "통일벼 (…) 나오고부터는 그래도 그나마 촌 사람들도 이밥 좀 먹었지. 그 전에는 그저 왜 보리쌀 눌렸는 거 하고 쌀하고 섞였는 거 있었잖아. 그거 사먹었어 사무"[6]라는 구술과 같이, 통일벼의 보급과 새마을운동은 당시 마을 사람들에게 쌀밥을 먹을 수 있게 해준 기억으로, 즉 식량자급이 가능하게 된 기억으로 자리하고 있다. 하지만 동시에 그것은 전통적 형태의 자급자족적 농사에서 벗어나 영농 기술의 보급과 다수확 품종에 집중시킴으로써 농업 근대화를 통한 농가 소득의 증대를 최대 목표로서 목전에 가시화시키는 직접적인 계기가 되었다.[7]

"70년대 후반쯤 돼 가지고 고춧금이 근당 한 2만 원 했습니다. 그때 그래서 말 그대로 노놔가지고 여 아까 복수천 같은 있는 분들이 정말 갑자기 경제 여건이 확 좋아진 거예요. 그게 몇 년 동안 계속 유지가 된 거야. 지금도 2만 원 안 하잖아, 고추 한 근에. 근데 한 30-40년 전에 그렇게 가버렸으니까 그래서 그때 당시만 해도 여기에 있던 분들, 바드레 있는 사람들이 안동 시내에 집 없는 분이 없었어요. 돈이 많이 들어오니까. (…) 몇 년 전에 내가 왔었는데도 고추 한 근에 6천 원, 7천 원 그렇게 그랬는데 그때 당시 2만 원. 군대 생활을 하고 여기 오니까 군대 갔다 오니까 이 시골에서 소주를 안 먹어요. 맥주 먹는 거야. 소주를 안 먹어. '그까짓 소주를

---

6 강복순(여, 1955년생)의 제보(2021년 11월 26일, 제보자 자택).
7 새마을운동은 정신계발, 환경개선, 농가 소득증대 등 세 가지 목표로 집약된다고 하지만, 가장 결정적인 문제는 소득증대였다. 농가의 소득증대는 기본적으로 농업소득과 농외소득의 증대를 통해 가능했고, 특히 농업소득의 증대는 기본적으로 생산성 향상 및 생산력의 확대, 그리고 농업생산물 유통과정의 확립이 중요했는데, 여기에 국가 수준의 강력한 정책이 영향을 미쳤다. 식량자급은 경제개발 전반에 걸쳐 중요한 문제였고, 이는 농가의 소득증대라는 목표를 위한 단초로 작용했다(황병주, 「새마을운동 시기 국가와 농민의 정치 경제학」, 오유석 엮음, 『박정희 시대의 새마을운동』, 한울아카데미, 2014, 27~48쪽 참조).

왜 먹나? 돈 천지인데 맥주 먹지.' 그러고. 집집마다 막 맥주를 먹는데 그 시절부터 조금씩 조금씩 하면서 이제 교육이 어려우니까 외지로 많이 빠져나갔지. 그러니까 이제 안동 시내에도 좀 많이 나갔고."[8]

"그 해 가을이 떡 되니까, 여름이 되니까 고추가 뭐 이래 집에 있어 보면은 오전에 고추가 뭐 오천 원 한단다. 이카다만 오후에 가이께네 누가 육천 원 받았단다. 그 이튿날 가이께 칠천 원 갔단다. 하루 하루에. 오전에 다르고 오후에 다르고 올라가는 거라. 그러다가 어느 날 저거 하이께네 팔천 원까지 올라갔지. (…) 떼부자 된 이 많지. 바드레, 복수천 시내 가 집 샀는 사람 글 때 다 샀어. 다 있었어. (…) 그래가지고 '아 이래가 안 될따.' 싶어가. 집안 아재 되는 이가 하나 있어. 내가 내려갔지. '아재요. 저 밭 한 뙈기 주소. 밭을 한 개 주면 우리도 고추 좀 해보그로. 밭을 한 뙈기 주소.' 이랬어. 그이께네 주드라만은 한 뙈기를. 저 산에. 그래 줬는데, 거기에 고추를 심었어 그 이듬해."[9]

대곡 1리에서도 농업적 생산을 통한 소득 향상은 내면화되었으며, 이는 다음 세대의 주민들이 더 나은 교육적·경제적 여건을 찾아 마을 밖, 특히 도시로 이주하게 되는 계기가 되기도 하였다. 그중에서도 1970년대 후반에 있었던 고춧금의 폭등은 마을 농가의 소득 향상을 실제 체감했던 집단적인 기억으로 자리하고 있다. 당시 한 근에 500원하던 고추가 8천 원까지, 기억에 따라서는 2만 원까지 폭등했다는 것인데, 이때 고추농사를 지었던 마을 주민들은 당시로서는 흔한 소주보다는 값비싼 맥주를 먹는다거나 안동에 집을 구입하는 등 큰 이득을 보았다고 전한다. 주목되는 것은 이를 목격했던 한 주민이 친척으로부터 땅을 증여받아 고추농사를 시작했다는 점인데, 이전까지 한 가족이 먹을 정도의 조·보리를 경작했지만 이 광경을 보고 수익성을 도모하기 위해 본격적으로 고추농사에 뛰어들었다는 것이다. 이러한 사건은 비단 한 개인의 일화로 그치지 않았고, 마을 곳곳에 환금성이 좋고 고소득을 볼만한 농사를 시작하게 된 계기로도 작용했다. 나아가서는 이를 통해 축적된 농가소득이 당시 자녀들의 유학과 탈향에 유용한 자원이 되었다.

대곡 1리는 논작물보다 밭작물의 비중이 크다. 이는 주민들이 처한 현실에 맞게끔 스스로 설정한 합리성을 우선적으로 고려한 결과인 셈인데, 논에 벼를 심는 것보다 콩·

---

[8] 권영일(남, 1955년생)의 제보(2021년 4월 4일, 제보자 자택).
[9] 강복순(여, 1955년생)의 제보(2021년 11월 26일, 제보자 자택).

마늘·양파를 번갈아 심고 수확하는 것이 더 이익인데다, 고령화된 주민들에게 녹록치 않은 판매 과정도 상대적으로 수월하게 진행되기 때문이다. 사과농사는 1970년대 초에 시작되었지만, 본격화된 것은 1980년대 후반으로 알려져 있다. 최근에는 사과 작물이 2000년대 초부터 모습을 보이기 시작한 귀농인이나 출입경작자들의 생업 활동에 유력한 선택지가 되고 있다.

현재를 기준으로 대곡 1리 주요 작물의 생업력을 간략하게 기술하면 다음과 같다. 고추농사는 1월 말에 종자를 구입하는 것으로 시작된다. 2월 초까지는 모판에 종자를 심고 하우스에서 발아시킨다. 4월 말에서 5월 초에 밭에 심으면서 동시에 고춧대도 꽂아두며 어느 정도 키가 자라면 넘어지지 않도록 줄을 친다. 7일에서 10일 간격으로 수시로 약을 치고, 수확의 경우 8월 하순 첫물 따는 것을 시작으로 10월 하순까지 적으면 세 차례, 많으면 네 차례에 걸쳐 수확한다. 수확한 고추는 바로 건조 작업을 진행하고 12월은 되어야 대체로 한 해 농사를 마친다. 사과농사는 1월부터 3일까지 진행되는 가지치기로 시작한다. 4월부터 5월까지는 적뢰·적화·적과를 순서대로 진행하며 그 사이에 거름 치기를 진행한다. 10~15일 주기로 3월부터 수확에 이르기까지 방제를 위해 약을 치고 제초 작업 또한 수시로 실시하며 5월부터 6월까지는 봉지를 씌운다. 사과 품종은 주로 부사를 재배하는데, 수확 한두 달 전부터 과실이 충분한 일조량을 받을 수 있도록 반사필름을 깔고 잎을 소지하는 작업을 한다. 수확·출하는 11월부터 실시하므로, 사과농사 역시 12월은 되어야 한 해 농사를 마칠 수 있다.

그런 한편, 마을의 경관이 근대적 면모를 갖추게 된 것은 역시 1970년대 새마을운동의 영향이 크다. 현재 마을과 마을을 이어주는 길들은 대체로 1970년대 새마을운동 때 개발되었으며, 바드레로 들어가는 시멘트로 깔린 길은 2018년에 아스콘으로 보수되었고, 복수천으로 들어가는 길은 아스콘으로 보수되면서 새로 길을 냈다. 전기는 1970년대 중후반에 들어오게 되었으며 버스 또한 전기와 유사한 시기에 들어온 것으로 전한다. 바드레의 경우 지하수 개발은 지금으로부터 30년 전인 1990년대에 실시하였는데, 당시 음식을 준비하여 상차림을 갖추고 제문을 읽고 절을 하며 제사를 지냈으며, 복수천도 비슷한 시기에 실시했던 것으로 전한다. 이곳의 지하수는 석회가 많이 섞여 있어 상수도 개발을 하게 되었는데, 이는 지금으로부터 4년 전인 2017년에 실시되었으며, 복수천은 10년 전인 2010년 즈음에 실시되었다. 이처럼 환금작물의 도입과 생업 주기의 변화, 그리고 경관의 근대적 재편과 같은 마을의 사회경제적 조건 변화는 세시 전통의 변화와 깊게 맞물려 있다고 하겠다.

3. 세시 전통의 구조와 풍속의 추이

세시풍속은 기후와 계절의 변화에 민감하게 반응하며 살았던 전통사회 사람들의 시간의식이 하루·한 달·계절·1년의 생활주기 속에서 공동체적 삶의 단위로 역사화된 습속으로, 세시는 역법과 절기의 체계로 구체화되었고 풍속은 세시에 따른 사람들의 공동체적 생활 문화로 재생산되어왔다. 세시풍속은 전통사회의 공동체적 시간문화로서, 시간의 주기에 따라 주민들이 그들의 생활과 생업 속에서 전승해온 경험지식의 총체라 할 수 있다.[10]

〈표 1〉 대곡 1리 전통적 세시풍속의 전승 양상

월	절일	풍속	전승 여부
1	설날	차례, 세배와 덕담, 복 기원, 액막이, 윷놀이, 널뛰기, 연날리기	전승
	십이지일	첫 쥐날·닭날에 바느질 하지 않기, 첫 소날에 일시키지 않고 콩 먹이기, 첫 토끼날·원숭이날에 여자 출입 삼가기, 첫 용날에 연장 만지지 않기, 첫 뱀날에 장 담그거나 일 하지 않기, 첫 말날·돼지날에 장 담그기	일부 전승
	대보름	당제(복수천), 복토 훔치기, 용알뜨기, 달맞이, 모의농사, 풍흉 점치기, 액막이, 지신밟기	일부 전승
	16일	동네공사(복수천, 강변·새들)	일부 전승
2	영등	영등고사 지내기	단절
3	삼짇날	절에 가기, 칠석제 지내기, 장 담그기, 화전놀이	단절
	청명·한식	성묘	단절
4	초파일	절에 가기, 연등달기	전승
5	단오	창포에 머리감기, 궁궁이 꽂기, 약쑥 말리기, 그네와 씨름	단절
6	유두	유두제사	단절
	복날	약수마시기, 삼계탕과 보신탕 먹기	전승
7	칠석	절에 가기, 칠석제, 바느질 하기	전승
	백중	절에 가기	전승
	풋구	샘과 길치기, 집집마다 음식 모아 함께 먹고 놀기	단절
8	추석	성묘와 차례	전승
9	중구	성묘와 차례, 단풍놀이	단절
10	상달	재수굿, 상달고사, 가신단지 쌀 갈기	일부 전승

---

[10] 이영배, 「근대적 시간체제 비판과 민속적 시간문화의 가치 재인식」, 『대동문화연구』 90, 성균관대학교 대동문화연구원, 2015, 183~186쪽; 「시간문화의 전통과 구조적 변환: 송제마을 세시풍속의 경우를 중심으로」, 『한국학연구』 60, 고려대학교 한국학연구소, 2017, 108쪽.

월	절일	풍속	전승 여부
11	동지	동지제사, 팥죽먹기	일부 전승
	20일	도가공사(바드레)	전승
12	섣달그믐	묵은세배, 수세, 불 밝히기, 복주머니 짓기, 빚 갚기, 참새 먹기	일부 전승
	윤달	집수리, 이사, 이장, 수의 짓기 등	전승

대곡 1리에서는 여느 마을과 마찬가지로, 설날에는 차례와 세배·덕담, 복 기원, 액막이, 윷놀이, 널뛰기, 연날리기 등을 행했다. 정초가 되면 차례를 지내기 전에 성주, 삼신, 용단지 등 가신에도 먼저 고사상을 올렸고, 그러고 나서 조상들께 차례를 지냈다.

"어른들이 두래기 입고 그랬어요. 두루마기 있잖아요. 겉에 입는 옷이래가지고 큰 옷이라 카고 했어. [김동석 : 요새 어데 뭐 전부 다 그거 입나. 옷도 한복이든 우에 그냥 덧저고리만 입어부머. 옛날 두루마기라고 저거 있어.] 그걸 두루먹 소릴 안 하고 '큰 옷 내라.' '큰 옷 다고.' 이랬어. 이우제서(이웃에서) 세배 오고. [김동석 : 그래. 새해 잘 계시라고 인사하고. 큰절로 하고. 그러이 전부 그 안에서 전부 뭐 또 술도 가 오고 뭐 빈손으로 못 가이께네. 술상 채리가 와가지고 술 먹는 이는 술 먹고 안 먹는 이는 기양 뭐 딴 거. 과일 먹고.] 세배하러 오머 빈 입에 못 보내잖느껴. 그래가지고 묵도 해놨다 주고 감주도 해놨다 주고. 그랬어. 재미있었어 옛날에는. 고생은 해도 그래도 사람이 재미가 있었어."[11]

세배는 공동세배를 진행하였는데, 핵가족화와 공휴일 지정 이전에는 동네 아이들이 집집마다 사랑어른들을 일일이 찾아다니며 세배를 하고 덕담을 들었다. 사랑어른들은 아침이면 큰 옷(두루마기)을 입고 세배하는 이웃 아이들을 맞이할 준비를 했다. 시절음식으로는 떡국을 먹었으며 특별히 어른께 대접하기도 했는데, 세배하러 온 사람들을 빈 입으로 보내지 않기 위해 묵·감주 등을 준비하여 대접하였다. 놀이로는 윷놀이, 널뛰기, 연날리기를 비교적 너른 마당에서 함께 모여 진행하였다. 처음 맞이하는 십이지일에는 정해진 금기를 수행했다. 첫 쥐날·닭날에는 바느질을 하지 않는다. 첫 소날에는 소에게 일을 시키지 않고 좋은 콩을 먹인다. 첫 토끼날·원숭이날에는 여자의 집 밖 출입을 삼간다. 첫 용날에는 연장을 만지지 않는다. 첫 뱀날에는 장을 담그거나 일을

---

[11] 김동석(남, 1951년생)·남영자(여, 1951년생)의 제보(2021년 5월 10일, 제보자 자택).

하지 않는다. 첫 말날·돼지날은 장을 담그기 좋은 때이다.

대보름에는 당제, 복토 훔치기, 용알뜨기, 달맞이, 모의농사, 풍흉 점치기, 액막이, 지신밟기를 행했다. 특히 대곡 1리에 속한 마을 중 유일하게 복수천에서는 당제를 지냈던 것으로 전한다. 복수천의 당나무는 소나무로, 수령은 약 450년이며 높이는 15m, 둘레는 4.9m이다. 1982년 11월 2일에 보호수로 지정되었고, 20년 전 서서히 죽어가자 사람들이 비료를 뿌리고 기도를 드리는 등 지극정성으로 돌보아서 소생시켰다고 전한다.[12] 복수천에서 당제를 통해 모시는 신격은 '당산할배'로 불리며, 사전에 보고된 자료를 토대로 구체적인 절차를 정리하면 다음과 같다. 제의준비는 정월 열사흗날 마을회의를 열어 제관을 선정하는 것으로 시작되며, 제관은 두 집을 선정했으나 인구 감소로 인해 한 집으로 줄이게 되었다. 제관 선정 당일 저녁에 제관은 금줄을 치고 황토를 뿌림으로써 부정을 물리치고 당나무를 포함한 마을 공간을 성소聖所로 조성했다. 당제를 지내는 동안에는 제관 이외에 누구도 마을 큰 길에 오가서는 안 되었던 것으로 전한다. 제관은 정월 열나흗날 아침에 임동장에서 포·대추·밤·곶감·채소·양초·향·한지 등 제의에 필요한 물건을 구입하며, 당제는 정월 보름 자정에 지냈다.[13] 복수천의 당제는 마을 인구의 고령화와 감소로 인해 점차 축소되다가 제관 선정이 더 이상 어렵게 되자 2012년 즈음 '천년 뒤에 보자'며 고하고 마지막으로 지냈다. 마지막으로 지내기 전에도 약 5년 동안은 당제를 지내지 않았는데, 제관을 맡을 내외가 있는 가정이 마을에 너무 적었기 때문이다. 마을에 병들고 사망하는 주민들이 점차 늘어나게 되자 촌로들에 의해 그 원인으로 당제를 정성껏 모시지 않은 것이 지목되었다. 이에 마지막으로 지냄으로써 마을의 영원한 평안을 기원하였다.

대곡 1리에는 전반적으로 지신밟기에 대한 단편적인 기억들이 존재한다. 마을마다 풍물패가 조직되었던 것은 아니지만, 주기적으로 때가 되면 각 마을들이 공동으로 관리하는 풍물 악기들을 꺼내어 놀았다고 전한다. 큰 틀에서 유사하지만, 주민들의 기억을 통해 당시 마을별로 진행되었던 지신밟기의 모습들을 재구해보면 다음과 같다.

"지신밟기도 하지. [남영자 : 걸립이 지신밟기래요. 집집마다 마다(마당) 가서 지신 눌리고.] 부엌에 가가 지신 눌리고. (…) 그래 인제 그거 가주 전부 기금으로 하는 거지. [남영자 : 술상에

---

[12] 안동민속박물관, 『안동의 당나무』, 영남사, 2015, 171쪽 참조.
[13] 안동민속박물관, 『안동의 동제』, 영남사, 1994, 204~205쪽 참조.

거다 돈 놓고 막 이래 했어. 어떤 사람 노는데 한참 놀고 술 먹고 노는데 옷을 훔쳐가 등떠리에다 여가 꼽새춤 춘다 그랬다 왜.] (웃음) 아주 우리 쪼맨할 때는 글때는 여 모자 여 맨들어가주고 상갓 모자 맨들어가주고 꽃다발 달아가주고. 고깔 그걸 맨들어가주고. 옛날에 우리 쪼끄만할 때 그런 게 한두 번? 있었어. (…) (웃음) 그건 못 해. (…) 그 집에 하여튼 평화롭게 잘 되기 위해가주설랑 그래 말 하는 사람이 따로 있기 때문에 그런 거 흉내도 못 내, (…) 잘 하는 사람이 있었어. 동네에."¹⁴

바드레에서는 기旗가 따로 구비되지는 않았으며, 꽹과리 셋, 큰 징 하나, 소북 대여섯이 참여했다. 탈은 쓰지 않았지만, 구경꾼의 옷을 훔쳐다가 등에 넣어 꼽새춤을 추는 이도 있었다. 악기를 치는 이들은 꽃다발을 단 상갓 모자를 쓰고 지신을 밟았다. 지신을 밟을 때는 마당에 가서 먼저 밟아주고 그 다음 부엌에 가서 밟아주었다. 지신밟기는 놀이와 동시에 걸립을 위한 것인데, 기본적으로 집 주인이 술상을 차려놓지만 돈 있는 집에서는 돈도 내놓았다고 한다. 현재 마을에 지신밟기를 주도적으로 한 주민들(특히 '전라도 아지뱀'이라고 불리던 김동락 어르신)은 떠났으며, '지신아 지신아 눌리라. 사방 지신아 눌리라'와 같은 단편적인 구음이 확인된다. 강변에서도 설을 쉬고 보름이면 지신을 밟았다. 기는 '대곡1동 강변마을'이 적힌 마을기를 포함해 여러 개가 맨 앞에 섰으며, 그 뒤로 꽹과리 하나, 북 하나, 징 하나, 장구 하나, 소고 여럿이 줄을 이었다. 탈 쓴 사람은 없었지만 수건을 머리에 동여맨다거나 때 묻은 한복을 입거나 숯으로 칠을 하는 등 얄궂게 변장한 이들이 뒤를 따랐다. 여자는 적극적으로 참여하지는 않았고 주로 남자들이 여장을 했다.¹⁵

"(복수천) 그게 인제 열엿샛날. 제사 지내고 나가지고. [예. 음력 보름날 제사 지내면 열엿샛날 여 오라 소리 안 해도 무조건 모여요.] 그래 하루 그래 쉬가. [오새(요새)는 회관 있이이 그때 회관 모이지만, 안 그러면 제사 모신 집에 모여가지고. 밥도 점심도 한 때 하고.] 음복이랑 같이 해가지고. [예예. 그 날 감주하고 뭐 썼는 거.] (당제는 안 지내도) 윷놀이 맹 지금도 하잖아. [지금은 해도 뭐 인제, 뭐 반 대결이 아니고, 그냥 둘 있는 집은 둘 요래, 이 집이 넷 집 있다 카면 이쪽 두 집, 우리 두 집 요래 농구고 사람 요래 맞차가. 그냥 그래 하지요. 꼭 그 날이

---

¹⁴ 김동석(남, 1951년생)·남영자(여, 1951년생)의 제보(2021년 5월 10일, 제보자 자택).
¹⁵ 강복순(여, 1955년생)의 제보(2021년 11월 26일, 제보자 자택).

아이래도 딴 날도 옳은.] 인원수가 없으니깐은 인원이 많이 없으니깐 인제 있는 사람만 고래 해가지고는. [옛날에는 우리 집에도 한 번 놀았을 때, 하루 다 못 놀드라. 사람이 많애가. 내 여서 ○○이 업고 할 때요. 하루 종일. 한 번 놀아 놀아도 다 못 놀아.] 그때는 많앴다고. 내 와가지고도 죽은 사람 얼매나 많노."[16]

정월 보름이 지나고, 열엿샛날이면 복수천과 새들·강변은 각각 동네공사를 진행했다. 복수천에서는 보름 새벽에 당제를 지내고 그 다음날인 열엿샛날이 되면 마을 주민들이 함께 음복을 하는 동시에 음식을 차려놓고 윷놀이를 하면서 하루를 보내며, 지난 한 해의 마을 일을 돌아보고 오는 해의 새 운을 기약하였다. 새들과 강변은 동네공사를 함께 진행하였는데, 역시 열엿샛날이 되면 음식을 마련하여 함께 식사를 하고 놀며 시간을 보냈다. 유사는 돌아가면서 두 집이 담당하였는데, 강변에서 한 집, 새들에서 한 집씩 선정하여 1년간 마을의 살림살이를 돌보았다. 약 5년 전부터는 진행하지 못했다. 동네공사를 한 번 치르기 위해 들어가는 기금을 주민들이 공동으로 행상을 메어 걸립하여 충당했으나, 점차 상장례를 마을이 아닌 병원에서 치르게 되면서 기금이 더 이상 모이지 않았기 때문이다.[17]

"우리는 용두할매, 우리 어머님 맹 시집오이 비더라고(빌더라고). 2월 초하룻날 따로 뭐 하는 거도 없고, 물만 떠놓고. 언제까지 물 떠놓잖아 그지요? [그것도 한 열흘 뜬 이 있고, 보름 뜬 이 있고, 한 스무날 떠놓는 이 있고. 다 틀리니까.] (…) 혹시나 뭐 고기를 사든동 안 그러면 떡이 어디서 들오거나 하거나 뭐 그러면은 이제 물 떠놨는 거기다 갖다 놓고. 절 한 번 하고. 그래 매 번 그래. 새로운 게 생기면 그러더라고. 그런데 평시에 우리 이거 먹는 거는 안 올리는데. 심지어는 감기약 사잖아요. 감기약 사면 감기약도 거기다 놓고."[18]

2월 초하룻날에는 영등고사를 지냈다. 마을에서는 그 신격을 '용두할매'라 부르며, 2월 초하룻날이 되면 아침 새벽에 물을 한 양푼이를 떠서 마당에 상을 차려 올려두었다. 용두할매가 내려올 때 비가 오면 풍년이 든다는 속신이 전하며, 동시에 비가 오면 며느리를 데려오는 것이고 바람이 불면 딸을 데려오는 것으로 여겼다. 때로는 물만 떠놓는

---

[16] 익명(여, 복수천 주민)의 제보(2021년 11월 22일, 제보자 자택).
[17] 강복순(여, 1955년생)의 제보(2021년 11월 26일, 제보자 자택).
[18] 익명(여, 복수천 주민)의 제보(2021년 11월 22일, 제보자 자택).

것이 아니라 다른 음식도 상에 올린다. 평소에 먹는 음식을 올리지는 않는다. 혹시 고기를 사거나 어디서 떡이 들어오는 등 특별한 음식이 집에 들어오게 되면 반드시 상에 올리고 절을 했다. 심지어 지금 주민들의 윗세대는 감기약을 사면 상에 감기약을 올리기도 했다. 또한 음력 2월 초승까지는 용두할매가 내려오기 때문에 피 흘리는 것을 만지지 않는 등 각별히 조심하는데, 벌을 내리는 용두할매가 집 조상보다 더 까다롭다는 믿음 때문이다. 새로 들어온 음식을 상에 올리지 않고 사람이 먼저 먹게 되면 입이 부풀어지는 등 벌 받는다는 믿음도 존재한다. 용두할매에 물 떠놓는 기간은 열흘, 보름, 스무날 등 집집마다 달랐다.

"전 동네가 전부 모여가지고. 그때 뭐 사실 요새 같으면 시장에 가가지고 물건 같은 거 사고 하지만은 글 때는 시장에 가가 그런 거 살 저건 없그든. 전부 집에서 했는 농산물, 이거 가지고설랑 전부 전도 부치고 국수도 해오고 하고 뭐 시시만큼. 집에서 고마. 옛날에 버지기. 거기다 좀 해가지고 가 오고. 뭐 다라이에도 걍 좀 이래 담아 오고. 적도 부쳐가 오고. 뭐 별 거 다 해가 오지 뭐. 그래가 전부 모다가지고(모아서) 갖다 놔놓고 먹고 놀고 이래 그래 인제 산에 올라가가지고는 인제 풍물 가지고 올라가가 산에 가가 뚜드리고 좋아라고 뚜드리가 놀고 이래 했지. (웃음)"[19]

3월 삼짇날에는 한 해 농사의 풍흉이나 수확 농산물의 판매금을 점쳤다. 특히 삼짇날에 바람이 많이 불면 고춧금이 올라간다고 여겨, 올해 바람이 많이 불면 앞으로 농사지을 고추를 묵혀 둔다. 3월 말부터 4월 초에 이르면 화전놀이를 간다. 정확한 날짜는 없고 참꽃이 피게 되면 그때 그때 동네에서 날을 정한다. 바드레의 경우 마을의 여자들만 화전을 가는 것이 아니라 남녀 구분이 없이 함께 화전을 갔다. 물건을 사서 잔치를 벌이는 요즘과 달리 화전이 활성화되었던 당시에는 집집마다 '버지기'에 전, 국수 등을 준비하여 산으로 올라가 풍물치고 노래하며 하루를 놀았다. 화전을 가는 장소는 따로 지명이 존재하지는 않으나 너무 가파른 곳이 아닌 편편한 산 중턱에 오른다. 참여를 위한 나이 제한은 없었고 한 번 모이게 되면 삼사십 명씩 모였다고 한다. 화전놀이 준비는 매년 11월 동짓달에 뽑는 유사가 전담한다. 강변에서는 화전을 대개 남자들이 갔는데, 가매봉에 올랐다고 한다.[20] 4월에는 초파일이 있으며, 절에 가서 연등을 단다. 주민

---

[19] 김동석(남, 1951년생)·남영자(여, 1951년생)의 제보(2021년 5월 10일, 제보자 자택).
[20] 강복순(여, 1955년생)의 제보(2021년 6월 11일, 제보자 자택).

들은 대체로 동암사銅巖寺를 방문한다.

"5월 단오에는 뭐 요즘은 안 해. 그네 조 느티나무(더꾸먹 느티나무)에 올라가가지고 그네 매놔놓고 그네 뛰고 하루 그냥. 그래서 하루 노고. 씨름은 같은 건 안 했어. [남영자 : 씨름 한 번 언제 했잖아.] 그건 하마 언제, 뭐 그게 씨름이라 그게? 해매다 같이 나가야지 뭐. [남영자 : 한 번 언제 ○○하고 막 있일 때 우리 올 씨름대회 하자 그고 뭐 청년들 그랬다 캐.] [남영자 : 그거 하매 오래 됐어. 40년 넘어요.] 하마 50년도 넘지 그거는. [남영자 : 총각 때이께네 그지요?] 어."[21]

5월 단오가 되면 창포에 머리감기, 궁궁이 꽂기, 약쑥 말리기뿐만 아니라 그네와 씨름을 진행했으며 쑥떡을 해먹었다. 지금은 단절되었지만 바드레에서는 단오가 되면 더꾸먹에 있는 느티나무에 그네를 매고 뛰었다. 단오가 되기 며칠 전부터 그네를 매기 위한 짚을 모았고 세 줄로 새끼를 꼬아 그네줄을 만들었다. 복수천에서도 역시 그네를 뛰었는데, 준비 과정은 대동소이하되 그네는 당나무에 매었다고 한다. 단오 때 메어둔 그네에 비가 내리면 풍년이 든다고 여겼다. 수시로 진행되지는 않았지만 역시 바드레에서는 청년들이 모여 씨름대회를 진행하기도 했다.

"물 먹으러는 많이 다녔지. (…) 글때는 시장이 여 머니까, 뭐 물건 같은 거 사먹을 수가 없잖아. 그러이 인제 밀가리(밀가루)에다 거 인제 고추 썰어 옇고 쪄가지고설랑 고추장 발라가지고 그래가 좀 맵게 해가 먹으면은 물을 마이 먹는다고. 그래가주설랑 거 가가 먹고 그거 먹고 물 마이 먹고 온다고. 그래가지고. (웃음) 먹고 가기도 하고 싸가주 간다니까. 싸가주 거서 먹고 물 한 컵이라도 더 먹고 온다고 그래 가가 싸가 댕기고 그랬다."[22]

6월 유두에는 국수를 삶아 유두제사를 지내고, 유두국수를 먹으면 더위를 먹지 않고 장수한다고 여기지만 마을에서는 그냥 지나갔다고 한다. 복날에는 '물 먹으러 간다'고 한다. 약수터에 물 먹으러 가면서 백숙도 한 그릇씩 먹는다. 바드레에서는 동네에서 단체로 가지는 않고 지인들끼리 모여, 청송·신촌·강구·후포 등으로 놀러 간다. 마령

[21] 김동석(남, 1951년생)·남영자(여, 1951년생)의 제보(2021년 5월 10일, 제보자 자택).
[22] 김동석(남, 1951년생)·남영자(여, 1951년생)의 제보(2021년 5월 10일, 제보자 자택).

지리실에도 약수물이 있어 교통이 발달하지 않았던 때에는 그곳으로 다녔다. 울창한 여름이다 보니 가는 길에 불쑥 튀어 나오는 뱀을 보고 다시 집으로 돌아오기도 했다. 이곳으로 갈 때면 밀가루에 고추를 썰어 넣고 고추장을 발라 싸가서 물 먹기 전에 먹기도 했는데, 입을 맵고 짜게 만들어 물을 조금이라도 더 먹기 위해서였다.

7월 칠석은 견우와 직녀가 만나는 날로, 목욕재계를 하고 칠석제를 지냄으로써 아들 낳기를 빈다. 그리고 절을 찾아 불공을 드리기도 하며, 비가 오는 날이기 때문에 호미를 따로 씻지 않는다. 마을에서는 7월이 되면 칠석이나 백중보다 풋구를 크게 지냈는데, 이를 주민들은 '풀꾼' 또는 '풋군'이라고 칭한다. 바드레에서는 이 날이 되면 마음 놓고 풀을 베러 다녔으며, 이때 베었던 풀을 모아 거름으로 쓰면 퇴비로도 좋다고 여겼으며 '풋군 먹는다'고도 칭한다. 이는 농사가 잘 되기를 비는 행위로서, 심마니가 산삼 캐기 위해서 산에 절하는 행위에 비유되기도 한다. 화전과 마찬가지로 집집마다 음식을 준비하여 함께 나누어 먹었으며, 주로 더꾸먹의 느티나무 아래에서 모여 놀았으며, 농촌 변화의 바람에 마을은 힘을 잃기 시작하여, 이 또한 약 40년 전에 마지막으로 행했다.[23] 복수천 역시 '풀꾼 먹는다'고 표현하며, 마을에서 공동으로 풀을 베고 모여 술 한 잔 먹던 것으로 기억된다. 노인정의 건립으로 노인정에서 하루 먹고 놀았던 적도 있었지만, 예초기가 보급되면서 풀 베고 음료수 먹고 각자 집에서 헤어지는 것으로, 그 행위의 의례적·축제적 성격은 축소되고 기능적인 측면이 강화되는 쪽으로 바뀌어 갔다.[24]

8·9·10월은 한 해의 결실을 거두어들이고 이를 가족과 마을, 조상과 신들과 함께 나누는 의례들이 집중되어 있다. 가장 강조되는 때는 단연 8월 추석인데, 공휴일 지정에 따라 성격과 기능이 강화된 추석이라는 시간에 9월 중구와 10월 시제, 때로는 3월 한식과 청명까지 통합되는 양상을 보인다. 안동 지역에서는 대체로 8월 추석에 햇곡식이 채 여물지 않으면 이를 조정하기 위해 9월 중구에 성묘와 차례를 지내지만, 현재 마을에서는 햇곡식이 나지 않아도, 햅쌀을 구입하여 추석에 필요한 의례를 행한다. 또한 원래 추석에는 차례를 지내되 성묘는 가지 않지만, 점차 성묘와 차례 등의 의례적 행위들이 추석에 통합되고 있다. 그래서 10월 시제는 따로 지내지 않고 추석에 같이 지내는 것으로 갈무리한다. 다만 10월 상달에 지내는 가택고사나 가신단지의 묵은 곡식을 햇곡식으로 교체하고 묵은 곡식은 가족이 나누어먹는 행위는 현재에도 일부 전승되고 있다.

[23] 김동석(남, 1951년생)·남영자(여, 1951년생)의 제보(2021년 5월 10일, 제보자 자택).
[24] 익명(여, 복수천 주민)의 제보(2021년 11월 22일, 제보자 자택).

"그거는 동네 유사를, 도가공사. 그거 이름이 도가공사라 캤어. 도가공사한다 캤어. 동네 공사. 원래 이름은 동네 공산데 도가공사라 캤어 어른들이. 도가공사한다 카지. 그걸 공사라고 하는 거는 인제 모애가지고 하이께네 인제 오늘 유사인테 모애라 이카는데, 공사하러 온나 이캐."[25]

11월 동짓달에는 동지 절일이 있으며, 이때는 팥죽을 쑤어 먹을 뿐 아니라 가신들께도 팥죽을 올림으로써 집안의 안녕을 도모한다. 바드레에서는 동짓달인 음력 11월 또는 양력 12월에 도가공사를 진행한다. 도가공사는 동짓달 스무나절은 되어야 진행되며, 다른 마을에서 정월 열엿샛날 행하는 동네공사와 비슷한 형태를 띠고 있다. 도가공사는 도가충이라고도 불리며, 유사는 매년 두 집을 선정해 돌아가면서 맡는다. 전통적으로 도가공사에서는 한 해의 농사를 마치고 동네의 대소사를 가감 없이 모두 논의했으며, 지신을 밟는다거나 행상을 메어 걸립한 돈과 물품으로 공사비용을 충당한다. 물론 풍속의 전승이 단절되었더라도 도가공사 자체는 소실의 위기 속에서도 현재까지 지속되고 있다. 12월 섣달그믐에는 묵은세배, 수세, 불 밝히기, 복주머니 짓기, 빚 갚기, 참새 먹기 등을 행한다. 특히 마을에서는 수세 풍속이 재미있었던 것으로 운위된다. 즉 설을 맞아 만두를 준비하면서 미처 잠이 들어버린 아이들의 눈썹을 하얗게 만들고, 일찍 자서 눈썹이 희었다고 장난쳤던 기억이 일반화되어 있다. 윤달은 같은 달이 반복되어 1년 12개월 외에 추가된 달로, 공달이라고도 한다. 양력의 경우 4년마다 2월에 하루가 보태져 29일이 되며, 음력에서는 3년에 한 번, 또는 5년에 두 번으로 그 주기가 달라진다. 윤달에는 무슨 일을 해도 탈이 나지 않으므로, 조심스러워 평소에 잘 하지 못하는 이장·이사, 집·변소·장독 고치기, 수의 짓기 등을 한다.

근래에 새롭게 생겨난 세시에 대해 언급하면 다음과 같다. 먼저 대곡 1리 네 개 동이 모두 모이는 마을총회는 정월 초순에 이장이 날을 선정해 진행하는데, 이는 전통적으로 예전부터 전승되어온 것은 아니다. 주로 농협 조합원 운영 공개, 수자원공사 수몰 지구 지원, 농기구 보조, 적십자 회비 등과 같이 마을 운영과 관련한 공식적인 안건의 처리를 위해 소집된다. 마을총회는 비교적 왕래가 쉬운 강변·새들 노인정에서 주로 개최된다. 노인회에서 주관하는 5월 8일 어버이날 행사가 있다. 전술하였듯이 마을의 노인회는 바드레, 복수천, 강변·새들에 각각 조직되어 있다. 어버이날 행사는 노인정이 설립되고 여기에 운영비가 내려오면서 각각 시작되었다. 노인회에는 일 년에 180만 원과 두 달에

---

[25] 남영자(여, 1951년생)의 제보(2021년 5월 10일, 제보자 자택).

쌀 20kg이 지급된다. 어버이날에는 주로 각 마을의 젊은 여성들이 봉사하여 마을의 어르신들에 점심 식사를 대접한다. 점심 식사는 때로 저녁까지 이어지기도 하며, 거동이 불편해 참여하지 못하는 어르신께는 마련한 음식을 직접 가정에 전달한다.

세시에 구애받지 않고 일상과 여가의 틈새에서 지속적으로 행해지는 전통적 놀이풍속으로서 윷놀이가 주목된다. 풍속과 놀이를 구술하는 주민들의 기억 틈새에서 특히 윷놀이를 행할 당시 느껴졌던 공동체적 활력과 흥미 같은 것이 의미 있게 덧붙여지고 있다. 뿐만 아니라 해당 절일의 다른 풍속은 전승되지 못하고 소실되었을지라도, 윷놀이는 여가가 주어질 때면 변함없이 실행했던 놀이로 기억되고 있다는 점도 주목될 만하다. 윷놀이는 편싸움과 같은 대동놀이의 기본적인 요소들을 갖추고 있다. 그러면서도 규모나 고정된 놀이 방식에 구애받지 않고 비교적 유연하게 진행할 수 있다는 기능적인 장점이 있다. 더욱이 윷놀이는 참여 제한 없이 누구나 즐길 수 있다. '윷 놀지'와 같은 주민들의 동사적 표현은 변화된 환경에서도 충분히 진행할 수 있을 정도로 고정된 양식이 존재하지 않는 윷놀이의 탄력적 진행 방식을 엿볼 수 있도록 한다.

4. 문화생활의 현재적 양상

대곡 1리의 세시풍속은 세시라는 시간 구조와 그 주기성을 반영하고 있으며 주민들이 살아가고 있는 마을의 지형과 기후뿐만 아니라 이에 근거하여 영위되고 있는 생업 활동, 그리고 인구 및 세대 구성과 그 취향이 풍속이라는 문화화·의례화된 행위의 편린들에 반영되어 있다. 현재의 시점에서 대곡 1리 세시풍속의 면모는 마을 주민들의 단편적인 기억 재구를 통해 접근할 수밖에 없는데, 그 기억을 통해 만날 수 있는 과거는 1970년대 정도로 소급된다. 문제적인 것은, 앞서 언급했듯이 1970년대는 국가가 정책적으로 강하게 개입한 농촌 근대화 기획이 본격화되었던 시기라는 것이다. 다시 말해, 현재 마을에 거주하고 있는 주민의 단편적인 기억을 통해 접근할 수 있는 세시풍속의 면모는 구조적인 이유로 인해 지속이나 강화보다는 변화의 측면이 강조되는 모습을 보이고 있다. 세시라는 시간 주기에 행해진 문화적·의례적 행위에 대한 구술에는 공동체적 감수성이 한 켠에 자리하고 있지만, 한편으로 그 현재적 양상은 농촌 마을 현실의 불투명성을 드러내기도 한다.

"해봤지 뭐 맹 유사. 몇 번 했지. 몇 번 하기는 몇 번 했지만은 뭐 글 때는 원체가 발달이 돼뿌니까. 전부 이제 전화 오고 하이께네 전화로 연락 해뿌는데. 글 때는 사람이 다 다녀야 된다고. 그러이 얘기를 하고 이러지만, 인제는 전화가 있으이 전부 전화로. 그러이 농촌 인심이 없어지는 게 그래가 더 하다이께. 어차피 '낼 우리 일 좀 해주소.' 하는 것도. 일단 사람을 봐가주고설랑, 머리를 봐가주설랑 이야기를 해가주고설랑 저걸 해야 되는데. 그게 아 하고 요샌 그냥 전화로 하이께네. 하여튼 그게 싫더라고. 사실 사람이 얼굴을 같이 보며 '낼 우리 뭔 일 하는데 일 좀 해줘요.' 이래 이래 하면은. 그래 서로 얼굴 보면은 인정상으로 저래 하는데. 사실 요샌 전화로 하이께네 그것도 사실 좀 어지간하면, '안 돼!' 이래부고. 서로가 인제 사람이라는 게 '돼!' 카고설랑 나와야 어깨에 힘이 나는데. (웃음) 이제 고마 지내부이께네 사실 힘이 안 나고 우습다고 왜 그. 그래 발달이 돼도 농촌에는 너무 그래 발달 돼이께네 사실. 해준다 카면 기분이 나고. (그러면 유사가 약간 연락통 같이 해가지고 한 게 있었네요.) 그렇지, 많았지 그런 거는. (안건이나 뭐가 이렇게 있으면 유사가 돌아다니면서 소식도 알리고 그렇게.) 그렇지. 유사가 그렇게 많이 했지."[26]

연속되는 풍속의 단절 또는 소실 속에서도 바드레의 도가공사는 마을 단위의 공동체적 연결망을 최소한으로 유지하려는 주민들의 의지에 의해 지속되고 있다. 이를 전담하는 유사 직책은 순번이 돌아가기 때문에 주민들이 한두 번쯤은 모두 맡아보았을 뿐만 아니라, 거주 인구의 감소와 고령화로 더더욱 그 임무는 소수에게 가중되는 되고 있는 것이 현실이다. 제관을 맡기 위해서는 한 집에 두 내외가 있어야 하는데, 이 최소한의 요건도 갖추지 못한 가구가 대부분이기에 오랜 시간 모셔온 마을의 신격을 떠나보낸 일은 비단 이 마을에 국한되는 현실은 아닐 것이다. 통신을 매개로 한 비대면 만남이 대면 만남을 대체하는 현실은, 편리한 만남이 오히려 전통적으로 강고하게 유지되어 왔던 공동체적 연결망을 해체시키는 현실로 이어지고 있는 것으로 보인다. 도가공사가 활성화되었던 마을 사회에서 유사는 마을 안의 관계와 관계를 이어주는 메신저 역할을 했다. 물론 이때의 메신저 역할은 대면을 통한 인간적 공감과 교류를 전제로 하고 있다. 이처럼 농촌의 적극적인 발달은 양면적이게도 편리·이익의 증진과 공감·교류의 단절을 동시에 가져오고 있다.

---

[26] 김동석(남, 1951년생)·남영자(여, 1951년생)의 제보(2021년 5월 10일, 제보자 자택).

"매년 거의 뭐 어버이날은 노인들이 있으니까 어차피 그날 놀고 해야 되니까 뭐. 거의 거의 한다고 봐야 되지 뭐. 근데 작년에는 안 했고, 코로나 때문에 안 했고. 저작년부터 코로나 있었나? 그죠? 코로나 있고부터는 회관에 못 모이그로 하니까. 그러니까 그 길로 문 닫아 놓고 아직도 문 닫아 있어."

"원래 같은 경우에도 사실은 부녀회장하고 나하고 해서 4개 마을 합동 (윷놀이) 대회를 하려고 그랬는데 코로나 때문에 특히나 요즘은 코로나로 인해 가지고 뭐 자동으로 여기는 시키지 않아도 거리 유지 다 합니다."[27]

공유 가치의 쇠퇴, 그리고 사유화 및 공적인 것의 개입에 의한 일상생활 세계의 파편화 속에서 소멸에 대한 인식은 갈수록 증폭될 수밖에 없다. 또 그런 상황은 한 마을의 세시풍속을 일종의 문화생활로, 취향에 의존한 노인문화의 전형으로 자리 잡고 있는 현실을 마주하도록 한다.[28] 여기에 더하여 최근 코로나 팬데믹은 예기치 못한 또 하나의 위기 국면을 반영하고 있다. 마을 조직에서 중심적인 역할을 담당하고 있는 주민들이 주축이 되어 진행되고 있는 어버이날 행사를 비롯해, 환금성을 좇다보니 여가가 거의 존재하지 않는 시간 속에서 그나마 공동체적 신명을 풀어낼 수 있는 유일한 문화 형식인 윷놀이도 현재 시점에서는 진행되기 어려운 실정에 있다. 이처럼 마을의 문화생활은 마을 밖의 상황과 떨어져 존재할 수 없다. 나아가 농정으로 대표되는 농업경제 상황과 기후위기로 인한 생업력의 변화 등 지구적인 차원의 변동과 연결되어 있다. 앞으로 문화생활 또는 공동체문화의 향방은 지구와 마을, 양자에 대한 탐구와 이해를 동반하며 고민되어야 할 것이다.

---

[27] 권영일(남, 1955년생)의 제보(2021년 4월 4일, 제보자 자택).
[28] 강석민, 「세시풍속의 전통과 변환」, 안동대학교 민속학연구소 엮음, 『마곡서당과 당고사의 마을 사신』, 안동민속박물관, 2019, 110~113쪽; 「세시풍속의 전통과 변환」, 안동대학교 민속학연구소 엮음, 『수몰을 거슬러 역사를 사랑하는 마을 원천』, 안동민속박물관, 2020, 81~84쪽 참조.

민속신앙과 종교생활

공다해

1. 개관

　대곡1리의 민속신앙은 마을신앙과 가신신앙을 중점적으로 살펴보았다. 그리고 그 외에도 대곡1리 바드레마을에 있는 사찰인 동악사와 민간의료도 간략하게 다루었다. 대곡1리는 큰바드레(해천), 복수천(복바드레), 새들, 강변, 갯골 마을로 이루어져 있는데, 동제를 지내는 마을은 복수천 한 곳이었다. 갯골에서도 동제를 지냈던 것으로 전해지지만 현재 살고 있는 사람이 없어 조사가 불가능했기 때문에, 다루지 않았다. 큰바드레는 동제는 지내지 않지만, 두름산의 천지당나무에서 기우제를 크게 지내왔기 때문에, 이에 대한 내용을 마을신앙에서 다루었다.
　가정신앙의 경우 세 명의 제보자를 통해서 이야기를 들을 수 있었다. 가정신앙의 내용은 신격별로 나누지 않고, 각 제보자 중심으로 사례를 구성하고자 했다. 특히 가신신앙에 대한 믿음 행위가 지속되기 어려운 환경 속에서 제보자마다 이것이 어떻게 의미화되고 있는지 살펴보았다.
　대곡1리에는 경상북도 문화재자료 597호인 동암사의 석조여래좌상이 있다. 이 동암사는 약 30여 년 전에 이주해 왔는데, 마을 주민들과의 긴밀한 관계를 맺으며 마을문화에도 깊은 관여가 있어 주목되었다. 한편 민간의료에도 주목했는데 이는 전문가 집단이 의학기술을 독점하기 이전, 마을에서 이루어졌던 의료행위를 엿볼 수 있기 때문이었다.

대곡리 민속신앙은 여느 농촌마을이 그렇듯 찾아보기 어려워지고 있지만, 이 글은 여기에 주목하기보다는 신앙이 마을공동체와 가족공동체 안에서 가지고 있는 의미를 생각하며, 농촌의 변화된 조건 속에서 신앙이 어떻게 새롭게 배치되고 있는지를 살펴보고자 했다.

2. 마을신앙

1) 복수천의 당제

복수천은 '복바드레'라는 명칭으로도 불리는데, 이는 과거 지나가던 스님이 벌이 모여 있는 모습을 보고 '복 받을 동네'라 했던 것에서 유래했다고 한다. 복수천은 대곡1리 경로당을 지나 우측의 도로를 따라 2㎞를 가면 나오는 마을로 "하늘 아래 첫동네"라고 불릴 만큼 높은 산에 위치하고 있다. 복수천에는 현재 18호에 25명이 거주하고 있다.

복수천의 당은 소나무로 주민들은 이를 '당산할배'라고 부른다. 400여 년 된 당산할배는 현재 보호수로 지정되어 있다. 나무가 크고 가지가 잘 뻗어 있어 단오날에는 여기에 그네를 매기도 했다. 당산할배는 마을로 들어가는 도로 우측의 샛길을 끝에 있다. 1994년 조사에 의하면 소나무가 죽어가는 것을 보고 마을 주민들이 비료를 뿌리는 등 지극 정성으로 돌보아 소생시켰다고 한다.[1] 지금처럼 큰 도로가 나기 전에는 당산할배 앞쪽에 있는 샛길이 마을 입구였지만, 지금은 잘 이용하고 있지 않아 마을에서 다소 떨어져 있다.

마을에서 지내는 제사는 '당제'라고 하며, 음력 1월 15일에서 16일로 넘어가는 보름날 자시에 지냈다. 당제를 지낼 때는, 음력 1월 10일 무렵부터 준비를 시작했다. 마을 주민들이 모여 제사를 주관하는 집과 제사 음식을 장만하는 집, 두 집을 제관집으로 선출했다. 제관은 부부내외가 생존해 있으면서, 집안에 상주가 없고, 한 해 동안 집안에 우환이 없었던 깨끗한 사람이어야 했다. 제관으로 선출된 이들은 이를 거절할 수 없었다. 제관

---

[1] 안동민속박물관, 「안동의 동제」, 영남사, 1994, 204쪽.

이 선정되면 그날 이들은 왼새끼를 꼬아 금줄을 만들었다. 완성된 금줄은 제관 집 대문과 당산할배 주변에 쳤다. 금줄을 치면 제관 집에는 외부인의 출입이 금지되었다. 그리고 제관집에서 당산할배 앞까지 황토를 뿌렸다. 그리고 마을의 여성들은 되도록 집밖 출입을 금했으며, 출입하더라도 큰길로 다니지 못하도록 했다. 당제를 지내기 전 날인 14일에 마을 주민들이 모여 당산할배 주변에 풀을 베어 깨끗하게 청소했다.

제관은 정월 열나흗날 아침이 되면 임동장에 가서 포, 대추, 곶감, 채소, 양초, 향, 소지종이 등 제의에 필요한 물건을 장만했다. 장을 볼 때 제관은 아는 사람을 만나도 인사하지 않았으며, 물건 값도 흥

〈사진 1〉 복수천 당산할배

정하지 않았다. 장에서 구매한 것들을 통해 제관은 부인과 함께 제물을 장만했다. 제물은 밥과 콩나물국, 간을 하지 않은 하얀 백편, 과일과 나물을 올렸다. 제주는 막걸리를 준비했다.

정월 보름 자시가 되면 제관은 부인과 함께 방금 한 따뜻한 밥을 깨끗한 그릇에 담아 당으로 갔다. 당에 도착한 제관은 제물을 진설한다. 그리고 먼저 감주를 올리고 재배한 뒤 마을의 안녕을 기원하는 소지를 올린다. 그 뒤에 각 가정의 가구 소지를 올린다. 제의가 모두 끝나면 촛불과 제물을 조금 남겨두고 내려왔다. 이 제물을 먹으면 1년 내내 탈이 없고 건강하며, 촛불을 가져가면 소원이 성취된다고 하여 주민들이 서로 가져가려고 했다고 한다. 제의가 끝나고 집으로 돌아온 제관 부부는 간단하게 음복을 했다. 그리고 날이 밝으면 마을 주민들이 모여 감주를 비롯한 음식을 나누어 먹고, 마을 운영에 관한 동회의를 했다.

그리고 난 뒤에는 마을 주민들은 모두 윷놀이를 하고 놀았다. 그러나 마을 주민이 줄어들면서, 제의를 올릴 수 있는 제관을 선출하는데 어려움을 겪다가 결국 당제를 중단하게 되었다. 그렇게 2~3년 동안 당제를 지내지 않자 마을 주민들이 연달아 죽고, 아파

병원에 가는 등 좋지 않은 일들이 연달아 일어났다. 그러자 마을의 학광어른이 "아이고, 그래가 마을이 아프고 뭐 자꾸 그래가 안된다. 새로 지내라" 이야기해 다시 당제를 지내기 시작했다. 다시 지내면서는 제관을 한 집만 선출하여 지냈다. 그리고 약 10여 년 전에 "천년 뒤에 만납시다, 마을을 잘 도와주십시오"라는 말과 함께 마지막 당제를 지내고 중단했다. 당제는 중단되었지만 여전히 마을 주민들은 1년에 한 번씩 당산할배 주변을 깨끗하게 청소하고 있다.

2) 바드레의 기우제

큰바드레 마을은 두름산 자락 해발 350m에 자리잡은 마을로 30여 년 전만 해도 약 40여 호가 살았지만, 현재는 24가구에 62명이 살고있다. 큰바드레는 안동에 바드레라는 지명을 가진 열두 곳의 마을 중 가장 크다고 하여 붙여진 이름이며, 마을의 형국이 바다에 배가 떠 있는 형상이라고 하여 해천海川이라고도 불린다. 마을에는 안동 권씨와 진성 이씨가 가장 많았지만, 현재는 귀농인들도 있어 각성받이 마을이 되었다.

큰바드레의 경우 마을 어귀 '덕꾸먹'이라 불리는 곳에 오래된 느티나무 3~4그루가 자리잡고 있지만, 동제를 지내지 않았다고 한다. 다만, 한때 나무에서 우는 소리가 들려, 방송에 조명된 적이 있었는데, 당시 주민들은 나무가 울면 동란이 일어난다며, 이 나무를 동수목으로 삼아 동제를 지내는 것에 대해 고민하기도 했다. 결과적으로 딱따구리가 소리의 원인으로 밝혀지면서 끝이 났지만, 주민들이 이 나무를 영험한 나무로 인식하고 있는 것은 분명했다.[2]

큰바드레는 동제를 지내지 않지만, 비가 오지 않아 가뭄이 들면 기우제를 지냈다. 기우제는 동암사 서쪽으로 한참 올라가다 보면 있는 커다란 소나무에서 지냈다. 소나무는 왼쪽으로 꼬아져서 자라는 게 마치 용처럼 생겨, 영험하고 신비로운 기운을 풍겼다. 또 왼쪽으로 꼬아져서 자란다는 것 역시 신성함으로 인식되었다. 주민들은 소나무를 천해당 또는 천지당나무라고 불렀다.

기우제는 하지가 지나고 난 뒤에 지냈는데, 마을에 있는 동암사의 주지였던 이유섭씨의 주도 하에 제사를 준비했다. 날을 받으면, 유사 두 명을 선출했다. 유사 한 사람은

---

[2] 이경애, 「떡갈나무 울음소리-안동시 임동면 대곡리 해천마을 수령400~500년」, 『코리아뉴스』, 2009년 2월 16일 작성, 2021년 12월 1일 접속. http://news.imaeil.com/page/view/2009021609265850995 ; 김윤곤, 「떡갈나무 우는 새벽의 '일체유심조'」, 『대구한국일보』, 2018년 9월 2일 작성, 2021년 12월 1일 접속. http://www.dghankooki.com/news/articleView.html?idxno=10144

음식을 장만했으며, 또 다른 한 사람은 짐을 나르는 짐꾼의 역할을 했다. 제관은 집안의 여성이 월경을 하지 않고, 집안에 상주가 없는 생기가 좋은 사람을 선출했다. 선출된 제관의 집 앞에는 금줄을 쳐 외부인의 출입을 금하였다. 제관은 보름 동안 사람들이랑 이야기도 하지 않았을뿐더러, 마주치더라도 아는 척을 전혀 하지 않았다. 또한 술과 고기도 먹지 않았으며, 마을 밖 출입도 하지 않았다. 그만큼 몸과 마음을 정갈하고 단정하게 하였다. 제관 부인 역시 음식을 깨끗하게 장만했다.

제사는 늦은 밤 짐승들도 모두 잠들어 아무 소리도 나지 않는 시간에 올라가 제사를 지냈다. 준비한 재물은 손을 대지 않고 그대로 보자기에 싸서 가지고 갔다. 압력밥솥이 나왔을 때는, 밥솥에 밥을 해 그대로 가지고 올라갔다. 그렇게 천해당에 가면 넓은 바위가 있는데, 그 위에 상차림을 했다. 이때 과일은 칼로 깎지 않고 온전하게 올렸다. 그렇게 제를 올리고 내려오면 비가 내리기 시작했다. 이런 마을의 기우제는 안동의 고을 원님이 와서 지냈다고 전해질 만큼 영험했다고 한다.

과거 바드레에서 기우제를 지내게 되면, 이웃 마을에서도 막걸리와 같은 음식을 부조하기도 했다. 이는 바드레의 기우제가 단순히 마을차원이 아니라 지역 차원에서 이루어졌던 것을 의미한다고 할 수 있다. 그러나 점차 과학기술의 발전으로 일기 예측이 가능해졌으며, 지하 상수도가 들어오면서 빗물에 대한 의존도가 약해졌다. 또한 기우제를 주도했던 이유섭 씨가 세상을 뜨면서 마을에서는 기우제를 더 이상 지내지 않게 되었다.

천해당에는 귀가 달린 먹구렁이 살고 있었다고 하는데, 이와 관련한 일화가 전해지고 있다.

칠십 노인들이 하는 말이, 뱀이 귀가 달린 뱀이 아까 얘기한 좌판 여게 있었대요. 시커먼 먹구리(먹구렁이)가 있었는데. [조사자: 먹구리.]구렁이죠, 뱀이. 귀가 이래 난 게 있었는데. 그 제관들은 봐도 모른 척 한대. 근데 이 동네 젊은 사람이 그때 뱀을 한 마리 잡으믄 농비가 됐다 그래. 참 우리 젊을 때는 그런 게 있었어요. 뱀이 뭐 정력에 좋니, 어디 좋니 캐가지고, 그걸요 잡으면, 전문적으로 잡는 사람도 있고 사는 사람도 있고, 뱀탕 해주소, 돈 있는 이는 뱀탕해가지고 먹는 사람도 있었어. 이 동네 젊은 사람이 뱀을 잡아가주고, 옛날에 쌀을 열 가마니 받았다 그래. [조사자: 많이 받았네요.] 잡았는데, 거 잡고부터 집안에 천부 다 고마 설설 아프기 시작해가주고, 그래 뭐 무당을 델따가 막 굿을 해고, 난리를 지깄대. 그래가주 결국 그 분이 떠났다 그래. [조사자: 떠났대요?] 이 동네를 떠났다 그래. 떠난, 뭐 그런 전설도 있고. 그래서 그른지 몸이 아파서 그른지 그거는 과학적인 근거는 전혀 없고요. 그래가주 그 뒤로부터는 이 동네는 뱀을

잘 안 잡는다 그래.[3]

천해당 앞에 있는 넓은 바위에는 귀가 달린 검은 먹구렁이가 살고 있었는데, 제관들은 이를 영험한 것으로 생각하여 보고도 못 본 척을 해왔다. 그런데 마을의 젊은 사람이 돈을 벌기 위해서 그 뱀을 잡아 뱀꾼에게 쌀 열 가마니를 받고 팔았다. 그런데 그 뒤부터 그 집안 사람들이 모두 원인을 알 수 없는 병으로 아프기 시작했다. 무당을 불러 굿을 해보기도 했지만, 큰 효과를 보지 못해 결국 마을을 떠났다고 한다. 그 뒤로 마을 주민들은 뱀이 보여도 함부로 잡지 않는다고 한다.

과거 전통사회에서 구렁이는 용의 현신으로 이해되었기 때문에 영험한 짐승으로 인식되어 왔다. 특히 터를 지키고 있는 신으로 인식되어 오는 경향이 있었기에 함부로 건드리지 않았다. 제관들이 뱀을 보고도 모른척 한 것 역시 이를 터를 지키는 영험한 짐승으로 여겼기 때문으로 해석할 수 있다. 즉 귀가 달린 뱀은 터를 지키고 있는 비범한 짐승임을 의미했기 때문에 이를 잡은 사람은 신의 노여움을 사 화를 입은 것으로 이해되었던 것이다. 이 이야기는 신이 자연에 깃들었다고 여기는 민중들의 의식구조가 잘 나타나는 것이라고 할 수 있다.

비가 오지 않으면 기우제를 지낼 만큼 마을사회에서 물은 굉장히 중요한 자원이었다. 특히 식수는 우물을 이용했는데, 이 우물을 지하수로 바꾸게 되면서도 제의를 드렸다. 우물을 이용하던 마을은 안동시의 지원을 받아 마을에 지하수를 팔 수 있게 되었는데, 이때 이유섭씨의 주도 속에서 마을 주민들이 모여 제의를 올렸다. 지하수를 파는 자리에 부녀자들이 마련한 음식으로 상을 차리고, 남성들은 모두 모여 엎드려 절을 했다. 이때 이유섭씨는 물이 잘 나올 수 있도록 해달라며 지하신께 빈다는 제문을 읽었다. 그 뒤에 지하수를 파자 물이 잘 나왔다고 한다. 단발적인 사건이지만, 이는 '물'이라는 자원을 인공적인 것이 아닌 자연의 것으로 이해하는 민중들의 인식을 엿볼 수 있다.

3. 가신신앙

과거 윗세대와 아랫세대가 함께 더불어 살던 과거에는 마을의 풍속에 대한 경험이

---

[3] 권상기(남, 70세, 이장)의 구술(2020년 6월 13일, 제보자 자택).

공유되었고, 그 속에서 공통 감각을 형성해왔다고 할 수 있다. 그러나 압축적 근대화 과정에서 아랫세대들이 도시로 이주하면서 공동의 경험과 감각은 단절되었고, 이에 따라 이전의 풍속은 거의 이어지기 어려워 보인다. 가신신앙 역시 이에 해당한다. 가신신앙은 마을에서 지내오던 동제와 달리 집안에서 여성들이 주가 되어 집안의 무사와 안녕을 기원하는 신앙이다. 이러한 가신은 성주를 비롯하여 삼신, 조왕, 터주, 문신, 측신 등 다양한 신격이 존재하는데, 이는 집안 곳곳 일상의 공간에 자리하고 있었다. 하지만 생업, 주거공간, 가족구성 등의 다양한 변화 속에서 가신은 대부분 성주와 삼신, 업신의 성격을 지닌 용단지 정도가 남아 지속되었다.

윗세대 조상을 신으로 좌정하여 집안의 안녕과 평화를 빌던 풍속은 이제 "미신"으로, "우리 죽으면 고마 끝"인 것으로 여겨지고 있다. 그럼에도 아직은 가신을 모시고 있는 경우를 간혹 만날 수 있었고, 지금은 모시지 않더라도 이전에는 모셨던 이야기를 들을 수 있었다.

1) 남영자씨 댁 가신신앙

남영자·김동성 내외는 집안에 성주할배와 삼신할매를 모시고 있다. 성주할매는 웃대 할아버지, 즉 시아버지로 부엌 대들보에 모셨는데, 신체는 종이를 접어 실타래로 감아놓은 형태이다. 삼신할매는 웃대 할머니인 시어머니로 안방에 모셔두었는데, 원래 바가지에 햇곡식을 넣어 종이로 덮은 뒤 실타래로 감아놓았으나, 지금은 쌀벌레가 생기는 것을 방지하기 위해 플라스틱 용기로 바꾸었다. 10월이 되면 그해에 수확한 햇곡식을 삼신의 신체 안에 넣었다. 그리고 묵은 곡식은 여름이 지나고 모심기를 할 때 꺼내어 식구들이 나누어 먹었다. 시어머니가 삼신을 모실 때 쌀을 묵기 전에 꺼내어 먹던 관습을

〈사진 2〉 남영자씨 댁의 성주할배

따르고 있다. 묵은 곡식을 꺼내고 난 뒤에는 신체에 쌀이 바닥에 자작하게 깔릴 정도의 적은 양만 넣어 두었다.

대개의 경우 집안에 가신을 모시게 되는 계기를 보게 되면, 성주의 경우 세간이 난 이후 집안의 가장을 성주로 모시고, 삼신은 시어머니가 돌아가시고 나면 삼신으로 좌정시킨다. 이처럼 집안에 가신을 모시는 것은 집안의 조상신과 깊은 관련이 있다. 남영자 · 김동성 내외의 경우 약 20여년 전 음력 10월에는 시아버지가, 이듬해 2월에는 시어머니가 돌아가셨는데, 그 당시에는 어른들이 집안에 가신을 모셨기 때문에 따로 받지 않았었다. 그런데 집안 어른들이 다 돌아가시고 난 뒤부터 김동석 씨가 계속 아프고 몸이 좋지 않지 않았다.

> 우리 아저씨가 많이 좀 몸이 좀 불편코 아팠어. 그래 아프니까 이제 요새 보면 점쟁이 아이껴. 그 사람들이 이래 보고 "아이고 저 집에는 그냥 있으면 저 대주가 아픈데, 대주가 아픈데" 그래. 그래 대주가 아프면 어에노. "뭐 어에하면 되니껴, 양밥, 재밥해주소." 내가 이켔지. 그카이께네 와가주고 이제 재밥 한다고, 재밥 한다고 하는게 아이고, 기냥 마카 와가 이야기를 했어요. 그래 얘기 하이께네 "아이고 이 집 할배가 성주 들어오실라고 그러니더" 이카더라 [조사자: 성주 들어오려고] 자기가 이제, '내가 내 아들한테 가신다.' 이거랬어. 그래서 이제 모셨지. 그래 모시고, 또 할머니도 내 그때 한 몫 모셨지. [조사자: 그때 한 번에 그때 그러면 할아버지가 오시니까] 따라오시지. 그래 이제 방에 할머니를 모시고, 할아버지는 저 부엌에 계시고 그래. 그래 모셔도 모셔놓고는 아무 탈이 없으이께네 '아 이 조상이, 조상이 맞구나' 나도 이카고 있어.[4]

집안의 대주인 김동석씨가 시어른들이 돌아가신 이후로 몸이 좋지 않았는데, 이를 본 점쟁이가 그대로 있으면 대주가 아픈 것이 낫지 않을 것이라고 예견했다. 이를 들은 남영자씨는 동암사 주지에게 잿밥을 해달라고 청했는데, 이야기를 듣던 스님은 시아버지가 성주로 좌정하려고 하기 때문에 김동석씨가 아픈 것이라고 진단했다. 그래서 남영자 · 김동석 부부는 시아버지를 성주로 좌정하고, 시어머니도 함께 삼신으로 모셨다. 조상을 모신 뒤로 김동석 씨도 건강을 되찾고, 가족들 역시 탈이 없어 잘 모셨다고 생각하고 있다.

성주를 모시면 삼신할매도 같이 따라 들어오기 때문에, 한 날 모시게 되었다. 삼신할

---

[4] 남영자씨 댁의 가신신앙은 남영자(여, 1951년생)의 구술(2021년 11월 26일, 제보자 자택)을 바탕으로 서술한 것이다.

매는 큰시어머니를 모셨다. 큰시어머니는 영양에서 살던 경주 김씨로, 시아버지보다 6살 많은 분이었는데, 아이도 낳지 못하고 일찍 돌아가셨다. 그 뒤에 예천군 감천면의 낙안 오씨 집에서 둘째 시어머니가 시집을 왔다. 시아버지보다 6살 적었던 둘째 시어머니는 시집을 온 뒤 자식을 낳고, 살림을 하는 등 안주인으로서의 삶을 살다가 돌아가셨다. 김동석 씨를 낳아주신 시어머니 역시 둘째 시어머니인 낙안 오씨였다. 그럼에도 삼신을 낳아주신 어머니가 아닌, 큰시어머니를 모신 것은, 자식도 보지 못하고 죽은 것이 불쌍해 그 한을 풀어주기 위한 것이었다.

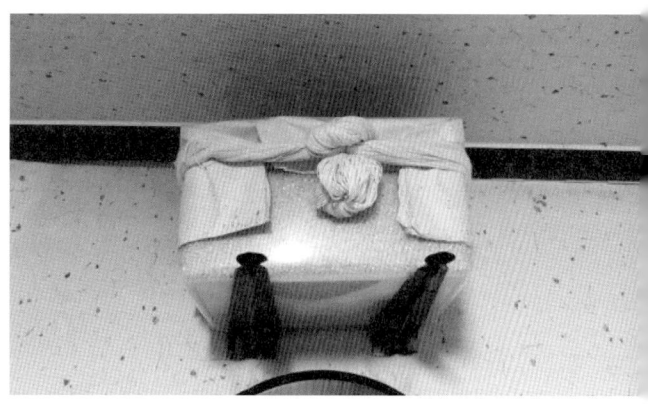

〈사진 3〉 남영자씨 댁의 삼신할매

[조사자: 시어머니가 두 분이면 어떤 분을 모신거에요?] 큰어머니래, 큰어머니 모셨어요. [조사자: 왜 낳아주신 어머니가 아니구요?] 시어머니는 두 번째 들어오셨고, 처음에 들어오신 분은 자식이 없어. 그래 불쌍한 어른이라꼬. 그 저 점쟁이가 "그 할매를 모셔야 이 집에 덕을 본다. 그 할머니 잊어부면 안 된다" 이랬어. 그러이께네 우리는 고만 항상 두 어른들 다 마음은 가지고 있지만은 성주 할매나 할배 저저 삼신 할머니는 웃대 그 어른이래.

"자식이 없"는 "불쌍한 어른"은, 자손이 낳지 못했기 때문에 죽은 뒤에도 돌보아 줄 사람 하나 없는 소외된 인물이다. 그런 여성은 쉽게 잊혀지기 마련이다. 그런데 이런 여성을 집안의 신으로 좌정하는 것은 소외된 이들과의 관계를 형성하여 기억하기 위한 하나의 장치라고도 이해할 수 있다. 즉 이 과정을 통해 식구들은 첫째 시어머니를 잊지 않고 기억하며, 그의 죽음을 기릴 수 있게 되는 것이다.

성주와 삼신의 좌정은 동암사의 주지스님의 성주굿을 통해 이루어졌는데, 굿의 수행 주체가 아닌 까닭에 정확한 절차는 모르지, 신을 좌정하던 과정을 들을 수 있었다.

그냥 하는 데는 보이께네. 그 사람들 하는 거 우리가 뭐 아나 뭐. 둥당둥당 그고 하만 뭐 '참 굿하는겝다' 하고 그랬지. 그랬지만은, 해가, 아침에 해가 뜰 때 홍두께를 가져와가주고, 국수

미는 홍두께. 그걸 갖다다가 이래 소금에다가 그륵에 담아놓고 이렇게 세운께 서더라고. 그래 이제 저 성주님을 종이로 붙여 놨다가, 서이께네 그걸 띠다가 갖다 모셔주더라꼬. 그래 하이께네 걔는 그런 줄 알지 우리가 뭐 알아야지. 삼신 할매도 맹 그랬어 홍두께는 안 그래도. "할머니 어디 가 자정하소. 좋은 자리에 자정하소" 그카디만 그리 가서 이래 벽에가 이래이래 하니께네 거 갖다 모시더라고 벽에, 벽에다 이렇게 해가지고 갖다 모셨거든. 그래놨어.

"둥당둥당"거리며 굿을 하다가 아침 해가 뜰 무렵에 국수를 미는 홍두께를 가지고 왔다. 이때 홍두께는 성주신이 좌정하기 위해 잠시 머무는 성줏대의 역할을 했다. 이 성주의 신체를 붙여놓은 성줏대를 소금을 담아놓은 그릇에 세웠을 때, 잘 서면 성주를 좌정할 수 있었다. 홍두께에 붙여놓은 성주를 떼어내 부엌의 기둥에 모셨다. 삼신할매의 경우 성줏대와 같은 것은 따로 없지만, 벽을 훑으며 "좋은 자리에 지정하소"라며 삼신의 의사를 묻는 과정이 있었다. 그렇게 삼신의 의사를 묻는 매개가 벽에 붙으면, 그 자리에 삼신을 모셨다. 그렇게 모신 성주와 삼신은 20여년이 지난 지금까지도 여전히 중요하게 생각하며 모시고 있다.

성주와 삼신에게 정기적으로 제의를 드리는 날은 명절이다. 차례를 지내기 전에 음식을 가장 먼저 올려 인사를 드렸다. 성주의 경우 국과 밥 등을 올려 상차림을 했지만, 삼신의 경우 떡국과 찬물 한 그릇을 떠 놓았다. 그리고 상에 숟가락만 올렸는데 이는 삼신상에 젓가락을 올리면 자손들의 불화가 생길 수 있다고 여겼기 때문이다. 이는 남영자씨의 친정에서 지내던 방식이었다. 상차림을 하고 나면 대주인 김동석씨를 비롯한 식구들이 성주에게 잔을 올리며 인사를 드렸다. 음력 정월 보름에도 찰밥을 해서 삼신에게 올리기도 했으나, 지속하기가 어려워지면서 삼신할매에게 고한 뒤 설과 추석에만 정기의례를 하고 있다. 삼신할매의 경우 아이를 점지하고 건강을 보살펴주는, 한 생명의 탄생과 관련된 신이기 때문에 비정기적인 의례가 행해지기도 했다.

[조사자: 그래도 할머니도 이렇게 모시는 게 많이 의지가 되시나 봐요?] 예. 의지가 돼요. 애기 놓을 때 되면은, 멀리서 이제 병원에 간다고 애기 놓는다 카면은, 난 여서 머리 감고 씻코, 상에 물 한 그륵 갖다 놓고, 할머니한테 비지. 비는 데는 "할머니요. 나 손, 애기 낳러 갔는데 빨리 순산하그러 해주소." 그지. "순산하그러 해주소"카고 절하고 이래. 그러만 또 좀 이따가 보면 하만 나가있다 보면 전화와. 애기 나왔다 그면서.

의학기술이 발달함에 따라 출산은 이제 병원에서 이루어지는 경우가 대부분이다. 그러므로 집에서 가족들이 지켜보는 가운데 이루어지는 것은 아니다. 그럼에도 남영자씨는 자식들이 출산을 하러 간다는 이야기를 들으면 몸을 정갈하게 한 뒤에 삼신할매 앞에 정화수 한 그릇 떠 놓은 뒤 순산할 수 있기를 빌었다. 자식들이 모두 타지에 나가서 살고 있음에도 자손들에 대한 안녕을 기원하는 것은 시공간을 넘어서 이루어지는 것이라고 할 수 있다.

남영자씨는 집안의 조상을 잘 모신 덕분에 자식들이 모두 딸, 아들 남매를 낳고 별탈 없이 잘 크고 있다고 믿는다. 특히 아들을 낳아 대를 이어야 한다는 인식이 강한 남영자씨는 맏딸이 10년 만에 아들을 낳았던 것 역시 삼신을 모시는 덕으로 이해하고 있었다. 이웃에서는 삼신을 모시다가 자식들에게 아들을 주지도 않는다며 내보낸 경우가 있었다. 그런 탓인지 자식들이 클 때 갈등이 많았다. 다른 집의 경우에도 성주와 삼신을 모시지 않아 아들을 보지 못하고 딸만 낳았다고 이야기한다. 이처럼 남영자씨에게는 대를 이을 수 있는 아들 역시 조상에게 정성을 드려야 가능한 것이었다. 이처럼 남영자씨는 조상을 모시는 것에 대한 믿음을 경험 속에서 찾아내고 있으며, 그 신빙성을 강화한다.

> 눈에 안 보여 안 보여도, 아들(애들) 이래 커나가는 거 보이 괜찮은 것 같애. 내가 볼 때는. 그 딴 사람 없는 사람하고 또 틀려. 없는 사람은 모시다가도 막 버린 사람도 아프고 막 이러더라고. "아이고 참 조상이 솔밭에 들었다디 진짜다" 내가 이켔어. 진짜 옛날 어려 그랬어 아들(애들) 엎어져가지고 안 다치면 "아이고 그놈 저기 조상 솔밭에 들었다. 안다치는 거 보이." 그카시더라고 우리 어른이 잘 그카시더라고 그래가 '참 조상을 모셔야 될따' 이런 생각 했어 나는 그래가 이래 내가 모시고 있지.

조상을 잘 모신 덕분에 자손들이 잘 크는 것이라고 생각하는 남영자씨는 과거 시어른이 자주 말했던 "조상이 솔밭에 들었다"는 말의 의미를 비로소 깨닫고 있다. 조상이 솔밭에 들었다는 말은, 소나무 밭, 즉 양지바르고 기운이 좋은 곳에 조상을 잘 모신 덕분에 자손들이 탈 없이 큰다는 것을 의미했다. 이러한 말을 반복적으로 들어왔던 남영자씨는 자신 역시 조상을 잘 모시는 것이 중요하다고 생각하게 되었다고 말한다. 이는 조상에 대한 인식과 감각이 공유되는 매개였던 것으로도 이해할 수 있을 것이다. 그런 점에서 남영자씨는 성주할배와 삼신할매를 지극정성으로 모시고 있어 조상들이 자손들을 잘 봐주고 있는 것이라 믿는 것이다.

남영자씨가 강한 믿음 속에서 가신을 모실 수 있는 것은 아직 남편인 김동석씨가 생존해 있기 때문인 것도 있지만, 한편으로는 어른들의 반복적인 언사와 가신을 모시는 것을 몸으로 경험했기 때문이다. 특히 집안의 가신은 윗대 조상과 아랫대 조상이 일상의 시공간에 함께 거주하면서 교감하는 것으로 이를 몸으로 경험함으로써 그에 대한 인식과 감각이 공유되었다고 할 수 있다.

그러나 아랫대와의 거주공간이 분리되어 살아가는 지금의 상황 속에서는 이 감각을 공유할 수 없게 되었다. 비록 이들이 명절에 잠시나마 가신에 향한 믿음을 경험하지만, 일상에서는 전혀 경험할 수 없는 것이기 때문이다. 남영자씨는 자신들 부부내외가 죽으면 더 이상 조상을 모실 수 없을 것이라고 이야기한다. 타지에 살면서 조상의 묘를 관리해본 경험도 없는 자손들이 현실적으로 이를 지속할 수 없다고 보기 때문이다. 또한 조상을 모시기 위해서는 많은 관심과 정성을 쏟아야 하는데, 이를 일상에서 경험해보지 못한 자손들에겐 그저 하나의 노동이자 부담으로 다가올 것이라 생각한다. 이는 조상에 대한 인식과 관념이 공유되지 못하는 까닭이라고 생각한다. 그런 탓에 남영자씨는 자신이 죽으면 화장을 하고, 더 이상 자식세대가 이를 이어받지 못할 것으로 단정 짓는다. 반면 김동석씨는 자신이 죽은 뒤 조상들 곁에 묻히면, 자손들이 성묘를 올 때, 조상들을 함께 볼 수 있기 때문에 화장하기를 꺼려한다. 이처럼 조상신에 대한 인식은 곧 자신들이 죽은 이후까지 생각이 이어지고 있는 것이다.

2) 대계댁의 가신신앙

남영자 씨는 가신을 여전히 강하게 믿고 있었지만, 대부분의 경우 그러지 못했다. 바드레 마을에 거주하는 대계댁의 경우 남편이 생존해 있을 때는 성주와 삼신을 모두 모셨지만, 10여 년 전 남편이 사망하여 혼자서 생활하게 된 뒤로는 성주를 내보내고 모시지 않는다. 다만 삼신은 여전히 모시고 있었다.

성주는 세간을 나오게 되면서 남편이 대주가 되어, 성주를 새로 모셨다. 성주는 반으로 접힌 조선종이에 실타래를 둘러놓은 형태였으며, 이를 부엌에 모셔두었다. 삼신의 경우는 시어머니가 돌아가시고 난 뒤에 시어머니가 모시던 시조모 삼신을 보내드리고, 시어머니를 삼신으로 좌정시켜 부엌 한켠에 자리를 마련해 모셔두었다. 삼신의 신체는 납작하고 넓은 통에 햇곡식을 넣어 종이로 덮은 뒤 실타래를 둘러놓았는데, 이를 삼신바

가지라고 불렀다. 삼신바가지 안에는 쌀이 들어있는데, 이는 매년 음력 10월 20일 무렵 손 없는 날에 햇곡식으로 갈아준다. 이는 제의를 올리지 않더라도, 마음으로 정성을 다하기 위해 여전히 지속하고 있다.

명절은 성주와 삼신에게 정기적 의례를 드리는 날이었다. 설과 추석이 되면 이른 아침에, 차례를 지내기도 전에 성주와 삼신할매에게 상을 가장 먼저 차리고 인사를 드렸다.

> 어른 계실 때는 금방 자고 일라가주고, 제사 안채리고 할매인테, 이지 가지 맹 그거 음식 장만한 거. 떡국, 설이면 떡국 삶고 다 채려가주고 놓고. 성주에 밥 떠놓고, 참 맹 그래 떠 놓고. 그걸 우리가 먹고, 이제 제사 준비를 한다 이카니까. … 우리가 먹고 그래 제사를, 이제 여 뭐 대소가 여럿 집이 이 집에도 가야 지내고, 저 집에도 가야 지내고, 하만 늦으니까. 그래 그걸 밥을 먹고, 그래 제사를 채렸어. 다른 이는 몰래도 우리는 그랬어. 우리는 그랬다니까.[5]

명절에는 차례 준비를 하기 전에, 일어나자마자 먼저 성주와 삼신할매에게 떡국을 비롯한 음식을 차려 놓고 인사를 올렸다. 그렇게 차린 음식을 가족끼리 모두 음복을 하고 난 뒤에 차례 준비를 시작했다. 이는 성주와 삼신할매를 가장 먼저 위하고, 모셔야 할 조상으로 여겼던 것이다. 그러나 사랑어른이 돌아가시면서 성주를 더 이상 모시지 않게 되면서, 이와 같은 풍습은 지속하고 있지 않다. 다만 삼신은 시어머니를 모신 것이며, 정성을 드리던 것이기 때문에 내보내지 못하고 마음으로 정성을 다하고 있다.

대계댁은 약 10여 년 전까지 영등할매도 모셨다. 영등할매는 바람의 신으로, 그 해의 풍년을 기원하기 위해 모시던 여성 신이다. 대계댁은 영등할매를 '영두할매'라고 불렀으며, 2월 초하루부터 20일 동안 매일 아침 정화수를 떠 놓고 모셨다. 영두할매는 성품이 엄해 정갈하게 모시지 않으면 집안에 우환이 생기거나, 농사를 망칠 수 있다고 여겨졌기 때문에 조심해야 했다. 영두할매를 모시는 동안에는 음식을 하고 난 뒤에 바로 먹지 않고, 영두할매에게 먼저 드리고 난 뒤에 먹을 정도로 정성을 다했다. 영두할매가 지상으로 내려올 때는 딸이나 며느리를 데리고 온다고 여겨졌는데, 이를 날씨에 따라 점쳤다. 대계댁은 영두할매가 "딸을 데루오면은 바람이 살살 불고, 분홍 치마 바람 살랑살랑 그러라고, 그러고, 비가 오면 이제 며느리 치마에 얼룽지라고 비가오"는 것이라는 어른들의 이야기가 있었다고 말한다. 즉 바람이 불면 딸을 데리고 내려오는 것이고, 비가

---

[5] 대계댁의 가신신앙은 익명(여, 대계댁)의 구술(2021년 11월 26일, 제보자 자택)을 바탕으로 서술한 것이다.

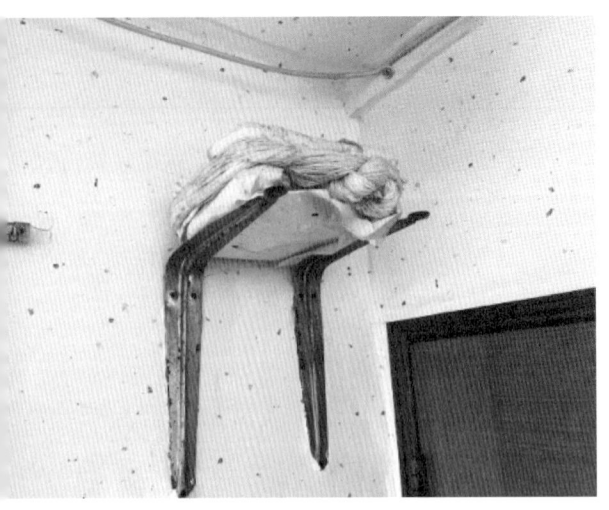

〈사진 4〉 대계댁의 삼신할매

오면 며느리를 데리고 오는 것이라고 생각했다. 이 같은 비유는 딸과 며느리를 대하는 시어머니의 양면성을 보여주는 것이라 하겠다.

　대계댁은 정성스럽게 모셨던 가신신앙도 사랑어른이 세상을 떠난 때를 기점으로 거의 모시고 않으며, 삼신만을 마음으로 위한다. 이처럼 집안의 대주가 죽어 여성이 혼자 남고, 아랫세대와 함께 살지도 않을 경우에는 가신신앙을 이어갈 수 있는 사회적 토대가 상실되는 탓에 더 이상 지속하지 못한다. 자식들도 모두 타지에 나가 살고 있는 대계댁은 가신을 정성들여 모셨었음에도 불구하고, 이를 "어른들이 며늘들(며느리들) 힘들게 하니라고" 그런 것이었다고 구술한다. 이는 현재의 시점에서 발화되는 것으로, 가신을 더 이상 지속할 수 없는 이유로 이야기된다. 삼신할매로 좌정한 시어머니는 대계댁의 자녀들을 모두 "등으로 다 엎어 키아놓고 돌아"가셨다. 그렇기 때문에 시어머니 삼신은 약식으로나마 정성을 드리는 방식으로 모시고 있는 것이라고 할 수 있다.

3) 김병선씨 댁 가신신앙

　김병선씨[6]는 17살에 예안면에서 지금은 수몰된 임동면의 한 마을에 시집을 왔다. 시댁의 고향이 대곡리의 갯골이었기 때문에, 임하댐 건설로 마을이 물에 잠기자 바드레에 집을 새로 지어 이사를 오게 된 것이다. 지금 거주하는 집은 약 40여 년 전에 지어 재래식 부엌과 화장실을 사용했는데, 시간이 지나면서 편리하게 사용할 수 있도록 부엌은 수세식 화장실로, 안방은 부엌으로 개조하였다. 김병선씨는 자식들을 모두 타지로 보내고, 13년 전에 남편이 죽으면서 현재는 혼자 거주하고 있다.

　남편이 살아있을 때는 집안에 성주를 비롯해서 삼신, 용단지를 모셨었으나, 현재는

---

[6] 김병선씨의 가신신앙은 김병선(여, 1933년 생)의 구술(2011년 11월 26일, 제보자 자택)을 바탕으로 서술한 것이다.

모두 내보내고 위동에 있는 위동교회에 다니고 있다. 성주는 남편을 성주로 좌정했는데, 조선종이를 반듯하게 접은 뒤 실타래로 이를 둘러맨 형태였다. 성주는 부엌에 모셨었다. 삼신은 삼신 단지에 햅쌀을 매년 새로 넣어두어 안방 시렁에 모셔두었었다. 지금은 모시지 않지만 삼신을 모시던 자리가 남아있고, 삼신단지 역시 마당 두고 사용하고 있다. 김병선씨는 시어머니에게 용단지를 물려받아 모시기도 했는데, 꺼칠용과 안용을 모셨다. 꺼칠용단지에는 나락을 넣어두고, 안용단지에는 쌀을 넣어두었다. 이는 집 뒤의 처마 밑에 모셔두었었으나 이 역시 교회를 다니면서 모두 내보내고 현재는 모시지 않는다. 다만 용단지로 사용하던 단지 역시 마당에서 다른 용도로 사용하고 있다.

가신을 모실 때는 새해가 시작되는 정월 초하룻날 성주와 삼신, 용단지에 밥과 국을 떠놓고 기도드렸다. 명절에도 역시 먼저 떡국을 떠 놓고 인사를 드렸었다. 특히 아이들

〈사진 5〉
삼신할매를 모셨던 자리(위), 삼신단지와 용단지로 사용했던 단지(아래)

을 키울 때는 아이가 울거나 보채면 삼신할머니에게 얼른 낫도록 해달라고 빌며 긴밀한 관계를 가졌다.

그러나 남편이 죽고 난 뒤 성주를 내보내게 되고, 타지에 나간 자식들이 모두 교회에 다니자 가신을 모두 내보냈다. 기독교는 조상에게도 제사를 지내지 않기 때문에, 남편의 기제사도 지낼 수 없었다. 자식들의 신앙이 있는 상태에서, 가신에 대한 믿음 역시 아랫 세대로 이어질 수 없을뿐더러, 이에 대한 감각의 역시 공유되기 어려웠다. 이 같은 상황 속에서 김병선씨는 약 5년 전부터 교회에 나가기 시작했다. 가신을 향하던 신앙적 믿음을 교회로 옮긴 것으로 해석할 수 있다.

현재 김병선씨 집의 안방에는 십자가가 걸려있으며, 중방에는 예수님의 초상화를 모셔두었다. 이는 자신의 가신신앙에 대한 믿음을 져버린 것이 아니라, 가족들과 함께 공유할 수 있는 믿음으로 옮겨간 것이다. 즉 자식들과 신앙적 믿음을 공유하면서, 그 속에서 서로의 유대를 쌓아가는 것이다. 교회를 다니면서 김병선씨는 마음의 평화와 안정을 얻을 수 있었다.

코로나19로 인해 현재는 교회에 나가지 못하고 있다. 전에는 마을에 교회를 같이 다니던 교인이 있어 보다 편하게 교회를 출입할 수 있었지만, 최근에는 주민들도 교회 나가는 것을 만류하여 다니지 못하고 있다.

4) 동암사

동암사는 대곡1리 바드레 마을의 서쪽에 위치한 절로, 두름산 자락에 자리잡고 있다. 동암사는 경내 법당 2동과 산령각 1동, 요사 1동, 탑 1기의 건물을 가지고 있다. 요사, 극락전, 대웅전이 차례로 세워져 있으며, 극락전 뒤편 언덕에 산령각山靈閣이 자리하고 있다. 대웅전 안에는 석가여래좌상이 모셔져 있다. 이 불상을 "미륵종불"이라고 불리는데, 이는 어느 종가에서 모셔졌기 때문이라고 전해진다.

동암사 유래에 따르면, 안동시 예안면 신남리의 산양바드레에 소재하고 있었다고 전해진다. 산양바드레에 있는 사찰터는 현재 찾아볼 수 없다. 1900년 경에 사찰터에 있던 부처님을 양양군 일암면 대천리의 구레두물로 옮겼다가 이후 대천리 샘실마을 앞산에 절을 지어 모셨다. 그러나 1950년 한국전쟁으로 인해 사찰과 모든 문서가 소실되었다. 불상의 안면에는 총상의 흔적이 있는데, 이는 한국전쟁 당시 인민군이 불상의 영험함을 시험해보기 위해 불상을 향해 총을 발사했기 때문이라는 이야기가 전해진다.[7] 그리고

〈사진 6〉 동암사 대웅전　　　　　　〈사진 7〉 동암사의 산령각

그때 총을 쏜 인민군은 15리를 못가 죽었다고 한다. 한국전쟁이 끝나고 당시 송병학 주지스님과 신도들의 도움으로 동암사를 재건하여 부처님을 봉안하였다. 1969년 송병학 주지스님이 타개한 뒤 다시 1972년 임동면 대곡리에 거주하던 이유섭씨를 주지스님으로 추대하였는데, 현몽을 받아 불상을 업고 현재의 장소로 옮겨와 사찰을 새로 재건했다. 이유섭씨가 타개한 이후에는 우석현씨가 주지스님으로 추대되어 현재까지 동암사를 지키고 있다.

　동암사는 마을과 긴밀한 관계를 가져왔던 것으로 보인다. 특히 마을 차원에서는 기우제, 마을제사 같은 중대한 일들이 이유섭씨가 맡아서 해왔는데, 이는 불교가 민속신앙과 구분되지 않고, 긴밀한 관계를 가지며 이어져 온 것을 보여주는 것이기도 하다. 바드레 마을에서 기우제를 지낼 때는 이유섭씨가 반드시 참여하여 축문을 읽는 등의 중요한 역할을 맡아왔다. 그런 까닭에 마을 주민들에게도 이유섭씨는 덕망있는 인물로 존경받는다. 개인적 차원에서는 집안의 문제나, 개인적인 고민이 있을 때 이야기를 털어놓고 해결하기도 했다. 남영자씨 댁의 성주 역시 동암사의 스님이 좌정해주었다. 마을 주민들은 4월 초파일이 되면 동암사에 가서 연등을 켜고 집안의 안녕을 빌기도 했다. 또 현재 동암사의 주지스님인 우석현씨는 바드레 마을의 노인회장이다. 이처럼 동암사의 사례를 통해 사찰과 마을이 긴밀한 관계를 가지며 문화에도 큰 영향을 미쳐왔던 것을 살펴볼 수 있었다.

7　안동민속박물관, 『안동의 사찰』, 1999, 185쪽. 사찰에 세워진 동암사 설명에는 경찰관이 총으로 코를 쏘아 파손시키고 축을 맞아 그 자리에서 죽었다고 전해진다.

4. 민간의료

현대 의학기술이 출현하기 이전, 마을사회에서는 나름의 경험 속에서 병을 치료할 수 있는 지식이 전승되었다. 이 치료방법에는 물리적인 방식과 주술적인 방식이 모두 포함되었다. 현재의 시선에서 이는 비의료적인 기술일 수 있으나, 마을사회에서 민간의료 기술은 오래된 경험의 축적 속에서 이루어진 것이기 때문에 오히려 강한 신빙성과 신뢰를 가지고 있었다. 특히 물리적인 방식의 경우 한 사람이 모든 치료기술을 가지고 있는 것이 아니라, 사람마다 장기長技가 있어, 이 인물에 대한 정보가 지역사회에서 공유되었다.

이 같은 민간의료기술은 현대의학기술과 달리 경험적이며, 생태적인 속성을 지니고 있다. 이러한 민간의료는 오히려 의학이 전문가에 의해 독점되는 현대사회에서 주목해야 할 부분이라고 생각된다. 현대사회에서 농촌마을 같은 주변 지역은 병원의 접근성이 낮아 의학기술의 혜택을 받기 어려워 문제로 지적되곤 한다. 그러나 과거에는 지역주민들에 의해 공인된 치료사가 있었던 셈이다. 그것이 비록 주술적인 방식이 동원되더라도 말이다. 따라서 이 장에서는 과거 마을에서 이루어졌던 민간의료법 사례를 살펴보고자 한다. 사례는 모두 아이와 관련된 것으로 강복순씨의 제보를 통해 살펴보았다. 하나는 놀란 아이를 진정시키는 방법이고, 다른 하나는 아이의 건강과 장수를 기원하는 주술적 치료 방식인 '아이팔기'이다.

1) 바람따기

바람따기는 아이가 크게 놀라 진정하지 못하면, 이를 바람들었다고 하여, 바람을 따야만 아이가 다시 안정을 되찾을 수 있었다. 바람이 들어 안정을 찾지 못한 경우에는 심하면 죽는 경우도 있었기 때문에, 빨리 잘 따는 것이 중요했다. 강복순씨는 첫아이가 바람이 들어 죽은 경험이 있어, 아이들을 키울 때 바람을 자주 땄었다. 그래서 바람따는 것에 대한 내용을 자세하게 알고 있었다.

> 바늘로 찔러. 하얀 줄이 올라가는. 새파란 줄이 있잖아. 얼라들은 더 선명하게 새파라. 고기는 새파란 줄은 힘줄이라서 안 되고. 그 상간에. 새파란 줄 상간에. 없는 데. 고기다. 어째 잘 따면, 물이 보한, 뽀쪼롬한 물이 나와.피가 아이고. 그기 인제 놀랬다는 증거야. 잘 따면 그게.

근데 한 손가락이라도 가가 팅기면은 돼. 그래가지고 그걸 따면은, 또 따기가 늦다 싶으면 따면은 하얀 물이 요래 폴쏙 올로(올라) 와. 올로오면 이래 눌리면 올로오는데, 요렇게 요렇게 해보면은 진이 찔찔 있어. 그게 있으면은 좀 너무 늦었다는 증거. 아니면 거 물만 쫄 나오면은 인제 시초 되는 거고. 어른들 말로는 이 마디에 있을 때 처리해야 되는데, '이 마디를 넘어서면 죽는다.' 이라잖아. 그래서, 그래가지고 아 서이는(세 아이는), 그 길로 아 하나 내삐리고부터 아 서이는 내가 인제 아프면, 뭐 병원에 갈 줄 아나 글때는 촌에.[8]

바람이 들면 손가락 중간에 파란 힘줄이 있는데, 그 주변을 찌르면 "뾰쪼롬한 물"이 나온다. 이 물이 나오면 아이가 놀랐다는 증거였다. 바람을 늦게 따게 되면 하얀 물이 올라오는데, 이 찌르면 끈적한 진이 나왔다. 이렇게 끈적한 진이 나오면 바람을 늦게 땄다는 의미였다. 그리고 힘줄 옆에 하얀 줄이 손가락 두 마디를 넘어가면 아이를 살릴 수 없다고 했다. 바람든 아이를 잃은 경험이 있는 강복순 씨는 이후 바람따는 법을 배워, 아이들이 놀라 바람이 들면 직접 따주었다.

강복순씨에게서 바람이 들어 죽었던 아이의 이야기를 들었는데, 이 역시 하나의 경험이기 때문에, 풀어보고자 한다. 강복순씨는 첫 출산을 하고 얼마 지나지 않아 설을 맞이했는데, 당시에는 출산을 하고도 쉴 수가 없었기 때문에 신생아를 데리고 시댁에 가서 아이를 맡기고 설 음식을 장만했다. 그런데 갑자기 바뀐 환경과, 떠들썩한 집안 분위기에 놀란 아이는 집에 돌아와 12시간을 넘도록 "'에에'글고 울"기 시작했다. 이상함을 감지한 강복순씨는 급히 자는 남편을 깨워 시댁의 어른들을 불러오라 시켰다. 시어머니은 이웃의 할매를 모시고 함께 왔는데, 아이의 상태를 본 할매는 "아이고, 야가 뭐 바람이 있다. 놀랐는 다"고 진단했다. 아이가 바람이 든 것 같다며, 소금을 아이의 셋째, 넷째 손가락에 문질러 놓았다. 그런데도 밤새도록 아이가 울어 나을 기미가 보이질 않았다. 결국 이튿날 이웃에 '바람 잘 따는 할매'에게 아이를 데리고 갔다.

가이께네 그 이우제(이웃에) 바람 잘 따는 할매가 하나 있었어. 데루고 왔대, 데루고 왔는데 아를 드다 보다만 '아이고 이 사람들아. 어제 저녁에라도 따지 너무 늦었다.' 이래. '늦였다마는 뭐 날 원망은 하지 마라. 내 따주기는 따주께.' 이랬어. 그래 가지고 이제 그래 따주더라만은. 따주고 그래 이제 그 바람을 따놓고 시키기를, 그래 빨리 임동 남일약방에 가면 바람에 좋은

---

[8] 강복순(여, 1955년생)의 제보(2021년 11월 26일, 제보자 자택).

약이 있으니까 그 약 달라 그래가, 사 온나 그래가지고 아바이가. 정월 초사흗날 같으면 얼마나 추워. 근데 저 자전거를 타고 왕복 30분 만에 갔다 왔어. 얼매나 갔다 왔다는동 땀이 막 비오듯하게 와. 막 죽기 살기 갔겠지. 그래 가지고 약을 가져와가 맥였어. 먹이고, 한 오후 해가 너울너울 그게 질라 글 때 젖을 맥애니까 젖을 먹어. 그래가지고 그래 시어머이 보고 '어무이요, 어무이요. 야 이제 젖 먹었어요.' 이라니께네. '야 인제 그면 될따.' 이캐. 젖을 먹었으이 이제 산다 이거지. 하마 바람 따주는 이가 늦어도 안 될따 그고 갔으니까. 그래 젖을 먹으니까 '그면 이제 됐다 야야.' 이캐.⁹

아이의 상태를 본 할매는 이미 늦었다며, 바람을 따주기는 하지만, 아이의 상태는 장담하지 못했다. 그래서 임동의 남일약방에 가서 약을 처방받아 같이 먹이기를 권했다. 강복순씨의 남편은 추운 날씨에도 불구하고 약을 빨리 처방받아 오기 위해 자전거를 타고 30분 만에 갔다 왔는데, 돌아온 남편은 땀을 비 오듯이 흘릴 정도였다. 그렇게 바람을 따고, 약을 먹은 아이는 젖을 잘 먹기 시작했다. 이를 본 강복순씨는 시어머니에게 상황을 전했고, 시어머니도 이제 됐다며, 아이가 살 수 있을 것이라고 기대했다. 하지만 젖을 먹고 잠든 아이는 그대로 죽어버려, 지키지 못했다. 그 뒤로 강복순씨는 바람따는 법을 배워 아이들이 놀라면 손을 붙들고 바람을 따주었다. 다만 아직까지도 손가락에 소금을 문질렀던 이유는 알지 못한다고 했다.

2) 아이팔기

아이팔기는 아이의 명이 짧거나, 사주가 좋지 않을 경우 신이나 자연물 또는 사람을 수양부모로 정하여 아이의 수명장수를 비는 의례이다.¹⁰ '아이팔기'는 수양부모를 정하는 것이 곧 수양부모에게 아이를 파는 것이라 인식한 데서 유래한 것이다. 아이를 파는 대상은 사람뿐만 아니라 자연물인 산, 나무, 바위, 물인 경우가 많았는데, 이 경우에는 아이의 띠에 따라서 장소를 맞추었다. 아이가 오래살 수 있도록 한 아이팔기 풍속은 주술적 의료행위라고도 이해할 수 있을 것이다.

강복순씨 막내아들이 3~4살 되었을 무렵 시어머니가 몸이 편치 않아 무당이 이를

---

9   강복순(여, 1955년생)의 제보(2021년 11월 26일, 제보자 자택).
10 천혜숙 외, 『한국민속신앙사전: 가정신앙』, 국립민속박물관, 2011, 438쪽.

봐주러 방문한 적이 있었다. 이때 무당은 범띠인 맏이와 말띠인 막내를 팔아야 한다고 얘기해 3만 원씩 주고 아이를 팔았던 경험이 있다. 당시 범띠인 맏이는 산에 팔고, 말띠인 막내는 천방에 팔았다. 아이를 팔 때는 파는 장소에 도착하면 미역국과 밥을 종이 위에 깔아 상차림을 하고, 아무생 판다고 외쳤다. 그런데 10여 년이 지난 어느 날 강복순 씨가 중매해주었던 주지스님에게 갔더니, 또 아이들을 팔아야 한다고 했다. 이미 아이들을 산과 천방에 팔았다고 하자 그러면 아이들이 천해지기 때문에 안된다며 이를 물리고 다시 절에 아이들을 갖다 두길 권했다.

그 사람도 하는 소리가 '야들을 팔아줘야 된다.' 이래. 그래가 내가 '이미 팔았는데요.' 이라이께네. '어다 팔았노?' 이래. '뭐 하나는 범띠라고 산에 팔라 그래가 산에 팔았고. 하나는 천방에 팔았니더.' 이라이께네. '아들 그라면은 천해져가 안 된다.'고 또 안 된다네? (웃음) '그머 안 되면 어야니꺼.' 그카이께네 물러 오라 그래. 물려라 그래. 팔았는 걸 물려라 그래. '어에 물리니꺼.' 그카이께네. '물리고 우리 절에다가 여 갖다 얹어놔라.' 이래. 그래가지고 거 어에 물리노 그카이께네, 피밤 세 개를 가주 가가 한 개는 묻어부고, 두 개는 떤지라 그든가? 뭐 하여튼 세 개 다 떤졌는동 몰래. 하여튼 그래가주고 인제 생을 뒤놓으면서, 인제 범띠 끝으면 뭐 이런 생(○○생)이 있잖아. 거 있으면, 그래 '아무 것이 물러갑니다.' 그고 밤 한 개 던지고 이렇게 절 하고. 또 그 다음에 세 개를 다 하고 이거 해가 물러간다고 세 번 그카래. 그래 인제 그랬다. 그라고 또 산에 가가주고, 산에 또 범띠라고 산에다 팔았는 자리에 찾아가가 또 거 가 물려 왔어.[11]

아이를 팔기를 다시 물리기 위해서는 아이를 팔았던 장소에 피밤 3개를 가지고 가서, 하나씩 던지며 "○○생 아무것이 물러갑니다"라고 고하며 절을 했다. 그렇게 3번 절을 하고 나면 아이팔았던 것을 물렸다. 그리고 난 뒤에 절에 가서 아이의 이름을 올려 스님을 수양부모로 삼아 다시 팔았다.

아이팔기의 풍속은 주술적인 의미를 지니는 것으로, 의학적 근거는 존재하지 않는다. 그럼에도 아이의 무병장수를 기원하는 부모의 기원 속에서 이루어진 아이팔기는 하나의 민간의료이기도 했다. 또한 아이팔기를 담당했던 무당 또는 승려와는 단골관계를 이루는 계기가 되기도 하였다는 점에서, 이는 의료행위를 넘어 관계망 형성을 위한 의미를

---

[11] 강복순(여, 1955년생)의 제보(2021년 11월 26일, 제보자 자택).

지녔던 것으로도 이해할 수 있다.

5. 조건의 변화와 민속종교의 의미

마을 공동체로 생활했던 과거에는 함께 농사를 짓고, 윗세대와 아랫세대가 한 마을 혹은 이웃 마을에서 함께 살며 일상을 보냈다. 이처럼 동일한 물적 토대 위에서 살아갔던 마을 구성원 또는 가족 구성원들은 공동의 경험을 통해 세계관이 공유되었다. 즉 마을 주민들 간의 관계망, 노동방식, 조상, 신, 자연 등을 이해하는 방식이 공유되었다.

하지만 압축적 근대화는 마을의 물적 토대에 많은 변화를 가져왔다. 공동으로 노동하던 방식은 독점하고, 사람을 고용하여 노동하는 방식으로 바뀌었고, 자식들이 모두 타지로 나가게 되면서 가족관계에 대한 인식도 바뀌게 되었다. 즉 윗대 조상을 가신으로 모시며 이들 역시 가족 구성원의 일부로 이해했던 것은 오로지 살아있는 사람들 간의 결속만이 중요한 것으로 바뀌게 되었다. 또한 오래된 자연물에 대한 경외는 그저 하나의 경관에 불과한 것으로 바뀌었다. 변화에 가장 핵심적인 영향을 미친 것은 마을을 이루던 젊은 세대들이 모두 타지로 나가게 되면서 마을의 세계관이 더 이상 공유되지 못하는 것에 있는 것이라고 생각 되었다. 이는 민속종교가 더 이상 지속되지 못하는 이유이기도 했다.

당제의 경우도 단순히 제의를 올릴 물적인 토대로서 사람의 부족이 아니라, 당제에 대한 인식과, 그 세계관이 다음 세대에 공유되지 못해 이에 대한 공감을 얻어내지 못한 것에 있었다고 보였다. 이는 가신신앙 역시도 마찬가지였다. 가신은 윗대 조상과 긴밀한 관계를 상징적으로 나타내고 있는 것인데, 이 관계에 대한 인식과 감성이 공유되지 못해 공감을 얻지 못했다. 타지에서 살아가는 세대들이 경험하는 세계와 마을에서 평생을 살아온 윗세대가 경험한 세계가 너무나 다르기 때문이다.

그런 점에서 주목되는 것은 김병선씨의 사례였다. 남편이 죽고 나자 교회를 다니는 자식들은 조상에 대한 인식이 다르게 형성되어 있어 제사를 지내지 않았다. 이 같은 상황 속에서 김병선씨는 가신을 모두 내보내고, 교회를 다니며 자식들과 신앙에 대한 공동의 경험과 믿음을 만들어냈다는 것에 있었다. 즉 자식들과 같은 신앙을 가지게 됨으로써 신에 대한 세계관을 공유하게 된 것이다.

이처럼 공동의 경험 속에서 공통감을 가지게 될 때, 문화는 더욱 활력을 얻을 수 있을 것이다. 다만 대곡1리 마을의 경우는 기존의 마을을 유지해 오던 토대들이 많이 소실된 상황이기 때문에 그동안 이어져 오던 문화 역시 많이 약화 될 수밖에 없었던 것으로 보였다. 그럼에도 귀농귀촌인들이 꾸준히 늘어가고 있는 대곡1리는 앞으로 어떤 문화를 만들어낼지 알 수 없다. 그러므로 우리는 오히려 그 속에서 새로운 가능성들을 기대해 본다.

대곡동 윷놀이의 공동체문화적 성격과 함의

한양명·이중구

1. 마을윷놀이를 주목하는 까닭

　전통사회에서 윷놀이는 남녀노소가 즐기는 가장 보편적인 놀이 가운데 하나였다. 윷놀이가 널리 행해질 수 있었던 이유는 두 가지 측면에서 살펴볼 수 있다. 하나는 놀이의 간편성인데, 두 명 이상만 있으면 방안이나 마당 등 장소의 제약 없이 즐길 수 있었다. 또 윷과 윷말, 윷판 등의 놀이도구를 만드는데 필요한 재료를 주변에서 쉽게 구할 수 있고 한번 마련하면 오래 두고 사용할 수 있었다. 다른 하나는 쉽게 익힐 수 있는 놀이방법과 역동적인 놀이의 과정이다. 윷놀이에는 기본적으로 운의 요소가 강하게 작용하지만, 행마의 과정에서 나름의 전략을 통해 쫓고 쫓기며 반전이 거듭되는 역동성을 보여준다.

　1970년대 이후 한국사회의 산업화에 따라 농촌사회는 농업 생산력의 향상과 인구 감소라는 사회경제적 변화를 겪었다. 이 과정에서 마을공동체 단위로 전승되었던 놀이뿐만 아니라 성별과 연령에 따라 다채롭게 행해졌던 놀이도 대부분 전승력을 잃었다. 하지만 윷놀이는 지금도 다양한 형태로 전승되고 있을 뿐만 아니라 온라인게임으로 진화해 게임시장에서 여타의 보드게임과 경쟁하고 있다. 이처럼 윷놀이가 변화한 놀이환경 속에서도 강인한 전승력을 보여주는 것은 역시 간편성과 역동성을 기반으로 한 놀이의 성격에서 그 원인을 찾아야 할 것이다.

그동안 윷놀이에 대한 조사는 대개 현상 기술에 치중했다. 일제강점기에 17곳에서 전승된 윷놀이를 소개한 무라야마 지준村山智順의 조사,[1] 1960년대부터 각 지역의 민속을 조사보고한 문화재관리국의 전국민속조사 사업과[2] 전국의 세시풍속을 조사보고한 국립문화재연구소의 세시풍속조사 사업[3] 등이 대표적인데, 대개 윷놀이의 시기, 도구, 놀이방법을 소개하는 정도에 머물렀다. 이런 중에도 간간이 연구작업이 이루어져 특정 지역 윷놀이의 변화상과 의미를 포착한 연구[4] 윷놀이의 유래에 관한 연구[5] 놀이방법에 관한 연구[6] 등이 진행되었다. 이 같은 조사연구에서 윷놀이는 대개 상대놀이 또는 소집단놀이로 인식되었기 때문에 윷놀이가 갖는 공동체성 그리고 이에 기반한 공동체문화성을 해명해보려는 작업은 제대로 이루어지기 어려웠다.

이런 상황에서 경북 안동시 임동면 대곡1리의 여러 마을에서 '큰윷'으로 불리며 전승되어온 윷놀이를 통해 다음의 두 가지 문제를 짚어보려고 한다. 먼저 공동체문화와 관련 속에서 윷놀이가 갖는 성격을 살펴보는 것이다. 대곡1리의 윷놀이는 정월대보름 무렵에 주민 대다수의 참여 속에서 주기적으로 행해져 공동체적 의미를 발현한다. 이는 윷놀이가 상대놀이, 소집단놀이가 아니라 공동체의 놀이로 전승되어왔음을 말해주는 것이기 때문에 이 지역 윷놀이의 전승양상을 파악하는 작업은 곧 그동안 간과되었던 윷놀이의 대동놀이적 성격을 드러내는 작업이 될 것이다.

다음으로 전승환경과 윷놀이 전승의 상관성을 구명해볼 것이다. 마을은 외부적 영향 속에서 끊임없는 변화를 겪었으며, 지금도 그 변화의 과정 속에 놓여 있는 역동적인 공간이다. 마을의 지리생태적 환경, 경제적 환경, 사회문화적 환경 등은 윷놀이의 전승환경을 이루고 있다. 따라서 전승환경의 변화는 윷놀이의 형식과 내용에도 영향을 미치기 마련인데, 양자를 함께 살펴보는 것은 마을공동체와 윷놀이의 관계성을 파악할 수

---

[1] 村山智順 編·朴銓烈 譯, 『朝鮮의 鄕土娛樂』, 集文堂, 1992.
[2] 문화재관리국의 『한국민속종합조사보고서』는 전라남도 편(1969년)부터 함경북도 편(1981년)까지 출간됐으며, 각 도별로 윷놀이의 내용이 일부 포함되었다.
[3] 국립문화재연구소의 『세시풍속』은 2001년~2003년까지 총 9개 도의 세시풍속을 소개하고 있으며, 주로 정월의 세시풍속으로 윷놀이를 소략하게 다루고 있다.
[4] 박장영, 「안동지역 윷놀이 연구」, 안동대학교 석사학위논문, 1992.
[5] 김만태, 「윷놀이에 관한 쟁점 고찰: <사희경(柶戲經)>의 존재 여부와 윷놀이의 유래를 중심으로」, 『민속학연구』 24, 국립민속박물관, 2009.
[6] 문미옥·손정민, 「옛 문헌에 나타난 윷놀이의 유래와 놀이방법」, 『幼兒敎育硏究』 33, 유아교육학회, 2013; 황인덕, 「충청 일부지역 유소년 윷놀이 방식 소고」, 『충청문화연구』 24, 충남대학교 충청문화연구소, 2020.

있다는 점에서 중요한 의미를 지닌다.

조사지인 안동시 임동면 대곡1리는 바드레, 복수천, 새들, 강변 등 4개의 자연마을로 구성되어 있다.[7] 현재 마을의 인구는 바드레 62명, 복수천 25명, 새들 12명, 강변 12명이며, 논농사보다 밭농사의 비중이 월등히 높아 전형적인 산촌의 생업환경을 반영한다. 대곡1리의 윷놀이는 현재 복수천을 제외하고 자연마을 단위로 전승되기도 하지만, 2000년대 중반부터 4개의 마을에서 함께 이어나가고 있다.

글의 구성은 먼저 1970년대까지 자연마을별로 전승된 윷놀이의 상황을 살필 것이다. 1970년대는 자연마을 단위의 윷놀이가 가장 활발하게 전승되었던 마지막 시기이며, 당시를 기준으로 하는 것은 좀 더 선명하게 남아 있는 제보자들의 기억을 통해 윷놀이의 과거 모습을 재구성하는 데 유리한 측면이 있다. 그다음에는 2000년대 중반 이후부터 현재까지 각 자연마을에서 전승되고 있는 윷놀이와 4개의 자연마을에서 함께 벌이고 있는 윷놀이의 모습을 담아낼 것이다. 끝으로 대곡1리 윷놀이의 지속과 변화 과정을 통해 마을윷놀이가 갖는 대동놀이적 성격과 전승환경에 조응해서 전승되고 있는 윷놀이를 공동체문화적 맥락 속에서 살펴볼 것이다.

2. 마을윷놀이의 전승양상

1) 바드레

바드레의 윷놀이는 정월대보름부터 이월 초이튿날까지 하루 날을 잡아서 벌어졌다. 보통은 정월 16일에 윷놀이를 하지만, 여의치 않을 경우 계속해서 일정을 조율하다가 마지막으로 이월 초이튿날까지 미루기도 했다. 이월 초하루는 농사철을 앞두고 "마지막으로 노는 날"이라고 했는데, "여자들이 모이면 재수없다"는 속설에 따라 초이튿날에 윷놀이를 벌였던 것이다.

윷놀이의 장소는 주민들이 협의해서 마당이 넓고 햇볕이 잘 드는 집을 정했다. 윷놀이를 하기로 정해진 집에서는 많은 주민들이 찾기 때문에 신경 쓸 일이 많았으며, 특히

---

[7] 바드레와 복수천은 각각 큰바드레와 복바드레라는 별칭이 존재한다. 여기에서는 주민들이 가장 폭넓게 사용하는 바드레와 복수천이라는 지명을 사용하도록 하겠다.

〈그림 1〉 편 구성의 기준이 되는 길

음식 장만을 책임져야 하는 여성들의 부담은 더욱 컸다.

윷놀이의 편은 마을의 복판을 가로지르는 골목을 기준으로 동부와 서부로 나눴다. 1970년대 바드레에는 약 40호가 있었는데, 동부와 서부의 호수가 엇비슷했다. 이런 편 구성은 초상이 났을 때에도 적용됐는데, 상대편에서 상여를 메고 행상을 책임졌다. 한편 1960년대까지는 윷놀이를 하면서 먹을 음식을 마련하기 위해 당일 아침 청년들이 자루를 들고 집집마다 돌면서 주민들에게 한 주발 정도의 쌀을 거뒀다. 형편이 어려운 집에서는 쌀 대신 무, 시래기 등의 반찬거리를 내며 부족하지만 성의를 표했다. 이후 1970년대에는 돈을 거둬 윷놀이에 필요한 경비를 충당했는데, 승부를 가려서 진 편에게 더 많은 돈을 거뒀다.

윷놀이의 도구는 윷, 윷판, 윷말이다. 윷은 '싸리윷'과 '장작윷(통윷)'이 있는데, 마을윷놀이에는 후자를 사용하였다. 장작윷은 길이 약 15㎝, 지름 5~7㎝ 정도의 싸리나무를 윗부분의 1/3만 비스듬히 깎거나 반으로 쪼개서 만들었다. 윷판은 주로 쌀가마니에다가 숯으로 윷밭을 그렸으며, 마분지를 이용하기도 하였다. 한편 동암사 뒤편에 자리한 '윷판등'이라는 능선에는 커다란 바위에 작은 구멍이 여러 개 새겨진 암각화가 있다. 이 암각화는 장군들이 손으로 찍어서 만든 윷판으로 전해진다.

A : 저기 산에 윷판 돌이 있어. 옛날에 장수가 손으로 팠다고 하더라고. 그게 바위인데 바위에 윷판이 그려져 있어.[8]

B : 우리 어릴 때 학교 갔다 돌아올 때 그리로 돌아오는데, 거기 바위 위에 앉아서 껀띠기 하고 놀았어. 홈이 이렇게 파여져 있고 돌 가지고 노는 거야.[9]

---

[8] 김세열(남, 1951년생)의 제보.
[9] 김만열(남, 1955년생)의 제보.

또한 다른 조사에서는 이 암각화를 두고 선녀가 바위에 윷판을 만들어 놀다 간 것이라고도 한다.[10] 현재는 사람들의 왕래가 끊기면서 길이 사라졌지만, 1970년대까지만 해도 임동동부국민학교의 학생들이 하굣길에 윷판등을 지나면서 바위에서 앉아서 쉬거나 고누를 하며 놀았다. 윷말은 주로 '갬나무'(고욤나무)를 사용했는데, 한쪽에는 검게 칠하거나 껍질을 벗겨서 상대편의 말과 구분하였다. 윷놀이가 벌어지는 집의 마당에는 길이 4m, 폭 3m 정도의 멍석을 깔고, 중간지점의 양 끝에는 말목을 박아 길이 3m, 높이 1m 정도의 새끼를 연결하였다.

윷놀이가 벌어지는 날에는 주민들이 아침을 먹고 미리 약속된 집에 모였다. 이때 참여자들이 마실 막걸리를 한 주전자씩 들고 오는 사람들도 있었다. 윷놀이에는 각 집안의 성인 남녀가 참여했지만, 고령의 남성들은 젊은 사람들과 어울리는 것을 꺼렸기 때문에 가지 않았다. 양편의 인원이 불균형을 이룰 경우에도 연장자부터 "내가 물러설게"라며 윷놀이에서 빠졌다. 또한 갓 혼인한 여성의 경우 남의 집에 가는 것을 금기시했기 때문에 집에 머물렀다. 한편 사람들이 모이면 동서부에서는 각각 편장과 행마를 담당하는 사람을 선출하였다. 편장은 남녀를 불문하고, 윷놀이에 참여하는 사람 가운데 가장 연장자가 맡았다. 동갑일 경우에는 생일이 빠른 사람이 편장을 맡는 것을 원칙으로 했다. 고령의 남성들이 대부분 빠졌기 때문에 여성이 편장을 맡는 경우도 제법 있었다.

> 윷놀이하면 편장을 뽑았어. 편장은 제일 늦게 놀아. 그 전에 이겨버리면 편장 놀 일도 없이 이기는 거야. 나이가 제일 많은 사람이 편장을 하지. 지고 있으면 편장까지 놀아야지. 나이 적은 사람은 미리 놀고. 소리치는 강단도 있고. 편장이 고함을 지르고 그런다니까.[11]

> 편장은 거기 모인 사람 중에 남자든 여자든 제일 나이 많은 사람이 해. 아주 할아버지들은 옛날에 윷 놀러 안 갔어. 할머니들하고는 오는데 위에 할아버지들은 집에 계셔. 할머니들은 나이 많아도 가. 그러니까 할머니들이 편장을 많이 했지. 편장은 제일 마지막에 놀아. 편장이 윷말 쓰는 사람 옆에 앉아서 같이 해. "그건 아니다"라고 막 옆에서 말 해.[12]

---

[10] 정형호 외, 『『윷놀이 국가무형문화재 지정가치 조사 용역』 결과 보고서』, 사단법인 한국민속학회, 2021, 190쪽.(미간행)
[11] 김세열(남, 1951년생)의 제보.
[12] 김태희(여, 1953년생)의 제보.

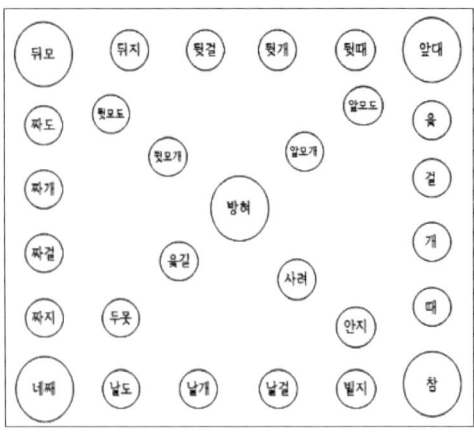

〈그림 2〉 건궁윷

편장은 윷말을 움직이는 과정에서 같은 편끼리 마찰이 생길 때 중재할 수 있는 강단도 필요했다. 행마를 담당하는 사람은 머리가 좋고, 전략적으로 윷말을 잘 놓을 줄 알아야 했다. 윷놀이에서 질 경우 "말을 잘못 놓아서 그렇다"고 원망을 듣기 때문에 어깨가 무거웠다. 특히 기억력이 좋은 사람은 윷판과 윷말 없이 '건궁윷'으로 말을 움직였는데, 주로 서부의 "예미댁"과 동부의 "외내댁"이 맞수로 나섰다.

1970년대에는 아침 일찍 한 무리의 청년들이 임동장에 쌀과 생선 등의 식재료를 사러 갔으며, 10시 이전에는 장을 보고 마을에 도착하였다. 음식을 장만하는 것은 기혼 여성들이 책임졌다. 윷놀이는 주로 마당에서 했는데, 날씨가 춥거나 기상이 좋지 않으면 방에서 하는 경우도 있었다.

윷을 던지는 순서는 나이가 어린 사람부터 연장자순이었으며, 양편의 편장은 항상 마지막에 나섰다. 놀이 방식은 '찍어내기'와 '넉동내기'를 기본으로 하였다. 찍어내기는 한 사람이 질 때까지 상대와 대결하는 방식이다. 따라서 한 사람이 열 명과 붙을 수도 있었는데, 한쪽에서 상대를 모두 제압하면 이기게 되는 것이다. 이때 편장은 나머지 사람들과 다른 대우를 받았다. '찍어내기' 방식에서 마지막에는 한쪽 편의 편장만 남기 마련인데, 상대편에서는 남은 사람들을 물리고 편장이 나와 대적했다.

> 편장은 만약에 서쪽이 지고 편장 한 사람 남았으면 동쪽은 사람이 남았어도 동쪽 편장이 붙어 놓아. 편장 아닌 사람이 편장하고 맞붙으면 편장이 먼저 윷을 던져. 편장 아닌 사람은 이겨도 늦게 놀아. 윷에서 편장을 대접하는 거지.[13]

편장과 일반 사람이 맞붙을 경우에는 반드시 편장에게 먼저 윷을 던질 수 있는 기회를 줬다. 원래는 이긴 사람이 먼저 윷을 던지는 것이 원칙이지만, 편장을 예우하는 차원에

---

[13] 김태희(여, 1953년생)의 제보.

서 순서를 양보했던 것이다. 넉동내기는 4개의 말이 먼저 나는 쪽이 승리하는 방식이다. 윷을 던질 때에는 반드시 중간에 있는 새끼 위를 통과해야만 했다. 만약 윷이 새끼를 건들거나 그 밑으로 통과하면 무효로 처리하고 기회를 상대에게 넘겨줬다. 윷이 멍석 밖으로 벗어날 경우에도 마찬가지였다.

윷놀이가 시작되면 사람들은 구경하면서 응원을 했고, 일부 남성들은 삼삼오오 방안에 모여서 김치와 나물을 안주 삼아 술을 마시며 자기 차례를 기다렸다. 여성들은 부엌에 모여 비빔밥과 된장국, 전 등의 음식을 준비해서 사람들에게 점심과 저녁을 대접했으며, 자기 차례가 되면 음식을 만들다가 윷을 던지기도 하였다. 윷놀이판의 분위기가 무르익으면 열띤 응원전을 펼쳤는데, 자기편이 유리한 상황을 연출했을 경우 꽹과리와 징, 북을 치고 춤을 추면서 분위기를 한껏 돋우었다. 윷놀이를 하면서 사람들의 언성이 높아지는 것은 세 가지 경우이다. 먼저 건궁윷을 하면서 행마를 담당하는 사람들이 말의 위치를 두고 충돌하면, 같은 편이 거들면서 감정이 격해졌다. 다음으로 위에만 비스듬히 깎은 윷가락이 애매하게 옆으로 설 경우 서로 자기편에게 유리한 방향으로 우기면서 말싸움을 벌였다. 이어서 같은 편끼리는 윷말의 이동 방향을 두고 고성이 오가기도 하는데, 최종적으로는 편장의 의견을 따르는 편이었다.

이렇게 아침부터 시작한 윷놀이는 밤늦게까지 이어졌다. 한편 주민들은 윷놀이의 결과를 통해 한 해 풍요를 점치기도 했는데, "동쪽이 이기면 풍년이 들고, 서쪽이 이기면 흉년 진다"고 여겼다.

> 우리 어른들 있었을 때 동쪽이 이기면 풍년진다고 하더라고. 그래도 봐주는 거 없어. 서로 이길라고 고함을 지르고 난리인데. 싱벽이 우선이지.[14]

하지만 농사보다 "싱벽勝癖이 우선"이기 때문에 서부에서 일부러 지는 일은 없었다고 한다. 특히 1970년대 이후에는 진 편이 더 많은 돈을 냈기 때문에 승부욕을 자극하는 요인으로 작용했으며, 서로 이기기 위해 애썼다.

---

[14] 김세열(남, 1951년생)의 제보.

2) 복수천

겨울철에는 주민들이 삼삼오오 모여서 윷놀이를 벌였다. 마을의 어른들은 주로 술내기를 하며 '자윷'(자부리윷)을 놀았다. 자윷은 싸리로 만든 길이 10㎝ 정도의 얇은 윷을 가지고 하는 것으로서, 반드시 미리 정해둔 거리보다 멀리 던져야 했다. 만약 윷이 정해둔 거리에 미치지 못할 경우 무효로 처리하였다. 거리가 모호한 경우에는 미리 준비해둔 작대기를 이용해 거리를 재서 가부를 판가름하였다. 윷판과 윷말 없이 말을 움직이는 것을 '건방윷', '건궁윷'이라고 했다. 기억력이 좋은 사람들은 '건방윷'으로 놀기도 하였다. 한편 1970년대까지 기혼 여성들은 정초에 윷놀이를 통해 떡 내기를 주로 하였다. 이긴 사람은 쌀 반 되, 진 사람은 쌀 한 되를 내서 시루떡을 만들어 집집마다 나눠 먹었다.

복수천에서는 마을윷놀이를 '큰윷'이라고 했으며, 정월 16일에 행하였다. 정월 16일 자시에 동제를 지내고, 아침에는 마을의 어른들이 제관집에 모여 음복을 하였다. 곧바로 동네공사를 열어 지난해의 마을기금을 결산한 뒤 윷놀이를 벌였다. 윷놀이는 마당이 넓고 볕이 잘 드는 집에서 했는데, 사전에 마을 어른들이 집주인과 협의해서 선정한 것이다. 동네공사를 마치면 주민들은 윷놀이가 벌어지는 곳으로 자리를 옮겼다.

편은 '아랫골목'을 기준으로 동부와 서부로 나눴다. 1970년대 복수천에는 약 50호 정도가 있었으며, 편을 나누면 인원이 엇비슷했다. 장자골에 살던 12호는 인원을 고려해서 동부와 서부로 나누어 편입되었다. 이렇게 나눈 편은 일상생활에도 적용됐는데, 상이 나면 상대편에서 16명의 장정들이 상여를 메고 행상을 책임졌다.

〈그림 3〉 편 구성의 기준이 되는 길

> 동쪽에서 사람이 죽으면 서쪽에서 운상을 해 줘. 동쪽에서는 산소 가서 일을 같이 해주고, 옛날에는 괭이로 땅을 팠는데 그것도 해주고. 괭이 같은 거, 술도 짊어지고 가다가 상여 내려놓고 술도 한 잔 마셨어. 집에서 밥을 해서 반찬하고 짊어지고 가야 돼.[15]

이때 같은 편에서는 음식과 장지에서 필요한 각종 도구를 운반하며 역할을 분담했다. 윷놀이에 필요한 경비는 주민들이 갹출을 했는데, 이긴 편보다 진 편에서 많이 거뒀다. 형편이 넉넉한 집에서는 집에서 장만한 술과 음식을 내기도 했다. 부족한 부분은 마을기금으로 충당했기 때문에 마을의 재정이 바닥나면 윷놀이 대신 걸립을 했다. 또한 1960년대까지는 흉년이 들면 한 해 윷놀이를 건너뛰기도 하였다.

윷놀이에 필요한 윷은 길이 15㎝, 지름 5~6㎝ 정도의 싸리나무를 이용해서 만들었다. 처음에는 싸리나무의 1/3만 비스듬하게 깎아서 만들었지만, 윷이 옆으로 쓰러질 경우 언성을 높이는 일이 잦았다. 따라서 1970년대에는 싸리나무의 반을 잘라서 마찰의 소지를 없앴다. 윷판은 가마니를 사용하였다. 한 사람이 입에 머금은 물을 뿜어서 가마니를 적신 뒤 먹으로 윷밭을 그렸다. 그렇지 않으면 마당에 핀 멍석의 가장자리에 숯으로 윷밭을 그려서 윷판으로 삼기도 했다. 윷말의 경우에는 칡나무와 뽕나무로 만들었으며, 어떠한 경우라도 돌을 사용하지 않았다.

> 말은 하나는 칡, 하나는 뽕나무를 써. 옛날부터 칡은 똑바로 자라니까 빨리 가라는 의미이고, 뽕나무는 뿌리가 참 질겨서 잘 안 죽거든. 그러니까 말이 가다가 죽지 말라는 의미야. 돌은 무거워서 못 간다고 안 하고. 당일에 샘 있는 사람들이 먼저 가져오는 사람이 있어. 거기서 칡을 가져오면 나는 뽕나무를 해야 돼. 내가 칡나무한다 뽕나무한다 싸우지는 않아.[16]

칡은 줄기가 똑바로 자라기 때문에 말이 빨리 가라는 의미가 있었고, 뽕나무는 뿌리가 질기기 때문에 말이 죽지 말고 가라는 뜻을 담고 있었다. 돌은 무겁기 때문에 빨리 가지 못한다고 해서 쓰지 않았다. 한쪽 진영에서 특정 윷말을 들고나오면, 상대편에서 남은 것을 쓰기 때문에 큰 마찰은 없었다. 윷놀이가 열리는 집의 마당에는 멍석을 깔고 중간의 양 끝에는 긴 나무를 돌로 고정한 뒤 약 1m 높이로 새끼를 쳤다. 길이 3m, 폭 2m 정도의 멍석은 하나만 펼쳤지만, 그보다 반 정도 되는 크기의 멍석은 두 개를 깔았다.

윷놀이에는 거동이 불편한 사람을 제외하면 각 집안의 성인 남녀가 모두 참여하였다. 이때 사람들은 평소보다 깨끗한 옷을 입었으며, 술과 무, 배추, 콩나물, 묵나물 등의 식재료를 들고 오기도 했다. 사람들이 모이면 동부와 서부에서는 각각 가장 연장자를

---

15 김규동(남, 1947년생)의 제보.
16 권기호(남, 1954년생)의 제보.

편장으로 추대하고, 윷말을 움직이는 사람도 정했다. 이른 아침 한 무리의 남성들은 쌀과 채소 등 식재료를 사기 위해 마을에서 약 12㎞ 떨어진 임동장으로 향했다. 1960년대까지는 '딱박골'과 '신나무고개'를 지나 마령3동에 있는 소달구지를 이용해서 짐을 날랐다. 장을 볼 때 한 사람이 물건값을 지불하고, 윷놀이가 끝난 뒤에 결산을 해서 돌려받았다. 아침 일찍 장을 보면 오전 10시쯤 마을에 도착할 수 있었다. 굳이 장을 보러 가지 않을 때에는 마을 주민에게 쌀을 사고 윷놀이가 끝난 뒤 돈을 지불했다.

윷놀이의 방식은 '찍어내기'와 '넉동내기'를 기본으로 했다. 또한 중간에 있는 새끼 위를 통과하도록 윷을 던져야 했다. 윷이 멍석 밖으로 벗어나거나 멍석을 밟고 윷을 던질 경우 무효로 하였다. 윷은 나이가 적은 사람부터 차례대로 던졌으며, 편장은 반드시 가장 마지막에 나섰다.

> 동쪽에 편장, 서쪽에 편장은 끗발 있는 사람이야. 나이 많은 사람이 해. 편장은 대장이라서 제일 마지막에 놀아.[17]

연장자와 편장은 굳이 자신들이 나서지 않고 이기는 것을 선호했기 때문에 끝에 윷을 던지는 것이다. 또한 이긴 사람은 다음 판의 윷을 먼저 던지는 것이 원칙이었지만, 상대편 편장이 나왔을 경우 순서를 양보하였다. 윷놀이가 시작되면 사람들이 윷놀이판을 빙 둘러 자기편을 응원하였다. 연장자들은 방안에서 술을 마시며 자신의 차례를 기다렸으며, 술이 떨어지면 마을에 있던 술도가에서 받아왔다. 여성들은 부엌에서 술안주와 비빔밥, 된장국 등 사람들이 먹을 음식을 준비했으며, 자기 차례가 되면 윷놀이에 참여하였다. 또한 일이 한가할 때 마당에 나와 자기편을 응원하였다. 사람들은 윷놀이를 하는 도중에 점심과 저녁을 해결했으며, 각 집안의 아이들도 함께 먹었다.

옆에서 구경하는 사람들은 자기편이 윷을 던질 때 "모야, 모야"를 외쳤고, 상대편의 말을 잡는 등 유리한 상황이 발생하면 한참 동안 꽹과리, 북, 장구를 치고 춤을 추며 분위기를 돋우었다. 당시 동부의 김춘모 씨, 동부의 권기호 씨는 악기 다루는 솜씨가 좋아서 분위기를 주도했다. 시간이 한참 지나면 술에 취하는 사람이 많았기 때문에 윷을 던져도 무효로 처리되는 경우가 많아서 시간이 지체되기도 하였다. 놀이에서 진 사람은 미리 작성한 명단에서 "X"자로 표시하며 지웠고, 더 이상 남은 사람이 없을 경우 승부가

---

[17] 권기호(남, 1954년생)의 제보.

가려졌다. 윷놀이는 '호야(남포등)'로 불을 밝히고 밤늦게까지 이뤄졌으며, 승부를 가리지 못할 경우 이튿날까지 진행된 적도 있었다. 한편 승부에 따라 "동쪽이 이기면 풍년 들고, 서쪽이 이기면 흉년 진다"는 말이 있었다. 그렇다고 해서 서부에서 일부로 져주는 일은 없었다.

3) 새들·강변

새들과 강변 주민들은 함께 윷놀이를 즐겼다. 두 마을은 지리적으로 인접해 있을 뿐만 아니라 호수가 바드레와 복수천보다 적었기 때문에 서로 힘을 합쳐서 마을의 대소사를 함께 처리했다. 새들과 강변의 윷놀이는 정월 16일에 행해졌다. 두 마을에는 윷놀이의 시기와 관련해서 "보름명절에 윷을 안 놀면 콩 땐다", "이월 초하루가 지나고 윷 놀면 콩 땐다"라는 말이 전해졌다. 콩을 땐다는 것은 완전히 익은 콩의 꼬투리가 터져서 종자가 흩어지는 것을 이르는 것이다.

> 옛날에 우리가 모여 놀고 있으면 한 데 콩을 해 놓았는 게 옛말로 콩 땐단다, 콩이 따개지면서 벌어진단다 윷을 놀면 안 그런단다 그 말이 흘러 내려왔어. 보름명절에 윷 안 놀면 콩 땐단다 우리 윷놀자 그랬어. 그리고 늦게는 콩 땐다고 못 놀 게 했어.[18]

또한 이월 초하루가 지나 늦게까지 윷놀이를 하면 "콩이 나도록 윷을 논다"며 마뜩찮게 여겼다. 주민들은 콩을 빗대어 마을윷놀이의 시기를 나름대로 정하고 있었다. 16일 아침에는 유사의 집에서 동공사를 열어 지난해 상여를 메고 받은 돈을 결산하였다. 유사는 새들과 강변에서 한 명씩 선출했으며, 임기는 1년이다. 주요 업무는 마을의 집기를 관리하고, 대소사에 궂은일을 담당하였다. 윷놀이의 장소도 유사의 집을 이용하는 경우가 많았으며, 사정이 여의치 않을 경우에는 마당이 넓은 집을 따로 정하기도 하였다. 이때 집안에 어른이 있는 집은 가급적 피했다. 어른들은 젊은 사람들과 어울려 노는 것을 꺼렸기 때문에 젊은 부부가 함께 사는 집을 주로 이용했던 것이다.

편은 '아랫동네'(새들)와 '윗동네'(강변)로 나눴지만, 때로는 윷가락 두 개를 던져서 패를 가르기도 했다. 이처럼 편을 갈라 노는 것을 '편내기'라고 했다. 1970년대 강변에는 약

---

[18] 강복순(여, 1941년생)의 제보.

15가구 정도가 있었고, 강변에는 이보다 2~3가구가 많았기 때문에 마을별로 편을 구성해도 큰 무리가 없었다. 주민들은 이른 점심을 먹고 윷놀이가 벌어지는 장소로 향했다. 보통 각 집안의 성인 남녀가 참석했지만, 고령의 남성들은 빠지는 수가 많았다. 다만 "체면 없고 달랑거리는 어른"의 경우 참여하기도 했다. 출가한 딸이 대보름 명절을 맞아 친정에 오면, 윷놀이를 함께 즐겼다. 사람들이 모이면 각 편에서는 가장 연장자를 편장으로 삼고, 윷말을 옮기는 사람을 별도로 정했다.

윷놀이는 보통 마당에서 했지만, 날씨가 추울 경우 방을 이용했다. 1960년대까지는 지는 편에서 한 주발 가득 쌀을 내고 이기는 편에서 무, 시래기, 된장, 고추장 등의 반찬을 냈다. 또한 어떤 해에는 이긴 편보다 진 편에서 쌀을 더 내기도 하였다. 이처럼 승부에 따라 식재료를 내는 것은 몇 가지의 방식이 있었지만 어떤 경우라도 이긴 편이 유리했다. 윷놀이를 하는 날에는 저녁에 쌀밥을 먹었기 때문에 "이밥 먹는 날"이라고도 했다. 형편이 넉넉한 집에서는 강변에 있던 양조장에서 막걸리를 주문해 주민들이 마실 수 있도록 했다. 이후 1970년대 이르러 주민들에게 돈을 거뒀는데, 진 편에서 더 많이 부담하였다. 당일 아침 한 무리의 남성들은 임동장에 가서 쌀과 '물명태' 등의 식재료를 샀으며, 한 사람이 물건값을 계산하면 결산 이후 돈을 돌려받았다.

윷놀이의 방식은 '찍어내기'와 '넉동내기'였으며 보통은 단판으로 승부를 가렸지만, 인원이 적으면 3판 2선승제로 승부를 내기도 했다. 윷은 싸리나무로 만들었는데, 길이는 10~15㎝, 지름은 5㎝ 정도였다. 윷판은 가마니나 마분지에다가 윷밭을 그려서 만들었고, 윷말은 '갬나무' 등 주변에서 쉽게 구할 수 있는 것을 사용하였다. 마당에는 지름이 약 3m 되는 둥근 맷방석이나 길이 3m, 폭 2.5m 정도 되는 멍석을 깔았다. 중간의 양 끝에는 긴 나무를 세운 뒤 약 1m 높이로 새끼를 길게 쳤다. 윷을 던질 때 반드시 새끼 위를 통과하는 것이 원칙이었다.

윷은 나이가 적은 사람부터 연장자순으로 던졌으며, 편장은 가장 마지막에 배치되었다. 윷놀이가 벌어지면 사람들이 윷놀이판을 빙 둘러 열띤 응원전을 펼쳤으며, 상대방의 말을 잡았을 경우 윷을 던진 사람을 엎고 춤을 추기도 하였다. 분위가 무르익으면 사람들은 꽹과리, 징, 북을 동원해서 응원의 목소리를 높였다. 故 박선영과 故 박선숙이 악기를 다루는 솜씨가 좋았기 때문에 분위기를 주도했다. 흥이 나서 꽹과리를 정신없이 치면, 이를 지켜보던 일부 어른들은 꽹과리가 깨질 것을 염려해서 살살 다루라며 핀잔을 줬다. 악기는 곳집에 보관하다가 필요할 때마다 꺼내 사용하였다. 당시 사용했던 풍물을 1960년대 걸립을 통해 마련한 것이다.

일부 남성들은 방안에서 술을 마시며 자신들의 차례가 될 때까지 시간을 보냈다. 여성들은 부엌에서 음식을 준비하며, 수시로 전과 나물과 같은 안주를 만들어 전달하였다. 윷놀이를 방에서 할 경우에는 한꺼번에 많은 인원을 수용할 수 없기 때문에 마당이나 다른 방에서 사람들이 대기하다가 자신의 차례가 되면 들어가서 놀았다. 한편 승부에 따른 점세 방식은 "지면 농사를 잘 짓는다", "진 편이 나락농사가 잘 된다"고 하였다.

옛날에는 지면 농사 잘 짓는다고 하더라고. 말로는 그러는데 그것도 아니더라고. 서로 이길라고 하지. 윷말 옳게 못 쓴다고 싸우고 난리가 나는데. 농사보다는 어떻게든 이길라고 해.[19]

이기는 사람이 지는 사람 위로해 줄라고 그랬는지도 몰라. 지면 농사 잘 짓는 단다, 져도 괜찮다 그랬어. 진 사람은 일 년 내 농사 잘 짓는다니까 걱정하지 마라 그랬어.[20]

이를 두고 한 주민은 "지는 사람을 위로"하기 위한 말로 해석하였다. 실제로 윷놀이가 벌어지면 사람들은 져야 농사가 잘 된다는 말은 뒷전이었고, 어떻게든 이기기 위해서 최선을 다했다.

3. 마을윷놀이의 통합과 변화

현재 대곡1리에서 자연마을 단위로 전승되는 윷놀이는 바드레와 새들·강변에서 찾아볼 수 있으며, 복수천의 윷놀이는 1990년대 전승이 중단되었다. 바드레의 윷놀이는 대보름을 전후해서 벌이지만, 2020년과 2021년에는 코로나19의 유행으로 취소되었다. 대곡1리의 노인회는 바드레, 복수천, 새들·강변에서 별도로 운영되는데, 바드레의 노인회장과 총무가 주민들의 일정을 고려해서 날짜를 잡는다. 주민들의 출타가 많은 날을 피해 최대한 많은 사람들이 참여할 수 있는 날을 택하는 것이다. 서로 일정이 맞지 않을 경우 이월 초하루까지 늦춰지기도 한다. 윷놀이에 필요한 경비는 노인회에서 약 30~40만 원을 지원하고, 노인회에 가입되지 않은 사람들은 회비를 1~2만 원씩 낸다. 또한

---

[19] 권정학(여, 1947년생)의 제보.
[20] 강복순(여, 1941년생)의 제보.

마을 주민이나 출향인사들이 찬조를 하면 윷놀이 경비로 사용한다.

행사 하루 전에 2~3명의 여성들이 임동장을 찾아 식재료를 장만한다. 임동면에서 살 수 없는 냄비와 집기류 등은 안동 시내에서 구입한다. 이때 한 사람이 대표로 물건값을 내면 윷놀이가 끝난 뒤에 결산을 통해 돌려받는다. 경비가 넉넉한 해에는 영덕에서 회를 주문해서 먹기도 한다. 윷놀이를 3~4일 정도 앞두고 영덕의 단골 음식점에서 회를 주문하고, 당일 오후에 임동터미널에서 받는다.

편의 구성은 기존처럼 동부와 서부로 나누는데, 인원이 맞지 않을 경우 많은 쪽의 사람을 적은 쪽으로 보내서 조정한다. 놀이의 규칙은 당일 아침에 정한다. 최근에는 '찍어내기'뿐만 아니라 '마주내기'도 자주 하며, 양자를 혼합한 방식도 생겼다. 마주내기는 동부와 서부에서 한 사람씩 붙어서 승부를 가린 뒤 최종적으로 이긴 사람이 많은 편이 승리하는 방식이다. 양자를 혼합한 방식은 마주내기를 해서 이긴 사람들만 따로 찍어내기 방식으로 승부를 가리는 것이다. 윷놀이는 주로 마을회관의 실내에서 한다. 고령자들의 건강을 생각해서 넓은 마당보다는 실내를 선호하는 것이다. 이때 이불을 깔아 놓고 윷을 던지며, 주방에서는 부녀회 회원들이 음식을 장만하느라 분주하다.

한편 윷놀이의 방식은 많은 변화를 겪었다. 1980년대에는 뒤로 한 칸을 물리는 "뒷도"가 생겼으며, 2010년대 초반부터는 "임신", "안동", "퐁당"이 추가된 새로운 방식의 윷놀이를 즐겨한다. 이 방식에 적합한 윷판은 권○○ 씨가 바드레, 복수천, 새들·강변에 각각 하나씩 선물한 것이다. 권○○ 씨의 고향은 복수천이며, 몸이 불편한 모친을 모시기 위해 내려왔다가 주민들이 하는 윷놀이를 보고 윷판을 만들어 선물하였다. 윷판에는 "임신", "안동", "퐁당"이 새겨져 있으며, 두 개의 윷말에는 "빠꾸도"와 "안동"을 적었다.

윷을 던져서 임신이라고 적힌 윷밭에 걸리면, 이미 난 말을 제외하고 하나의 말을 합칠 수 있으며, 아직 출발하지 않은 말을 없는 것도 가능하다. 또한 안동이라는 글자가 보이는 윷가락만 젖혀지면, 이미 난 말을 제외하고 적어도 하나는 안동이라고 적힌 윷밭으로 옮

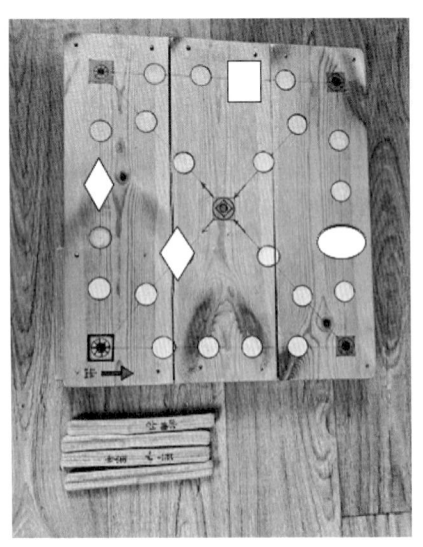

〈그림 4〉 새로운 형식의 윷판과 윷말
(○ : 임신, □ : 안동 ◇ : 퐁당)

겨야 한다. 만약 4개의 말을 합쳐서 움직일 경우 모두 안동으로 가야 하는 것이다. 안동에 걸리면 바로 뒤에서 상대편의 말에 쫓기거나 아직 출발하지 않은 말을 옮기는 것이 유리하다. 퐁당은 윷말이 나는 길목에 두 군데 자리하는데, 말을 어디로 움직이더라도 만날 수밖에 없다. 퐁당에 걸리면 말을 원점으로 되돌려 처음부터 다시 시작해야 한다. 퐁당을 가까스로 피했지만, 말이 나는 것을 코앞에 두고 뒷도가 나와서 다시 퐁당으로 가는 것을 최악의 상황으로 여긴다. 전통적인 방식의 윷놀이는 말을 한군데로 모아서 가는 것을 선호했지만, 새로 생긴 방식은 각종 변수에 대처하기 위해 말 4개를 따로 윷판에 올려놓고 움직이는 것이 유리하다.

> 지금 그 윷말을 쓸라면 옛날에 그 방식으로 하면 안 돼. 어쨌든 여러 개를 흩어 놓고 퐁당도 비켜가야 되고, 이 말이 날 정도 되면 안동도 딴 거 써야 되고. 흩어 놓는 게 더 유리하지. 옛날에는 어불려서 빨리 갈라고 했는데 지금은 그래 버리면 느려.[21]

예컨대 말을 서로 합해서 움직이다가 퐁당에 걸리면 다시 처음부터 시작해야 하는 위험성이 있기 때문에 최대한 흩어 놓아야 한다. 이런 방식의 윷놀이는 전세가 역전되는 상황이 자주 발생해서 몰입도가 높고, 긴장감이 배가 되기 때문에 상대적으로 밋밋한 전통적인 방식의 윷놀이는 더 이상 하지 않는다.

새로운 방식이 윷놀이는 시간이 오래 걸리기 때문에 사람들이 많이 모이면 '두동내기'를 하는 수도 있다. 바드레에서는 윷놀이에 참가한 사람들에게 모두 휴지와 같은 기본적인 상품을 제공하며, 이긴 편에서는 2~3천 원 상당의 조미료나 세제 등의 상품을 더 가져갈 수 있도록 한다.

한편 새들과 강변의 윷놀이는 노인회에서 주관한다. 노인회장과 총무가 주민들의 일정을 고려해서 대보름 후에 날짜를 잡는다. 최근에는 나이가 비슷하고 성별이 같은 사람이 짝을 지어 두 개의 윷을 던진 뒤 "도편"과 "개편"으로 편을 나눈다. 새들과 강변으로 편을 나눌 경우 윷놀이를 할 때 발생한 감정이 마을 갈등으로 번지는 것을 차단하려는 것이다. 참여자들은 만 원의 회비를 내면 윷놀이 전날 노인회 총무와 여성 한 명이 임동장에서 각종 식재료와 휴지, 조미료, 세제 등의 상품을 구입하며 부족한 돈은 노인회 기금으로 충당한다. 사전에 윷놀이의 날짜를 미리 귀띔하면, 농협에서는 술과 음료수를 찬조한다.

---

[21] 강복순(여, 1957년생)의 제보.

윷놀이는 보통 3판 2선승제로 진행되며, 당일 아침 '찍어내기'와 '마주내기' 방식 가운데 하나를 선택한다. 또한 "임신", "안동", "퐁당"이 포함된 새로운 방식의 윷놀이를 즐긴다. 윷놀이는 마을회관의 방안에서 열린다. 한쪽 방에서 윷놀이에 열을 올리면, 다른 한쪽에서는 남녀가 모여 술을 마신다. 점심은 육개장이나 비빔밥으로 해결하고, 삼겹살을 구워 먹기도 한다. 승부를 가려 이기는 편에게는 2만 5천 원 상당의 상품을 주고, 진 편에게는 이보다 만 원 정도 적은 금액의 상품을 지급한다. 거동이 불편해서 윷놀이에 참석하지 못한 사람에게도 잊지 않고 휴지 등 기본적으로 제공되는 상품을 가져다준다.

한편 2000년대 중반부터 4개 마을이 함께 윷놀이를 하였다. 당시 부녀회장이었던 강복순 씨는 4개 자연마을의 주민들이 서로 교류할 일이 없기 때문에 화합을 도모하는 차원에서 50~60대의 비교적 젊은 남녀가 함께 모여 윷놀이를 할 것을 제안하였다.

> 동네가 흩어져서 있으니 이래서는 화합이 안 되겠다. 동네는 어차피 자주 만나고 해야 사람을 알지. 동네는 한동네라도 서로 잘 몰랐어. 그래서 이래서는 안 되겠다 해서 부녀회끼리 놀기 그래서 남자들, 청년들 다 모아서 같이 했지. 부녀회장 몇 년 하다가 만들었어. 동네 인정 있게 살자 그런 의미지.[22]

부녀회에서는 2000년대 초반부터 친목 도모를 위해 자체적으로 윷놀이를 했다. 그러다가 2000년대 중반에 자연마을 전체로 확대했는데, 예전부터 고령자들은 밑 세대와 윷놀이를 하지 않았기 때문에 젊은 사람들만 모이게 된 것이다. 약 15년의 시간이 지나면서 당시 고령자들은 사망하고, 윷놀이를 주도했던 사람들은 고령으로 접어들었다. 현재는 연령을 따지지 않고 모든 주민들이 윷놀이에 참여할 수 있도록 한다.

4개 마을에서 벌이는 윷놀이는 매년 음력 1월 중순에 적당한 날을 정해서 한다. 여전히 윷놀이는 부녀회에서 주관한다. 대곡1리에는 청년회가 없기 때문에 상대적으로 젊은 여성들이 모여 있는 부녀회에서 윷놀이를 책임지는 것이다. 또한 4개의 자연마을에서 하나의 부녀회를 운영하기 때문에 서로 소식을 전하며 일을 진행하기 수월하다. 현재 부녀회는 회장, 부회장, 총무가 각 한 명씩 임원으로 활동하며, 약 30명의 회원을 보유하고 있다.

윷놀이의 사전 단계에서 가장 어려운 일은 날짜를 정하는 것이다. 사람들이 가장 많이

---

[22] 강복순(여, 1957년생)의 제보.

참여할 수 있는 날을 정하기 때문에 단번에 결정되지 않고 계속해서 주민들과 소통하며 일정을 조율해야 한다. 정월에 날짜를 잡지 못하면 이월 초하루로 넘길 수도 있다. 윷놀이에 필요한 경비는 주민들의 회비와 부녀회나 노인회 기금으로 충당한다. 윷놀이가 열리기 전에 이장, 부녀회장, 각 마을의 노인회장이 모여서 윷놀이 경비에 대해 의견을 나눈다. 초창기에는 부녀회 기금을 사용하였다. 당시 부녀회에서는 기금을 마련하기 위해 봄과 김장철에 미역, 다시마, 젓갈 등을 팔았다. 2010년대에는 부녀회에서 폐농약병을 수거한 뒤 판매를 해서 윷놀이 비용으로 사용하기도 했다. 폐농약병 수거는 12월에 주로 하는데, 4개의 자연마을을 돌려면 이틀 정도 걸렸다. 한편 최근에는 노인회에서 마을회관 운영비로 몇 차례 윷놀이의 경비를 냈다. 하지만 3개의 자연마을에서 각자 노인회를 운영하고 있기 때문에 한 마을이라도 협조하지 않으면 노인회 기금을 쓰지 않는다.

윷놀이에 참여하는 사람들은 당일 회비를 낸다. 회비는 해마다 다르지만 보통 만 원에서 이만 원 사이로 결정되며, 이 돈으로 농협에서 운영하는 마트에 상품을 주문한다. 상품은 참여자들에게 기본적으로 휴지, 대야, 냄비 가운데 하나를 제공하며, 이긴 편은 세제나 설탕 등을 더 가져갈 수 있다. 이때 서로 감정이 상할 것을 우려해서 큰 차이를 두지 않는다. 한편 윷놀이를 하는 날에는 면장, 조합장, 시의원 등이 마을을 찾아 찬조를 한다. 또한 부녀회장은 평소 자주 찾는 임동면의 여러 상점에 소식을 전하여 술과 떡 등을 찬조받는데, 윷놀이를 할 때 사람들이 모인 자리에서 상호와 찬조 내역을 밝힌다.

행사 전날에는 부녀회장과 2~3명의 여성들이 함께 안동 신시장에서 장을 보고, 주민들이 먹을 식재료를 구입한다. 이때 한 사람이 대표로 물건값을 지불하면 나중에 결산을 통해 돌려받는다. 보통 한 번에 100만 원 안팎의 경비기 소요되며, 쓰고 남은 돈은 부녀회 기금으로 적립한다.

윷놀이는 4개 자연마을의 중심인 강변의 마을회관에서 열리는데, 날씨에 따라 마당이나 방을 이용한다. 마당에서 할 경우에는 윷놀이가 시작되기 전에 이장과 부녀회원들이 나와서 준비를 한다. 바닥에는 천막을 깔고, 중간지점의 양옆에 나무를 고정한 뒤 50㎝ 정도의 높이로 노끈을 친다. 실내에서 할 때에는 이불이나 담요를 깔기 때문에 한결 수월하다. "임신", "안동", "퐁당"이 있는 새로운 방식의 윷놀이를 하기 때문에 윷과 윷판, 윷말은 별도로 만들지 않고 마을회관에 보관 중인 것을 사용한다.

윷놀이에는 대곡1리 주민 누구나 참여할 수 있지만, 거동이 불편한 사람들은 나오지 않는다. 편은 북쪽의 두 마을(바드레, 새들)과 남쪽의 두 마을(복수천, 강변)로 나눈다. 한

번에 보통 100여 명이 참여하기 때문에 많은 시간이 소요되며, 참석한 인원을 고려해서 '찍어내기'나 '마주내기' 방식 가운데 하나를 선택한다. 여전히 나이가 적은 사람들부터 윷을 던지는데, 가장 나이가 많은 사람은 편장으로서 마지막에 나선다. 윷놀이가 시작되면 서로 이기기 위해서 한 치의 양보 없이 응원전을 펼치는데, 흥이 나면 춤을 추기도 한다. 몇 해 전에는 심하게 춤을 추다가 갈비뼈가 부러진 사람도 있었다. 윷놀이는 보통 오전 10시에 시작해서 밤늦게까지 이어지는데, 중간에 다 함께 점심과 저녁을 먹는다. 점심은 주로 비빔밥이나 육개장을 준비하며 저녁에는 낮에 먹다 남은 음식을 낸다.

　이처럼 대곡1리의 윷놀이는 복수천을 제외한 자연마을 단위에서 전승되기도 하지만, 2000년대 중반부터 4개 마을이 함께 어울리고 있다. 자연마을 단위로 전승된 윷놀이는 시공간, 편 구성, 놀이의 도구, 경비 마련 방법, 놀이 규칙, 점세 방식 등에서 유사성을 보인다. 하지만 그 안에서도 크고 작은 차이가 발견되는데, 바드레의 경우 이월 초이튿날에도 마을윷놀이를 벌였던 점이 특징적이고, 복수천은 칡나무와 뽕나무를 이용해서 윷말을 만들었던 점이 다르다. 새들과 강변의 경우 점세방식에서 지는 편이 농사가 잘 된다며 차이를 보였다. 이런 전통은 최근까지도 일부 이어지고 있다. 예컨대 이월 초하루에도 마을윷놀이를 한다는 점, 나이가 어린 사람부터 윷을 던진다는 점 등은 과거로부터 이어져 내려온 전통인 셈이다. 최근에도 대곡1리의 윷놀이판은 주민들의 신명으로 가득하다. 놀이판을 열기 위한 주민들의 후원은 윷놀이에 대한 식지 않은 관심을 반영하고 있으며, 윷놀이의 승부에 따라 상품을 차등적으로 지급하는 것은 주민들의 승부욕을 자극하는 요소로 작용한다. 또한 새로운 방식의 윷놀이가 정착된 것은 오히려 놀이의 몰입도와 박진감을 높임으로써 전승력을 강화할 수 있는 계기가 되었다.

4. 마을윷놀이의 함의

　윷놀이는 주로 겨울철 농한기에 소집단과 마을공동체를 단위로 전승되었다. 이 가운데 마을윷놀이는 공동체 구성원 대다수가 참여하지만, 개별적으로 승부를 가린다는 점에서 특이성을 지니며, 이 때문에 대동놀이적 성격이 제대로 포착되지 못했다.[23] 이런

23　이런 양상은 마을 단위로 전승된 씨름 역시 마찬가지이다(한양명, 「전통씨름의 대동놀이적 성격에 관한 연구」, 『비교민속학』 18, 비교민속학회, 2000 참조).

상황에서 1970년대 이후 전승된 대곡1리의 마을윷놀이를 집중적으로 살핀 것은 윷놀이의 대동놀이적 성격을 파악할 수 있는 근거를 마련했다는 점에서 적지 않은 의미가 있을 것이다.

대동놀이는 비일상적 시공간에서 공동체 구성원의 전폭적인 참여와 후원 아래 주기적으로 행해지는 놀이이다.[24] 대곡1리에서는 겨울철 농한기에 접어들면 소집단 단위로 윷놀이를 벌이다가 대보름 명절 기간에 마을을 두 패로 나누어 승부를 겨루었다. 농민들이 세수歲首로 인식했던 대보름 명절은 새해맞이축제가 열리는 비일상적 시공간으로서, 줄당기기와 석전, 횃불싸움 등 일반적인 대동놀이가 전승되지 않은 대곡1리의 경우 마을윷놀이가 이 축제의 중심적 연행으로 자리 잡고 있었다.

마을윷놀이는 동부와 서부, 윗마을과 아랫마을로 편을 나누어 진행됐기 때문에 주민들은 자기가 소속된 진영의 승리를 위해 최선을 다했다. 대곡1리처럼 '찍어내기' 방식으로 윷놀이가 진행될 경우 각 편의 모든 참가자는 전후에 걸쳐 유기적으로 얽혀 있으며 개별성은 상대적으로 약하다. 개별적 승부의 결과는 그다지 중요하지 않으며 최종 승자가 되느냐에 관심을 집중한다.[25] 따라서 놀이 참가자들은 강한 귀속감을 바탕으로 각자 소속 편의 승리를 위해 놀이에 몰입하고 치열하게 응원전을 펼치며 놀이의 흐름을 빼앗기 위해 상대와 다툼도 서슴지 않았다. 이처럼 대곡1리의 윷놀이는 대보름 명절이라는 비일상적 시공간 속에서 공동체 구성원 다수의 참여와 후원 아래 정기적으로 행해졌으며, 주민들은 자기편에 대한 강한 귀속감을 바탕으로 놀이에 몰입했다는 점에서 대동놀이적 성격을 분명하게 보여준다.

한편 윷놀이의 결과에 따라 새해의 풍흉을 예측하는 점세관행은 대곡1리의 윷놀이가 갖는 중요한 특징이다. 바드레와 복수천의 경우 동부가 이겨야 풍년이 든다고 했으며, 새들·강변에서는 지는 편에서 농사를 잘 짓는다고 하였다. 윷놀이를 통해 풍흉을 점치는 것은 일부 지역에서 나타난다. 충북 청원군 미원면 계원리의 경우 고래실(기름진 논)과 봉답(척박한 논)으로 나누어 윷놀이를 하는데, 봉답이 이겨야 풍년이 든다고 여겼다. 따라서 고래실에서는 일부러 윷말을 제대로 쓰지 않기 때문에 항상 봉답이 이겼다고 한다.[26] 전통사회의 농민들은 농업의 불확실성 때문에 새해를 시작하는 시점에 다양한 점세관행을 배치했고, 특히 공동체 수준의 점세관행은 대보름에 집중되었다. 줄당기기와 석전,

---

[24] 위의 글, 235쪽.
[25] 위의 글, 241쪽.
[26] 국립문화재연구소, 『충청북도 세시풍속』, 2001, 404쪽.

횃불싸움 등 편싸움 형식의 대동놀이를 벌인 뒤 그 승패를 놓고 풍흉과 길흉을 점치는 게 일반적이었지만, 대곡1리에서는 줄당기기와 같은 대동놀이를 행하지 않았기 때문에 윷놀이를 통해 한 해의 풍흉을 점친 것으로 볼 수 있다. 이런 점 역시 마을윷놀이의 대동놀이적 성격을 보여주는 것 가운데 하나라고 할 수 있다.

대곡1리의 윷놀이는 마을을 터전으로 전승되었다. 따라서 윷놀이의 형식과 내용에는 마을의 사회문화적 환경과 생업환경 등이 반영되어 있다. 먼저 마을윷놀이가 생활공동체를 단위로 전승됐다는 점을 눈여겨볼 필요가 있다. 대곡1리는 4개의 자연마을이 있지만, 새들과 강변이 하나의 놀이공동체로 자리했다. 새들과 강변의 주민들은 길흉사에 상호부조를 하고, 동답 등의 공유재산을 함께 조성, 관리함으로써 생활공동체의 면모를 보여줬다. 이는 상대적으로 규모가 작은 새들과 강변이 연대해서 현안을 함께 풀어나간 것으로서 이 같은 면모가 윷놀이에도 반영되어 하나의 놀이공동체를 이룰 수 있었다. 이에 비해 마을의 규모가 컸던 바드레와 복수천은 독자적으로 생활공동체를 형성하였고 윷놀이 역시 각 마을 단위로 이루어질 수 있었다.

생업환경과 관련해 대곡1리가 밭농사 중심지역이라는 점을 주목할 필요가 있다. 대곡1리는 주변이 산으로 가로막히고, "하늘 (아래) 첫 동네"라고 불릴 만큼 해발고도가 높은 곳에 마을이 자리한 탓에[27] 넓은 들을 보유할 수 없는 불리한 조건에 놓여 있었다. 따라서 주민들은 1960년대까지 골짜기마다 화전을 일구며 농경지를 넓혔고, 논농사보다 밭농사 위주의 경제활동을 펼쳤다. 현재도 이런 상황은 이어지고 있는데, 권영일 이장에 따르면, 구체적인 규모는 파악할 수 없지만 논밭 비율이 1:9 정도로 밭농사의 비중이 압도적으로 높다.

새들과 강변에는 "대보름에 윷을 안 놀면 콩 맨다", "이월 초하루가 지나고 윷 놀면 콩 맨다", "콩이 나도록 윷을 논다"라는 말이 전해진다. 『열양세시기洌陽歲時記』에는 "보름을 넘겨 윷놀이를 하면 벼가 죽는다過望擲柶禾稻死"라고 기록되어 있는데[28] 윷놀이가 제한되는 시기를 작물과 관련시키고 있다는 점에서 새들·강변의 사례와 상통한다. 다만 수도작 중심 지역과 달리 밭작물인 콩을 통해 윷놀이의 적정 시기를 말하는 점만 다를 뿐이다.

---

27 각 마을의 해발고도는 새들과 강변 200m, 바드레 400~450m, 복수천 400m 정도이다.
28 장장식, 「윷놀이」, 『한국민속예술사전: 민속놀이』, 국립민속박물관, 2015, 270쪽.

한편 대곡1리의 윷놀이는 마을공동체의 변화에 상응하는 변화를 겪었다. 특히 1990년대 이후 인구 감소로 인해 복수천 같은 마을의 윷놀이 전승이 어려워짐에 따라, 2000년대 중반부터 대곡1리의 주민들이 자연마을의 경계를 넘어 함께 윷놀이를 즐기게 됐다. 현재 농어촌사회의 인구 특성은 고령화와 인구감소, 성비의 여초현상女超現像으로 집약되는데, 이런 상황이 위기로 인식되면서 대곡1리에서도 자연마을 간의 소통과 화합이 강조되고 있다. 마을의 남성 원로들이 주도한 마을 단위 윷놀이와 달리 부녀회가 주도하는 통합윷놀이는 이 같은 위기상황에 대한 축제적, 놀이적 대응이라고 할 수 있다.

화전火田으로 일군 농업과 식생활

박선미

1. 자연·지리적 환경과 농업 조건

1) 자연·지리적 배경과 토양 환경

대곡1리는 마을 가운데 흐르는 대곡천을 중심으로 남북으로 긴 모양을 하고 있다. 대곡천 동서로는 낮은 산이 있고, 그 사이사이에 주민들의 살림집이 산재해 있다. 대곡리는 임동면에서 면적이 가장 큰 마을이라고 하는데, 대곡1리는 자연마을인 강변, 새들, 복수천, 바드레 4개 마을이 모두 떨어져 있어 주민들의 교류가 쉽지 않다. 대곡1리는 산촌散村이면서도 자연마을 가운데 바드레처럼 해발 450m 정도로 높은 산촌山村이기도 하다. 마을 남동쪽에 있는 두름산(485m)이 영양군과 경계를 이루고 있으며 남서쪽에는 안동호가 있다.

대곡천 주변은 대개 모래흙과 참흙의 중간쯤 되는 모래참흙이라고 하는 사양토로 이루어져 있으며, 심도자갈 함량이 약 15~35% 정도 된다.[1] 자갈이 꽤 많은 편이어서 논농

---

[1] <국립농업과학원 토양환경정보시스템 '흙토람'>, 2021년 8월 30일 접속. http://soil.rda.go.kr

사가 어려운 편이며, 논의 비중도 매우 적다. 마을사람들은 대곡1리의 토지를 '참땅', '검은땅' 등으로도 부른다.[2] 그리고 검은땅은 '복사구땅'이라고도 하는데,[3] 하천가에 있는 보드라운 흙이 많이 섞인 토질을 의미한다. 참땅은 비교적 진흙이 많이 섞여 붉은색으로 보이는 토질이다. 대곡천 가까이에 있는 새들과 강변 마을 주변의 논이 대개 검은땅이라고 볼 수 있다.

대곡1리는 마을 가운데를 지나는 대곡천을 따라 주변에 논이 분포하며 그밖에는 임야이거나 대부분 밭으로 활용할 수 있는 토지로 이루어져 있다. 1913년에 조사된 조선총독부의 「토지조사부」를 보면, "대곡동을 주소로 한 소유자 토지는 전 942필지(664,510평), 답 315필지(103,058평), 대지 144필지(22,778평), 임야 7필지(6,131평), 분묘지 5필지(1,839평), 잡종지 1필지(72평)"이다.[4] 필지로는 밭이 논보다 3배 정도 많고, 평수로는 약 6배 정도 많다. 현재 논밭의 면적이 약 90만㎡ 정도인데 이 중에서 논은 10% 미만이다.[5] 특히 해발고도가 높은 복수천과 바드레 마을은 논이 거의 없고 대부분 밭이다. 바드레 마을의 경우에는 전체 토지 57ha 가운데 논은 2ha 미만일 정도로 논의 비중이 적다.[6] 적은 비중의 논에도 벼를 재배하는 것 보다 콩을 심어 수확하는 것이 2배 더 낫다고 할 정도이다. 그나마 있는 밭도 산비탈에 있는 경우가 많아 농사짓는데 어려움이 많다.

반면에 새들과 강변 마을에는 논이 대략 13마지기(2,600평) 정도 된다.[7] 새들과 강변 마을 사람들 가운데 논에 벼를 재배하는 것은 매우 소량이고 마늘, 양파, 콩 등 밭작물을 재배하는 농가가 많다. 특히 최근에는 벼의 소득원이 높지 않아서 쌀은 구입하여 먹는 편이고 그나마 소득원이 높은 밭작물을 재배함으로써 논을 밭으로 활용하는 경우가 많다.

2) 화전과 산림자원

대곡1리는 전통적으로 마을의 자연·지리적 환경이 이러하다보니 토지를 개간하여 농토로 사용할 수밖에 없다. 특히 논농사에 적합하지 않은 토질로 이루어져 있고, 논의

---

[2] 유이숙(남, 1942년생)의 제보(2021년 5월 16일, 제보자 자택).
[3] 강복순(여, 1955년생)의 제보(2021년 11월 26일, 제보자 자택).
[4] 이 자료는 1914년 행정구역 통폐합 이전의 복수천, 해천, 신평, 고도, 금수천, 고사, 갈마곡과 위리 일부를 포함한 자료이고 소유자가 직접 신고한 자료에 한하여 정리된 것이기 때문에 완벽하게 일치하지는 않지만 논, 밭, 대지, 임야 등의 대략적인 비율을 살펴보는 데는 무리가 없다고 판단된다. <한국학자료센터 영남권역센터>, 2021년 8월 30일 접속. https://yn.ugyo.net
[5] 권영일(남, 1955년생, 이장)의 제보(2021년 4월 4일, 제보자 자택).
[6] 김동석(남, 1951년생)의 제보(2021년 4월 12일, 제보자 자택).
[7] 대곡1리의 논과 밭 1마지기는 200평이다.

면적이 넓지 않다보니 묵은 땅이나 산을 개간하여 토지로 쓸 수밖에 없었다. 특히, 복수천과 바드레 마을처럼 해발고도가 높고 골짜기에 터를 잡고 살았던 농가일수록 토지를 개간하는 사례가 많았다. 그래서 1960~1970년대까지도 복수천과 바드레 마을 인근 토지를 중심으로 화전火田을 활발하게 하였다. 이때 화전을 한 토지는 대부분 밭으로 활용하였다. 화전은 불을 붙여 밭을 일구고 곡괭이로 땅을 고르게 하는 작업을 통해 이루어졌다. 또는 매년 토지를 조금씩 개간하면서 점차적으로 밭의 면적을 넓혀 가기도 하였다. 새들과 강변 마을에 사는 농가도 토지가 산비탈에 있는 경우에는 개간하여 농토로 사용하였다.

"1960년, 1970년 그 상간에 집집마다 화전을 많이 했지. 집집마다 다 하는 건 아니고 이제 개골에 사는 사람들은 집 지어주고 살아라 그러고. 이주를 시켜가지고 살라고 하고, 이제 거기 가(산) 농사짓고 하라고 이래 했는데. 바로 산 밑에 그 집을 집어가지고 그걸 주고, 바로 산 밑이어서 거기서 하라 그러고. 거기 살면서 이제 다니면서 농사짓고 화전하고 그랬어. 이제 한번 나무를 심어가지고 뒤에도 있고 이 넘어 에도 있고 저 건너에도 있고 전부 다 이제 나무 심어가지고. 농사를 못하지. (화전 한 번 해 두면 그 화전 밭을 몇 년 동안 쓸 수가 있어요?) 평생 사무 자기 하면서 쓸 수 있지. 밭을 만들어 놓은 거니까 자기 할 만하면 하는 거지. 그런데 지금 어차피 거리가 멀고 다니기 힘드니까 못 다니고."[8]

위의 사례처럼 대곡1리는 산촌山村이고 토지가 많지 않으므로 1970년대까지도 산을 개간하여 농토로 사용했음을 알 수 있다. 산의 비탈진 곳까지도 화전을 하여 밭을 일구었고, 고랑에도 비닐을 씌워 작물을 재배할 정도로 토지를 알뜰하게 활용하였다. 정부에서는 1966년 4월 23일에 「화전정리에 관한 법률」을 제정하였고, 1965년부터 대대적으로 '화전정리사업'에 착수하였다. 화전정리사업은 목적과 수법의 차이에 따라 제1기 화전정리사업(1965~1973년), 제2기 화전정리사업(1974~1979년)으로 구분하여 진행했고, 이에 1970년대 중후반 이후 대부분의 화전민이 소멸되었다.[9] 이러한 국가 정책은 대곡1리에도 적용되었다.

---

[8] 김동석(남, 1951년생)의 제보(2021년 4월 12일, 제보자 자택).
[9] 신민정, 「한국 정부의 화전정리사업 전개과정과 화전민의 실태(1965-1979년)」, 『경제사학』 50, 경제사학회, 2011, 69~71쪽 참고.

"산 위에 사는 사람들? 옛날에 박정희 대통령 할 때 간첩 있고 할 때. 외딴 데 있으면 그거 겁난다고. 요 앞에 집이 슬레트 집 저쪽에 세 채, 요쪽에 한 채 그 집이야. 그 산에 살던 사람들 여기 내라놨는 집이야. 그게 요 앞에 집 앞에 있는 게. (내려올 때 정부에서, 면이든 어디든 하여튼 돈을 몇 십만 원 준다고 그랬다는데.) 몰래. 돈은 줬는가 몰래. 집 지어주고 그랬는가. 몰래 나는. 집만 지어줬어. 집은 지어 줬는 거 내가 알아. 한 채가 두 집씩이야. 지붕은 한 개랜데, 지붕이 이만하면 여기가 이래 잘려 있어. 잘려가 요쪽 한 집 요쪽 한 집. 슬레이트 집 지금 여서부터 한 개, 두 개, 세 개. 요쪽 요 한 개. 네 채가 있었는데, 네 채가 여덟 집이야. 그 사람들 정부에서 집 지어주고, 산에 살지 말고 여 내려와가 살아라고 집 지어 줬는 거지."[10]

1970년대까지만 해도 강변마을 인근 서부내골이라는 곳과 복수천 장자골, 바드레 마을에는 산골짜기에 집을 짓고 사는 사람들이 여럿 되었다. 이들은 골짜기마다 띄엄띄엄 산재해 있어서 정부에서 이들을 산 아래 마을로 이주시킨 다음 그 터에 화전을 하여 농사를 지을 수 있도록 했다. 위의 주민의 언술에서처럼, 정부에서는 당시 간첩 활동이 많았던 시기였기에 주민들의 안전을 위해 산 아래 마을로 이주시키기도 했으며, 한편으로는 황폐화된 산림을 가꾸기 위한 목적도 있었다.

한국의 가옥은 오랫동안 난방을 땔감으로 해 왔으므로 산림의 황폐화 문제는 국가적으로 심각했다. 1961년에 '산림법'이 제정된 이후 비로소 황폐한 산림이 조금씩 복구되기 시작하여 지금의 모습을 이루었다.[11] 산림법이 제정된 이후 몇 차례 걸친 화전정리사업과 1973년부터 시작된 '치산녹화 10년 계획' 등을 통해 오늘날의 산림자원을 지켜오게 되었다. 대곡1리 주민들에 의하면 1970년대까지만 해도 마을의 산을 '민둥산'으로 기억했다. 박정희 대통령 시절 마을 주민들이 부역으로 낙엽송과 잣나무를 많이 심었기에 지금의 산림을 지속할 수 있었다.

당시 이렇게 이주한 사람들 가운데는 현재 대곡2리로 옮겨간 경우도 있고, 강변마을로 이주한 사람들도 있었다. 현재 강변 마을에는 당시 화전민을 위해 지은 슬레이트 집 4채가 그대로 보존되어 있다(사진1~사진4). 집 한 채에 2가구가 함께 살도록 지었으며 모두 8가구가 생활했다. 집을 정면에서 바라보았을 때 좌우에 방을 두 칸씩 두고 가운데 부엌을 각각 두어 2가구가 생활하였다. 집 안에서는 서로 왕래할 수 없도록 공간을

---

[10] 강복순(여, 1955년생)의 제보(2021년 11월 26일, 제보자 자택).
[11] 이경준,『한국의 산림녹화, 어떻게 성공했나?』, 기파랑, 2015.

〈사진 1〉 화전민 슬레이트 가옥 ①

〈사진 2〉 화전민 슬레이트 가옥 ②

〈사진 3〉 화전민 슬레이트 가옥 ③

〈사진 4〉 화전민 슬레이트 가옥 ④

분리하였다. 즉, 한 가구당 방 2칸에 부엌 하나를 사용한 셈이다. 당시 이주했던 주민들은 모두 사망하여 현재 대부분 건물은 비어 있으며, 그 가운데 한 채는 마을에 귀농한 주민이 개조하여 창고로 사용하고 있다(〈사진 1〉).

3) 농업용수 이용 관행

대곡1리에서도 바드레 마을은 토질이 좋아서 농사가 잘 되는 편이고 가뭄도 덜 드는 편이다. 1970년대 중반 안동댐 건설 이전에 "수몰 마을의 논 1평 가격과 바드레 밭 1평하고 가격이 같다"[12]고 할 정도로 특히 밭작물 재배에 유용했다. 바드레 마을은 해발고도가 높은 편이어서 일조량도 많은 편이다. 다만 농업용수 조달이 용이하지 못해서 과거에 천수답에 의존할 수밖에 없었다. 가뭄이 드는 해에는 마을 내에 있는 소나무('천지당')에 기우제를 지내며 비가 내리길 기원했다. 보통 기우제를 지내고 일주일 내에 비가 왔다. 1980년대까지 일 년에 한 번씩 연말 동회 때 유사를 뽑고 유사가 주관하여 제관 2명과

---

[12] 김동석(남, 1951년생)의 제보(2021년 4월 12일, 제보자 자택).

함께 기우제를 지내왔다. 특별한 제물은 없지만 몸을 깨끗이 한 다음 삼실과(세 가지 과일)를 준비하여 술을 올렸다.

그리고 바드레 마을에는 떡갈나무 한 그루가 있는데 주민들은 예전부터 이 "떡갈나무가 운다"라고 표현했다. 나무의 울음소리가 마치 사람이 우는 소리와 비슷하다고 여겼다. 떡갈나무가 울고 나면 3~4일 뒤에 비가 내렸다고 해서 비가 오는 날을 대략 짐작하기도 했다. 몇 해 전에 마을에 새 박사(윤무부)가 찾아 와서 떡갈나무가 우는 것이 아니라 딱따구리가 우는 소리라고 했지만 마을 사람들은 여전히 나무가 운다고 믿었다.[13] 기우제와 떡갈나무 이야기는 당시 물 부족 상황을 잘 알려주는 것으로서 농사에 관한 주민들의 염원이 크다는 사실을 말해준다.

현재 농업용수로 대곡2리의 저수지 물을 이용한다. 대곡2리의 저수지를 이용한 지는 약 10년 정도 되었고, 그 이전에는 앞서 말한 것처럼 천수답에 의존하여 농사를 지었다. 이마저도 저수지 가까이에 있는 논일 경우에만 사용이 가능하기 때문에 대부분 농가에서는 논머리에 개인 물웅덩이를 파서 물을 공급했다. 마을에 전기가 공급된 이후에는 웅덩이 안에 전기모터를 설치하여 자동으로 물을 퍼 올릴 수 있었지만, 전기가 없던 시절에는 사람이 직접 물을 퍼 올렸다. 직접 물을 풀 때는 '파래방티'라고 부르는 나무에 함석을 붙여 만든 바가지를 이용했다. 두 사람이 마주보고 서서 함께 바가지에 물을 푼 다음 논으로 붓는 작업을 반복적으로 하므로 두 사람의 협력이 중요했다.

한 들판을 함께 쓰는 3~4가구가 공동으로 논머리에 웅덩이를 파서 물을 이용했다. 즉, 한 들판을 함께 쓰는 사람들끼리 '봇도랑'을 이용한 것이라고 볼 수 있다. 논이 여기저기 산재해 있는 경우가 많기 때문에 가구당 2~3개 정도의 봇도랑을 이용하게 된다. 봇도감은 따로 두지는 않았지만 차례를 정해서 순서대로 물을 퍼서 사용했고, 물이 계속해서 생기지 않기 때문에 순서가 돌아오는데 오랜 시간이 걸렸다. 농업용수로 웅덩이에 물을 이용하던 시절에는 "밤낮으로 물을 푸고, 밤새도록 물을 폈다"[14]고 할 정도로 물을 푸는 일이 농사에서 고된 일이었다.

---

[13] 남영자(여, 1951년생)의 제보(2021년 4월 12일, 제보자 자택).
[14] 유이숙(남, 1942년생), 강복순(여, 1955년생)의 제보(2021년 11월 26일, 제보자 자택).

2. 재배 작물의 종류와 농업의 변화

1) 밭농사 중심의 농업

대곡1리의 농업은 밭농사 중심이다. 조금 더 구체적으로는 복수천, 바드레 마을과 같이 고지대의 마을에서는 논농사가 거의 없고, 대곡천을 가까이에 두고 있는 새들과 강변 마을은 논농사를 조금 하기는 하지만 논에도 밭작물을 재배한다. 앞서 대곡1리의 농토 전체에서 논의 비율은 10% 정도 밖에 되지 않는다고 하였으며, 대부분의 논은 새들과 강변 마을에 있고 논에 벼를 재배하는 농가는 아주 소수라고 설명한 바 있다. 이처럼 논농사를 하지 않는 데는 경제적인 이유가 크다. 인건비는 낮고 농기계 이용료는 높아 소득이 적기 때문이다. 그래서 주식으로 먹는 쌀은 구입하는 것이 경제적으로도 효율적이라고 판단한 것이다. 한편으로는 벼를 재배하는 데 적합하지 않은 토질도 벼농사에 영향을 미쳤다. 이렇듯 주민들이 "대곡마을은 논에 나락을 심는 것보다 콩 심는 게 2배는 더 낫다"[15]고 할 정도이다.

현재도 벼농사는 전체 농가의 15%가 채 되지 않는다. 주민들의 기억에 의하면, 통일벼는 1973~1975년 무렵에 보급이 되었다. 통일벼 보급 이전에는 보리, 서숙 등의 잡곡을 많이 재배하였다. 즉, 식량의 자급자족이 시급했던 시기에는 주식으로 활용할 수 있는 곡물 중심으로 농사를 지었다. 1970년대 통일벼가 보급된 이후 농업기술의 발달과 농업환경의 개선 등으로 식량의 자급자족이 어느 정도 해결이 되었다. 이후 대곡1리 주민들은 담배, 고추, 사과 등과 같은 환금작물을 재배하여 농가경제를 운용하고 있다. 안동지역 여느 농촌 마을이 그러하듯이 대곡1리에서도 담배, 고추, 사과 등을 재배했다. 이 작물은 대개 1970년대를 전후하여 호황기를 맞았다.

현재 대곡1리의 농업 현황을 살펴보면, 벼농사는 새들과 강변 마을에서 이루어지는데 아주 소수이고 논에 마늘, 양파 등을 심고 있다. 각 농가에서 마늘 재배는 모두 조금씩 하는데 평균적으로 5~6마지기 정도이고, 많게는 10마지기를 하는 농가도 있다. 새들 마을에서는 마늘 재배를 5~6마지기 정도 하는 농가가 2가구가 있고, 나머지 농가에서는 2~3마지기 정도만 농사를 짓는다. 몇 해 전까지만 해도 여러 농가에서 양파 재배도 했는데, 품이 많이 들기 때문에 더 이상 하지 않는다.

---

[15] 유이숙(남, 1942년생), 강복순(여, 1955년생)의 제보(2021년 5월 16일, 제보자 자택).

"마늘 그게 마늘하고 한 20프로는 양파야. 근데 마늘 양파도 해 놓으면은 아마 한 열흘 있으면 아마 장사꾼들 사러 들어와요. 들어오면은 여기 와 가지고 마늘 상태를 보고 마지기 여기 한 마지기 200평 잡으니까 돈 다 똑같은. 마지기당 200만 원을 주겠다. 300만 원을 주겠다. 그럼 저 내가 열 마지기 했다. 그런데 원래 평당 30만 원 주겠다. 그러면 3천만 원이야 그럼 계약하고 가요. 계약하고 나면 관리만 해주면 돼. 그다음에 이제 제초제 약 뿌려주고. 그 다음에 이제 비대할 수 있는 영양제 그거 이제 한 번 뿌려주고. 밥 관리만 해주면 돼. 그럼 수확은 본인들이 와서 해가요. 인부들 데리고 와서 해. 데리고 와서 하는데 인부들이 없으니까 여기에 있는 사람들을 되게 인건비를 주고 인건비를 주는데 이제 도급지를 주는 거지 …(중략)… 그래서 거의 오던 사람들이 들어와요. 들어와서 양파는 계약 재배야 거의가. 양파는 계약 재배 양파는 거의 계약 재배를 하고 마늘은 계약 재배는 아니고 전문 상인이 와서 다 사가는 걸로. 그렇게 되지. 일괄 구매를 하 일괄 구매 안 된 거지."[16]

위의 이장님의 언술을 보면, 대곡1리에서는 논에 재배하는 작물 가운데 마늘과 양파 재배가 약 20%를 차지하고 있음을 알 수 있다. 현재를 기준으로는 양파는 거의 재배하지 않고 마늘을 중심으로 재배한다. 양파는 대부분 밭 단위로 계약재배를 하고, 마늘은 판매만 밭 단위로 한다. 수매자가 방문하여 마늘 재배 상태를 확인하고 평당 가격을 책정하여 계약을 하고 돌아가면, 농가에서는 수확 때까지 관리만 한다. 제초제와 영양제를 뿌려 마늘이 비대하도록 잘 관리한다. 이후 수매자는 인부를 데리고 와서 마늘을 캐는데, 인부가 많지 않아서 마을 사람들이 하기도 한다. 마늘 수확에 필요한 인건비는 도급제로 운영을 한다. 즉 시간 단위로 인건비를 지급하는 것이 아니라 한 마지기를 단위로 인건비를 책정해 둔다. 양파 농사는 수매자가 양파를 파종하기 전에 농가와 계약을 하고 진행하는 방식이다.

마늘 재배는 9월~10월 초에 파종하여 3~4월 중에 수확하는 것으로 진행된다. 마늘 수확이 끝난 이후에는 5~6월 사이에 콩을 파종하고 9~10월에 수확한다. 대체로 새들과 강변 마을에서는 논이 있어도 벼농사를 거의 하지 않으므로 논에 마늘과 콩 이모작을 한다. 모래참흙의 토질에 자갈이 섞여 있는 논이 많다보니 마늘, 양파, 콩, 고추 등의 농사가 잘 되는 편이다. 그리고 과수도 잘 되는 편이어서 사과를 재배하는 농가가 많다. 특히 복수천과 바드레 마을처럼 고지대일수록 밭작물을 많이 재배하고 그 중에서도 사

---

[16] 권영일(남, 1955년생, 이장)의 제보(2021년 4월 4일, 제보자 자택).

과 재배의 비중이 높다.

2) 환금작물 재배와 농가경제

대곡1리는 논의 면적이 적고, 토질이 벼농사에 적확하지 않아 식량자급자족 시기에는 어려움이 많았을 것으로 예상된다. 하지만 1970년대 전후 담배, 고추, 사과 등의 환금작물 재배로 인해 농가경제가 나아졌고 이로 인해 부富를 축적한 농가도 있다. 담배농사는 1970년대 초까지 호황기를 누렸고 현재도 5농가가 담배를 재배하고 있다. 고추농사는 담배농사보다 늦게 시작을 하였는데, 1970년대 중반에 호황기를 누렸고 시장 가격에 따라 변동이 크다. 현재도 고추농사는 일만 평 짓는 농가가 7~8가구 정도 되고, 그밖에 농가에서도 자급자족하기 위해 재배하고 있다. 사과농사는 현재 이장(권영일, 남, 1955년생)의 부모가 1972년에 새들 마을에서 처음 시작하였고 바드레 마을에서는 김동석(남, 1951년생) 씨가 1978년에 처음 시작하였다. 현재 바드레 마을에는 10가구, 복수천 마을에는 8가구가 사과를 재배하고 있을 정도로 사과농사가 활발하다.

(1) 담배 재배

담배농사는 전매청(현, ㈜케이티앤지)에서 파종부터 수확까지 모든 비용을 지원하기 때문에 누구나 부담 없이 시작할 수 있다. 전매청에서 씨앗, 비료, 퇴비 등 담배재배 과정에 필요한 대부분을 지원한다. 그리고 수매할 때 지원한 금액을 빼고 kg 단위로 금액을 책정하여 농가에 지급한다. 약 2천 평 정도 담배농사를 하면 약 1천만 원 정도 수익이 생기는데 지원받은 금액을 제외하면 약 5백만 원 정도 농가의 수익이 발생한다. 하지만 품이 많이 드는 재배 작물이기 때문에 주민들이 고령화되면서부터는 많이 하지 않고 있다. 1980년대 후반부터 2000년대 초반까지 서서히 담배를 재배하는 농가 수가 줄어들었고, 현재는 5가구 정도만 하고 있다.

담배는 양력 2월 10일에서 15일 경에 파종을 시작한다. 포트에 씨를 뿌려 비닐하우스에서 일정 기간 키워 4월 20일 경부터 5월 초까지 밭에 옮겨 심는다. 밭에 옮겨 심은 이후 비닐을 뚫어 준 다음 처음 서리가 내리면 다시 덮어 주고 잡초만 제거하며 키운다. 줄기 아래쪽에 흙을 잘 채워 주고 진딧물 약을 친다. 6월 말경에는 옆순을 반드시 뜯어 준다. 옆순을 뜯어주지 않으면 잎이 많아지고, 잎이 많아지면 잎의 질이 떨어진다. 7월 15일부터 20일경까지 담배 잎을 몇 차례 뜯어 주고 옆순 약은 1회 정도 친다. 옆순

약을 치면 담뱃잎이 두꺼워진다. 수확할 때는 잎을 2~3개 정도 차례대로 뜯고 가장 밑에 난 잎은 버린다. 7일에서 10일 간격으로 잎을 3~4회 정도 뜯는다. 수확한 담뱃잎은 한 단씩 묶어서 벌크건조기(bulk curing barn)에 말린다.

> "기억에 벌크 기계를 구입한 게, 우리가 왜 저 있잖아. 태풍 매미. 매미 오기 전 한 5년 전 그때 벌크가 처음 한 개씩 나왔어요. 그때 나온 게 이런 벌크가 아니고, 저거 저 연탄으로. 연탄으로 기름이 아니고. 그때부터 그래도 그게 나올 때부터 이제 담배 농사해서 자꾸자꾸 벌크가 좋은 게 나오니까 양이 자꾸 많아지지. 담배고대라고 해서 새끼줄을 엮어서 서너 발로 달아서 말려내."[17]

농가에서는 담뱃잎을 말릴 수 있는 건조기를 1998년 무렵에 처음 구입하였다. 요즘은 기름을 이용한 건조기를 사용하는데, 그 이전엔 연탄을 연료로 한 건조기를 이용하였다. 건조기가 도입되기 이전에는 담배굴 또는 한초굴이라고 불리는 높이 7~8m 정도 되는 흙집에서 잎을 말렸다. 담배굴 안 벽면에는 장대를 일정한 간격으로 붙여 두고 잎을 한 단씩 새끼줄에 엮어 장대에 걸어 말렸다. 불을 때면 열이 위쪽으로 전달되면서 잎을 말리게 되는데, 담배굴의 높이가 높고 담뱃잎이 무거워 말리는 작업에 드는 품이 컸다. 과거 전매청에서 담배 육성사업을 할 때는 담배농사를 하는 농가가 많았으나 재배하는 데 품이 많이 들면서 재배 농가가 점차 줄어들고 있다.

강변 마을의 유이숙(남, 1942년생), 강복순(여, 1955년생) 부부는 2000년대 초까지 담배농사를 했다. 담배 재배 규모가 꽤 많은 편이라고 할 수 있는데, 말린 담배의 양으로 약 20단, 즉 4~5,000kg 정도 재배했고, 밭 규모로 이야기하면 3천 평 정도 되었다. 벌크건조기 3개를 운영했다. 현재 마을에 귀농인들 가운데 몇 사람이 외국인 노동자를 고용하여 벌크건조기 한 굴 기준으로 인건비 40만원을 책정하여 담배농사를 짓고 있다. 벌크건조기 한 굴은 약 2.5평이다. 요즘은 말린 담배 기준 1kg당 1만 몇 천 원 정도 한다. 이처럼 현재는 담배농사를 하는 농가가 많지 않지만 1970년대 초를 기점으로 1990년대까지 대곡1리 주민들에게는 환금작물로서 기능했음을 알 수 있다.

(2) 고추 재배

1970년대 담배농사가 한창일 때 고추농사는 직파로 파종하여 자급자족의 용도로만

---

[17] 강복순(여, 1955년생)의 제보(2021년 5월 16일, 제보자 자택).

재배하였다. 1970년대 후반부터 고추농사가 본격적으로 시작되었다고 할 수 있다. 당시 고추농가가 100가구가 넘을 정도로 대부분 농가에서 고추를 재배했다. 1970년대 후반부터 고추 모종을 비닐하우스에 심었다가 어느 정도 키워 밭에 옮겨 심는 방식으로 바뀌었고, 1990년대 후반부터는 고추씨 자체를 포트에 심어 키운 다음 밭에 옮겨 심었다.

양력을 기준으로 1월 20일 경이면 농협에 주문한 고추씨가 배송 온다. 농가마다 고추 모종의 종류는 모두 다르다. 유이숙 씨는 칼타이탄, 칼탄영웅 두 가지를 주로 심는데 조금 매운 고추 종류이다. 2월 1일에서 5일 사이에 고추씨를 24시간 동안 물에 잘 불린 다음 2~3일 뒤에 비닐하우스에 미리 마련해 둔 모판에 상토를 담고 그 위에 씨를 뿌린다. 고추가 잘 자라도록 모판 위나 옆에 전열기를 달기도 한다. 떡잎 2개가 먼저 나고 떡잎 사이 가운데 쌀 크기만 한 속잎이 생기면 그것을 뽑아서 다시 계란판처럼 생긴 포트에 거름을 넣고 옮겨 심는다. 이 포트는 1판에 36개 칸이 있는 것과 72개 칸이 있는 것 두 종류가 있다. 4월 27일에서 28일 사이에 고추를 밭에 옮겨 심는다. 이랑에 씌운 비닐 한 롤 기준으로 고추 120개 정도 심을 수 있다. 과거에는 5월 5일 이후에 고추를 비닐하우스에서 밭에 옮겨 심었는데 요즘엔 기온이 올라서 조금 일찍 심는 편이다.

고추를 심을 때 간격은 30cm 정도를 유지한다. 고추를 심은 다음에는 고추 4개마다 고추 작대기 하나씩 꼽는다. 고추가 어느 정도 자라면 힘이 없어서 잘 쓰러지지 때문에 지지대를 꽂는 것이다. 고추를 심은 뒤 20일이 경과하면 10일 간격으로 병충해 약을 친다. 탄저병, 진딧물 등 여러 종류의 병충해 약을 친다. 비닐하우스에서 밭으로 옮겨 심을 때도 약을 한 번 친 다음 옮겨 심는데, 옮겨 심은 이후에도 7일이나 10일 간격으로 약을 친다. 8월 20일 경부터 고추를 수확하기 시작한다. 고추는 대략 3~4 차례 정도 수확한다. 과거 가족들끼리 고추를 수확할 때는 4차례 까지도 수확을 했으나 인부를 쓰면서부터는 고추가 많이 익었을 때 수확하게 되므로 수확 횟수가 줄었다. 해마다 인건비는 조금씩 차이는 있지만 2021년 기준으로 한 명당 인건비는 12만 원 정도이다. 대개 아침 6시부터 저녁 6시까지 고추 따기를 한다. 점심식사는 개인이 준비해 오고 농가에서는 오전과 오후에 참을 마련해 준다. 유이숙 씨는 참으로 빵과 우유를 주는데 기온이 조금 떨어지면 따뜻한 컵라면을 대접하기도 한다. 이렇게 수확한 고추는 농협에서 수매를 하기도 하고, 전문 장사에게 팔기도 한다. 2021년 기준 고추 1근에 4천 원 정도 했다.

"70년대 후반쯤 돼 가지고 고춧금이 건당 한 2만 원 했습니다. 그때 그래서 말 그대로 놔나가지고 여 아까 복수촌 같은 있는 분들이 정말 갑자기 경제 여건이 확 좋아진 거예요. 그게 몇 년 동안 계속 유지가 된 거야 지금도 2만 원 안 하잖아 고추 한 근에. 근데 한 30-40년 전에 그렇게 가버렸으니까 그래서 그때 당시만 해도 여기에 있던 분들 받으러 있는 사람들이 안동 시내에 집 없는 분이 없었어요. 돈이 많이 들어오니까. 권○호 씨가 바로 그 케이스 아니에요. 몇 년 전에 내가 왔었는데도 고추 한 근에 6천 원, 7천 원 그렇게 그랬는데 그때 당시 2만 원. 군대 생활을 하고 여기 오니까 군대 갔다 오니까 이 시골에서 소주를 안 먹어요. 맥주 먹는 거야. 소주를 안 먹어. 그까짓 소주를 왜 먹냐 돈 천지인데 맥주 먹지 그러고. 집집마다 막 맥주를 먹는데 그 시절부터 조금씩 조금씩 하면서 이제 교육이 어려우니까 외지로 많이 빠져나갔지. 그러니까 이제 안동 시내에도 좀 많이 나갔고 그러다 보니까 옛날에는 인구수가 한 150가구 됐어요. 그렇게 됐는데 현재는 가구 수가 한 70가구로 지금 등재는 되어 있는데 실가구수는 60 돼요."[18]

1970년대 후반에 고추가격 파동이 있었다. 당시 마른 고추 1근에 2만원으로 기억하고 있는 주민도 있고, 1만 원 대로 기억하고 있는 주민들도 있었다. 1978년에 가뭄이 심해 고추뿐만 아니라 밭작물로 재배하는 야채 가격이 폭등하였다. 이장은 당시를 회상하며 '노났다'고 할 정도로 수익을 많이 본 농가들이 있었다고 한다. 특히 복수천과 바드레 마을에서 고추 농사를 많이 한 편이었는데, 이들 농가 가운데는 당시 안동 시내에 집을 구입한 사람들이 많았다. 지금도 시내에 집을 두고 농사짓는 농가가 있다. 이 시기 고추 가격이 폭등하면서 전국의 고추 농가 가운데 재배 면적이 많은 경우 수익 창출 역시 많았다. 1978년 고추파동 이후 농사가 잘 되어서 결혼도 하고 농토를 샀다고 하는 등 당시 소득증대가 많았다는 농민들의 기사도 심심치 않게 볼 수 있었다.[19]

대곡1리에서는 1980년대 초반까지 고추 가격이 좋고 고추농사도 잘 되었다고 한다. 자갈이 섞여 있는 토질이어서 고추 재배에도 유용했다. 과거에는 고추씨 값이 저렴해서 고추 가격이 낮아도 농가에서 큰 부담이 없었지만, 최근에는 고추씨 한 홉에 15만 원 정도 하는데 고추 한 근 가격은 만원이 채 안 된다. 그럼에도 마을에서는 일 만평 규모로 고추를 재배하는 농가가 7~8농가 정도 된다. 마을에서는 이들을 '만근 짓는 집'이라고 하는데, 고추씨와 꼭지를 제거한 순수 말린 고추의 무게를 말한다. 이처럼 대곡1리 주민

---
[18] 권영일(남, 1955년생, 이장)의 제보(2021년 4월 4일, 제보자 자택).
[19] 이영주, 「우수 마이스터의 성공 노하우16, 권혁중 청원 생명태양고추농장 대표」, 『한국농어민신문』, 2014년 6월 24일.

들에게 1970년대 후반 고추재배는 농가 소득증대에 크게 기여해 왔음을 알 수 있다.

(3) 사과 재배

현재 대곡1리의 주요 재배 작물은 사과이다. 담배와 고추 재배를 통해 농가 소득을 올렸고, 비슷한 시기에 재배를 시작한 사과는 오늘날에도 농가 소득의 주요 원천이다. 새들 마을에서는 현재 이장인 권영일 씨 부모가 1972년도에 가장 먼저 사과농사를 시작하였으며, 당시 이장댁을 '과수원집'이라고 불렀다. 바드레 마을에서는 김동석 씨가 1978년도에 처음 재배하기 시작했다. 당시 이장 부모는 영천에서 이주해 왔다. 과수 농사를 많이 하는 영천 지역에서 사과 재배를 배워 온 것으로 보인다. 이 시기에는 경북 영천, 경산, 하양 지역에서 사과재배를 많이 했었는데 기온이 점차 오르면서 안동지역에서도 조금씩 사과 재배를 시작하였다. 대곡1리에서 지금처럼 사과농사를 많이 하게 된 것은 1980년대 후반 무렵이다. 이장댁에서 처음 사과농사를 할 때 3천 평 규모로 시작했다. 지금도 과수 농사의 소득이 괜찮은 편인데, 그 당시에도 소득이 좋은 편이었다.

바드레 마을의 김동석 씨는 군 제대 이후 1978년부터 사과를 재배하였다. 이듬해에는 이웃의 몇 농가가 더 참여하게 되었다. 김동석 씨는 처음 사과를 재배할 때 경산에 가서 묘목 300그루를 사와서 심었다. 약 2천 평 규모의 밭에 사과 묘목을 심었다. 첫해 사과 농사를 지어서는 "밑지는 것도 없고 남는 것도 없고 본전"이었다고 한다. 이후에 점차 사과재배 면적을 넓혀 갔고, 2010년대 초까지는 1만 평 규모로 농사를 하다가 최근에는 7~8천 평으로 규모를 줄였다. 1990년대 후반부터는 배도 함께 재배를 하기 시작하였고 지금 배는 700평을 재배한다. 대곡1리에서 사과 재배가 90%라면, 배는 10% 차지한다고 볼 수 있다.

주로 재배하는 사과 품종은 부사이다. 사과는 양력 5월 전후로 가지 유인을 한 다음 6월에 씨를 솎는다. 수확하기 전까지 약 12~13회 정도 약을 치고, 9월 말에서 10월 초 이후 수확을 시작한다. 과거 농협에 수매하고 수출을 하였는데 요즘은 공판장에 수매를 많이 한다. 과거처럼 수출의 소득이 높지 않기 때문이다. 현재 밭작물 중심으로 농사를 하고 있는 대곡1리에서 사과 재배의 비율이 가장 높고, 소득원도 가장 많다. 대곡1리 농가경제의 소득원은 담배, 고추, 사과 순으로 이어져 오고 있다고 볼 수 있다.

3. 식재료 조달 방법과 식생활

1) 식재료 조달 방법과 변화

1970년대 초중반 통일벼가 보급되기 이전에는 "의식주 걱정이 큰 걱정이었다"[20]고 할 정도로 먹고 사는 문제가 가장 중요했다. 대곡1리는 통일벼가 보급된 이후에도 벼농사를 많이 하지 않았기 때문에 식량 자급자족 문제가 시급한 편이었다. 밭작물을 재배하여 시장에 팔고 주식으로 먹을 곡물을 사서 와야 했다. 대곡1리에서는 가장 가까운 임동장을 이용했다. 마을에서 임동장까지는 약 20리가 넘는다. 버스를 이용하지 않으면 다니기 힘든 거리인 편인데 1970년대 중반에는 하루에 오전과 오후 2번 버스가 있었다. 오전버스를 이용하여 장에 갔다가 돌아 올 때는 걸어오기 일쑤였다. 장에 갈 때는 시장에 내다 팔 물건도 가져가야 하기 때문에 버스를 이용해도 쉬운 일이 아니었다. 남부여대男負女戴라고 하여 남자는 지게에 지고, 여자는 머리에 필요한 물건을 이고 장을 오고 갔다. 장을 보고 돌아 올 때는 필요한 식재료나 물건을 사서 오기 때문에 장에 오고 가는 것도 어려웠다. 냉장 시설이 발달하지 않았던 시기였으므로 식재료를 많이 구입하지도 못하는 등 식재료 조달에 어려움이 많았다. 마을사람들이 시장에 파는 것으로는 주로 고추, 보리쌀 등이다.

임동장은 '챗거리장터'라고도 부른다. 5일과 10일에 열리는 오일장이다. 챗거리장터는 규모가 꽤 큰 오일장이었는데 1970년대 중반 안동댐이 건설되면서 장이 열리는 곳도 수몰되었다. 이후 자리를 옮겨 오일장이 지속되다가 얼마 못 가서 더 이상 열리지 않게 되었다. 챗거리장터는 특히 어물전으로 유명했는데, 장터 인근에 마방이 4개나 있어서 말을 100여 필 수용할 수 있을 정도였다고 한다.[21] 이렇듯 식재료 조달이 어려웠던 대곡1리 주민들은 임동장 외에도 다양한 경로로 식재료를 조달하였다.

먼저, 식품차, 반찬차, 장차 등으로 불리는 현대판 '이동수퍼'가 마을에 오면서 식재료 조달이 보다 용이했다. 트럭에 식재료부터 생활필수품까지 다양한 물품을 싣고 오는 이 장사는 약 50년 동안 3번 정도 주인이 바뀌었다. 현재 마을에 오는 식품차는 약 20년 전부터 오고 있는데, 안동 일직에 사는 사람이라고 한다. 월요일부터 토요일까지

---

[20] 권영일(남, 1955년생, 이장)의 제보(2021년 4월 4일, 제보자 자택).
[21] 최성기, 「조선후기 지방상업 연구: 冊街(챗거리) 어물장을 중심으로」, 영남대학교 박사학위논문, 1989, 125쪽(배영동, 「안동지역 간고등어의 소비전통과 문화상품화 과정」, 『비교민속학』 31, 비교민속학회, 2006, 105쪽 재인용).

약 6일 동안 오후 1~2시 사이에 마을을 방문한다. 간혹 급한 물건이 있어서 미리 요청을 하면 오전에 오기도 한다. 한 번 마을에 오면, 바드레, 복수천, 새들, 강변 마을 모두 방문하고 돌아간다. 마을사람들이 버스 외에 이동 수단이 없었을 때는 마을에 방문하는 식품차를 통해 대부분의 식재료를 조달하였다. 그래서 당시에는 식품차가 오면 줄을 서서 물건을 살 만큼 문전성시를 이루기도 했다. 여름철에는 아침 일찍 오기도 하는 등 방문 시간은 조금 유동적이었다.

식품차에는 생선, 두부, 콩나물, 맛소금, 밀가루, 설탕, 물엿, 액젓 등의 식재료가 많았고, 마을사람들도 식재료 구입을 가장 많이 했다. 그래서 식품차, 반찬차 등으로 불렀던 것 같다. 냉장시설이 많지 않았던 시절에는 돼지고기, 소고기 등의 판매율이 적었던 육류는 자주 가져오지 않았고, 미리 주문을 하면 챙겨 왔다. 반면에 생닭은 판매율이 높아서 주문하지 않아도 자주 아이스박스에 넣어 오곤 했다. 과거 식품차가 마을에 들어서면 외부로 송출되는 스피커에 노래를 틀고 방송을 하면서 도착했음을 알렸는데 요즘은 트럭이 전기차로 바뀌고 방송도 별로 하지 않아 모르고 지나가는 마을사람들도 많다. 이와 같이 임동장까지 다니기가 어려웠던 마을사람들에게 식품차는 매우 유용했다. 현재도 식품차가 마을에 오지만 식재료 조달이 용이해지면서 이용률은 적은 편이다.

다음으로는 마을에 '보따리장사'가 오면서 어물 조달이 용이한 편이었다. 대곡1리에는 두 그룹의 보따리장사가 있었다. 1990년대와 2000년대 초까지 마을에 왔던 '생고등어장사'와 '마른고기장사'이다. 생고등어장사는 주로 생고등어를 가지고 와서 팔았다고 해서 붙여진 이름이다. 이 생고등어장사는 할머니였는데 약 40년 동안 대곡1리에 직접 와서 고등어를 팔았고, 현재는 청송 진보의 난전에서 회를 팔고 있다. 마을에 한 번 올 때는 대야 4개에 고등어를 가득 담아 왔는데, 통고등어 내장을 잘 손질한 다음 소금을 살짝 쳐서 바로 가져 왔다. 한 번에 대야 4개를 모두 머리에 이고 복수천과 바드레 마을까지 갈 수가 없어 주로 강변 마을의 강복순 씨 댁에 고등어를 맡겨 두고선 복수천 마을에 가서 한 대야를 팔고 오고, 또 한 대야를 머리에 이고 바드레 마을에 가서 팔고 왔다. 장사를 하고 돌아 갈 때 고등어가 남아 있으면 강복순 씨도 샀는데 짐을 보관해 주고 도움을 주어서 인지 고등어 세 손을 사면 한 손 정도는 그냥 주기도 했다. 이렇듯 대곡1리 주민들은 생고등어장사 덕분에 생선 가운데서도 고등어는 비교적 자주 먹을 수 있었다.

"영해에서 할머니하고 딸하고 그 보따리 장사 했어. (영해에서 오면 생선 가지고 왔겠네요?) 생선. 명태 며르치(멸치) 이런 거 미역 이런 걸 갖다 주고, 미역. 돈으로 많이 줬어. 돈으로.

돈으로도 주고 곡식으로도 주고. 다른 건 못 가가 무거워가. 고추 말린 거 가벼운 거. 무거운 곡식을 못 가고. 오징어도 갖다 팔고. 며칠에 한 번씩 오셨어요. 겨울에는 많이 오고 여름엔 더워. 이분들한테서 이거 사가지고 어쨌든 시아버지 이거 독상에는 조금이라도 더 올려드리고. 명태나 뭐 양미리나 이런 거 해놨다가 마른 거라도. 반찬 한 가지라도 올라가야 되요."[22]

마른고기장사는 영해에서 오는 모녀였다. 두 명이 함께 오기도 하고 혼자서 오기도 했다. 주로 마른고기를 가져왔는데, 명태, 멸치, 오징어, 가자미, 도루묵, 미역, 생生김 등 다양하게 가지고 왔다. 바다에서 나오는 어물 가운데 생선은 반건조하여 가져 왔고, 김은 생으로 가져왔다. 한 번은 생선을 가져오기도 하고, 한 번은 미역이나 생김을 가져오는 등 다양한 어물을 조달해 주었다. 하지만 생고등어장사만큼 자주 오지는 못했다. 1년에 5~6회 정도 겨울철에 다녀갔는데 한 번 마을에 오면 강변 마을에 있는 한 노인의 집에서 머물렀다가 갔다. 마을사람들은 마른고기를 돈으로 값을 치르기도 하고 보리쌀이나 마른고추 등 현물로 교환하기도 했다. 하지만 마른고기를 모두 판매하고 다시 영해로 돌아가야 하는 마른고기장사는 무거운 현물은 많이 가져가지 못했고 주로 마른고추를 받아 갔다.

오늘날 식재료 조달 방법에 관해 보다 구체적으로 살펴보기 위해, 강복순 씨의 냉장고에 있는 음식의 출처를 통해 밝혀보고자 한다.

〈표 1〉 유이숙, 강복순 부부의 냉장고 음식과 식재료 출처 (2021. 11. 26. 기준)

음식	식재료(조달방법)
소고기장조림	소고기(임동면 식육점), 달걀(기름)
가죽나물장아찌	가죽나물(재배), 간장(담금)
개두릅장아찌	개두릅(재배), 간장(담금)
목이나물장아찌	목이나물(채취), 간장(담금)
마늘종조림	마늘종(재배), 고추장(담금)
배추김치	배추(재배), 새우젓(구입), 고춧가루(재배), 마늘(재배), 무(재배)
마늘장아찌	마늘(재배), 간장(담금)
무말랭이	무(재배), 고춧가루(재배), 물엿(구입), 설탕(구입), 양조간장(구입)
파김치	파(재배), 고춧가루(재배), 물엿(구입), 설탕(구입), 양조간장(구입)

---

[22] 남영자(여, 1951년생)의 제보(2021년 4월 12일, 제보자 자택).

들깻잎	들깻잎(재배), 고추장(담금)
고들빼기김치	고들빼기(재배), 고추장(담금), 고춧가루(재배)
오징어젓갈	오징어(아들이 구입), 까나리액젓(구입), 마늘(재배), 생강(재배), 제피(재배), 고춧가루(재배), 물엿(구입)
오만둥이장아찌	오만둥이(아들이 구입하여 택배로 보냄), 양조간장(구입)
새우장아찌	새우(아들이 구입하여 택배로 보냄), 양조간장(구입)

<표 1>에서 보면, 냉장고 음식에 한정하여 식재료 조달에 관해 추적해 볼 수 있다. 식재료 조달방법은 크게는 재배한 것과 구입한 것, 채취한 것 등으로 나뉜다. 재배한 것으로는 채소, 양념 재료 등의 밭작물이고, 어류나 육류는 구입하였다. 그리고 집에서 담그지 않는 양조간장과 액젓, 물엿 등의 가공식품은 대체로 구입하였는데 임동면에 있는 농협하나로마트나 정육점에서 구입하였다. 간혹 오징어나 새우, 오만둥이 등은 자녀들이 구입하여 가져다주거나 택배로 보내주기도 했다. 채취하는 것으로는 목이나물과 같이 산나물인데 비중이 적다. 가공식품, 육류, 어류를 제외하고서는 여전히 재배한 밭작물이 많은 편이다.

이렇듯 대곡1리 주민들은 재배하는 작물 외에도 1970년대까지 임동쳇거리장터에서 식재료를 조달하였다. 뿐만 아니라, 마을에 방문하는 식품차나 보따리장수를 통해서도 식재료를 구입하였다. 하지만 이동수단이 발달하고 교통이 편리해 지면서 마을사람들은 임동면이나 안동시내까지 식재료를 구입하러 다닌다. 그리고 택배 시스템이 생긴 이후에는 자녀들을 통해 식재료를 택배로 받기도 하고 직접 주문하는 사례도 늘어나고 있는 등 식재료 조달방법에도 변화가 생겼다.

2) 통일벼 보급 이전의 식생활과 서열의식

한국의 보통 농촌마을은 1970년대 통일벼 보급 이전 식생활의 큰 차이가 없다. 통일벼 보급 이전에는 대개 식량 자급자족률이 낮았고 구황작물이나 자연에서 채취하여 식재료를 조달하였기 때문이다. 뿐만 아니라 이 시기에는 유교문화의 전통이 현재보다 더 강하게 지속되고 있었던 시기였으므로 식생활에도 서열의식이 존재했다. 집안 내 서열에 따라 음식의 등급이 적용되었다. 가령, 집안 내 서열이 가장 높은 가족구성원일수록 잡곡밥 보다는 쌀밥을 먹을 수 있었고, 나물반찬보다는 고기반찬을 보다 자주 먹을 수 있었다. 하지만 이는 가정의 경제사정과 문화에 따라 조금의 차이는 있기 마련이다.

대곡1리 주민들도 "통일벼 나오고 부터는 촌사람도 이밥을 좀 먹었다"[23]고 할 만큼 1970년대 이전까지 쌀밥을 먹기란 쉬운 일이 아니었음을 짐작할 수 있다.

강변 마을에 살고 있는 유이숙, 강복순 부부의 사례를 통해 통일벼 보급 이전의 상황과 식생활에 대해 살펴보고자 한다. 1972년에 혼인한 부부는 위2동에 살고 있는 시댁에서 함께 지내다가 일 년 뒤에 대곡1리 강변 마을로 분가를 했다. 분가를 할 당시 시댁으로부터 봄동과 같은 배추로 담근 김치 한 양재기, 된장 한 주발, 간장 한 대병, 보리쌀 다섯 말, 쌀은 비료포대에 한 포대 정도 받았다. 분가한 이듬해부터는 시댁에서 준 밭 600평에 보리를 갈아서 보리쌀로 밥을 지어 먹었다.

유이숙과 강복순 부부가 분가하기 전인 1971년에 시댁 식구는 모두 14명이었다. 시아버지, 시어머니, 시숙 내외, 시숙 자녀 3명, 시동생 1명, 시동생 4명, 유이숙과 강복순 부부 내외이다. 당시 시아버지는 홀로 사랑방에서 독상을 받았고, 나머지 식구들은 같은 방에 모두 모여서 식사를 했다. 시어머니와 시숙, 남편, 시동생은 겸상을 했고, 나머지 식구들은 상이 없는 채 식사를 했다. 식사 공간으로 봤을 때, 집안 내 서열이 가장 높은 시아버지만 독립된 공간에서 식사를 함으로써 다른 식구들과 분리되며 존중 받았다. 한편, 시아버지를 제외한 나머지 식구들 사이에서도 서열이 존재했다. 시어머니를 비롯한 남성 시댁식구들은 밥상에서 함께 식사를 했는데 이는 그 밖의 여성, 아이들보다 서열이 높음을 의미한다.

다음은 음식의 종류와 양, 식기 등에서도 서열이 존재했다. 한식은 기본적으로 주식과 부식으로 구성되어 한 상을 차리게 된다. 특히 한식에서 주식이 가지는 의미는 남다르다. 통일벼 보급 이전 식량이 부족한 시기일수록 주식의 위상은 높다. 주식 가운데서도 쌀밥의 위상이 가장 높은데 쌀밥과 잡곡밥이 있으면 집안 내 서열이 높은 어른은 쌀밥의 비중이 높을 수밖에 없었다. 강복순 씨는 당시 가마솥에 밥을 지을 때 보리쌀의 비중을 많게 하고 보리쌀 한 가운데 쌀은 아주 소량으로 넣었다. 밥을 풀 때 시아버지 밥에는 보리쌀과 쌀을 반씩 섞어 드렸다. 시어머니 밥상에는 작은 양푼이에 쌀은 조금 섞고 보리쌀을 많이 퍼서 상 가운데 두면 겸상을 하는 다른 식구들이 각자 덜어 먹었다. 집안 내 서열이 가장 낮고 밥상이 없는 젊은 여성들과 아이들은 보리쌀 위주로 밥을 먹었다. 모든 식구가 국은 개인 그릇에 따로 먹었는데, 밥은 시아버지를 제외하곤 모두 공동 그릇에 퍼서 덜어 먹거나 함께 먹는 형태였다. 시아버지와 시어머니 밥상에는 반찬도

---

[23] 강복순(여, 1955년생)의 제보(2021년 11월 26일, 제보자 자택).

놓아 드렸는데, 시아버지의 밥상에는 조금 더 나은 반찬을 올려 드리고자 노력했다. 다른 식구들은 국은 따로 먹지만 반찬은 별도로 마련하지 않고, 큰 양푼이에 보리밥을 넣고 시래기, 무생채, 된장 등을 넣어 대개 비빔밥 형태로 식사를 했다.

<그림 1>은 1971년도 겨울철 강복순 씨의 시아버지 독상차림을 재현한 것이다. 점선으로 표시한 음식은 가끔 상에 오르는 음식이다. 밥은 쌀과 보리쌀이 반반 섞인 것이고 국

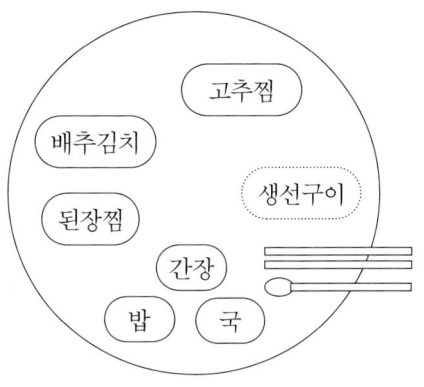

〈그림 1〉 1971년도 강복순 씨 시아버지 독상차림

은 나물국, 무국, 시래기국 등을 올렸다. 시래기를 삶아서 콩가루를 묻혀 무치기도 하고, 삶은 시래기에 된장과 마늘, 참기름 등을 넣고 무쳐 먹기도 하며, 삶은 시래기에 채 썬 무를 넣고 된장을 풀어 시래기국을 끓이기도 한다. 이처럼 시래기는 겨울철 주요 식재료였다. 생선은 주로 고등어를 토막내어 굽거나 조린 것이다. 그리고 콩가루나 밀가루를 묻힌 고추찜과 배추김치, 된장찜 등으로 밥상을 차렸다. 고추는 말리기 전에는 밀가루를 묻혀 찌고, 말린 고추는 콩가루를 묻혀 찐다. 된장은 주로 가마솥에 밥을 할 때 위에 얹어 찜 형태로 만들어 먹었다. 여름철에는 시아버지뿐만 아니라 모든 가족이 찬물에 보리밥을 말아 먹고 풋고추를 날된장에 찍어 먹는 날이 많았다. 강복순 씨가 분가를 한 이후에도 5~6년 정도는 이러한 식사 형태가 지속되었고 통일벼가 보급된 이후에는 쌀밥을 자주 먹고 부식의 상황도 나아졌다. 이와 같이 식생활에서 서열의식은 당시 대부분 농가에 비슷하게 적용되었다.

3) 전통 의례에서 잔치음식

전통 방식으로 의례를 치르는 경우 잔치음식은 의례를 수행하는 집에서 마련하여 손님을 대접하였다. 오늘날에는 혼례, 회갑례, 상례까지 대부분 의례를 전문기관에 값을 지불하고 대행하도록 한다. 그러므로 잔치음식 역시 의례 수행가에서 마련할 일이 적고 뷔페 형식으로 통일된 형식을 띤다. 전통적으로 의례를 집에서 치를 때는 의례 수행가 외에도 친인척이나 이웃이 함께 음식을 하고 나누어 먹은 나눔의 전통이 있었다.

혼례는 주로 겨울철에 많이 하며, 회갑례는 회갑일에 하고, 상례는 초상을 치르는 일수에 따라 기간이 달라진다. 혼례는 당일 행사로 치르는 경우가 많기 때문에 대개 손님들에게 점심 식사를 대접했다. 회갑례는 회갑 이전부터 이후까지 손님들이 며칠 동안 묵을 수 있기 때문에 준비해야 할 음식의 양이 많다. 뿐만 아니라, 회갑을 맞이한 회갑주를 위한 큰상을 차리기 위해서도 음식의 종류와 양이 많이 동원된다. 상례 역시 며칠 동안 손님을 치르기 위해서는 준비해야 하는 음식의 종류와 양이 많은 편이다.

혼인잔치에는 쌀밥, 국(소고기국 또는 돼지고기국), 감주, 메밀묵, 술(청주, 막걸리), 부침개(배추, 고구마), 돼지고기 수육, 명태조림, 고등어구이 등을 마련한다. 혼인잔치 음식은 식사, 술과 안주로 크게 구분된다. 손님들은 대개 점심식사를 하고 돌아가는데, 친인척이 늦게까지 머물게 되면 건진국수나 칼국수를 대접한다. 신부 큰상은 떡국과 반찬 두 가지, 김 등으로 차린다. 회갑잔치에는 혼인잔치와 달리 반드시 시루떡, 찰떡 등의 떡을 준비하고, 회갑주의 큰상에는 고임 음식을 올린다. 잔치를 잘 하면 돼지나 소를 잡기도 하는데, 새들과 강변 마을에서 소를 잡은 사례는 찾기 쉽지 않았고, 바드레 마을에서 회갑잔치 때 소를 잡은 사례는 있었다.

바드레 마을의 남영자 씨는 시아버지 회갑 때 큰상은 준비하지 않고 손님도 초대하지 않았지만 가까운 친인척들만 모여서 송아지 1마리를 잡아 나누어 먹었다. 맏아들이 시아버지 회갑 이전에 사망하였기 때문에 회갑잔치를 하지 않은 것인데, 섭섭한 마음에 집안사람들끼리 식사를 했다. 시아버지 회갑은 약 30년 전이었는데 회갑일은 음력 1월이었다. 손님은 대부분 겸상을 했는데 밥상에는 쌀밥, 소고기국(고춧가루 넣음), 두부조림, 갈치조림, 가자미조림, 고등어구이(한토막), 배추전, 명태전, 김치, 나물, 간장 등을 차렸다. 술상에는 막걸리, 소주, 메밀묵, 감주, 소고기껍질과 내장 볶음, 돼지고기 수육 등을 올렸다. 막걸리는 집에서 담갔고, 소주는 샀다. 부조로 메밀묵과 감주를 받았는데, 이 음식부조는 6촌들이 해 왔다. 회갑잔치를 제대로 한 것이 아니기 때문에 돈부조는 받지 않았다. 집안사람들은 회갑일에 식사와 술을 먹고 다음날까지 머물기도 했다. 음식준비는 며느리와 시누이들이 함께 했다. 이후 시어머니 회갑은 하지 않았다. 여성의 경우 남성의 회갑일에 함께 큰상을 받는 것으로 회갑을 대신하기도 하고, 남성이 회갑을 하지 않으면 여성도 회갑을 하지 않는 등 회갑의례에서 여성 차별적 인식이 크게 나타난다.[24]

---

[24] 박선미, 「동성마을 잔치음식의 구성과 의미: 경북 영양군 김천마을의 혼례와 회갑례 음식을 중심으로」, 안동대학교 박사학위논문, 2016.

남영자, 김동석 부부는 동갑인데 회갑잔치는 하지 않고 자녀들과 간단하게 식사만 했다. 칠순잔치는 2020년 2월 8일에 안동 시내 예미정에서 했는데 버스를 대절하여 마을사람들을 초대하여 식사를 대접했다. 전통적으로 회갑은 의례 수행가에서 대접하는 것이고 손님들은 먹으러 간다. 즉 대접받는다는 인식이 강하다. 이는 회갑이 선택적 의례의 성격을 지녔기 때문인데 선택적 의례는 필수적 의례보다 더 잘 치러야 한다는 의식이 있었다. 그러므로 잔치음식 역시 더 풍성할 수밖에 없다. 한편, 잔치음식은 경제 사정에 따라서도 차이를 보이는데, 대곡1리에서도 사정이 좀 더 나은 농가에서는 길사 때 소를 잡고, 그렇지 않은 농가에서는 돼지를 잡거나 돼지고기를 사서 음식을 만들어 대접하였다.

　대곡1리는 논의 비율이 매우 낮고 해발고도가 높은 산촌마을이다. 보통의 산촌마을이 농토가 부족하고 통일벼 보급이전까지 식량 부족시기를 겪었다. 하지만 대곡1리는 1970년대까지 다수의 농가에서 화전으로 밭을 일구어 농사를 지으며, 재배작물의 값이 폭등하여 호황기를 맞기도 했다. 1970년대 이전 담배재배를 시작으로 이후 고추, 사과 등의 환금작물을 재배하면서 농가경제를 운용해 오고 있다. 통일벼가 보급되기 이전까지 쌀밥을 풍족하게 먹지는 못했지만 환금작물로 농가경제가 좋은 편이었으며, 식량은 재배하거나 채취하는 것 외에도 임동장이나 이동수퍼, 보따리장사 등을 통해 조달해 왔다.

임동면 대곡리 가옥의 공간 구조

정연상

1. 마을의 형성 및 공간 구조

1) 연혁 및 주변 경관

임동면 대곡리는 안동시 동북부 산간 지역에 있는데, 남북으로 긴 골짜기에 터를 잡고 있어 대곡大谷 또는 한실이라고 불렸다. 대곡리의 지리적 환경은 지형이 남북으로 긴 형태로서 동쪽으로 영양군 청기면과 입암면, 서쪽으로 안동시 예안면 인계리와 구룡리, 남쪽으로 안동시 임동면 위리와 마령리, 북쪽으로 안동시 예안면 동천리와 이웃하고 있다.

대곡리 지역은 조선시대 임하현에 속했던 지역이며, 1895년(고종 32) 지방 관제 개혁으로 안동군 임동면에 편입되었다. 이후 이곳은 1914년 행정구역 개편에 따라 복수천, 해천, 신평, 고도, 금수천, 고사, 갈마곡과 위리渭里 일부가 통합되어 현재의 대곡리로 개편되었다. 대곡리는 1931년 안동군 임동면에 편입되었다가, 1995년 안동군과 안동시가 통합되면서 안동시 임동면 대곡리가 되었다.

대곡리의 자연부락은 산간 지형을 바탕으로 한 산촌으로 마을 간 거리를 두고 흩어져

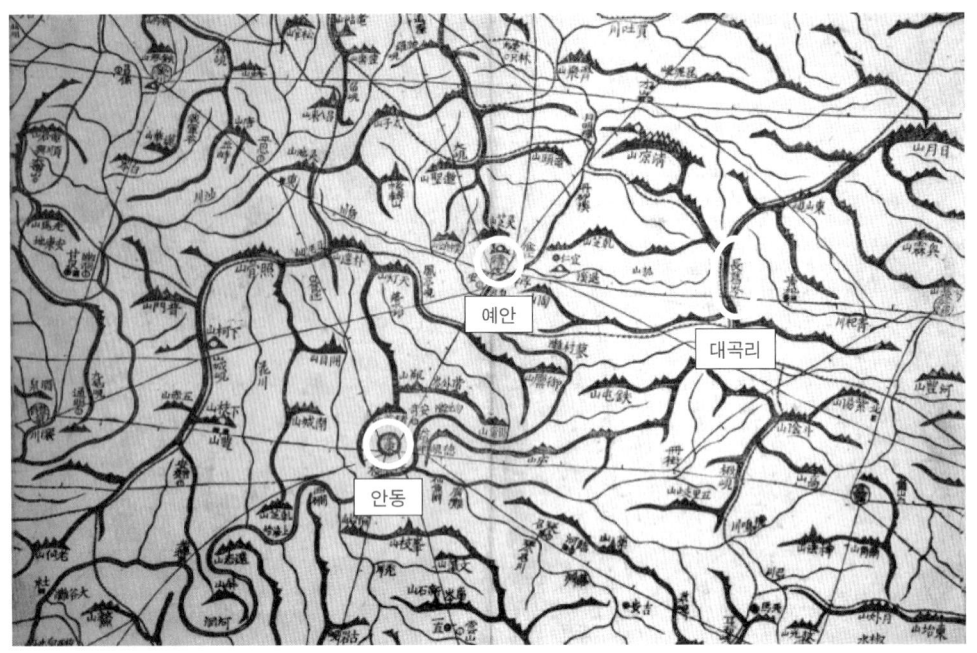

〈그림 1〉 대동여지도 속 대곡리

있다. 마을과 가옥들은 장갈령에서 흐르는 마을 중앙의 대곡천과 대곡큰길을 중심으로 양쪽에 터를 잡고 있다. 남북으로 긴 대곡리는 남쪽의 대곡 1리와 북쪽의 대곡 2리로 나뉜다. 장갈령은 대곡리와 영양군 청기면을 연결하는 고개로 높이가 607m 정도이다. 이 길은 예로부터 안동과 영양을 이어주는 산길인데, 갈매골 입구에서 정상까지 걸어서 2시간 30분 정도 걸린다. 현재 산길은 이용자가 거의 없어 잡목이 우거진 상태다.

초창기 마을 형성 과정을 정확히 알 수 없지만 대곡리는 높은 산간 지역을 시작으로 이후 산 아래 평지로 확장되었다고 한다. 대곡리는 자연 지리적으로 인근 지역과 밀접해 있으므로 과거 도로망이 발달하지 않은 산간 지역의 요충지라고 말할 수 있다. 오늘날과 다르게 과거에는 장시가 만남의 광장, 소통의 장, 예술과 놀이 공간 역할을 했다. 일찍이 낙동강 유역은 공간 규모가 방대하고 도로 교통이 다른 지역에 비해 발달하지 않아 크고 작은 분지를 중심으로 수많은 오일장이 나타났다.[1]

대곡리 인근의 임동장은 5, 10일에 열렸으며 임하호가 건설되기 전까지 챗거리장터라

---

[1] 『增補文獻備考』나 『山林經濟』 등의 기록에 의하면, 장시가 임진왜란을 거치면서 그 수가 증가하는 가운데 17세기 후반에 이르러 5일 간격으로 열리는 오일장이 전국적으로 일반화되었다는 사실을 확인할 수 있음.

불리었다. 이 장시는 영덕, 영양, 청송 등지의 물산이 안동 시내와 교류하는 중간지점의 큰 장시였다. 위치는 임동면사무소 일대였는데, 현재 주민들은 교통의 발달로 안동 시내에 있는 구시장과 신시장을 대부분 이용하고 있다. 따라서 인근 장터는 대곡리 및 인근 주민들에게 외부와 소통할 수 있는 중요한 창의 역할을 했다.

〈사진 1〉 1960년대 챗거리 장터 사진
(출처 : 경북기록문화연구원 사진아카이브)

대곡리 남쪽 중평리는 안동간고등어와 밀접한 관련이 있는 곳이다. 안동의 해산물은 가장 가까운 해안 지역인 영덕군 강구항 등지에서 들어오는데, 이 과정 중에 안동간고등어의 유래가 시작되었다. 이동 수단이 발달하지 않았던 시기 상인들은 강구·축산·후포 등지에서 달구지나 등짐으로 해산물을 안동으로 운반하는데 1박 2일이 걸렸다. 상인들은 강구에서 새벽 5~6시쯤 출발하여 저녁 무렵 청송군 진보면 신촌리 신촌마을에 도착해 1박을 한 뒤, 다음날 새벽 진보를 거쳐 임동 챗거리장에 도착하여 안동 상인들에게 고등어를 넘겼다고 한다.

장터 마을에는 중간 유숙지인 마방이나 여인숙 같은 객사가 들어섰는데, 우마차군 및 장터를 이용하는 상인, 인근 주민과 대곡리 사람은 이곳을 상호 소통의 공간으로 이용했다. 이외에 대곡리에는 옛날 안동에서 영양 청기면 구매리 구통마을로 통하는 지름길

〈그림 2〉 임동면 면사무소 일대 챗거리 장터길

이 있었다. 이 길은 소장수들이 영양에서 안동으로 통하는 중요한 통로의 역할을 했다. 외부와 통하는 장시와 길은 주변 마을과 주민들에게 다양한 정보 등을 제공했다. 따라서 이를 통해 대곡리 주민들도 그들의 활동 영역을 확장했을 것으로 판단된다.

2) 마을 가로 구조 및 변화

임동면 대곡리는 안동과 영양 및 청송을 연결하는 34번 도로에서 북측으로 난 935번

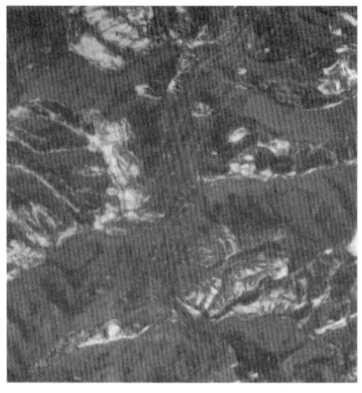  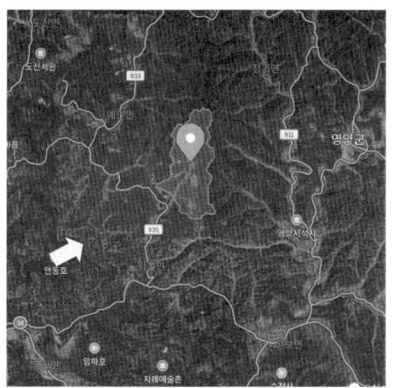

〈그림 3〉 경북 안동시 임동면 대곡리 큰길 (1961년 기준)   〈그림 4〉 경북 안동시 임동면 대곡리 큰길 (1991년 기준)   〈그림 5〉 경북 안동시 임동면 대곡리 큰길 (2021년 기준)

도로를 따라 접근한다. 그리고 대곡리의 출입은 935번 도로에서 북측으로 난 대곡큰길을 이용한다. 접근로에서의 분기점은 마을 어귀로서 마을까지의 거리와 규모를 가늠케 한다. 마을 초입의 어귀 길은 마을 외부와 내부를 이어주는 주된 동선으로서, 정주권을 이루는 인접 마을들도 이용하는 공용도로이다. 대곡리는 대곡큰길을 중심으로 동·서쪽에 마을들이 있어 장갈령을 따라 내려오는 대곡큰길이 대곡리의 어귀 길이라고 할 수 있다.[2]

마을 안길은 마을 공간을 이루는 가장 중요한 공간을 연결하는 도로, 어귀 길에서 시작하여 마을 끝까지 이어지는 길이며 마을 공간 구성상 중요한 공간을 연결하고, 공공의 성격이 강한 마을 도로, 마을 공간의 각 요소를 하나로 묶는 중심축의 역할을 한다. 대곡리는 대곡큰길을 중심으로 대곡 구룡길, 간촌길, 금수천길, 바드레길, 복수천길이 안길로 볼 수 있다. 샛길은 마을 안길에서 생성되는 길로서 농가 및 기타 공간으로 접근할 때 이용하는데, 각 마을 내 안길에서 잔가지처럼 뻗은 길이다. 샛길은 한 농가의 대지에서 끝나는 막다른 길거나 이웃 간을 연결하는 길 등을 말한다.

안동시 및 주변 지역의 가로망은 안동댐과 임하댐 건설로 인하여 소멸하였거나 새로 개설되었거나, 기존 길을 확장하는 등 많은 변화가 있었다. 1961년 항공사진을 보면, 대곡리에는 현재와 다른 길이 있었던 것을 알 수 있다. 대곡리는 1961년 어귀 길이 마을의 큰길로서 다른 마을과 이어주는 역할을 했는데, 현재와 다르게 마을의 입구를

---

2 한필원, 『농촌 동족마을 공간구조의 특성과 변화연구』, 서울대학교 박사학위논문, 1991, 64쪽.

정확히 파악할 수 없다. 안동댐과 임하댐이 건설된 후 대곡리는 1991년 위성사진처럼 큰길이 생기면서 현재와 비슷한 구조를 갖춘 것을 알 수 있다. 1961년 위성사진을 통해 대곡리와 자연마을의 가로체계를 파악할 수는 없지만 현재와 다른 점은 확인할 수 있다. 또한 안동댐, 임하댐 건설 후 기본적으로 도로 구조가 현재와 같이 바뀐 것으로 보아 대곡리의 가로 및 주변 환경도 댐 건설의 영향을 받은 것으로 판단된다.

3) 구성원의 변화

대곡리는 현저한 고령화 현상을 보이고 있는데, 특히 여성 인구의 절반이 노인 연령층을 형성하는 점은 농촌인구의 심각한 고령화를 실증하고 있다. 대곡리의 인구는 1987년 임하댐을 건설하면서부터 많이 감소했다. 당시 급감의 원인은 마을의 수몰로 이주민이 발생했기 때문이다. 대곡리뿐만 아니라 중평리, 망천리, 수곡리, 마령리 등의 마을은 대부분 물에 잠기면서 많은 사람이 타지로 떠났으며, 일부 주민들은 중평단지, 수곡단지, 마령단지 등 새로 조성된 이주단지로 주거지를 옮겼다. 따라서 임동 및 대곡리의 인구감소는 일반적인 인구감소 현상과 더불어 수몰 등으로 인구가 급격히 줄어들었다. 이후 이들 지역은 젊은 사람이 큰 도시로 일자리를 찾아 떠나면서 고령화 현상이 더욱 악화되었다. 최근 마을 인구의 변화는 귀농을 위해 대곡리로 이주했다가 다시 다른 지역으로 이주하면서 나타난 현상이다.

임동면 내에서 상위권 세대 수를 차지하고 있는 성씨는 안동 김씨가 중평리 40세대를

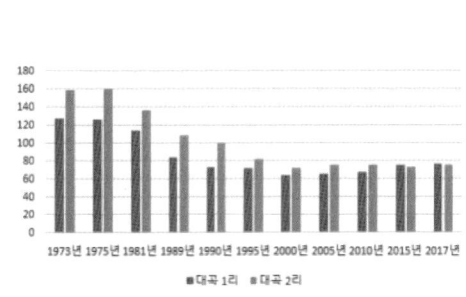

〈도표 1〉 대곡1리, 2리 인구변화

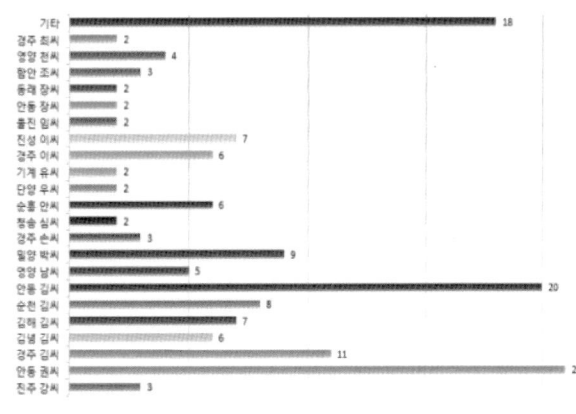

〈도표 2〉 대곡리 성별 세대 수

비롯해 대곡리 20세대, 사월리 20세대 등 모두 129세대로 총 세대의 11.8%에 이르고, 다음으로 안동 권씨와 전주 류씨가 각각 119세대와 117세대로 10.9%의 대등한 세대가 거주하고 있다. 세대수는 100세대 미만으로 김해 김씨(71), 진성 이씨(59), 밀양 박씨(49), 경주 이씨(44), 의성 김씨(40), 은진 송씨(30)가 여러 마을에 분산되어 있다. 일부 동성마을을 제외하면 대부분 마을은 예전의 동성마을 형태를 상실했으며, 거주민의 경제 활동 및 생업 여건에 따라 구성원이 바뀐 것으로 판단된다.

4) 마을의 공간구성

대곡리에 마을들은 산촌이자 산재 마을로, 장갈령에서 흘러내리는 중앙의 대곡천과 대곡큰길을 중심으로 동측과 서측 산자락에 자연마을들이 분포하고 있고, 남쪽 대곡 1리와 북쪽 대곡 2리로 나뉜다.

산간 주거 공간은 주거 공간과 길, 그

〈표 1〉 임동면 대곡리 인구변화 (출처 : 안동통계연보)

년도	명칭	가구 수	계	남	여
1973년	대곡1리	128	816	431	385
	대곡2리	159	986	497	489
1975년	대곡1리	126	756	397	359
	대곡2리	160	1015	521	494
1981년	대곡1리	114	544	276	268
	대곡2리	136	665	340	325
1989년	대곡1리	84	308	158	150
	대곡2리	109	416	213	203
1990년	대곡1리	73	261	126	135
	대곡2리	100	355	182	173
1995년	대곡1리	72	233	123	110
	대곡2리	82	277	145	132
2000년	대곡1리	64	170	87	83
	대곡2리	72	203	102	101
2005년	대곡1리	65	124	61	63
	대곡2리	75	158	75	83
2010년	대곡1리	67	120	61	59
	대곡2리	75	130	63	67
2015년	대곡1리	75	124	67	57
	대곡2리	73	127	66	61
2017년	대곡1리	76	122	61	61
	대곡2리	75	131	68	63

리고 농경지와 산, 개울 등으로 대부분 구성되어 있다. 그리고 산간마을의 특징은 큰길에서 분기된 안길을 따라 몇 km씩 떨어진 곳에 마을이 자리하고 있다. 마을은 대부분 낙후된 상태이며, 산과 산 사이의 좁은 곳에 터를 자리하고 있다. 안길에서 주거지로 진입하는 샛길도 거리가 짧거나 없는 경우도 많다. 따라서 주거지는 대부분 마을 안길을 바로 면하고 있으며, 좌우 측면 또는 배면에 경작지가 존재한다.

산간마을은 산간 협곡에 위치하여 안길과 개울을 따라서 농지가 분포하는데, 대부분 농경지 근거리에 농가가 자리한다. 즉, 산간마을은 인력과 가축을 효율적으로 이용하기 위해 농경지를 따라 주거지가 자리하므로 소규모 형태로 흩어져 형성되었다. 산간마을은 지형 특성상 마을의 안길이 개천을 따라 형성되는 경우가 많아 대지 내 가옥 향에 대한 요구와 길의 진입체계로 인한 진입 향이 서로 다른 경우가 많다. 산간 지역 가옥은 안길에서 들어오는 샛길을 우회시키거나 측면에서 진입하도록 하여 진입 향보다 지형적 조건을 따라 좌향을 우선으로 결정하여 공간을 계획하는 것이 일반적이다.

강변마을은 새마을이라고 불리며 대곡1리에 속하며 대곡리의 첫 번째 동네다. 마을 이름의 유례는 새로 만든 마을이라는 의미로 새마을이라고 불리고 있는데, 옛날 수해 피해 본 강변 마을주민들이 살아서 강변마을이라고도 한다. 마을에는 현재 7가구가 거주하고 있으며, 공공시설인 대곡 1리 경로당과 바로 옆에 정자 1동이 존재하고 있다.

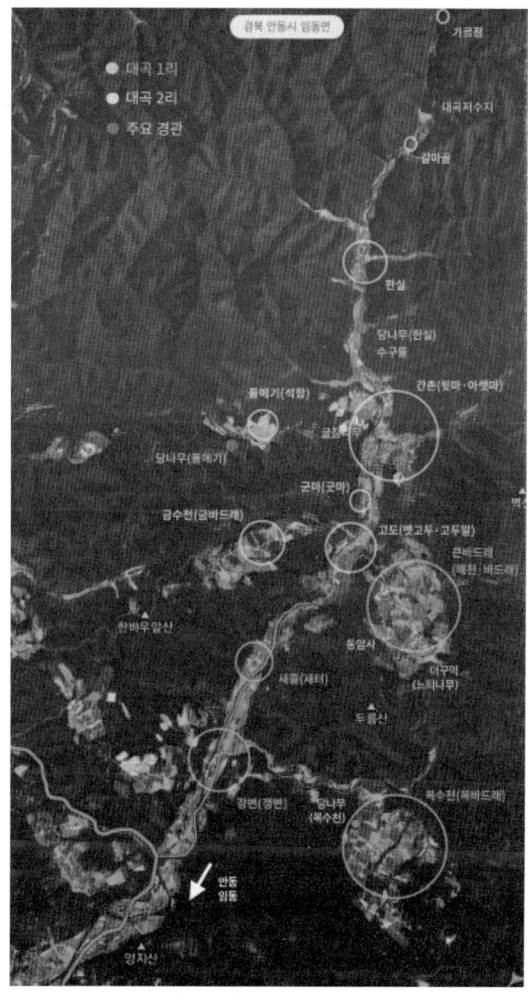

〈그림 6〉 대곡리 자연마을 및 공간 구조

새들, 신평이라고 불리는 마을은 새마을에서 북쪽으로 1.5km 정도 떨어진 곳에 있다. 마을 명칭은 복수천, 해천에 이어 새로 들 가운데 마을이 형성되어 붙여졌으며, 대곡 1리에 속하며 9가구가 산비탈면에 촌락을 구성하여 거주하고 있다. 마을의 출입은 대곡큰길에서 북서측으로 난 대곡새들길을 이용하며, 공공시설은 존재하지 않는다.

바드레마을은 새들마을에서 북쪽으로 1km 정도 떨어진 지점에서 동측으로 난 작은 도로를 따라 진입한다. 마을 이름은 마을의 모양이 바다 위에 배가 떠 있는 형상이라 해천海天이라고 하였으며, 또는 산마루에 위치하여 상수천이라고도 불리고 있다. 또한 이 마을은 바드레 지명을 가진 안동의 열두 곳 중에 가장 크다고 하여 큰바드레라고

〈그림 7〉 대곡리 강변마을　　〈그림 8〉 대곡리 새들마을　　〈그림 9〉 대곡리 바드레마을

불리기도 한다. 대곡 1리에 속하며 현재 15여 가구가 거주하고 있으며 공공공간으로 대곡 1리 바드레 노인정 존재하고 있다. 하지만 대부분 집들이 공가이며 별장으로 사용하기 위해 개조 중이거나 계획 중인 집이 대부분이다.

마을에는 장수와 용마龍馬가 났다는 전설이 전해지는 용굴과 굴터가 있다. 장수가 말을 타고 달리다가 머물렀는데, 그곳에 말발굽 자국과 윷놀이판이 바위에 새겨져 있어 왕우재라는 이름도 전해지고 있다. 또한 옛날 농기구를 제작했다는 뜻의 소부전골이란 이름도 전해오고 있다. 마을에는 안동 고을 원님이 직접 기우제를 올렸다는 천혜당이라는 곳이 있는데, 날씨가 흐린 날은 산속에서 물이 흐르는 소리와 베틀 소리가 들렸다는 전설이 있다. 이 마을 서쪽에는 동암사가 있는데, 이 사찰은 예안 신림에서 1975년에 현재 위치로 옮겨온 사찰이다.

샛마·간촌間村이라고 불리는 이 마을은 대곡리에서 가장 큰 자연마을로 대곡 2리에 속한다. 지명은 대곡리의 한 가운데 있다고 하여 붙여졌고, 간촌의 동쪽에 있는 골짜기를 통해 옛날 안동에서 영양 청기면 구매리 구통마을로 통하는 지름 길목인 구통골이 있어 유래되었다. 이곳은 소장수 등이 쉬어가던 곳이었다고 한다. 마을에는 1982년 11월 09일 '안동 대곡리 굴참나무'로 지정된 천연기념물이 있다.

이 굴참나무는 마을 북서쪽 300m 정도 떨어진 산비탈 언덕에 있으며 자연생 참나무과로 보기 드문 노거목으로 높이가 약 15m, 몸 둘레가 5.1m, 뻗은 가지의 길이가 사방 15.5m 정도다. 마을주민들은 이 나무 아래에서 마을의 화평을 비는 제를 올렸으며, 평상시에 주민들 모임 장소로 사용했다. 마을의 공공공간은 대곡 2리 마을회관이 자리하고

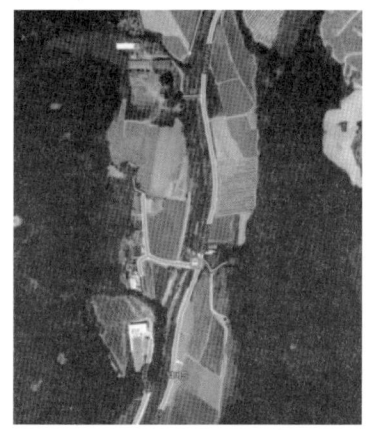  

〈그림 10〉 대곡리 굿마마을 〈그림 11〉 대곡리 한실마을 〈그림 12〉 대곡리 샛마마을

있으며, 이외에 마을 입구, 중간, 마을 끝에 정자가 있다. 샛마는 다른 마을보다 공공공간이 많은 것으로 보아 거주민들이 많이 살았다는 것을 알 수 있다. 현재 마을의 일부 가옥들은 주민의 이주 등으로 관리가 되지 않아 잡초가 무성하거나 철거가 진행 중이다.

대곡리 굿마마을은 간촌마을 남쪽에 있는 마을로 대곡 2리에 속하며, 현재 이 마을에는 5가구가 거주하고 있다. 마을 명칭은 옛날 대곡리의 중심 마을로 마을 모퉁이에 상여를 보관하던 곳집이 있어 붙여진 이름인데, 현재 곳집은 살아진 상태다. 또한 이 마을은 마을 내 대성초등학교가 있어서 학교마을이라고 불리는데, 현재 초등학교는 폐교가 된 상태다. 이 초등학교는 임동초등학교 대성분교장으로 1991년에 개설되었다가 1997년 임동초등학교로 통합되어 폐교되었으며, 학적 자료는 임동초등학교로 이관된 상태다. 현재 학교는 산야초 재배단지로 사용하고 있다.

대곡리 한실마을은 간촌에서 북쪽으로 1km 정도 떨어진 곳에 있으며 대곡 2리에 속한다. 마을 명칭은 마을 조성 당시 큰 골짜기라고 하여 붙여졌다고 한다. 옛날 한실마을과 굿마마을의 사람들은 남녀노소 구분 없이 잡귀를 쫓기 위해 음력 정월 대보름날 횃불놀이에 참여하여 치열하게 싸움을 했었는데, 어느 한쪽이 패할 기색이 보이면, 이 두 마을의 중간에 있는 샛마사람들이 약한 마을을 도와주었다는 전설이 이곳에 전해진다. 마을에는 공공시설인 대곡 2리 한실경로당이 있으며, 현재는 귀농한 2가구가 마을 끝에 살고 있다. 이외 마을에는 정자 한 동이 있다.[3]

---

[3] 경상북도 안동시 임동면 대곡리 292-1에 위치하는데, 접근할 수 없는 상태임.

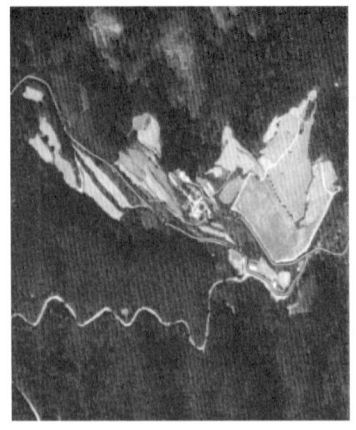  

〈그림 14〉 대곡리 돌목이마을　　〈그림 15〉 대곡리 가르점마을　　〈그림 16〉 대곡리 고들마마을

　　가르점마을은 한실마을의 북쪽에 있는 지역으로 한실에서 북쪽으로 영양과 봉화로 통하는 산마루의 분기점에 위치하며, 전에는 사람들이 살았는데 현재는 아무도 살지 않고 있다.

　　대곡리 돌목이마을은 간촌마을에서 서쪽으로 1.5km 정도 떨어져 있으며 대곡 2리에 속한다. 마을 명칭은 돌매기, 석항石項이라고도 불리며 마을 뒤쪽 고개마루에 큰 돌 두 개가 마치 성문처럼 놓여 있다 하여 돌목이라고 불리고 있다. 과거 마을의 가구는 4가구였는데, 현재 1가구만 남아 있다. 마을 진입은 대곡큰길에서 서측으로 난 대곡구룡길을 이용하여, 마을 내 공공시설로 정자와 대곡고랭지약초집하장이 있다.

　　대곡리 고들마마을은 간촌마을에서 남쪽으로 1km 정도 떨어진 곳에 있다. 마을의 지명은 옛날 상인들이 영양과 봉화방면으로 통하던 길이라 하여 붙여졌는데, 근대기까지 소장수들이 영양英陽에서 안동으로 다니던 유일한 통로였다. 현재 이 길은 다양한 운송 수단의 발달로 발길이 끊어진 상태다. 마을은 바드레마을, 금바드레마을, 간촌마을, 새들마을로 이어지는 중심지로서 현재 9가구가 거주하고 있으며, 공공시설로 대곡 2리 고도경로당이 있다.

　　대곡리 금바드레마을은 고도마을에서 서쪽으로 1.5km 정도 떨어진 곳에 있다. 마을 지형은 장수가 칼을 든 모양의 산이 있고, 터가 산마루에 위치하여 금수장갑형상錦繡藏甲形像이라고 하며, 마을 지명도 여기에서 유래했다고 한다. 현재 마을 가구는 4가구가 거주하고 있다.

　　복바드레·복수천이라고 불리는 마을은 하늘 아래 첫 동리라고 불릴 만큼 높은 산

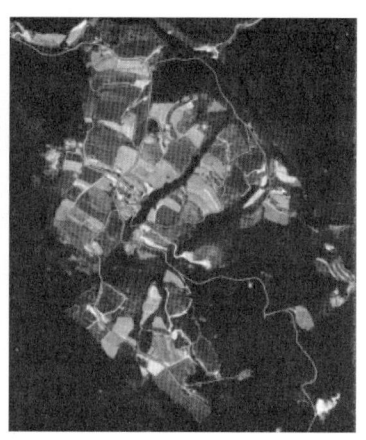

〈그림 17〉 대곡리 금바드레마을   〈그림 18〉 대곡리 복바드레 마을

위에 있으며, 새들마을의 북쪽 대곡 1리 끝자락에 있다. 마을 이름은 옛날 마을 뒷산의 큰 고목에 여러 사람이 소원을 빌면 복을 받는다는 전설이 있어 지나가던 스님이 복바드레로 부르면서 시작되었다고 한다. 이 나무는 수령이 200년 정도 되며 높이가 10m 쯤 된다. 마을의 이 당나무는 마을 입구의 오른쪽 샛길을 따라 접근하며, 마을 끝 산자락에 있다. 이 나무와 주변 공간은 마을 사람들에게 신성한 제향 공간으로 주변에 어떤 시설이나 구조물 없이 당나무만 있다. 마을 사람들은 매년 1월 14일 밤 12시 여신에게 동제를 지낸다. 마을 사람들은 근래에 죽어가던 나무에 비료와 거름을 주고 정성껏 보살펴 살려낼 정도로 나무에 대한 각별한 애정을 갖고 있다. 마을 가구는 현재 13여 가구이며, 마을 내 공공공간은 대곡 1리 복수천 경로당이 있고, 경로당 앞쪽에 정자 1동이 있다.

2. 마을의 주거 공간과 구조

1) 바드레마을

대곡리는 산간 지역 마을이라 안동의 다른 농촌 마을보다 가구 수 감소 속도가 현재 빠른 상태이며, 또한 정확한 실거주 현황을 파악하기 어려운 상태다. 현재 마을은 과거 새마을 운동에 따른 주거 환경 개선 사업 등으로 마을 환경 및 경관이 바뀌면서 전통마을 또는 전통가옥 모습이 사라진 상태다. 이번 조사 대상은 대곡리에 존재하는 마을 중 실제 거주자들이 다수 거주하고 있는 마을 두 곳을 중심으로 진행하였고, 전통가옥의 옛 모습을 간직하고 있는 가옥을 면밀히 살펴보았다. 따라서 이번 주거 공간 조사는 다른 마을보다 인구 밀도가 높은 대곡리 바드레마을과 복수천 마을의 가옥

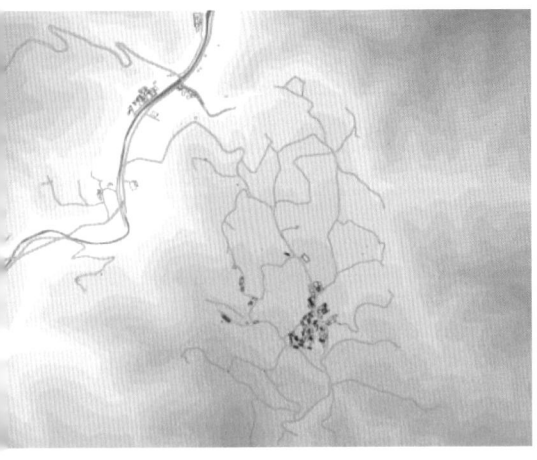

〈그림 19〉 바드레마을 가로 체계   〈그림 20〉 2020년 바드레마을 건축물 현황

을 살펴보았다.

바드레마을은 앞에서 언급한 것처럼 하늘 아래 첫 동리라고 불릴 만큼 높은 산 위에 있으며, 새들마을 북쪽에 있다. 현재 마을에는 30여 동의 건물이 있다.

마을의 접근은 북에서 남으로 흐르는 대곡천을 따라 조성된 고도교와 대곡큰길에서 동측 언덕으로 난 바드레길을 이용한다. 현재 진입로 바드레길은 아스콘으로 포장된 상태다. 거주자의 증언에 따르면, 이 진입로는 새마을 운동 이후 정비되었다고 한다. 남북으로 조성된 마을 안길은 실거주 공간을 연결된 곳만 정비가 된 상태다. 마을 내 가로는 남북방향의 마을 안길을 중심으로 동측과 서측으로 샛길이 주거 공간을 연결하고 있다.

바드레마을 초입에는 1995년 정부 지원으로 조성된 대곡 1리 농산물간이집하장이 있다. 마을 사람들은 마을 중심의 안길과 샛길이 연결되는 곳을 공공공간으로 사용하고 있다. 이 공공공간은 마을에서 공용으로 사용하고 있는 정자를 세우고 휴식공간으로 사용하고 있으며, 이외 자동차나 농기계 등의 주차공간으로도 사용하고 있다. 마을의 가옥은 안길과 샛길을 따라 자리하고 있는데, 대부분 현대식으로 내부공간과 외관이 개조된 상태다.

바드레마을의 건물은 크게 주거용 가옥과 창고, 이외 마을회관과 정자, 동암사가 있다. 가옥의 평면 형태는 'ㅡ'자형과 'ㄱ'자형, 장방형으로 되어 있는데, 장방형은 최근에 지은 가옥이다. 가옥은 담장이 없이 열려 있는 가옥과 철재와 시멘트 담장 가옥으로 나뉜다. 철재와 시멘트 담장은 근래에 조성된 것으로 본다면, 이전 시기의 가옥은

<표 2> 임동면 대곡리 바드레마을 가옥 조사표

주소\개요	지붕	평면	재료	차양	벽체	담장	대문	마당	기단	안마루	화장실	부엌욕실	텃밭
바드레길 122	팔작	ㅡ자	금속기와	○	시멘트몰탈	철재	철재	콘크리트	시멘트몰탈	×	내	내	○
바드레길 119	팔작	ㅡ자	금속기와	○	시멘트몰탈	×	×	콘크리트	시멘트몰탈	○	내	내	×
바드레길 124	맞배	ㄱ자	금속기와	○	시멘트몰탈	철재	×	콘크리트	비노출	○	내	내	×
바드레길 128	팔작	ㅡ자	석면쓰래뜨	○	시멘트몰탈	시멘트벽돌	×	콘크리트	콘크리트	○	내	내	×
바드레길 129	모임	정방형	아스팔트싱글	×	비늘판벽	돌담	철문	보도블럭	돌기단	×	내	내	×
바드레길 130	팔작	ㅡ자	금속기와	○	비늘판벽	철재	×	콘크리트	콘크리트	○	내외	내	○
바드레길 131	팔작	ㅡ자	금속기와	○	시멘트몰탈	×	×	콘크리트	콘크리트	○	내	내	×
바드레길 134	팔작	ㄱ자	금속기와	○	회벽	시멘트	×	콘크리트	콘크리트	×	내	내	○
바드레길 123-2	팔작	ㄱ자	금속기와	○	시멘트몰탈	시멘트	철재	콘크리트	콘크리트	×	내	내	×
바드레길 133	팔작	ㅡ자	시멘트기와	○	시멘트몰탈	철재	×	콘크리트	콘크리트	×	내	내	×
바드레길 136	팔작	ㅡ자	석면슬레이트	○	시멘트몰탈	×	×	콘크리트	콘크리트	?	내	내	×
바드레길 120-13	맞배	ㅡ자	샌드위치패널	×	샌드위치패널	시멘트블록	철재	콘크리트	타일	×	내	내	×
바드레길 98-27	맞배	ㅡ자	슬레이트	×	타일	목재	목재	콘크리트	콘크리트	×	내	내	×
바드레길 98-2	경사	ㅡ자	슬레이트	○	금속컨테이너	×	×	콘크리트	×	×	내	내	×
바드레길 120	팔작	ㅡ자	금속기와	○	시멘트몰탈	슬레이트	철재	콘크리트	시멘트몰탈	?	외	내	×
바드레길 120-11	우진각	ㅡ자	금속기와	○	회벽	시멘트블록	철재	흙	시멘트몰탈	×	내	내	○
바드레길 120-5	조적조 평지붕 구조의 마을회관												
바드레길 120-4	팔작	ㅡ자	시멘트기와	○	회벽	콘크리트블록	철	콘크리트	콘크리트	○	내외	내	×
바드레길 123	팔작	ㅡ자	금속기와	○	회벽	×	×	흙	콘크리트	○	내외	내	○
바드레길 123-3	창고 및 정자												
바드레길 117	맞배	정방형	금속슬레이트	○	비늘판벽	×	목재	콘크리트	목재	×	내	내	×
바드레길 116	맞배	ㅡ자	금속기와	○	샌드위치패널	시멘트블록	×	콘크리트	×	×	내	내	×
바드레길 114	평지붕	정방향	시멘트몰탈	×	붉은벽돌	콘크리트블록	×	콘크리트	×	×	내	내	×
바드레길 113	팔작	ㅡ자	금속기와	○	시멘트몰탈	×	×	콘크리트	콘크리트	×	내외	내	×
바드레길 125	맞배	ㅡ자	아스팔트싱글	×	비늘판벽	×	×	콘크리트	콘크리트	×	내	내	○
바드레길 162	동 암 사												
바드레길 98-33	창고												
바드레길 125-1	창고												
바드레길 101	1995년 정부지원 유통시설 대곡1리 농산물 간이집하장												

대부분 담장이 없었을 것으로 판단된다. 이런 모습은 현재 대문의 유무와 재료를 통해 확인할 수 있다. 가옥의 안마당은 대부분 콘크리트로 포장된 상태이고, 기단 및 벽체 또한 시멘트 회반죽으로 마감된 상태다. 이와 같은 변화는 농촌 및 산촌 지역 단독 주거공간에서 흔하게 나타나는 현상이다.

지붕의 형태는 팔작지붕과 맞배지붕, 모임지붕, 평지붕으로 조사되었는데, 마을의 가옥은 대부분 팔작지붕과 맞배지붕을 하고 있다. 마을의 지붕 재료는 새마을 운동의 지붕 개량 사업과 최근 다양한 현대적 재료의 생산으로 금속기와와 아스팔트 싱글로 바뀌었다. 특히 금속기와는 기존 가옥의 지붕 위에서 흔히 볼 수 있으며, 아스팔트 싱글은 신축 가옥에서 볼 수 있다.

가옥 내부의 큰 변화는 부엌과 욕실 및 화장실의 위치 변화와 실내에서 물 사용에 따른 변화다. 즉 과거 전통적 취사 및 난방 방법은 재래식 부엌 공간에 이루어졌지만, 근현대 가옥은 난방과 취사 공간을 분리하는 것이 다른 점이다. 바드레마을의 가옥은 현대식으로 취사와 난방이 분리되어 있고, 화장실과 욕실이 대부분 실내에 있다. 따라서 마을의 가옥은 내부공간의 변화 시점을 정확히 알 수는 없지만, 외부가 대부분 변형되어 전통적인 모습이 사라지고 있는 상태다.

현재 존재하는 바드레마을 가옥 중 근현대기 개량형 한옥 구조를 유지하고 있는 가옥이 있다.[4] 이런 구조의 가옥은 안동댐과 임하댐을 건설한 이후 안동 시내 및 주변 지역에 본격적으로 지어졌다. 이 개량형 한옥은 현재 점진적으로 사라지고 있으며, 안동시 태화동 일대에서 흔히 볼 수 있다.

바드레마을의 개량형 한옥은 'ㄱ'자형으로 두름산을 등지고 대지의 경사방향을 따라 북동향을 하고 있다. 이 가옥은 대곡 1리 마을회관 뒤쪽 마을 남측 끝에 있다. 가옥의 외곽은 주출입구를 제외한 나머지 시멘트 패널 담장이 두르고 있으며, 현재 일부가 훼손된 상태이다. 'ㄱ'자 평면은 좌측부터 방, 방, 부엌, 화장실, 방 순으로 배열되어 있다. 현재 가옥은 정면 시멘트 기단 밖으로 차양 간을 덧달아 완충공간을 확보했다. 외부와 통하는 창호는 전통적인 띠살창문을 달았는데, 정면은 철재 문과 미닫이문으로 바뀌었다.

이 가옥의 구조는 기본적으로 개량형 한식 목구조로 짜여 있다. 사각기둥 상부는 직절형 초익공 형식으로 결구 되어 있으며, 기둥과 기둥 사이 주간에는 소로를 끼워 장식

---

4   이 가옥은 임동면 바드레길 134번지에 위치함.

〈사진 2〉 바드레마을 가옥의 콘크리트 포장 안마당

〈사진 3〉 바드레마을 가옥의 철재 대문과 담장

〈사진 4〉 근현대기 개량형 한옥 구조의 가옥 전경

〈사진 5〉 근현대기 개량형 한옥 구조의 가옥 상세

했다. 대들보는 별도의 큰 부재를 이용하여 보머리 부분을 마감했는데, 이런 모습은 큰 보를 사용한 것처럼 과장된 표현으로 개량형 한옥의 일반적인 기법을 따른 것이다. 처마 또한 대부분의 개량형 한옥처럼 내민 길이가 짧은 서까래를 걸고 부연을 올린 겹처마 구조다. 서까래와 부연 마구리는 흰색으로 채색되어 있다. 지붕은 평기와 형태의 금속기와를 올려 마감했다. 이 가옥의 지붕은 건립 당시 시멘트 평기와를 올려 마감한 것으로 추정되며, 이후 지붕 개량하면서 현재와 같은 형태의 지붕 재료로 바꾼 것으로 판단된다.

2) 복수천마을

복수천마을은 북에서 남으로 흐르는 대곡천을 따라 조성된 대곡큰길의 대곡 1리 경로당 앞에서 동측으로 난 복수천길을 따라 진입하는데, 현재 진입로는 시멘트와 아스콘으로 포장된 상태다. 이 마을의 진입로는 동측방향으로 좌우측의 농경지와 야산을 지난 후, 남측방향으로 꺾여 마을 안길과 연결된다. 이 마을 안길은 마을의 주거지를 관통한 후 마을 남측 끝에 있는 가옥까지 연결된다. 마을 내 가로는 남북방향의 마을 안길을 중심으로 동측 방향으로 샛길이 조성된 상태다

복수천마을 조사 결과를 보면, 가옥은 전체적으로 현대식 재료나 구조로 개조 또는 신축한 건물이 대부분인 것을 알 수 있다. 가옥 내부는 변화 과정을 정확히 파악할 수 없지만, 외관은 대부분 변형되어 전통적인 모습을 찾아볼 수 없는 상태다. 현재 존재하는 가옥들은 대부분 구조를 파악할 수 없는 상태이며, 그나마 전통목구조로 되어 있는 건물도 철거된 상태다. 현재 복수천마을은 대곡리 마을 중 2번째로 사람들이 많이 사는 마을이지만 인구감소의 가속화로 기존 건물은 대부분 창고로 사용하거나 공가 상태다.

가옥의 평면은 '一'자형이 대부분이며, 현대식으로 신축한 정방형 가옥도 있다. 가옥들은 대부분 지형의 경사 방향을 따라 양지산을 등지고 북동향을 하고 있다. 대부분 가옥의 부엌과 욕실 및 화장실은 현대적 욕구에 따라 실내에 있다. 마을 내 가옥은 대문과 담장이 없이 대부분 열린 구조인데, 일부 시멘트블록을 쌓고 철재 대문으로 마감한 예도 있다. 대지 경계 내 안마당과 건물의 기단은 콘크리트로 모두 마감한 상태다.

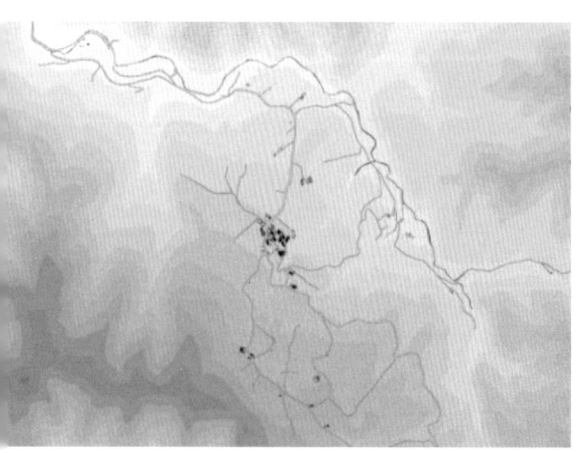

〈그림 21〉 복수천마을 가로 체계

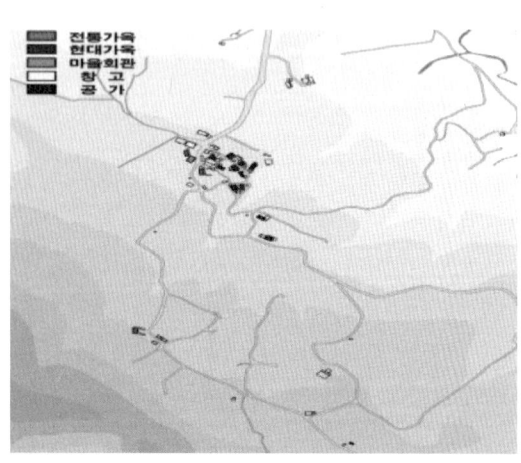

〈그림 22〉 2020년 복수천마을 가옥 현황

〈사진 6〉
전통가옥에 슬레이트를 올리고 차양을 덧달아낸 가옥(현재 공가 상태)

〈사진 7〉
시멘트 평기와 형태의 금속기와를 올린 팔작지붕 가옥

〈사진 8〉 콘크리트 포장 마당 가옥

복수천마을의 가옥 중 전통 목구조를 유지하고 있는 건물은 대부분 사라진 상태로 판단되며, 현재 벽체 마감은 대부분 시멘트 회반죽, 비늘판벽, 스투코 마감 등 현대식 재료 바뀌었다.

지붕은 맞배지붕, 팔작지붕, 우진각지붕, 평지붕 등으로 다양하여, 지붕 재료도 석면슬레이트, 금속기와 아스팔트 싱글, 샌드위치 패널로 다양하다. 농촌 및 산촌 가옥의 지붕 재료는 새마을 운동을 거치면서 전통적인 재료에서 함석이나 슬레이트, 시멘트 기와로 바뀌었고, 이후 다시 금속기와로 바뀌고 있다. 형태는 시멘트 평기와 또는 전통기와 형태로 바뀐다. 복수천마을의 가옥들도 이런 과정을 겪고 있는데, 슬레이트를 올린 지붕이 아직도 남아 있으며, 금속기와는 대부분 시멘트 평기와 형태다. 그리고 경량목구조나 조적조를 제외한 가옥들은 대부분 정면 기단 위에 차양 설치하여 부족한 내부공간을 확장할 수 있도록 하면서 내외간 완충공간으로 이용하도록 했다.

〈표 3〉 임동 대곡리 복수천마을 가옥 조사표

주소 \ 개요	양식	평면	재료	차양	벽체	담장	대문	마당	기단	안마루	화장실	부엌 욕실	텃밭
복수천길 205-4	모임	정방형	아스팔트 싱글	×	비늘판벽	시멘트 블록	×	콘크리트	돌, 콘트리트	×	내	내	×
복수천길 205-18	공가											
복수천길 205-21	우진각	ㅡ자형	금속기와	○	스타코 마감	철재	×	콘크리트	콘크리트	×	내	내	×
복수천길 215-9	팔작	ㅡ자형	금속기와	○	회벽	시멘트 블록	×	콘크리트	콘크리트	○	내	내	×
복수천길 205-9	공가											
복수천길 205-26	공가											
복수천길 205-7	공가											
복수천길 205-7	팔작	ㅡ자형	슬레이트	○	회벽	시멘트 블록	×	콘크리트	콘크리트	?	내	내	×
복수천길 205-24	우진각	ㅡ자형	아스팔트 싱글	○	스타코 마감	시멘트 블록	×	콘크리트	콘크리트	×	내	내	×
복수천길 205-5	팔작	ㅡ자형	금속기와	○	스타코 마감	시멘트 블록	×	콘크리트	콘크리트	×	내	내	×
복수천길 208	팔작	ㅡ자형	금속기와	○	시멘트 몰탈	×	×	콘크리트	콘크리트	×	내	내	×
복수천길 210	마을회관											
복수천길 209	팔작	ㅡ자형	석면 슬레이트	○	시멘트 몰탈	×	철	콘크리트	콘크리트	○	내	내	×
복수천길 215-16	스라브 평지붕	정방형	시멘트 몰탈	×	붉은벽돌	×	×	콘크리트	콘크리트	×	내	내	×
복수천길 215-18	맞배	ㅡ자형	금속기와	○	샌드위치 패널	×	×	콘크리트	콘크리트	×	내	내	×
복수천길 287	맞배	ㅡ자형	샌드위치 패널	○	철판패널	×	×	콘크리트	콘크리트	×	내	내	×
복수천길 257	창고											
복수천길 206-1	창고											
복수천길 258	창고											
복수천길 204	창고											
복수천길 205-1	정자											
복수천길 205-18	공가											
복수철길 256	팔자	ㅡ자형	쓰래뜨	○	회벽	×	×	콘크리트	콘크리트	×	내외	내	×

대곡 마을과 전설

신호림

1. 마을과 전설의 관계

이 글은 안동시 임동면 대곡리에 전승되고 있는 마을의 전설傳說에 주목하여 그 존재 양상을 파악하고, 전설을 통해 마을의 특징을 읽어내는 데 목적이 있다. 전설은 두 가지 층위에서 사용되는 용어이다. 전승현장에서는 고담古談과 함께 구술언어로 전승되는 이야기 즉, 설화를 통칭하는 용어로 사용된다. 그리고 학술적으로는 신화神話, 민담民譚과 함께 설화說話의 하위 장르로도 인식된다.

이 글에서는 전설을 설화의 하위 개념으로 활용한다. 설화는 기본적으로 '이야기'이며 구술언어로 전승된다. 구술언어의 속성상 설화의 원본原本을 알 수 없다. 대대로 전승되어 현재까지 이르렀기 때문에 그 기원을 추론해내는 것은 불가능한 것이다. 설화는 누군가에게 들은 것을 말하면서 전승되며, 이 때문에 뮈토스mythos로서의 성격을 가지고 있다. 뮈토스는 논변論辨을 뜻하는 로고스logos와 달리 그 자체로 믿어지거나 믿어지지 않을 뿐, 그것에 대한 토론이나 논박이 가능한 것이 아니다. 학문적 인식이나 사고에서 구현되는 비판적 지식은 로고스로 나타나지만, 서사로 이야기를 풀어내는 뮈토스적 지식은 비판의 대상이 되지 않는다.[1] 설화가 기본적으로 '-은 -이다'라는 구문이 아니라

'-은 -하다'라는 구문으로 이루어지기 때문이다. 진위 판정이 아닌 전해들은 대로 말하는 것에 목적이 있다. '-가 -하다'라는 사실이 그 자체로 진실로 받아들여지는 상황에서는 여러 가지 의문이나 회의를 사전에 차단한다. 따라서 뮈토스는 강한 담론을 가지는 지식 형태로 간주되기 시작한다.[2]

설화는 문학이기 때문에 그 내용의 사실 여부와 관계없이 일정 정도 허구성을 지닌다. 설화는 허구성을 통해 일반적인 언어로는 담아낼 수 없는 삶의 진실을 표현할 수 있다는 문학적 소여를 부여받는다. 다시 말해 설화는 현실에 실제로 있었거나 있는 특정 사실을 액면 그대로 모사模寫하지 않는다는 점에서 사실적인 것과 거리를 가질 수 있지만, 바로 이 거리를 통해서 낱낱의 사실을 감싸 안으며 넘어서는 형상적 인식으로 나아갈 수 있는 것이다.[3] 결국 설화는 역사적 실제와 거리를 가지고 있음에도 불구하고 구술언어를 매개로 마을에 대한 총체적인 지식을 담고 있는 문학적 산물이라고 할 수 있다.

전설은 이런 설화 중에서도 '지역적 특성'을 잘 보여준다. 일찍이 최남선崔南善은 전설을 소개하며, "「언제 누가」 이러고 저러고 하였다는 半 歷史 半 空想的의 傳說(Legend)"[4]이라고 언급했다. 그리고 "전설이 실상 신화인 것도 있고, 신화가 실상 遊離說話인 것도 있다"[5]라는 추가적인 설명을 덧붙였다. 이렇게 보면, 전설은 역사와 공상, 신화와 민담의 중간항 정도에 위치한다. 그러다가 "신화에 의심을 가지거나 흥미가 떨어져서 신령님 대신 위대한 인간, 곧 인격적 영웅을 이야기의 주인공으로 만든 傳說(Legend)"[6]이라고 하며, 신의 시대에서 인간의 시대로의 이행 과정에서 산출된 결과물로서의 전설에 주목하기도 했다.

사실 전설legend의 어원은 기독교 문화권에서 'legere(읽다)'에서 유래되었다고 한다. 원래 예배 중에 낭독되는 성인聖人이나 순교자의 이야기였는데, 이것이 점차 사실史實이라고 믿어지는 이야기가 됨에 따라 특정한 때와 장소, 주인공의 사건을 설명하는 이야기가 된 것이다.[7] 신의 시대에서 인간의 시대로 넘어오며 발생한 전설은 신성성에서 역사성으로의 질적 전환을 도모한 결과물이며, 특정 시공간과 인물에 결착된 설화의 하위

---

[1] 송효섭, 「구조, 그 모자람과 넘침: 프로프와 레비스트로스 설화학의 대립적 관점」, 『기호학연구』 24, 한국기호학회, 2008, 68쪽.
[2] 브루스 링컨 지음, 김윤성·최화선·홍윤희 옮김, 『신화 이론화하기: 서사, 이데올로기, 학문』, 이학사, 2009, 45쪽.
[3] 이는 우리가 문학을 읽고 논하는 일이 실재로서의 역사와 그 이념, 그리고 사상의 탐구와 무관하지 않음을 보여준다. 김흥규, 『한국문학의 이해』, 민음사, 1986, 13~14쪽.
[4] 최남선, 「조선역사통속강화 개제」, 『육당 최남선전집』 2, 현암사, 1973, 421쪽.
[5] 최남선, 위의 글, 422쪽.
[6] 최남선, 「朝鮮의民譚童話 ㊀」, 『매일신보』, 1938.7.1.
[7] 최인학, 「한국전설의 유형과 motif의 연구」, 『한국학연구』 1, 인하대학 한국학연구소, 1989, 74쪽.

장르임을 알 수 있다.

그런데 전설은 특정 시공간에서 실제로 있었던 일로 믿어지면서 동시에 '증거물'과 함께 널리 구전되어 온 설화의 한 갈래로 인식되기도 한다.[8] 이런 증거물이라는 요소 때문에 전설은 지역적인 전승범위를 가진다.[9] 전설은 증거물을 매개로 역사성을 지니면서 동시에 사실에 기반을 둔 이야기인 것처럼 받아들여지며, 그 증거물을 인지하는 범위에 따라서 한정된 지역에서 전승된다.[10]

그래서 전설 중에서 '지명 전설'에 주목할 필요가 있다. 마을 곳곳에서 발견되는 바위, 샘물, 나무 등과 같은 자연물은 그 유래와 기원에 대한 이야기를 담고 있다. 이런 자연물에 이름을 붙이는 순간 지명地名이 생기게 되고, 그 지명과 관련된 유래나 이야기가 전설이라고 불리며 마을의 문화지리를 구성한다.

제한된 전승 범위는 전설이 역사와 문화를 공유하면서 살아온, 구체적 공간을 점유한 사람들의 이야기임을 직접적으로 지시한다.[11] 그래서 증거물은 전설의 정체성을 드러내는 가장 뚜렷한 요인이면서 동시에 지역성을 드러내는 기제가 된다. 전설은 증거물에 대한 이야기이며, 어떤 사건을 증거물에 담아 전하는 이야기이기 때문에, 증거물은 전설의 화제話題이기도 하고, 메시지의 응축물이기도 하고, 기억의 단서이기도 하다.[12] 증거물을 주목함으로써 전설을 통해 지역성을 탐색하는 작업은 전설을 하나의 진지한 연구 대상으로 삼는 자세와 무관하지 않은 셈이다.

따라서 안동시 임동면 대곡리에 전승되고 있는 마을의 전설에 주목한다는 것은, 마을 구성원의 기억을 통해 전설의 유표적 자질인 여기 저기 마을 어딘가에 산재된 증거물에 얽힌 이야기를 수집하고, 그 지역적 특성을 밝힌다는 의미를 가진다. 전설은 단순한 유희적 산물이 아니며, 뮈토스적 지식체계를 구축하며 마을의 문화지리를 이해할 수 있는 단초를 제공하기 때문에, 마을의 지역성뿐 아니라 구성원의 정체성을 규정하는 힘을 가진다는 점에서도 유의미하다고 할 수 있다.

이 글에서는 우선 전설 자료의 존재 양상을 정리하고 전설이 표상하는 마을의 문화지리를 재구성한 이후에, 그 의미를 탐색함으로써 대곡 마을의 지역적 특성을 살펴보는 순서로 논의를 진행하도록 하겠다.

---

8 국립민속박물관 편집위원회, 『한국민속문학사전』 1·2, 국립민속박물관, 2012.
9 장덕순·조동일·서대석·조희웅 지음, 『구비문학개설』, 일조각, 2006, 43쪽.
10 강등학 외, 『한국 구비문학의 이해』, 월인, 2002, 114~116쪽.
11 오세정, 「전설의 정체성 재고와 연구방법 모색」, 『기호연구』 52, 한국기호학회, 2017, 111쪽.
12 오세정, 「지표성으로 본 한국 전설의 유형론」, 『구비문학연구』 54, 한국구비문학회, 2019, 41쪽.

2. 전설 자료의 존재 양상

1) 대곡 마을 전설의 채록 현황

안동시 임동면 대곡리의 전설 자료를 효율적으로 수집하기 위해서는 두 가지 방향에서 접근이 이루어져야 한다. 하나는 기존에 수집·정리되어 자료집에 수록된 전설 자료를 조사하는 방식이고, 다른 하나는 마을 현장에서 직접 조사·채록한 자료를 소개하는 방식이라고 할 수 있다. 전자가 그동안 채록된 자료를 시계열적으로 탐색함으로써 자료의 분포와 전승의 추이를 확인할 수 있는 토대가 된다면, 후자는 현대까지 전승되는 전설의 동시대적인 존재 양상을 확인할 수 있게 해준다는 의미를 가진다.

문제는 대곡 마을의 전설이 거의 채록되지 않은 것에 있다. 지금까지 대곡 마을이라는 국한된 지역만을 대상으로 전설 채록이 이루어지지 않았고, 더 나아가 대곡 마을에 대한 관심 또한 적었기 때문이다. 그나마 『안동의 설화』(1992)와 『안동의 설화』(2008)에서 〈大谷里의 참나무〉와 〈대곡리의 참나무〉가 수록되어 있지만, 전설이라고 부르기에는 서사성이 매우 낮다. 두 각편을 우선 살펴보면 다음과 같다.

[전설 자료 1] 大谷里의 참나무[13]

경북 안동군 임동면 대곡리 동사무소 북서쪽 300m 지점 언덕에 우뚝 서 있는 이 나무는 높이가 약 15m, 가슴 높이 부위의 둘레는 5.1m, 퍼진 가지의 길이는 사방 15.5m이다.

이 나무는 자연생으로, 참나무과에서는 보기 드문 노거목으로 마을 사람들의 사랑을 받아왔다.

대부분 지역에서 마을의 큰 나무는 동신목으로 섬기고 정월 보름날 제사를 행하는 것을 볼 수 있는데, 이 마을에서는 특이하다.

농사일을 마친 음력 7월에 적당한 날을 택하여 농로를 보수하고, 잡초를 베는 초연을 행한다. 일이 끝나면 온 동민이 모두 이 나무 아래에 모여서 집집마다 성의껏 준비해 온 국수, 옥수수, 감자, 술 등으로 마을의 화평을 비는 제祭를 올리고 흥겹게 하루를 지낸다.

또 이 나무는 서당의 역할도 하였다고 한다.

수십 명의 동료들과 함께 한복을 입고 나무 아래서 글을 배웠으며, 때로는 종이와 벼루 등을 준비하여 글짓기도 하였다고 한다.

---

[13] 경상북도 안동교육청 편, 『안동의 설화』, 경상북도안동교육청, 1992, 131~132쪽.

봄이 되어 잎이 나오면 온갖 새들이 모여드는데, 특히 소쩍새(두견새)가 와서 울면 풍년이 든다고 하여 대단히 좋아한다고 한다.

마을 앞에 우뚝 솟은 두름산斗凜山과 이 나무는 인심 좋은 대곡大谷의 상징이라고 입을 모은다.

[전설 자료 2] 대곡리의 참나무[14]

자연생으로 추정되는 이 나무는 참나무과에서는 보기 드문 노거목으로 안동시 임동면 대곡리 동사무소 북서쪽 300여m 지점 언덕에 우뚝 서 있다. 높이 약 15m, 가슴높이 부위의 둘레가 5.1m, 사방으로 퍼진 가지 길이가 약 15.5m에 이른다.

특이한 것은, 우리나라 대부분 지역에서 마을 부근의 큰 나무는 동신목으로 섬기며 정월 대보름날 제사를 행하는 것을 볼 수 있는데 이 마을에서는 다르다.

농사일을 마친 음력 7월에 적당한 날을 택하여 농로를 보수하고, 잡초를 베는 초연을 행한 뒤 일이 끝나면 온 동민이 이 나무 아래에 모여서 집집마다 성의껏 장만해온 국수, 옥수수, 감자, 전, 술 등으로 마을의 화평을 기원하는 제祭를 올린 뒤 음식을 나눠 먹으며 흥겹게 하루를 보낸다.

또 이 나무는 서당의 역할도 하였다고 한다.

수십 명의 동료들과 함께 한복을 입고 나무 아래서 글을 배웠으며 때로는 종이와 벼루 등을 준비하여 이곳에 모여 글짓기를 열기도 하였다고 전한다. 봄이 되어 풀이 돋고 나뭇잎이 나오면 온갖 새들이 모여드는데, 특히 소쩍새(두견새)가 와서 울면 풍년이 든다고 하여 대단히 좋아하기도 했다고 한다.

마을 사람들의 사랑을 받는 이 참나무는 마을 정면에 우뚝 솟은 두름산斗凜山과 함께 인심 좋은 대곡大谷의 상징으로 불린다.

<대곡리의 참나무>는 『내 고장 편람』(2018)에도 거의 그대로 수록되었다. 참나무의 위치부터 크기, 참나무 주변에서 이루어진 마을의 행사 등이 기록된 이들 각편을 '전설'이라고 지칭하기는 쉽지 않지만, 참나무가 동신목洞神木으로서 기능을 했다는 점에 착안한다면, 아마 참나무와 관련된 전설 또는 신화가 있었을 것이라고 추정해볼 수 있다.

---

[14] 안동문화원, 『안동의 설화』, 안동문화원 향토사연구소, 2008, 145쪽. 『안동의 설화』에서 임동면과 관련된 설화는 8편이며, 대곡리 외에 사월리, 마령리, 지례 마을, 수곡리에서 전승되는 이야기를 발견할 수 있다. 안동에는 인물에 얽힌 이야기, 물과 산, 나무와 바위, 땅이름 따위에 스며있는 이야기들이 여러 가지 모습으로 서민들의 애환과 함께 지금까지 전해져오고 있으며, 이들 이야기가 사라지기 전에 하나의 책으로 묶은 자료집이 바로 『안동의 설화』라고 소개되어 있다. 『안동의 설화』는 소중한 자료임에는 틀림없지만, 채록 시기, 장소, 방법 제보자 등과 같은 콘텍스트적 정보가 전혀 없으며, 설화를 구연한 것을 전시한 것이 아니라 편집자 나름의 문체로 재구성한 결과물이라서 구비자료로서는 한계를 가지고 있다. 그러나 현재까지 발견된 몇 안 되는 전설 자료이기 때문에 오탈자나 비문을 따로 바로 잡지 않고 그대로 옮기도록 하겠다.

『내 고장 편람』(2018)에서도 『안동의 설화』(2008)와 마찬가지로 임동면의 설화를 여러 편 수록하고 있지만, 대곡 마을의 전설은 〈대곡리의 참나무〉뿐이다. 그러나 '마을의 지명 유래'를 설명하는 부분을 보면, 어느 정도 대곡 마을과 관련된 전설의 흔적을 발견할 수 있다.[15] 이 또한 온전한 전설이라고 보기에는 무리가 있지만, 대곡 마을의 전설을 이해할 수 있는 단초를 제공하고 있기에 소개하도록 하겠다.

[전설 자료 3] 바드레 · 해천海川 · 상수천上受川[16]
  이 마을은 새들에서 북쪽으로 1km 정도 가다가 오른쪽으로 난 작은 도로를 따라 1km 정도 가면 나타난다. 대곡 1리에 속한다. 마을의 모양이 바다에 배가 떠 있는 형상이므로 해천이라고 하였으며 또 산마루에 위치한다고 하여 상수천이라고도 한다. 이 마을에는 용굴과 굴터가 있어서 장수와 용마龍馬가 났다는 전설도 있다. 또 장수가 말을 타고 달리다가 세운 곳에 말발굽 자국과 윷놀이 판이 바위에 새겨져 있으므로 왕우재라는 이름도 전해지고 있다. 또 옛날 농기구를 제작했다는 곳으로 소부전골이란 이름도 전해오고 있다. 옛날에 기우제를 올렸다는 천혜당이라는 곳이 있어서 날씨가 흐린 날은 산 속에서 물이 흐르는 소리와 베틀소리가 들린다는 전설이 있다.

[전설 자료 4] 복바드레 · 복수천福受川[17]
  이 마을은 새들의 북쪽에 있다. 복바드레는 대곡 1리이며 그 끝자락에 있다. 옛날 마을 뒷산의 큰 고목古木에 여러 사람이 소원을 빌면 복을 받는다는 전설이 있어 복바드레로 붙여졌다고 한다.

해천海川이라는 지명이 붙은 유래가 바다에 배가 떠 있는 마을의 형상과 관련이 있다는 점, 용마龍馬를 타고 다니는 장수와 관련된 전설이 말발굽 자국과 윷판이라는 증거물을 토대로 형성되어 있다는 점, '바드레'라는 지명이 '~받는다'는 인식과 관련이 있다는 점 등을 보여주고 있다. 하지만 이 외에는 따로 조사·보고된 자료가 없다고 했을 때, 현재 대곡 마을의 전설은 거의 조사되거나 채록된 적이 없다고 해도 과언이 아니다. 그래서 대곡 마을의 전설 자료 수집은 위에서 제시한 자료를 바탕으로 현지조사를 통해 보완·확장해나가는 방식을 택해야 할 것이다. 현지에서는 더 많은 전설을 채록할 것으

---

[15] 이는 경상북도교육위원회, 『경상북도 지명유래총람』, 경북인쇄소, 1984의 것을 참고한 것인데, 필자가 직접 이 책을 확인하지 못해서 『내 고장 편람』의 것을 참고했다.
[16] 안동문화원, 앞의 책, 145쪽.
[17] 안동문화원, 앞의 책, 145쪽.

로 기대되는데, 예컨대 2020년 6월 13일에 진행된 사전 조사에서는 다양한 전설의 양상이 드러났다. 몇 가지 예를 들면 다음과 같다.[18]

[전설 자료 5] 천해당 전설[19]
나도 한 번 갔을 때는 참 의아한 게, 요새 긑으면 일기예보, 올(오늘)도 뭐 올 오후에 비 온다 캤다가 비가 중부 지방으로 올라 가부랬는데, 딱 날 받아가 지내고 내려오면 비가 한두 방울 와요. 거짓말 긑다 그이. 이거 뭐. 그런 또 우리 동네는 천해당 그런 전설이 있고.

[전설 자료 6] 황산사 부처님의 손가락[20]
또 유명한 일이, 임동 가면 유명한 일이 또 저게 있어. 지금은 봉황산데, 황산사란 절이 있어요. 거 수곡이란 동네 저 계곡에 들어가면, 거 가면 부처가 손가락이 하나 없어. 근데 인제 믿거나 말거난데, 옛날에 원님하고 내기를 했다 그래. [조사자: 내기요] 뭘 내기를 하는고 하며, 엿 살 면 눔(여섯 살 먹은 놈)이 부모가 금세 돌아가실 입장인데, 원님보고 살려돌라 그래. 우리 아부지를 어떻게 뭐. 요새 긑으며 전부 한의원이잖아. 그때는 뭐 병원이지만. 좀 우리 아부지를 살려돌라이 께네. 고을 원님인데는(원님한테는) 의사, 요새 긑으며 의사 한두 명 다 있었잖아, 그지요? 의사를 좀 해돌라 그이께네. 요 쪼깬한 놈이 당돌하그든. 그래, 니가 그러면 내하고 조건을 걸었다 그래 원님이. 어떤 조건이로 그면, 요기서 황산사라는 데 가모, 용산서 황산사꺼지 차로 뭐 한 이십 분되고, 걸어 갈라카먼 그때 당시 여덟 시간, 아홉 시간 안 걸렸을리껴? 거 가서 그 절에 가가지고 뭘 가든지(가져오든지) 어떤 가오는 증표를 남겨오면 내가 너 아부지를 살려주겠다. 그래 엿 살 면 눔이 진짜 그래 가가주고 오이께네 걸어왔는데, 가갈(가져갈) 게 없잖아 절에. [조사자: 뭘 가져가요] 그이께 부처 손가락을 하나 뚝 뿌르자가지고 여 가(넣어갔다). 하하. 전설이라. 그래가지고 아침에 인제 열두 시 넘어가 하루가 더 걸렸지. 가주가이께네 원님이 생각했을 적에, 거 뭐고, 이방들 생각할 적에는 생각도 안 해보고, 말도 못 하잖아. 엿 살 면 놈이 거 갔다 오는 거도. 가지도 못하고, 무서워서. 그래 내 가서 부처 손가락을 하나 가왔다고 원님한테 떡 내놓으이 께네. 이 참 기도 안 찰 거 아인교. 그래 군졸을 보내가지고 확인을 해봤어. 해보이께네 진짜 부처 손가락이 없어. 딱 가이 맞차 져.

---

[18] 이하 새롭게 채록된 자료의 제목은 필자가 전설의 내용을 토대로 삼아 임의로 붙인 것임을 미리 밝힌다.
[19] 권상기(남, 1956년생)의 구술(2020년 6월 13일, 제보자 자택).
[20] 권상기(남, 1956년생)의 구술(2020년 6월 13일, 제보자 자택).

[전설 자료 7] '새들'의 유래[21]

여 새들은 왜 새들이고 카머 옛날에 뭐 그것도 뭐, 천석꾼은 아이래도 부자가 있었대요. 옛날 부자가 있으면 거 후첩을 뒀잖아 그지요? 그래 첩을 뒀는데, 가마 보이, 본처 자식이 보이께네 모친이 죽으머 전재산이 후처인데(후처에게) 가겠그든. 그래가지고 자기 모친을 자기 아부지가 다 죽어가이께네 자기 모친을 자식들이 삼형제가 죽이부랬대. 그 재산을 차지하기 위해가지고, 그래가지고 새로운 마을을, 새로운 집안을 만든다 캐가지고 그게 새들이란 유래가 됐다 그래. 확실한 건 모르고. 하하.

[전설 자료 8] 복수천의 유래[22]

복수천은 또 유래가 어떤가카면, 옛날에 무 어떤 스님이 지내갔는데, 벌이 막, 동네를 막- 모이더래. 요새 그러면 우리 집에도 벌이 있지만 벌이 새끼를 낳으머 마이 날아갔잖아요. 그제? 벌이 그 동네 다- 모이더래. 스님이 이래 보이께네, 아 이 동네는 복 받을 동네다. 그래가 그 스님이 복바드레라꼬 이름을 져줬대. [조사자: 복바드레라고?] 예, 복바드레. 하하. 확실하겐 모르겠고 그런 유래가 있어요.

[전설 자료 9] 천해당의 귀 달린 뱀[23]

거는 잘 안 가. 나도 딱 한 번을 가봤는데. 우리 젊을 때 '에이, 여 뭐 이런 게 있겠나' 싶어가지고 뭐, 옛날에는 전설에 의하면 이 동네 뱀이, 귀가 달린 뱀이 있다 캐가지고, 동네 사람들이 우제를 지내는 제관 외에는 절대 안 가. 나는 한 번 가봤어. 담배를 그때 내가 마이 버는데, 해 빠지고 내가 가봤는데, 우리도 이제 겁이 없어가지고, 가봤는데. 가보이 소나무가, 지금은 있는가, 있을 기야. 이만 해. 몇 그루가 있는데, 좀 이런 식으로 꼬이(꼬여) 있다 그이께네. 가지가 뻗은 게 아이고. 거기서 뭐 옛날에 골을 원님들하고 와서 우제를 지냈다 카이께네. 그 천해당은 또 유명해. 유명하지. (중략)

아까 그 뱀 얘기를 하다 말았는데. 나는 모르는 얘긴데, 이 동네 내가 삼십 년 전에 왔을 적에, 그때 칠십 노인들이 하는 말이, 뱀이 귀가 달린 뱀이 아까 얘기한 좌판 여게 있었대요. 시커먼 먹구리(먹구렁이)가 있었는데. [조사자: 먹구리.] 구렁이죠, 뱀이. 귀가 이래 난 게 있었는데. 그 제관들은 봐도 모른 척 한대. 근데 이 동네 젊은 사람이 그때 뱀을 한 마리 잡으믄 농비가

---

[21] 권상기(남, 1956년생)의 구술(2020년 6월 13일, 제보자 자택).
[22] 권상기(남, 1956년생)의 구술(2020년 6월 13일, 제보자 자택).
[23] 권상기(남, 1956년생)의 구술(2020년 6월 13일, 제보자 자택).

됐다 그래. 참 우리 젊을 때는 그런 게 있었어요. 뱀이 뭐 정력에 좋니, 어디 좋니 캐가지고, 그걸요 잡으면, 전문적으로 잡는 사람도 있고 사는 사람도 있고, 뱀탕 해주소, 돈 있는 이는 뱀탕해가지고 먹는 사람도 있었어. 이 동네 젊은 사람이 뱀을 잡아가주고, 옛날에 쌀을 열 가마니 받았다 그래. [조사자: 많이 받았네요.] 잡았는데, 거 잡고부터 집안에 천부다 고마 설설 아프기 시작해가주고, 그래 뭐 무당을 델따다가 막 굿을 해고, 난리를 지깄대. 그래가주 결국 그 분이 떠났다 그래. [조사자: 떠났대요?] 이 동네를 떠났다 그래. 떠난, 뭐 그런 전설도 있고. 그래서 그른지 몸이 아파서 그른지 그거는 과학적인 근거는 전혀 없고요. 하하. 그래가주 그 뒤로부터는 이 동네는 뱀을 잘 안 잡는다 그래. 큰 뱀을 잘.

2) 대곡 마을 전설 조사 자료

마을 현장에서의 전설 조사는 3번의 현장 방문을 통해 만난 5명의 전설 제보자와 함께 진행했다. 대곡 1리 중 큰바드레와 강변 그리고 굴참나무 주변에서 전설을 채록했으며, 총 34편 정도의 전설을 새롭게 확인할 수 있었다. 대곡 마을에서는 자연발생적 이야기판이 존재하지 않았기 때문에 전설에 대한 기억도 많이 사라진 상태였다. 제보자들의 단편적이 언급을 통해 과거에는 꽤 많은 종류의 전설이 전승되었음을 알 수 있었지만, 이를 온전하게 기억하는 사람들은 많지 않았다. 이야기판이 사라지면서 전설의 전승력도 약화된 것이다.

더욱이, 토박이라고 부를 수 있는 주민들이 많이 남아있지 않았다는 점도 전설 채록이 원활하게 되지 않은 이유 중 하나였다. 다행히 아직 어린 시절에 들었던 전설에 대한 기억을 가지고 있거나, 이주민임에도 옛 마을 어른들에게 들었던 전설의 편린들을 간직하고 있는 인원들이 있어서 단편적으로나마 전설 채록이 이루어질 수 있었다. 우선, 대곡 마을의 전설 채록을 위한 현장조사 개요를 정리하면 다음과 같다.

대곡 마을 현장조사 개요

	조사 대상자	조사 일시	조사 장소	조사자
1	권상기(1956년생, 남)	2021년 8월 2일(월) 17:00~18:00	대곡 1리 큰바드레 권상기 씨 제보자 자택	신호림
2	이정희(1950년생, 남)	2021년 8월 3일(화) 15:00~17:00	대곡 1리 큰바드레 일원	〃
3	조월선(1958년생, 여)	2021년 8월 3일(화) 15:30~16:20	대곡 1리 동암사	〃

	조사 대상자	조사 일시	조사 장소	조사자
4	이명기(1965년생, 여)			
5	박후국(1955년생, 남)	2021년 8월 4일(수) 11:00~12:00	대곡 1리 강변(갱변) 박후국 씨 제보자 자택	〃
6	권상기(1956년생, 남)			
7	이정희(1950년생, 남)	2021년 8월 11일(수) 19:30~18:00	유선	〃

현장에서 조사된 대곡 마을의 전설 중 '인물 전설'은 없었고, 주로 '지명 전설'과 관련된 것이 많았다. 조사된 순서대로 전설 자료를 제시하면 다음과 같다.

[전설 자료 10] 해천海川의 유래[24]

예전에 거기에 그 때 유명한 어른이 한 분 계셨어, 영섭이라꼬. [조사자: 네네] 그 어른이 이 동네 전설을 많이 알았어요. 전설은 원래 이 '바드레'가 이 동네가 없었고. [조사자: 네] 요 앞에 가믄 저 계곡에 산 밑에 갯골이라는 동네가 있었어요. [조사자: 갯골] 갯골이라는 동네, 그 동네에 아주 오래 전에 뭐 고려시대 뭐 언젠가 뭐 그, 그, 그 어른의 말에 의하면 배쪽으로 몰리께네 산속 깊은 데까지 와가지고 해먹을 게 없으니께네. 산전 개간하고 토굴, 요새 그게 뭐이껴 밥그릇 옹기 같은 거. 그런 거 굽어가 짚어지고, 여 임동장이 있어요. 면 소재지. 거기 가서 팔고 이래하다. 그 때 당시에는 네 집 살았대, 네 집이, 네 집이 살았는데 어떤 집안이 여가 400고지고, 두름산이 450고지래. 450고지인데 거기 어떤 집안이 그 이 어른의 말에 의하면 탁 누워가지고 보니께네 이 동네가 배가 뜨는 형상이래. [조사자: 으음] 그래서 지도상에 여기는 이름이 바다 해海 자 내 천川 자. 해천. [조사자: 으음, 네] 지도상에 여가 해천이래요 해천.

[전설 자료 11] 천해당의 기우제[25]

여 위에 가면은 천해당이라는 그 소나무가 있는데. [조사자: 네] 사람이 자식을 놓으면 금싸라기를 새끼를 왼쪽으로 꼬아가지고 고추 달고 숯 달잖아요? 그 나무가 그래 생겼어. 그런데 나도 여서 따라가봤는데. 그 옛날에 안동 고을 원님이 거 가서 비가 안 올 때에 제를 지내면 비가 무조건 왔대, 그 전설도 있고. 그 천해당에 올라가면 돌이 요만한 좌판 같은 게 있어 [조사자:

---

[24] 권상기(남, 1956년생)의 구술(2021년 8월 2일, 제보자 자택).
[25] 권상기(남, 1956년생)의 구술(2021년 8월 2일, 제보자 자택).

네] 그 차려 놓고 제사를 지냈고, 나도 한 번 그 때 당시에는 상주 안 됐고, 뭐 여자들 달 보면 음식을 못하고, 남자도 안 되고, 아주 깨끗하고 청결한 사람만 그 세 사람이 가요. 세 사람이 가서, 나도 한번 여 와서 처음 따라가봤는데. 아, 진짜 거짓말 같아요. 술 한 잔 먹고, 그 때는 압력 밥솥이 귀했어. 한 33년 전이니께네 댁에 밥을 해가지고 청결하게 해가지고 제 지내고 내려오는데, 비가 뚝뚝 떨어져. 어예, 뭐 요새 근데 일기예보 맞춰가지고 하는 것 맹키로. 그게 인제 이 동네 전설이고.

[전설 자료 12] 굴참나무의 울음소리[26]

여 앞에, 여 가면 그 굴참나무라고 해서, 한 수명이 450년 됐는데. [조사자: (집 너머를 가리키며) 저 아래에] 저 말고 [조사자: 아, 말고요] 여 앞에 보이는 저거는 뭐 천연기념물이고. 뭐, 여 오면 나무가 우는 소리가 나고 뭐 이래가지고. 이 동네 무당이 하나 있는데 나무가 운다고 그래. 그래가지고 스읍, 정말로 나무가 우는가 그래가지고 동네 사람들이. 아아 하고 아 실제로 막 덜덜 떠는 소리가 나. [조사자: 오오] 그래가 내가 저 그 엠비씨에가 우리 그 종질이 그게 기자로 있어. 그래 전화를 했다마는. 거서 케이비에스에 전화를 해가지고, 여 와가지고 한 삼일을 고생했대. 밤에 마 녹음 해가지고 진짜 나무가 우는가 한 세월 고생을 했대. [조사자: 허허] 늦게 알고 보이께네. 그 누구니꺼, 새 박사 윤무부 교수. 그 분이, 그게 아니고 그 안에 바깥에는 아무리 봐도 그 저게 안보이요. 그 구멍이 없는데 나뭇가지 부러진 데에 새가 그 지저귀는데 나무가 크니께네 궁궁궁궁 소리가 나는 걸로 밝혀졌지.

[전설 자료 13] 깊이를 알 수 없는 용우굴[27]

저 너머에 넘어 가면 용우굴이라고 있어요. [조사자: 으음] 어, 그거는 스읍, 안동대학교 교수님, 뭐 경북대학교 교수님 탐사를 많이 했을 걸요? 근데 전설에 의하면 그 명주실 아니꺼? [조사자: 네] 명주실 타래를, 세 타래를. 옛날에는 횃불 가지고 동네 청년들이 들어가 봤대. 드가면은 이 물이 있고. 사람이 이래 뭐 그냥 걸어갈 수 있는데 명주실 세 타래를 들어갔는데도 끝이 없더래. 안에는 물이 출렁출렁하고. 이름이 용우굴이라고 하는데. 그래가지고 뭐 언젠가 거 함 가보이께네, 내 여 와서 가보이께네, 텐트를 치고 어느 분이 모자를 쓰고 있어. 그 어디서 오셨니꺼, 경북대학교에서 왔는데 여 굴 조사를 하러 왔다카대. 그래 알고 보이께네 그 풍문으로 안동, 그 옛날 군수를,

---

[26] 권상기(남, 1956년생)의 구술(2021년 8월 2일, 제보자 지택).
[27] 권상기(남, 1956년생)의 구술(2021년 8월 2일, 제보자 지택).

요새는 시장이지만, 군수님께 물어 보이께네, 뭐 관광 그것도 안 되고 그냥 의미 없는 굴이라 카더라. 그 동네 뭐 그렇고.

[전설 자료 14] 박장수와 윷판대[28]

그 천해당 옆에 가면 그 옛날에 박장수라고 있는데 [조사자: 박장수, 네] 박장수 그 분이 말을 타고 오다가 힘이 들어서, 장수가. 우리 어릴 때 그 학교 다닐 때 그리로 댕겼거든. 그 윷판이 있어요, 윷판. [조사자: 어어, 윷판] 돌 위에 윷판이 있는데, 그 장수가 그 뭐, 전설이. 어른들 말로는 (손가락으로 찍어 누르는 흉내를 내며) 이래 굽질을 해가 윷판을 만들었대, 정으로 판 게 아니고. [조사자: 아, 장수 손가락으로] 장수 손가락으로 윷판을 만들었다는 그런 전설이 있어요. 지금도 거 스읍, 돌은 있을 거예요. 누가 사는 사람도 없을 끼고, 사람이 안 댕기니께네. [조사자: 아 그래요?] 우리는 뭐 이리로 댕기고, 옛날에는 저리로 고마 질러 가지고 학교, 국민학교 갔거든요. 갈 때 질러갔지. 뭐, 지금은 뭐, 큰 도로로 댕기지만은 그런 전설이 있어요. 그 용마가, 그 박장군이 그래 찔러 가지고 윷판을 만들어놨다는 그런 전설이 있고, 용우굴에서 한 한 천 메타? 오백 메타? 그런 전설이 있어요. [조사자: 박장군 옆에 말도 있었어요? 그 용마가?] 말은 없었어. [조사자: 네네, 말발굽 자국도 있었다는데?] 그 돌에 말 자국이 있었다는… 우리는 윷판 어릴 때 이것만 봤지 그 말, 말 자국은 못 봤고요.

[전설 자료 15] 천해당의 베틀소리와 학이 날아간 못자리[29]

[조사자: 그 천해당에 거기 베틀 소리가 막 들렸다는?] 그래, 그 소리가. 그 인제 권영섭 어르신이 지금 사셨으면 120살 되셨을 끼라. 그 어른이 하신 말씀이, 그 옛날 저기서 탁 누워 있으니까는, 이 마을이 배가 떠 있는 형상이고. [조사자: 네] 그 여가 유명한 뭐가 있는가 하면. 묘가 하나 있는데, 그 옆에 그 주변에 탁 누워 있으니까 베틀 소리가 났다 그래. [조사자: 아] 자기가 누워 있는데, 그 어느 자린지는 몰라도. 말은 들었어요. 베틀 자리가 있고, 열시에 든 묘라고, 천해당 가기 전에 있어요. [조사자: 네네] 누가 봐도 묘터는 좋아. 옛날에 하관 하다가 두 자 세치만 딱 파야 되는데. [조사자: 네] 그 때는 못 먹고 살 때, 술을 많이 먹었잖아요? 그 장사 지내고 술을 많이 먹었는데, 어깨에 진다는 게 한 쪽. 오른쪽에. (오른쪽을 가리키며) 자 여기가 오른쪽이죠? 오른쪽에 두 자 세 치 파야 하는데, 네 치 다섯 치 확 짜버린 모양이대. [조사자: 어어]

---

[28] 권상기(남, 1956년생)의 구술(2021년 8월 2일, 제보자 자택).
[29] 권상기(남, 1956년생)의 구술(2021년 8월 2일, 제보자 자택).

짜고 땡기니께. 그 전설인데, 학이 날라갔대. [조사자: 어어, 네] 그래가지고 한 짝이, 오른쪽 날개가 부러진 새가, 그 학이 앉은 자리는 모른다. 그래 날라가버렸는데, 그런 전설이 있어요. 근데 그 메셨든 묘가 명당이라고. [조사자: 그 땅을 파다가 너무 많이 파서] 그렇지요, 두 자. [조사자: 학이 날개가 다쳐서, 휙] 두 자 세 치를 파야 하는데 두 자 육십 센치하고, 세 치면 66센치를 파야 되는데, 한 68센치, 70센치 파버린 모양이라. 두 자 세 치를 파야 하는데, 그런 전설이라. 그 옆에 주변에 누워 있으니까 베틀 소리가, 베를 막 짜는 소리가 나고.

[전설 자료 16] 묫자리에 비석을 세우지 않는 이유[30]
여기는 이 모양이 배가 바다에 뜬 형상이래가지고. 인제 여기는 바다 해 자海 내 천 자川, 해천海川이라고 그래 하고. 그, 이 동네는 주로 보면 저걸 안 하잖아요? 한 가지 안 하는 게 돌에 상세 비석을 안 해놔. 묫집은 해놓는데. [조사자: 아아] 이 동네 살았던 분은 이걸 안 해요. 그 이유가 뭐냐면, 배가 돌을 실어 무거워 내려앉으면 집안이 망한다꼬. [조사자: 아아] 그래가지고 고런 전설. 지금까지도 우리도 뭐, 그 조부 산소고 뭐고 돌을, 좌판을 안 했어. 안 하고. 우리 고조부께서 요 두름산에, 거 산 속에 있는데, 그 때는 그 진성 이 씨들이 차암 굉장히 유명했는 모양이야. 그래가지고 우리 고조부 어른을 묘를 쓰는데, 진성 이 씨들이 자기 산이라고 올라가가지고. 묘를 쓰려니까네 뭐, 여기 고조부가 나무를, 소나무를 내던지고 이러니까는, 여 웬 장수가 있다 캐가지고 상을, 행상을 돌려갔다는 말도 있고. [조사나: 하하하] 우린 보진 못했지요. 고조부님이니께 말은 그랬다 하더라고.

[전설 자료 17] 새들의 유래[31]
새들은 옛날에 나도 안그래도 며칠 전에 동장한테 물어봤는데 이 새들이 전설이 뭐고 카니께네 그 어떤 남녀 관계 때문에 들 싸움이 있었는데 새들을 이름을 세 번 바꿨다고 하더라고. 누가 확실히 아는 사람은 없더라꼬요.

[전설 자료 18] 복바드레의 유래[32]
옛날에 어떤 뭐, 그 집안이 우리 동네에 와가지고. 이 동네는, 그 가믄 큰 소나무에 당제를 지내요. [조사자: 음] 저기에 당제를 지내믄 이 동네는 큰 복을 받을 것이다. 그래가 복바드레,

---

[30] 권상기(남, 1956년생)의 구술(2021년 8월 2일, 제보자 자택).
[31] 권상기(남, 1956년생)의 구술(2021년 8월 2일, 제보자 자택).
[32] 권상기(남, 1956년생)의 구술(2021년 8월 2일, 제보자 자택).

그 지간 이름을 지어줬대.

[전설 자료 19] 강변마을의 유래[33]

저 밑에 가면 강변마을이라고 있는데, 거 새들 밑에요. [조사자: 네] 거기에는 옛날에, 그 강변이라가지고. [조사자: 음음] 옛날에, 막 유월 달 때 푸를 때 있잖아요. 풀국을 먹고 그런 모양이야. 이 동네 이름을 짓자 그이, 강변 옆이니께네 강변 뭐라 하자. [조사자: 으음] 그래가 요새는 강변마을 카는데. 그래서 강변마을이라 캤다더라고.

[전설 자료 20] 천해당의 귀 달린 뱀[34]

저 천해당이라는 곳에 우제雨祭는 지내요. [조사자: 우제는 지내시고] 예. [조사자: 천해당이에요, 천혜당이에요?] 하늘 천天 바다 해海 천해당天海堂. [조사자: 아니, 어떤 책에는 여이 쓰는 거 있죠, 이 혜.] 네. [조사자: 요렇게 쓰는 데도 있더라구요.] 여기는 바다 해 자를 많이 쓰거든. 여는 전설이 보면은. 아까 얘기한 여 위에 가면 천해당 가면, 저 우리 우제 지내는 데. [조사자: 네] 우제 지내는 데. 거기에 나는 보지를 못했는데. 옛날 우리 어릴 때부터 그 우제 지내러 가면 뱀이 막 다리만한 게, 그 딱 있대. 거가 있는데 귀가 달리고 절대 사람 해코지를 안 하고. 저 인제, 아무나 거 우제를 지내는 게 아니고 아주 청결한 사람이 한 달 딱 기준을 해가지고 제사를 지내는 유사가 되면은 한 달 동안 남이랑 얘기도 안 해. 마스크, 막 그 때는 마스크는 안 끼지만은 누가 물어도 말을 안 하고 장보러 가도, 장을 보려 그러는데 장을 봐가지고. 그런 사람들이 우제를 지내러 간 사람들이 얘기를 하더라고. 거기 뱀이, 그리 큰 뱀이 있다고. 다리만한 뱀이 귀가 달렸다고 카더라고. [조사자: 두 귀가 달렸다고?] 예, 두 귀가. [조사자: 어어 그럼 그거는 뱀은 신 같은 건가요? 거기 지키고 있는 건가요?] 말은 그렇다고 봐야 해요. 절대 건드리거나 사람을 해코지한다거나. 사람이 또 그 뱀 보고 해코지 안 하고 그러니까네. 신을 믿는다든지 그런 건 없고. 뭐, 이제 전설이 없고. 단 한 가지. 과거에도 어른들 말씀들 들어보면 옛날에 안동 고을 원님도 우제를 여 와서 지냈다 그래요.

[전설 자료 21] 여 씨 명당의 죽은 학[35]

여 씨 명당. 이 산이 죽은 학의 명당이라 그래. 죽었다 그래. [조사자: 네] 살았으면 엄청난

---

[33] 권상기(남, 1956년생)의 구술(2021년 8월 2일, 제보자 자택).
[34] 권상기(남, 1956년생)의 구술(2021년 8월 2일, 제보자 자택).
[35] 이정희(남, 1950년생)의 구술(2021년 8월 3일, 큰바드레 느티나무 앞).

활개를 칠 건데 죽은. 그 풍수지리학자들의 말에 의하면 죽은 명당이라 그러지. 지금도 그 묘가, 큰 묘가 있어요. 그러고 어떤 이유에서인진 모르지만 뭐 마 다른 성씨들도 다 지금은 에 중화학공업에 세대변화에 의해서 다, 저 뭐, 어, 살러 나가고 고향을 지키는 그런 성씨들이 별로 없잖아, 그지? 이 사람들도 거의 다 흩어져뿌리고. 아까 저 밑에 올라오는 데 거기 한두 집 있고. 저 올라가는 데 한 집 있고. 다 망해뿌리고 읎어. [조사자: 음] 인제 믿거나 말거나인데 누가 묘를 건드렸다고 그래. 상당히 봉분이 커가지고 이 사람이 일어서면 저짝에 사람이 서면 안 보였다 그래. 그 여 씨들이 여기서 상당히 활개를 쳤다고 그래. 어떤 이유에서인지는 난 몰라요.

[전설 자료 22] 동암사가 대곡리에 생긴 유래[36]

이 사찰이 조그마한 암자를 지나치지 않는데. 원래는 민속신앙에 의해서 어, 예안 쪽인가 영양 쪽인가? [조사자: 네네] 부자가 있었던 모양이야. 부자가 자기 집 안에 모셨던 미륵이 있어. [조사자: 어어] 이게 에, 어떤 사유에서인지 모르지만. 청기로, 영양으로 이 부처님이 걸로 또 옮겼다가. 오랜 세월이 흘렀는데 육이오 사변 때 인민군들 중공군들이 거게다가 총을 쐈어. [조사자: 어이구] 어, 나중에 저 흔적이 있을 거야잉. 그래 있다가 한 몇 십 년 안 됐어. 이리 인자 이주를 해 오셨지요잉. 그래서 이 절은 에, 부처님을 믿으면은 애기 못 낳는 사람이 애기를 낳는다라는 그런 속설이 있어요잉.

[전설 자료 23] 동암사 미륵님의 영험[37]

동암사 치면, 이거는 역사가 오래 된 종불님이라서 효험도 있고. 자제분 없는 사람들 여 오셔가꼬 공들이고 하면은 꼭 한 가지 소원은 들어드립니다. 근데 연세 많은 사람들 한 사람 여기 오셔가꼬. 연세 많은데 애기를 못 낳아가꼬. 우리 종불님한테로 애기를 낳아가 그 애기가 하마 성장해가꼬 하마 성인이 되어 가꼬 큽니다. 저도 여 절에 다닌 지가 40년이에요. [조사자: 네네네] 저 골짜기 살다가 울산 가가꼬도 울산서도 계속 여기 우리 종불님한테 계속 옵니다.

[전설 자료 24] 마르지 않은 우물[38]

근데 특히 우리가 저 뒤에 청수, 청수 뜨러 가잖아요? 우리가 뒤에 가맨 그 물이 365일 한 번도 안 말라요. (이정희 씨를 가리키며) 그 어른하고 가보시면 알 텐데. 그 뒤에 물이 진짜로

---

[36] 이정희(남, 1950년생)의 구술(2021년 8월 3일, 동암사).
[37] 조월선(여, 1958년생)의 구술(2021년 8월 3일, 동암사).
[38] 조월선(여, 1958년생)의 구술(2021년 8월 3일, 동암사).

좋아요. 그 물을 갖다가 쓰거든요. [이정희: 그 우물이 이 마을이 상수도가 들어오기 전에는요 물로써 이 주민들이 생명을 다 유지했어요. 너메 가면은 희한한, 요마한 우물이 있어. 샘이가 있어.] 겨울에는 뜨뜻하고 여름에는 이빨 시렵고. 365일 물이 고정이에요. 아무리 가물어도 그 물은 고정이에요. 마르지 않아요.

[전설 자료 25] 천제당과 우제[39]
여기 산이 정기가 너무 쎄가지고, 동네 비 안 오고 하면, 우제 지내믄 비가 바로 오고 그랬어요. [조사자: 그 천해당입니까? 이름이?] 천제당. 나무, 저 소나무 천 년 넘은 거 국보로 정한 거 있는데요. [조사자: 어어, 여기 되게 국보가 많네요?] 많아요. [이명기: 그 만큼 사람이 오래전부터 살아 계시고 역사가 그렇게 깊으다는]

[전설 자료 26] 두름산의 용굴[40]
아, 완전 산이고 돌인데, 이렇게 틈이 있는데. 그 바위틈으로 들어가면은 안에가 겁나게 넓고 바다 같이 생겼는데. [조사자: 네] 물이 바다같이 있는데, 그 안에 용이 산다고. [조월선: 어디에?] 여기 뒤에 있어.

[전설 자료 27] 선녀가 새긴 윷놀이판[41]
또 하늘에서 내려온 선녀들이 한문으로 써진 윷놀이판. 저 넓은 돌에 새겨져 있는 것도 있고.

[전설 자료 28] 장군산의 유래[42]
장군 산이 있어요. [조사자: 아, 산이 있어요?] 예, 산이 다 돌인데. 이렇게 벌어졌는데. 옛날에 장군이 나면서 이렇게 힘으로 밀어 바위를 깼다 하더라고, 싸울 때.

[전설 자료 29] 용주굴 아래의 세상[43]
또 이 명주굴이 저기 저 땅이 둘레 있는데. 명주굴이 실 한 타래가 실을 풀면 땅 밑으로 한도 없이 명주구리 실 타래가, 한 타래 부족할 정도로 땅 밑으로 내려가면은, 그 밑에는 딴 세상이라

---

[39] 조월선(여, 1958년생)의 구술(2021년 8월 3일, 동암사).
[40] 이명기(여, 1965년생)의 구술(2021년 8월 3일, 동암사).
[41] 이명기(여, 1965년생)의 구술(2021년 8월 3일, 동암사).
[42] 이명기(여, 1965년생)의 구술(2021년 8월 3일, 동암사).
[43] 이명기(여, 1965년생)의 구술(2021년 8월 3일, 동암사).

카더라. [조사자: 용주굴이라고 그래요? 아니면 용우굴이라고 또 누가 그러던데] 용굴도 있고 용주굴도 있고. [조사자: 두 개가 다른 거예요?] 예, 틀려요. [이정희: 전설에는 그렇지]

[전설 자료 30] 용굴 안의 바닷물[44]

우리 아빠 스님일 때, 이 산세가. 이 산 안에 큰 바다가 있다 그랬대. 근데 진짜 그 용굴 안에 드가면 큰 바다보다 더 넓게 물이 있는데, 박쥐도 살고, 거 용이 산다대. [조사자: 아하] 억수로 넓어 바위틈에 들어가면은 바다 같이 물이. 그래서 전에 요쩍에, 요게 산을 깎았는데. 산을 깎으면 안 된대. 근데 산이 한쪽이 깎여졌어. [조사자: 어어] 산을 깎으면 안 된다 했는데. 여 뒤에, 저 밑에서 보면은 우리 요쪽에 산에, 여쪽에 누가 깎았는지 깎았다니까.

[전설 자료 31] 소나무에 살던 뱀[45]

여기 산에 전설이 많아요. 여기 이무기가. 소나무가 배배 꼬인 소나무가 두 개가 살았어요. 두 개가 있었어요. [조사자: 아, 네네] 이무기로 되기 전 용 같이 생긴 뱀이 두 개가. 저 용신탕에 와가 목욕하고 가고 올라가고 했는데. 그 뱀을 누가 잡아가꼬 동네 사람들하고 잡아가꼬 팔았으. 팔아가지고 안동 시내 어딜가도 딱 보니까, 하마 보통 물건이 아니니까 아는 사람은 안 산 거야. [조사자: 네네] 다른 곳에 갔는데 한 사람이. 그 때 옛날 돈으로 팔천 원에 한 가마니가? 입도 안 다물어졌어, 뱀 한 마리가. 예, 이무기에 가까운 이 뱀이. 근데 그걸 갖다 팔아가꼬 그 집은 망해가 나갔지. 어딜 가 물어도, 이걸 잡아다 그랬다 그랬어. 여기 가가 제 지내고 잘못했다 빌고 다 했는데. 똑같이 서있던 나무가 그 뱀 하나 잡고 나서 하나가 죽더라구. 그 둘이 같이 뱀이가, 두 마리인데. [조사자: 배배 꼬여 있었는데 하나를 잡아서 파니깐 나머지도] 예, 그 뱀 잡아가꼬 팔고 배배 꼬인 나무가 딱 두 그루가 있었는데. 아니, 뻥 뚫려 있어. 거기에 뱀 두 마리가 드나들었다 하더라고. 이무기였어. 용 되어 올라가기 전에 이무기. 근데 그 한 마리를 잡아다 팔고 나니까 그 집이 망했는데, 나무 하나가 죽더라고. [조사자: 아, 나무가 뱀이 없어지니깐] 예, 뱀이 하나 없어지니깐 그 나무가 죽더라구. 두 그루였는데. [조월선: 이 동네 전설이 많아]

---

[44] 이명기(여, 1965년생)의 구술(2021년 8월 3일, 동암사).
[45] 이명기(여, 1965년생)의 구술(2021년 8월 3일, 동암사).

[전설 자료 32] 참나무의 뱀 울음소리[46]

[이명기: 저기 저 테레비. 저기 저 옛날에 테레비 나오고 했잖아. 막 울음소리 난다고. 참나무가 또 너어무 오래된 게, 저 위에, 저, 저기 당나무 만큼 나이가 많지 않을까?] 저 큰 나무에 가면은, 비가 올려고 그러면은 이 습기가 많고 하면은, 이게 이제 실질적인 일은 그 안에 큰 뱀이 있다 그래. [이명기: 참나무] 이 뱀이 오오옹 그러면서 우는 거야. 그럼 그 안에 구멍이 뚫려 있어. 느티나무는 300년 이상 되면 안에 구멍이 뚫려. 그럼 그 안에서 소리가 인자 오오오오옹 울리면서 나오는 거야잉. 그런 설화가 있어요.

[전설 자료 33] 해천海川의 유래[47]

[조사자: 바드레가 혹시 왜 바드레인지 들어 보셨어요?] 지금 칭하기는 해천이라 그래. 어, 바다 해 자海 내 천 자川. [이명기: 이 산 속에 바다가, 큰 바다가 있대] 그런 유래 따라가지고 이 바다 해 자를 따왔다 그래. 내 천 자.

[전설 자료 34] 동암사 부처님의 영험[48]

이 부처님이 처음에는 일제시대 때 저기 바다 한복판에서 서서 올라가지고, 어떤 분이 업고 가다가 너무 힘들어서 쉬었는데. 그 자리에서 꼼짝도 안 해서 거게다가 절을 처음에 지었다 하더라고. [조월선: 근데 그 사람이 팔아가꼬 안 좋았잖아] 몇 사람이 죽었지. 부처님 팔아먹고 뭐하고. 저기 일제시대 때 일본 놈 와가꼬, 여 부처님한테 총 쏘고 뭐하고 한 사람 세 발짝도 못가 다 죽었지. [조사자: 어어] 근데 영험이 있어요. 여기는 나쁜 마음먹고 온 사람은 바로 벌을 주기 때문에.

[전설 자료 35] 토종벌의 명석함[49]

이 삼베 조각을, 상주들이 입는 삼베 조각을 요마하게 가위로 오려가지고 그걸 통 위에 딱 얹어 놓으면은 기가 맥힙니다. 벌들이 목에 하얀 띠를 두르고 나옵니다. 무슨 말인지 알겠어? [조사자: 어, 조문하는 거예요?] 아아, 상주 시늉을 하는 거야. 한 마리 두 마리가 아니고 전부 다 그래. 기가 맥힙니다. [조사자: 이것도 약간 전설 같은데요?] 아니, 아니. 실화야. 그러고

---

[46] 이명기(여, 1965년생)의 구술(2021년 8월 3일, 동암사).
[47] 이정희(남, 1950년생)의 구술(2021년 8월 3일, 동암사).
[48] 이명기(여, 1965년생)의 구술(2021년 8월 3일, 동암사).
[49] 이정희(남, 1950년생)의 구술(2021년 8월 3일, 큰바드레 일원).

그 초상을 치르고 나면은 죽은 사람이, 고인이 그 벌을 가져왔으면은 이 벌은 반드시 초상 치르고 나면은 가뻐립니다. [조사자: 아아] 아주 영리합니다. 저 벌은 명물입니다. 함부로 죽여서도 안 되고, 쉽게 손대면 안 됩니다. 토종벌은.

[전설 자료 36] 갱변 마을의 시작[50]
여기는 뭐 내가, 우리네 여기 세 번째로 이사를 왔는데 이 동네에. [조사자: 예예] 여기 동네 원래 이 집도 그 김신조, 그 간첩 사건 때. 여, 화전민들 때문에 정부에서 지어 줬는 집이거든요. [조사자: 아, 네네] 이 전에는 그 때 여덟 집인가 여기 소개되어가꼬 이주를 했는데. [조사자: 네] 그 전에는 여기에 이게. 그이 갱변이라고 보면 돼요.

[전설 자료 37] 새들의 유래[51]
그 당시에는 인제 여기 밭도 이래 없었고, 마, 여기가 하천이었고 저짝으로가 밭이었어요. 그런데 인제 여기 한 번 비가 많이 오면서 하천 물이 범해가지고 하천이 저짝으로 되어 버리고. [조사자: 하하] 이짝으로 흙이 몰리가꼬. 원래 여기가 그 신평리라 그랬어, 옛날에는. 신평이라 그랬는데. 그 천영수(새들에 살고 있는 주민), 그 사는 그 마을에도 우리가 국민학교 1,2학년 됐을 때일 거야. 그 때 우리가 다닐 때, 근데 그 때도 그 새들. 그 큰 들이 없었고. 그 저게, 그 옛날에는 포크레인이 없었고. 그 뭐. 우리가 그 철이 별로 없을 때 국민학교 1, 2학년 다닐 때 보면은 그 논을 이래, 막 갱변인데, 논을 막 하고 할 때 그 운전수가 군인 아저씨였던 거 같애. 불도저 운전수가. 그 때는 포크레인이 아예 없었으니까네 그 함 밀면 엄청 밀거든. 그 새들도, 그 들이 위에 생기면서, 내 생각에 새들. 그 이제 들이 새로 된 들을 새들. 새들.

[전설 자료 38] 새들과 갱변[52]
원래는 여 우리 옛날에 어릴 때, 우리 짜매날 때에 신평이라꼬 불렀거든. 그런데 여기는 갱변에 마을도 없었고 세 집뿐이었는데. 이, 이제 화전민들. 여기 그 김신조 때 소개 되어 가지고 오면서 이 집이 여덟 가구가 더 생기고. 여덟 가구가 더 생기고, 그, 이 밑에 동네에 사던 사람 몇몇 집이가 옛날에는 남매 수가 여럿 남매 수니까 분가를 해야 되잖아요. [조사자: 네] 그리 여 와가지고 집 짓고 그래가지고, 인제 요 마을이 생깄는데. 그 때부터 갱변마을, 갱변마을 그랬거든요.

---

[50] 박후국(남, 1955년생)의 구술(2021년 8월 4일, 제보자 자택).
[51] 박후국(남, 1955년생)의 구술(2021년 8월 4일, 제보자 자택).
[52] 박후국(남, 1955년생)의 구술(2021년 8월 4일, 제보자 자택).

이게 원래 갱변이었는데. 이제 마을이, 그리 인제 원래 세 집이가 살았었는데. 그 마을도 아니었는데. 인제 이거 여덟 가구 하고, 이 밑에서 인제 분가해가 온 사람하고, 다른 데서 이사 온 사람들 하고. 인제 마을이 자꾸 생기니 말이 옳게 붙어가꼬, 신평에서 저 위로는 새들이라 부르꼬, 여기는 갱변마을이라꼬.

[전설 자료 39] 기우제에 대한 기억[53]
　우리 진짜 어릴 때 기우제를 지내면 진짜 비가 왔어. 우린 못 가봤고, 어른들이 한 삼일 동안 기도하고 집에서 남하고 말도 안 하고 접촉도 안 하고 있다가, 그래 지내고 왔다. 그 때는 일기예보가 45년에는 없었으니까네. 그 땐 진짜 지내면 비 왔다니까. 지내면 비와 희한하게. [조사자: 하하하] [권상기: 요새면 일기예보 맞춰서 지내는 거 아니야?] 요새 애들은 그런 거 왜 믿노 카제.

[전설 자료 40] 찾지 못한 구룡장수 터[54]
　그 때 얘기하는 거 보면, 별 얘기 하는 거 없고. 옛날 어른들은 보통 보면 묘 같은 거 좋은 거 나오는 거 갖고 얘기를 많이 하는데. 예전 구룡 카는 거 가면, 옛날 어른들은 몰래 조상들 산소 자리를 굉장히 탐냈잖아요. [조사자: 네] 그래가, 그 때는 이 내가 알기에도 어른들 얘기하는 거 보면, 구룡 카는데, 이 풍수 묘터 보면 지관들. 그 산들, 거기 많이 다녔어요. 구룡이 옛날에 구룡장수가, 그 구룡에 구룡장수 터가 하나 있다대. [조사자: 네] 있는데, 자기가 났다 카는 지관들이 그 터를 못 찾았대. [조사자: 구룡 장수 터를] 예, 구룡 장수 터를. 그래가꼬, 그런 소리도 전설이 있으믄 얘기도 이래. 산 지리 같은 거 조금 볼 줄 아는 어른들이 있으면 그런 데 많이 돌아다녀 보잖아요. 그거 한번 찾으려고. 근데 지금 나가면 복권 긁는 거랑 마찬가지지. 근데 잘 뛰었어요, 산 지리를. 근데 아직도 못 찾았대. 허허허, 근데 그거 그리 옛날 어른들 자기 묘 고를 때 되어야 그러지. 하이튼 욕심 부리면 안 된다 그코.

[전설 자료 41] 강변을 갱변이라고 부르는 이유[55]
　[조사자: 강변, 갱변, 쓸 때는 강변이라고 써요? 쓸 때도 갱변이라고 써요?] 갱변. 강변은 큰 물이 많이 나가는 곳. 원래 강변이 맞잖아요? 근데 경상도 사투리 말로 요기는 갱변이라 하잖아,

---

[53] 박후국(남, 1955년생)의 구술 (2021년 8월 4일, 제보자 자택)
[54] 박후국(남, 1955년생)의 구술 (2021년 8월 4일, 제보자 자택)
[55] 박후국(남, 1955년생)의 구술 (2021년 8월 4일, 제보자 자택)

강변이란 소리 안 하고. 옛날 어른들이 갱변, 갱변 그랬어요. 쪼매난 갱변이라 그러거든. 그래가 갱변 마을. 그 때 그랬다고. 그 다음에 갱변 카고. 우리 시대 때 그랬어요. 원래는 강변이 맞지. 이게 큰 경우 같으면 강변이 맞는데. 어른들이 갱변이라 카니까네 우리도 갱변이라 따라 하는 거지.

[전설 자료 42] 용우굴의 의미[56]

용 용 자龍, 비 우 자雨. 용우굴龍雨窟이랍니다. 나도 한 번도 답사 안 했는데 우리 사는 여기에서 약 1.9km 정도 됩니다. [조사자: 네네] 그 속에는 그 빗물이 떨어지는 소리를 보고, 그 비 우 자가 들어간 모양이에요. 한 번도 들어간 사람이 없고 어, 상당히 거 좀 뭐라 그럴까, 미스테리에 쌓였다 그럴까? [조사자: 네네] 음, 그런 굴입니다.

[전설 자료 43] 바드레의 의미[57]

바드레라는 것은 높은 위치를 말하는 옛 지명 이름이랍니다. [조사자: 네네] 그리고 원 이름은 여기 해천이라. 바다 해 자海, 내 천 자川. 바다 같이 넓다 이 말이야. [조사자: 네네] 그리고 이게 바다에 뜬 배의 형상이라네, 이 마을 뒤에 산이. 마을하고, 어, 그래서 이 바다하고 연관이 좀 있어서.

3. 전설을 통해 본 대곡 마을의 특징

대곡 1리 중 복바드레를 제외한 큰바드레, 새들, 강변 지역을 조사한 결과, 새들과 강변 마을에서는 전설이 활발히 전승되지 않았고, 큰바드레에서 어느 정도 전설의 흔적을 찾아볼 수 있음이 밝혀졌다. 오히려 강변에서는 위동과의 교류가 더 활발해서 위동의 전설에 대해서 더 많이 알고 있는 경우가 대부분이다.

큰바드레나 복바드레는 '바드레'라는 표현을 공유하고 있다. 권상기 씨의 증언에 의하면, 안동에는 12개 정도의 바드레가 있다고 한다.

---

[56] 이정희(남, 1950년생)의 구술(2021년 8월 11일, 유선).
[57] 이정희(남, 1950년생)의 구술(2021년 8월 11일, 유선).

근데 안동시에 열두 바드레가 있어, 안동시에. [조사자: 네] 뒷바드레 뭐, 여는 큰바드레. 복수천에는 복바드레. 이 금바드레는, 금수천에 금바드레. 저는 돌먹에는 돌바드레. 근데 거기에 전설, 내 많이 찾아봤어요. 태양, 그건 없고. 그것 또 뭐, 옛날 집안이 지대가 높으니까네 복바드레다, 금바드레다. 이래 뭐 글치. 어떤 뭐 전설적인 바드레는 없더라꼬.[58]

'바드레'가 무엇을 의미하는지에 대해서는 전설 구연자에 따라서 다르게 설명된다. 『안동의 설화』(2008)에서는 복바드레에 대해 언급하면서 "여러 사람이 소원을 빌면 복을 받는다는 전설"(전설 자료 4, 전설 자료 18)이 있다고 설명하고 있고, 권상기 씨는 추가적으로 복수천의 유래를 설명하며 '벌이 동네에 다 모이기 때문에 복 받을 동네라고 하여 복바드레'라고 증언했다(전설 자료 8). 바드레가 음가상의 유사성으로 바탕으로 '~을 받는다'에서 온 것처럼 기술하거나 '복'과 연결지어 '벌蜂'을 의미하는 것으로 보고 있음을 알 수 있다. 실제로 '바드레'가 경상도 방언으로 '큰 벌'을 지칭하기도 해서 후자가 어느 정도 설득력을 얻고 있지만, 바드레를 지명에 사용할 때에는 '벌'이라는 의미로는 잘 사용하지 않기 때문에 다른 측면에서 방언의 용례를 살펴볼 필요성이 있다.

이정희 씨는 바드레의 의미에 대해 이야기 하면서 "높은 위치를 말하는 옛 지명"(전설 자료 43)이라고 말했다. 바드레를 방언의 관점에서 보면, '벌'을 지칭하는 것이 일반적이지만, 지명으로 사용할 때에는 '받을 애厓'라고 해서 '볕이 좋은 언덕 또는 절벽' 정도를 의미하는 것으로도 볼 수 있다. 그리고 더 확장해서 살펴보면 '애'는 마을의 지형상 '마을' 그 자체로도 해석할 수 있기 때문에 '볕이 잘 드는 마을'을 '바드레'로 표현했다고도 할 수 있다.

그래서 바드레는 일반적으로 높은 고지대에 위치함에도 불구하고 볕이 잘 드는 지형으로 보는 것이 더 설득력이 높다고 할 수 있다. 그런데 흥미로운 점은 전설을 전승하는 사람들이 이런 '바드레'에 대한 의미를 조금 더 확장해서 이해한다는 것이다. 예컨대, 바드레를 한자어로는 해천海川이라고도 표기하는데, 해천은 마을의 모양이 '바다에 배가 떠 있는 형상'이기 때문에 붙은 지명으로 알려져 있다(전설 자료 3, 10, 15, 16). 이런 인식은 실제 대곡 마을 구성원들의 삶에 영향을 미치기도 한다. 예컨대, 큰바드레에서는 못자리를 만들 때 비석을 세우지 않는다고 한다. 마을이 바다 위에 뜬 배의 형상이기 때문에 묘에 비석을 세우면 배에 돌을 싣게 되는 것이므로 배가 가라앉아 집안이 망한다고

[58] 권상기(남, 1956년생)의 구술(2021년 8월 2일, 제보자 자택).

믿기 때문이다(전설 자료 16).

바드레라는 말과 관계없이 마을의 지형적 특징과 이 때문에 붙은 '해천'이라는 지명은 바드레에 바다와 관련된 상상력을 부여하기도 하며, 두름산斗凜山 속에 바다가 있다는 믿음을 간직한 전설들을 생산한 것으로 보인다. 산 속에 큰 바다가 있다는 단편적인 언급부터(전설 자료 33) 그 바다에 용이 살고 있으며, 산 아래에 있는 바닷물 때문에 산이 깎여나갔다는 설명까지(전설 자료 30) 이어지는 것이다. 그리고 산에 살고 있는 용이라는 존재는 그 용이 살고 있는 미지의 영역을 상정하게 되는데, 그 매개가 되는 공간이 바로 용우굴이라고 할 수 있다.

용우굴은 용굴이라고도 불리며, 용주굴이라고 하기도 한다. 용굴과 용주굴을 서로 다른 공간으로 이해하고 있는 구연자도 있지만, 용우굴, 용굴, 용주굴은 하나의 굴에 대한 서로 다른 이름으로 보인다. 이 굴은 주로 용우굴龍雨窟이라고 지칭되는데, 빗물이 떨어지는 소리 때문에 붙은 이름이 아닌가 하는 추정이 이루어지고 있다(전설 자료 42). 용우굴은 산의 바위틈에 있으며 바다는 바로 이 굴을 통해 접근할 수 있다(전설 자료 26).

굴은 명주실을 한 타래(전설 자료 29) 또는 세 타래(전설 자료 13)를 다 풀어도 부족할 정도로 깊다고 설명된다. 명주실로 어떤 특정 공간의 깊이를 측정하는 장면은 설화에서 어렵지 않게 찾아볼 수 있는 화소話素이다. 몇몇 사례를 안동의 전설에서 찾자면, 〈선어대仙魚臺와 마뜰〉에서는 "옛날에는 이 소가 하도 깊어서 명주꾸리를 풀면 하나를 다 풀어도 바닥에 닿지 않았다고 한다."[59]라는 표현을 사용하며, 〈도연陶淵폭포와 도연삼절陶淵三絶〉에서는 "그리고 폭포 아래에 소는 아주 깊어서 명주꾸리 하나를 다 풀어도 바닥에 닿지 않았다고 하며, 천 년 묵은 이무기가 살고 있었다고 한다."[60]라고 묘사된다. 모두 물의 깊이를 명주실을 이용해서 표현하고 있으며, 이런 깊은 곳에는 이무기나 용과 같은 존재가 살고 있음을 적시한다. 용우굴 또한 다르지 않아서 깊은 굴 안에는 용이 살고 있는 "딴 세상"이 펼쳐진다는 상상력을 발견할 수 있다.

'해천 → 바다 → 용'으로 이어지는 인식론적 흐름은 다른 전설 자료를 이해하는 데 있어서 결정적인 단서를 제시한다. 대곡 마을에 상수도 시설이 갖추어지기 전에 마을 주민들이 이용했다는 산에 있는 우물은 겨울에는 따뜻하고 여름에는 차가운 물을 끊임없이

---

[59] 〈선어대(仙魚臺)와 마뜰〉, 경상북도 안동교육청 편, 앞의 책, 223쪽.
[60] 〈도연(陶淵)폭포와 도연삼절(陶淵三絶)〉, 경상북도 안동교육청 편, 앞의 책, 198쪽.

제공해주었다. 주민들은 '마르지 않은 우물'에 대한 경이감을 가지고 있었는데, 그런 경이감의 원천에 바다와 용에 대한 상상력이 깃들어 있기 때문이다(전설 자료 24).

기우제祈雨祭도 마찬가지이다. 대곡 마을의 기우제는 산 속에 있는 천해당에서 이루어졌다. 천해당은 따로 당집을 마련해놓은 형태는 아니며, 새끼줄을 꼬아놓은 모양의 소나무를 천해당이라고 부른다. 천해당에는 옛 안동의 원님들이 직접 찾아와 기우제를 올릴 정도로 영험한 기운이 서려있다고 알려져 있다(전설 자료 11). 천해당은 천혜당(전설 자료 3), 천제당(전설 자료 25) 등으로도 불리는데, 천해당이라는 표현은 '천해天海' 즉 바다와 관련된 인식을 짙게 보여주는 명칭이다. 비를 다스리는 용이라는 존재가 산 아래에 위치해있기 때문에 기우제에 대해서도 높은 신뢰감을 보여주고 있는 것으로 보인다.

천해당은 기우제뿐 아니라 '귀 달린 뱀'이라는 신비한 존재와도 관련되어 있다. 기우제는 부정한 기운이 없는 소수의 제관만 가서 지낸다고 한다. 그리고 천해당으로 가는 길에서 마주치는 존재가 바로 사람 다리만한 크기를 가진 귀 달린 뱀이라는 것이다(전설 자료 20). 시커먼 먹구렁이의 형상을 가진 귀 달린 뱀은 기우제가 진행될 때 말없이 소나무 곁에서 제관들을 지켜보는데, 그 뱀을 잡아서 다른 곳에 팔았다가 병이 걸려서 마을을 떠난 인물에 대한 이야기도 남아있다(전설 자료 9).

귀 달린 뱀과 유사하게 소나무에 살고 있는 이무기도 존재한다. 두 그루의 소나무는 천해당과 마찬가지로 새끼를 꼰 듯 꼬여있는 모습을 가지고 있는 것으로 묘사된다. 이무기는 용신탕龍神湯에서 목욕을 하고 승천을 준비 중인 존재인데, 어떤 사람이 그 이무기를 잡아서 팔려고 했더니 병에 걸리고 집이 망해버렸다는 후일담을 남기고 있기도 하다(전설 자료 31).

나무와 뱀의 관계는 대곡 마을의 굴참나무와 관련된 이야기에서도 발견된다. 실제 방송국에서도 촬영을 왔었던 '울음소리가 나는 참나무' 사건은 나무 안에서 새가 지저귀는 소리가 마치 울음소리였다는 식으로 마무리된다(전설자료 12). 그런데 흥미로운 점은 그 소리가 새가 아니라 뱀이 "오오옹~" 우는 소리였다고 설명하는 각편도 있다는 것이다(전설 자료 32).

대곡 마을이 높은 해발을 가진 고지대임에도 불구하고, 대곡 마을에서 채록한 전설 자료는 바다와 용 또는 용과 같은 존재인 이무기나 구렁이, 뱀과 같은 상상적인 존재와 밀접한 관계를 맺고 있다. 동암사의 부처님도 바다에서 떠올랐기 때문에 결국 바다가 있는 대곡 마을의 산에 자리를 잡은 것이라는 견해(전설 자료 34)도 그 연장선상에서 이해할 수 있다. 대곡 마을의 전설이 가지고 있는 이런 특징은 바다와 용으로 표상되는 자연에 대한 마을 구성원들의 인식과 태도를 보여준다.

'굴'이라는 공간과 용 또는 용왕이 살고 있는 용궁龍宮과 같은 공간은 설화 내에서 서로 연결되는 경우가 많다.[61] 이때 굴은 용궁이 가지고 있는 공간적 성격을 공유하게 된다. 용궁은 일반적으로 상호 증여를 토대로 인간과 호혜적 연대 관계를 맺는 이계異界로 상정된다.[62] 인간이 용과 같이 용궁에 속한 존재들에게 선행善行을 베풀거나 그들을 숭상하는 모습을 보이면, 용궁에서는 그에 대한 반대급부로 인간들에게 부富나 복福을 베푼다는 논리가 설화에 내재되어 있다.

하지만 이런 호혜성은 인간의 태도에 따라 언제든지 해체될 수 있다. 인간이 용과 같은 존재에게 해코지를 하거나 주기적으로 베풀던 선행을 멈추게 되면, 용은 오히려 인간에게 해악을 끼치는 괴물의 형상으로 다가오기 때문이다. 인간과 신 또는 인간과 자연 사이에서 증여의 순환 고리가 끊어지는 순간 둘 사이의 관계는 대립적·적대적으로 나타난다.

대곡 마을의 전설에서도 이런 양상을 살펴볼 수 있다. 천해당에서 이루어진 기우제와 관련된 전설에서 보면, '귀 달린 뱀'이 기우제를 올리는 인간들을 지켜본다. 기우제를 올리는 대상은 '용'과 같이 비를 다스리는 신적 존재일 가능성이 크며, 귀 달린 뱀은 그런 용과 존재론적으로 연장선상에 위치한다. 기우제의 영험이 컸다는 사실은 인간과 용 사이에 호혜적 관계가 잘 구축되어 있음을 지시한다. 그러나 그런 귀 달린 뱀을 잡아서 팔거나 하면 바로 저주가 내려서 병에 걸리고 집안이 망하게 된다. 인간이 어떤 태도를 가지느냐에 따라서 결말이 완전히 달라지는 양상이다. 소나무에 살고 있는 이무기도 마찬가지이다. 이무기는 용신탕에서 목욕을 하며 승천을 준비하는 존재로서, 인간에게 어떠한 해코지도 하지 않는다. 다만, 인간이 욕심을 내서 그 이무기를 잡아서 팔았을 때 마찬가지로 인간에게 병을 주고 결국 마을에서 쫓겨나게 만든다.

대곡 마을의 전설을 통해서 봤을 때, 해천을 중심으로 형성된 바다와 용에 대한 상상력은 결국 대곡 마을 구성원들이 자연과 맺는 상호증여적인 관계, 더 나아가 호혜적인 관계에 대해서 이야기하고 있다. 대곡 마을 구성원들이 계속해서 자연에 대한 경외와 숭앙의 마음을 간직한다면, 자연은 비가 필요할 때 비를 내려주고, 마르지 않은 우물을 내어주며 인간의 주변을 지키고 있을 것임을 많은 전설을 통해 확인할 수 있다. 또한

---

[61] 원대연, 「고소설에 나타난 용궁·동굴 공간의 양상과 의미 연구」, 건국대학교 박사학위논문, 2006 참고.
[62] 신호림, 「용궁설화에 나타난 증여의 논리와 호혜적 연대의식」,「구비문학연구」 34, 한국구비문학회, 2012.

한편에서는 참나무 등을 통해서 울음소리를 내며 끊임없이 인간에게 자연과 함께 공명 共鳴할 것을 요구할 것이라는 사실도 알 수 있다. 대곡 마을의 전설은 과거부터 지금까지 자연에 대한 주민들의 삶의 태도에 대해서 이야기를 건네고 있었던 것이다.

4. 대곡 마을의 전설과 이야기 문화

대곡 마을의 전설에 바다에 대한 상상력만 투영되어 있는 것은 아니다. 새로운 마을이 만들어지는 과정을 가족 간의 극단적인 갈등으로 표현한 새들의 유래(전설 자료 7, 17)나 강 옆에 만들어진 마을이라서 강변(갱변)이라는 이름이 붙었다거나(전설 자료 19) 하는 지명유래 전설들도 찾아볼 수 있다. 또한 두름산 위에 여 씨 명당이 있었는데, 그곳에 묘를 쓸 때 땅을 잘못 파서 학이 날개가 잘린 채로 날아가는 바람에 마을의 기운이 기울어지기 시작했다는 풍수 설화적 성격을 가진 전설(전설 자료 21, 29)도 존재한다. 선녀가 내려와 노닐었던 윷판(전설 자료 27), 그 윷판을 손가락으로 찍어서 만든 박 장수(전설 자료 14), 힘이 장사여서 돌로 된 산을 깨부순 장군(전설 자료 28), 동암사 부처님의 영험(전설 자료 22, 23) 등에 대해 다루는 전설들도 발견할 수 있다.[63] 이런 전설들은 또 한 편에서 대곡 마을의 문화지리를 형성하고 있다. 대곡 마을의 자연물에는 각각의 사연과 유래가 담긴 이야기가 전설의 형태로 남아있으며, 그 이야기의 총체가 대곡 마을의 정체성을 구성하고 있기 때문이다.

다만, 전설의 형태가 온전하지 않고 단편적인 경우가 많다. 전설에 대한 기억이 희미해졌다는 것은 전승력이 약화되어 있음을 의미한다. 그리고 그 이유는 해체되어 가는 이야기판, 더 나아가 더 이상 향유되지 않은 이야기 문화와 관련이 있다고 볼 수 있다.

과거에는 대곡 마을에서도 자연스럽게 이야기판이 마련되었다. 권상기 씨는 어린 시절을 회상하며, 다음과 같은 이야기를 들려주었다.

주로 그 얘기는, 요새는 이 집이 그렇지만은 이런 마루청이 있었어. 방 들어가기 편하게 마루청에. 마루청에 앉으면 내 혼자만 듣는 게 아니고, 그 때는 제사랑 기제사 지냈잖아요. [조사자: 네네] 전에 기제사 지내면 전 동네 다 먹으러 와요. [조사자: 아아] 근데 그 자리에서 인제 뭐,

---

[63] 그 외에 대곡리가 아닌 위동이나 수곡리의 전설에 대한 기억을 간직하고 있기도 하다.

우리는 국민학교 댕겼고 그 우리 위에 형들 지금 다 70, 80 됐지만은 그 분들 있는데. 그 분들이 얘기 하더라고, 이 동네가 생긴 유래 그래 얘기 하시고. (...) 그러고 딴 경우에도 많이 모이죠. 왜냐면 일 년에 유월 달에 풀을 베거든요. 풀을. 퇴비, 요새는 퇴비가 많아 풀을 안 베잖아요? 그 유월 달 한창 풀이 무성하고 막 참나무 풀을 베어가 논에다 넣고 이래 했잖아요? [조사자: 예] 그러면 전 동네 사람이 모여가지고, 합동을 해가지고 그걸 인제 어느 정도 섞어 가지고 분뇨를 갖다가 섞어 가지고 논에 넣고, 뭐 퇴비랑 그 때 뿌렸으니까. 그 때 모이면 안으로는 뭐 떡국, 막걸리니, 막걸리 가져오고, 그 집집마다 음식을 가와가지고. 아까 얘기 했는데 느티나무 큰 데. 거기 놀기 좋으니까네 거서 한 잔 먹고, 옛날 어른들이 얘기를 하고.[64]

제사를 지내거나 공동 노동을 하는 날에는 마을 사람들이 음식을 나누어 먹으며 자연스럽게 이야기판이 벌어지면서, 마을 어른들이 아이들에게 마을의 유래와 같은 전설을 들려주었다는 것이다. 그밖에도 추석과 음력 10월에도 동네 아이들이 떡을 얻어먹으러 다니며 동네 주민들이 서로 교류를 했고, 그 과정에서 천해당에 대한 금기나 용우굴에 대한 전설, 바드레의 의미 등에 대한 지식을 이야기를 통해 자연스럽게 전승했다고 한다.[65]

물론, 특별히 마을의 행사가 없어도 집 안에서 이야기판이 마련되기도 했다. 이명기 씨와 박후국 씨의 증언을 보면, 어린 시절에 생활 속에서 자연스럽게 전설을 접하며 성장했음을 알 수 있다.

[조사자: 이런 어떤 전설, 고담 같은 거를 집에서 어르신들한테 들은 건가요?] 그, 그렇죠. 크면서 들었지. 또 남동생하고 용주굴 가보기도 하고. 엄마하고 저기 선녀들이 와가 윷놀고 뭐 놀다 가는데. 뭐 한문으로 새겨진 큰 바위도 구경도 하고. 옛날에는 다 했지.[66]

---

[64] 권상기(남, 1956년생)의 구술(2021년 8월 2일, 제보자 자택).
[65] "그 일 년에 고 때 한 번 모이고 또 언제 모이냐면 추석 쉬고 그 음력 시월 달에, 우리 어릴 때 요새는 그리 안 합니다마는, 조상님 차사를 지내잖아요? [조사자: 네네] 차례, 추석에 지내고 시월 달쯤 되어서. 요새는 뭐 한 번 와서 잠자고 치워버리지마는 그 때 차사를 지내고나면. 그 땐 차사를 어떻게 지냈냐면 삼 일 간격으로 동네 다 지내거든요. 그래 지내면 그 때 남은 떡이고 음식이 있잖니껴? 그럼 또 집집마다 나눠 먹고, 그 때는 인심도 좋고 그랬지요. 한 일 년에 두 번 정도는 우리 어릴 적에는 그래 우리도 그 뭐 떡 얻어먹으러 가고 그랬으니께네. [조사자: 그럼 주로 어른들이 아이들한테 해주는 건가요? 어른들끼리도 요런 이야기를 하나요?] 어른들끼리도 하고, 우리. 또 주로 인제 우리 때 어른들은 보면, 그 때 본 청년회 회장, 사회부 회장 이런 분들도, 야아 우리 마을 전설은 이렇단다. 저 굴은 이렇단다. 천해당은, 그니께 가급적이면 천해당은 가지 말고 피해 가라. 그런 얘기를 하지. 아까 얘기했던 뱀이 있다는 거게도, 그 인제 우제 지내러 가는 보통 사람은 절대로 그런 데 가지 마라, 일 년에 한 번 우제 지낼 적에 선택 된 사람만 거기에 가지. 거 가지 마라. 어른들이 얘기해야 알지 우리야 아니께." 권상기(남, 1956년생)의 구술(2021년 8월 2일, 제보자 자택).
[66] 이명기(여, 1965년생)의 구술(2021년 8월 3일, 동암사).

옛날에는, 이 지금도 맹 놀러 가정집에 가지마는. 옛날에는 집이 이래 안 널렸잖아요. 보통 뭐 많이 있음 한 세 칸, 이 앞에 했던 식으로 돌하고 댁을 이렇게 얇게 안 하고, 기둥사 사서 돌하고 흙하고 사가서 진짜 총 쏴도 총알이 안 들어올 정도로. 방 한두 칸, 세 칸 해가지고 며느리하고 각 방에 자고 놀먼서 자고. 대개 그러면 상방에는 할매가 살았으면 할매 있고. 혼자 계시면 거기 놀러를 많이 가는 거지요. 그 때 얘기하는 거 보면, 별 얘기 하는 거 없고, 옛날 어른들은 보통 보면 묘 같은 거 좋은 거 나오는 거 갖고 얘기를 많이 하는데.[67]

전설은 증거물이 있기 때문에 이야기를 들으면 용우굴이나 윷판바위 등을 직접 찾아가서 마을의 자연경관과 문화지리를 습득했음을 알 수 있는 지점이다. 당시에는 특별히 유희를 즐길만한 거리도 없었고, 전설과 같은 이야기는 삶 속에 녹아서 자연스럽게 전 세대의 지식을 후 세대에게 전달하는 기능을 수행했던 것이다.

하지만 점차 텔레비전과 같은 매체가 일상화 되고, 이제는 더 이상 자연발생적 이야기판이 형성되지 않은 시대에 들어섰다. 마을의 전설을 듣기 위해서는 아직 전설에 대한 기억을 간직하고 있는 동네 어른들을 일부러 찾아가서 물어볼 수밖에 없게 되었다.

[조사자: 그럼 들어보시기는 했어요, 원로 분들한테? 그런 이야기들을?] 그런 이야기를 여름에 더울 적에. 한 번 쓱 그런 얘기를 좀 하면은, 그 사람들 서론 본론 결론도 없이, 앞뒤도 맞지도 않는 그런 얘기들을 구전으로 주워 들어가지고 조금 들은 그런 경험이 조금 있지요. [조사자: 그럼 여름에 주로 어디에 모이셨어요?] 아까 얘기한 그 느티나무라든지. 아까 우리 차 세운 집 앞에 팔각정, 정자라든지. 지금은 전부 테레비가 생겨가지고 나오라캐도 나오지도 안 하고 전부 고마 들어 앉아가지고. (…) 믿거나 말거나 뭐 고전도 들려주고 이래 했는데. 두서없이 고증할 수도 없는 그런 얘기를 조금 막걸리 한 잔 잡숫고 듣는 사람들이 쪼매 있었지.[68]

[조사자: 요즘에는 요런 전설, 고담 같이 나눌만한 그게 없죠?] 없지요. 없고. 내가 여게 와서 바드레가 왜 생겼나, 해천이 왜 생겼나 해가지고. 그 인제 내가 여 와가지고 권영섭 어른께. 그 집안 어른이라도 항렬이 되게 낮아 나보고 할배, 할배 캤거든. [조사자: 하하하] 항렬은 나는 36대인데, 거는 38대래. 나 보고 할배, 할배. 어떻든 민망해가지고 구십 노인이 젊은 아 보고

---

[67] 박후국(남, 1955년생)의 구술(2021년 8월 4일, 제보자 자택).
[68] 이정희(남, 1950년생)의 구술(2021년 8월 3일, 굴참나무).

할배 할배 카니께네. 그래가 인제 어른께 뭐 전설이 어예 생겼니꺼 카이께네 그래 얘기하대. 그래 뭐 나도 들었는데, 사실 우리 마을 생긴 유래가 그렇다. 그 용우굴에는 젊은 청년들이 많이 있었으니께네, 횃불 들고 들어갔는데 명주실을 세 타래를 가지고 가도 끝이 안 보여가지고 돌아 왔는데. 안에 물이 있고 그런 얘기 해 주시고. 과거 젊은 사람들은 여자들은 천해당을, 천해당 그 근방은 어지간하면 못 가게 했어. 혹시나 안 좋은 일이 생길까 싶어가지고.[69]

현재는 그나마 마을의 '원로'라고 부를 수 있는 어른들도 많이 남아 있지 못한 상황이다. 현지 조사를 통해 아직도 바드레와 새들, 강변이라는 마을 이름의 유래, 두름산을 중심으로 펼쳐진 바다에 대한 상상력, 여 씨 명당과 날개가 잘린 학, 박 장수가 만들고 선녀가 노닐던 윷판 바위, 장수가 부수었다는 산기슭에 얽힌 이야기들을 확인할 수 있었지만, 그것만으로는 충분하지 않다. 현장에서 인위적으로나마 이야기판을 만들었을 때, 대곡 마을 주민들은 서로 이야기를 주고받으며 기억을 환기하고 재구성하려는 모습을 보여주었다. 비록 온전한 형태는 아닐지라도 여러 편의 전설 각편을 조사할 수 있었던 것은 마을 주민들의 자발적 노력 덕분이었다. 아직 대곡 마을에는 소수임에도 불구하고 전설 제보자가 더 남아있다. 앞으로도 지속적인 관심을 가지고 전설 자료의 발굴과 기록, 보존이 진행되어야 할 것이다.

그리고 더 중요한 점은 조사 활동과 더불어서 마을 자체적으로 이야기 문화를 회복할 필요성이 있다는 것이다. 대곡 마을의 전설은 인간과 자연 사이의 호혜성을 강조하지만, 그런 전설이 향유되던 이야기판에서는 마을 구성원들 사이의 연대 의식을 형성시킨다. 앞의 여러 전설 구연자들의 증언에서도 알 수 있듯이, 이야기판이 만들어지고 전설을 향유하던 이야기 문화는 주민들 간의 직접적인 교류에서부터 시작된다. 그것이 개인과 개인이 만나는 가족 내에서든, 마을 구성원들이 주기적으로 공동 노동을 수행하고 협동하는 마을 행사에서든, 이야기판이 있는 곳에서는 사람과 사람의 만남이 존재한다. 이주민이 점점 늘어나고 토착민들이 마을을 떠나고 있는 상황에서 새롭게 구성된 마을 주민

---

[69] "그 일 년에 고 때 한 번 모이고 또 언제 모이나면 추석 쉬고 그 음력 시월 달에, 우리 어릴 때 요새는 그리 안 합니다마는, 조상님 차사를 지내잖아요? [조사자: 네네] 차례, 추석에 지내고 시월 달쯤 되어서. 요새는 뭐 한 번 와서 잠자고 치워버리지마는 그 때 차사를 지내고나면. 그 땐 차사를 어떻게 지냈냐면 삼 일 간격으로 동네 다 지내거든요. 그래 지내면 그 때 남은 떡이고 음식이 있잖니꺼? 그럼 또 집집마다 나눠 먹고, 그 때는 인심도 좋고 그랬지요. 한 일 년에 두 번 정도는 우리 어릴 적에는 그래 우리도 그 뭐 떡 얻어먹으러 가고 그랬으니께네. [조사자: 그럼 주로 어른들이 아이들한테 해주는 건가요? 어른들끼리도 요런 이야기를 하나요?] 어른들끼리도 하고, 우리. 또 주로 인제 우리 때 어른들은 보면, 그 때 보던 청년회 회장, 사회부 회장 이런 분들도, 야야 우리 마을 전설은 이렇단다, 저 굴은 이렇단다, 천해당은, 그니께 가급적이면 천해당은 가지 말고 피해 가라. 그런 얘기를 하지. 아까 얘기했던 뱀이 있다는 거게도, 그 인제 우제 지내러 가는 보통 사람은 절대로 그런 데 가지 마라, 일 년에 한 번 우제 지낼 적에 선택 된 사람만 거기에 가지. 거 가지 마라. 어른들이 얘기해야 알지 우리야 아니께." 권상기(남, 1956년생)의 구술(2021년 8월 2일, 제보자 자택).

들을 집약시키고 하나로 만들 수 있는 구심점이 필요한데, 그 역할을 전설, 더 나아가 전설이 향유되는 이야기판이 충분히 수행할 수 있을 것으로 보인다. 전설은 마을의 지역성뿐 아니라 구성원의 정체성을 규정하는 힘을 가지고 있으며, 그런 전설이 전승력을 확보하는 곳이 바로 이야기판이기 때문이다.

근대화와 집합기억

한정훈

1. 마을 사람들의 근대 경험과 집합기억화

근대성은 근대라는 시대의 특성이나 중세와 다른 새로운 시대 의식을 가리키는 철학적 담론이란 뜻을 내포하고 있다. 하지만 이에 국한되지 않고 역사적으로 독특한 사회문화적 현상의 복합체를 의미한다.[1] 근대성은 경제, 역사, 사회, 미시생활의 층위에서 다양하게 해석되며, 해석 주체의 관점에 따라서 긍정성과 부정성을 혼효하는 개념이라 할 수 있다. 산업 생산 양식의 변화를 기준으로 근대를 설정하기도 하고, 관념의 세계 속에서 개인 주체의 위치 변화에 따라 근대를 독해하기도 한다. 봉건적 계급 의식을 철폐하고 자율성에 기반한 개인 주체의 설정이 근대의 기준이 될 수 있으며, 새로운 물질 문명의 출현에 따라서 일상 생활의 변화를 근대적 삶의 징후로 보기도 한다. 시기적으로 근대를 설정하는 것은 결코 간단한 문제가 아니다.

많은 조건들이 근대를 설정하는 데 간단치 않은 문제들로 제기됨에도 불구하고, 본 글도 몇 가지 물음적 조건을 제시하고 그에 대한 답을 잠정적으로 서술하면서 근대의

---

[1] 김성기 엮음, 『모더니티란 무엇인가?』, 민음사, 1994, 21쪽.

시기 기준을 설정하고자 한다. 우선 정치적 측면에서 근대 국가의 형성을 들 수 있다. 봉건적 정치 질서를 해체하고, 부르주아지 중심의 민족 국가가 형성되는 시점을 근대 체제의 시작으로 설정한다. 다음으로 경제적 측면에서 전통적인 농업 중심의 생산 체제가 소비재 물품의 공장제 생산 체제로, 시장을 중심으로 재화의 수요와 공급이 이루어지는 시장화 등으로 대체되는 시점을 근대 체제의 조건으로 제시할 수 있다.[2] 일반 사람들은 근대의 정치와 경제 체제에서 삶의 조건이 변화되면서, 일상 생활을 바꿔가야 했다. 많은 사람들이 농촌에서 도시로 이주하고, 가족의 규모를 축소해야 했으며, 전통적 생활 체제에서 탈피하여 근대의 교육과 의례 등을 행해야 했다.

하지만 앞에서 제시한 근대의 특징은 서구의 보편적인 근대성을 간단히 요약한 내용으로 이해하면 될 것이다. 근대는 분명 서구 사회의 변화를 지칭하는 용어였고, 이러한 변화가 제국주의의 확장과 식민지성을 지니고 세계로 확대되어 갔다. 서구 사회의 근대적 변화 또한 일의적인 방향으로 진행되지 않았고, 지역적 특수성과 결합되면서 다종다양한 특징의 근대성을 보여주었다. 제3세계 국가들은 식민지적 근대성과 접촉하면서 저항, 습합, 왜곡, 변종의 특질을 보이면서 근대 사회로 전환하기도 했다. 그래서 근대는 누구에게나, 어디에서나, 똑같이, 같은 방향과 과정으로, 같은 힘의 크기로 전개된 것은 아니다. 근대나 근대성의 논의는 문학 텍스트나 역사적 실증의 지엽적인 내용에 한정하는 것이 아니라 주체, 방향, 권력, 억압의 메커니즘과 욕망의 흐름과 그 지향성, 근대가 작동되고 실천된 사회문화의 장과 더불어 총체적으로, 역동적으로, 문화론적으로 이해되어야 한다.[3]

이런 측면에서 한국의 근대 설정은 복잡하다. 조선 후기 농업 생산성의 향상에 따른 상업과 시장의 발달, 신분 체제의 균열 등에서 자생적 근대성을 포착하기도 하고, 19세기 말 외세와 접촉 속에서 근대적 문물과 제도를 도입하는 시점을 근대의 시작으로 설정하기도 한다. 일제강점기를 거치는 과정에서 식민 지배의 목적으로 도입된 제도와 도시의 발달, 산업 시설을 한국 근대의 확립 시기로 보는가 하면, 해방과 함께 대한민국 정부가 수립되고, 1960년대부터 시작된 국가 주도의 산업 근대화를 한국식 근대화의 모델로 언급한다. 하지만 본 민속지는 이러한 다양한 근대화 논의를 모두 포괄할 수 없다. 이는 민속지가 갖고 있는 한계적 특성 때문이다.

---

[2] 이도흠, 「중세성, 근대성, 탈현대성의 개념과 차이」, 『한국언어문화』 40, 한국언어문학회, 2009, 241쪽.
[3] 위의 글, 254쪽.

민속지는 대상 지역이 과거부터 전해오는 전통문화와 역사, 마을 공동체의 민속 지식 등을 총체적으로 조사하여 기록·보존하는 것을 목적으로 한다. 특히 그 대상 지역이나 마을이 특별한 역사적 사건을 경험하지 않고 평범한 삶을 유지해 온 곳일수록 과거의 삶에 대한 문자 기록이 두텁게 전해오는 경우가 드물다. 이러한 상황에 놓여 있는 지역을 대상으로 민속지 작업을 진행할 때는 현재를 살아가는 사람들의 기억에 많은 부분을 의존해야 한다. 물론 사람들의 기억이 문자 기록의 부재에 대한 대체재로 활용되는 것은 아니다. 기록과 기억이 상호 교차되면서 사람들의 삶을 정리하는 것이 민속지 작업의 본래 목적이다. 그러나 기록의 양이 얇을수록 기억의 양과 질을 담보하며 민속지 작업을 수행해야 하는 것은 어쩔 수 없는 사실이다.

그런 측면에서 안동시 임동면 대곡1리는 기록된 사료보다 현재를 살아가는 사람들의 기억에 의존해서 민속지 작업을 수행해야 하는 곳이다. 과거부터 진성이씨, 안동권씨, 안동김씨 등 몇몇 집안들이 마을 공동체의 주류 집단을 형성했지만, 원체 외진 산골에 위치한 관계로 산전山田, 일명 화전火田을 일구며 살기 위해서 외부에서 들어온 각성받이 주민들 또한 만만치 않은 수를 이루었기 때문이다. 또한 대곡1리는 척박한 환경에서 삶을 유지하는 것이 마을 구성원 대부분의 우선적 목적이었기에 마을의 역사 등을 체계적으로 기록한 사료 등이 눈에 띠지 않는다. 이런 상황에서 본 민속지의 주제인 '근대화와 집합기억'에 대한 서술은 현재를 살아가는 주민들의 기억에 의존하는 수밖에 없으며, 현재 마을에 거주하는 주민들 및 기억 담론 구성의 중심 주체에 대한 연령을 고려한다면, 근대화에 대한 경험의 시기를 설정하는 데 일정 부분 제한이 부과된다. 일단 마을에 거주하는 여성들 대부분은 한국전쟁 이후에 대곡마을로 시집을 왔고, 이들을 대상으로 마을에 대한 기억을 수집할 경우 1950년대 초부터 이야기가 시작된다. 더불어 마을 역사와 문화에 대한 담론 구성을 주도하는 남성들의 경우도 1950년대 초에 출생한 경우가 대부분이었고, 1960~70년대에 도시로 나갔다가 근래에 귀촌한 경우가 다수 있어서 통시적 연속성을 확보한 민속지 작성에 일정한 한계를 노현하고 있다. 이러한 대곡1리의 현장 상황을 고려해서 '근대화와 집합기억'에 대한 조사 시기를 한국전쟁부터 현재까지로 설정하고자 한다. 그리고 세부 소재를 한국전쟁, 산전山田, 탈향과 귀향, 일상에서 나타난 근대적 삶의 작은 변화를 중심으로 서술하고자 한다.

본 민속지는 대곡1리 마을 사람들의 근대화 경험을 '집합기억'이라는 개념을 통해서 살펴보고자 한다. 집합기억은 프랑스 사회학자 모리스 알박스Maurice Halbwachs가 정초한 개념이다. 집합기억은 하나의 고정된 실체로서 구성된 것이거나 소여된 대상물이 아니다. 그래서 집합기억은 역사와 변별된다. 집합기억은 집합체나 사회가 자기의 과거에 대한 정보를 담지한다는 사실을 '개인기억'이라는 친숙한 용어에 조응시켜 정식화한 하나의 은유로서, 조작적 개념이라기보다는 감응적 개념에 가깝다. 그래서 그것은 명확히 규정짓기가 어렵고 암시적이기만 하다.[4] 그런데 이러한 집합기억은 집단의 전체주의화를 추동하는 신비적 집단심과 집단의 기억과는 분명한 차이를 지니고 있다. 집합기억의 주체는 개인이어야 하면, 집단이나 제도는 과거의 어떤 부분을 기억하고 회상하는 특수한 맥락일 뿐이다. 집단이나 제도가 기억 구성의 중심축이 될 때, 그 기억은 집단의 전체주의화를 추동하는 매개가 되기 때문이다.

집합기억은 자전적 기억과 역사적 기억으로 분류된다. 자전적 기억은 사적 기억, 내적 기억이며, 역사적 기억은 사회적 기억, 외적 기억으로 의미 지층을 달리 형성한다. 이러한 두 종류의 기억이 혼효되면서 집합기억은 구성된다. 더불어 집합기억은 기억 주체의 현재적 관점에서 과거의 기억이 소환되어 재구성된 특질을 지닌다. 그래서 집합기억은 과거적 사건과 사태에 대한 온전한 사실을 보여주는 것이 아니라, 기억 주체가 현재의 시점에 개인이나 사회적 상황에 어떻게 부합하는가를 고려하면서 재구성하는 임시적 결과물이라 할 수 있다. 그래서 집합기억은 역사와 달리 몇 가지 특징을 지니는데, 첫째, 집합기억은 결코 인공적이지 않은 연속성을 띤 사고의 흐름이며, 둘째, 역사는 단일하나 집합기억은 복수적이다. 셋째, 집합기억의 내용은 역사 또는 역사적 기억과 대조적으로 시간적 유사성의 감각-옛날이나 지금이나 별로 다를 게 없다는-이 강하며, 이를 통해 집단의 정체성이 유지된다.[5]

본 민속지는 이러한 집합기억의 특성을 고려하여, 대곡1리 마을 사람들의 근대화 경험을 살펴보고자 한다. 대곡1리 마을 사람들은 1950년부터 현재까지 외부에서 들어오는 다양한 문화적 변수로 인해서 변화되는 일상의 삶을 경험했다. 그러나 이러한 변화가 어떤 이에게는 삶의 마디를 형성하는 사건이 되었고, 어떤 이에게는 일상의 작은 에피소드로 기억되는 경우도 있다. 사실 민속지는 사람들이 간직하고 있는 파편적인 기억들을 소환시켜 집합기억화하는 작업이다. 조사자는 마을 사람들이 현재의 삶을 구성했지만 그 중요성의 경중을 평가하지 못한 과거의 경험을 소환시켜 파편적 기억을 집합기억의 묶음으로 재구성하는 일종의 매개자이기도 하다. 이에 본 필자는 대곡1리 마을 사람들

---

[4] 김용범, 「알박스의 기억사회학 연구」, 『사회과학연구』 6(3), 대구대학교 사회과학연구소, 1999, 587쪽.
[5] 위의 글, 580~581쪽.

이 파편적으로 지니고 있는 근대화의 경험을 조사하여 정리하고자 한다.

2. 한국전쟁의 경험과 기억

연합국은 제2차 세계대전이 끝난 후 세계 질서를 재편하는 작업에 착수한다. 미국과 소련으로 대표되는 자유주의와 공산주의 진영은 세계 질서 재편의 주도권을 확보하기 위해서 강력한 대립을 형성하게 되었고, 오랜 일제 강점에서 해방된 한국은 좌·우익 세력이 경쟁하는 장이 되었다. 결국 좌·우익의 대립은 남과 북의 분단이라는 결과를 낳게 되었고, 남과 북의 극한 대립은 북한의 남침으로 한국전쟁이라는 비극을 맞게 되었다. 한국전쟁은 1950년 6월 25일에 발발하여 약 3년 동안 지속되었다.

한국전쟁은 남과 북으로 나뉜 이데올로기적 진영이 한반도에 하나의 이념으로 통일된 민족국가 설립을 목적으로 행해졌다. 이는 근대성이 지닌 동일성의 패러다임이 극단적으로 보여준 사례라 할 수 있다. 동일성이 형성되는 순간 세계는 동일성의 영토로 들어온 것과 그렇지 못한 것으로 나뉜다. 동일성은 자기 바깥의 것을 모두 타자로 간주하고 이를 자신과 구분하고 대립시키면서 동일성을 강화한다. 이를 통해 동일성은 타자에 대한 배제와 폭력의 담론을 형성하며, '차이'를 포섭하여 이를 없애거나 없는 것처럼 꾸민다.[6] 한국전쟁은 이러한 동일성의 논리가 작동한 배제와 폭력이 구체화된 사건이었다.

그러나 한국전쟁이 한국 사람들에게 더 아픈 경험으로 다가온 이유는 다른 곳에 있었다. 즉 일제강점기를 거치는 과정에서 형성된 다양한 모순들이 사람들의 일상 속에서 갈등을 일으키는 요인이 되었고, 이러한 갈등이 축적되어 집안과 계급 사이의 원한 감정을 형성하고 있었다. 한국전쟁은 오랜 시간 집단과 공동체 속에 응축되었던 원한 감정이 구체적인 보복 폭력으로 발현되는 촉매가 되었다. 그래서 전쟁이 휩쓸고 간 자리에는 다종다양한 경험들이 개인과 집단의 상처로서 사람들의 기억에 자리 잡고 있는 경우가 많았다.

한국전쟁에 대한 사람들의 경험은 근래까지만 해도 마을 공동체의 이야기판에서 중요한 이야기 소재가 되었다. 하지만 시간의 흐름과 그에 따르는 망각은 빠르게 진행되고

---

[6] 이도흠, 앞의 글, 247쪽.

있었다. 조사자가 대곡1리 해천마을에 도착해서 마을회관에 모여 있는 주민들에게 한국전쟁에 대해 질문했을 때, 돌아온 대답은 다음과 같았다.

> 조사자 : 전쟁 경험을 했던 남자 어르신들은 마을에 계실까요?
> 제보자 : 없어요. (다 돌아가셨나요?) 야. 그리고 우리가 인자 기억 나는데, 그 새끼들이 막 총대가리를 가지고. 이 집안에서 막 쿵쿵쿵쿵 막 울리더라고. 울리. 옛날에는 막 좁쌀같은 것을 이렇게 찧어가지고, 단지에 묻어서. 인제 부엌에 뭐 이래 갖다 놓고 가마솥에 막 이래 끓여 놔놓으면, 다 퍼내 가. 그것은 우리가 알아. 어련히, 이럴 때인게.[7]

제보자의 현재 나이가 73세로서 마을에서 고령층에 해당함에도, 한국전쟁에 대한 기억은 유년 시절 어렴풋하게 남아 있을 뿐이었다. 더불어 이 기억이 현재 자신이 거주하고 있는 대곡마을의 기억이 아니라는 것도 눈에 띄는 특징이다. 대곡1리에서 태어난 남자들이 나이가 들면서 하나둘씩 세상을 뜨고, 여성들만이 홀로 사는 경우가 대다수였다. 제보자와 비슷한 연령대를 형성하면서 마을 담론을 구성하는 여성 주체들은 한국전쟁을 친정에서 겪은 후에 대곡1리로 시집 온 경우가 많았다. 그래서 이들의 기억 속에 대곡마을의 한국전쟁에 대한 직접 경험은 존재하지 않았으며, 집안에서 전해 오는 간접 경험만이 파편적으로 남아 있었다.

이런 현상은 비단 여성에게만 해당되지 않는다. 대곡1리 복수천마을에서 태어나 현재까지 거주하고 있는 제보자 김규동은 한국전쟁에 대한 기억을 다음과 같이 구술하였다.

> 6.25동란 난 것은 지금이 71년이라, 71년쯤 되지. 그래 원래 저 인민군들 후퇴해 들어갈 때, 그때 6.25동란 나고 후퇴되어 가잖아요. 인민군들이 쫓겨가고. 인민군들이 뒤에 따라가고, 그럴 적에 제가 나이가 3살이나, 좀 됐어요, 4살인가, 3살인가 좀 됐을 거예요. 그런데 우리집이 어디 있었냐면, 중간에 저기 저 저 나무 보이는데, 저 아래 저기였다. 집이었어요. 거기에 우리 모친이 인제 옛날에 요즘 일상의 삼베. 안동포 삼베. 그래 짜고 하는데. 틀에 이렇게 칠해 놨는데. 거기 인민군들이 후퇴해 들어가면서, 베틀을 넘어가고. 베틀이. 저게 안동포 짜는 베틀이 있잖아요. 그 우에 짜는. 밀어불고. 인민군이 후퇴해 되어갔고. 그때 우리는 산에 이렇게 보니까, 이 밭이

---

[7] 이순남(여, 1947년생)의 제보(2020년 7월 13일, 해천마을 마을회관).

동상이 걸려가지고, 이래. (아, 인민군들이?) 인민군들이 후퇴해 갈 때, 발이 동상이 걸려가지고. 그래가, 그런 것도 우리가 보고. 그랬어요. 그게 약간 기억이 나거든요.[8]

제보자 김규동은 한국전쟁 당시 인민군이 후퇴하면서 자신의 집안에 있는 삼베와 농작물로 재배하는 콩을 빼앗겼다는 기억을 간직하고 있었다. 더불어 한국전쟁이 장기화되고, 산기슭에 인민군 잔여 병력이 빨치산으로 활동하고 있을 당시 마을 지키던 경찰들에게 밥을 지어서 날랐던 기억만을 파편적으로 간직하고 있었다. 분명 개인 주체가 지닌 이러한 단편적인 기억이 중요하지 않은 것은 아니지만, 집합기억을 형성하며 집단이나 사회적 의미를 형성하는 데까지 나아가기는 부족함이 많아 보인다.

집합기억은 과거 세대의 경험이 기억과 구술을 통해서 전승되어 구성되기도 한다. 이러한 집합기억은 집단과 마을 공동체의 정체성을 구성하는 중요한 요소가 되며, 더불어 과거에 발생한 집단의 실수와 오류를 재반복하는 것을 막아주는 긴장의 장치가 되기도 한다. 한국전쟁 당시 집안과 계급 사이의 극단적 대립으로 깊은 상처를 갖고 있는 마을 공동체는 직접 경험한 세대나 후세대들이 전쟁에 대한 집합기억을 간직하고 있으면서 사건에 대해 회고하는 것을 의도적으로 회피하거나, 다시는 똑같은 사건을 반복하지 않기 위해서 상호 간의 조심스럽게 행동하는 암묵적 윤리를 구성한다.

사실 대곡1리의 경우도 외진 산속에 위치해 있긴 하지만 전통적인 사회 질서에서 위세를 자랑했던 세도가 집안들이 토반으로 자리 잡고 있었으며, 산전을 통한 이주민 집단의 유입을 통해서 마을이 구성된 곳이어서, 봉건적 계급 의식에 기반하는 토반과 이주 산전민 사이의 긴장 관계가 강하게 형성되었을 것으로 추정된다. 물론 이러한 긴장 관계가 한국전쟁을 통해서 구체적인 갈등으로 표면화되지 않았다면 큰 문제가 되지 않지만, 혹여나 구체적인 갈등으로 표면화 되었다면 분명 사람들의 기억 속에 남아서 이야기로 전승되었을 것이다. 그러나 이러한 기억은 현지 조사 과정에서 들을 수 없었다.

그렇다고 대곡1리가 한국전쟁에 대한 아픈 기억이 없는 것은 아니다. 경상북도의회가 2000년에 발간한 『양민학살진상규명특별위원회 활동결과보고서』에는 1950년 7월 안동시 임동면 대곡동에서 주민 다수가 경찰에 의해서 학살되었다는 기록이 있다. 정확한 내용은 알 수 없으나, 한국 정부는 전쟁 발발 이후 1950년 7월 12일 계엄령을 선포했고, 예비검속자에 대한 체포·구금 특별조치령을 내렸다. 이러한 예비검속은 경찰에 의해

---

[8] 김규동(남, 1947년생)의 제보(2020년 7월 21일, 복수천마을 모정).

수행되었으며, 좌익 혐의로 교도소에 구금된 자, 예비검속 대상자 및 보도연맹원을 조직적으로 학살하는 사건으로 이어지게 된다. 이 사건은 대곡1리도 피해갈 수 없었다. 경찰은 1950년 7월 대곡동에서 면 소개령을 내려서 마을 사람들을 임동장터로 모이게 했고, 경찰이 와서 보도연맹원 및 예비검속자를 선별하여 데려갔다. 그리고 이후 이들의 행방은 알 수 없게 되었다.[9]

이 사건은 대곡1리 마을 사람들에게도 큰 영향을 주었을 것이다. 그러나 현재 마을에 거주하는 사람들에게서 이와 관련된 이야기는 들을 수 없었다. 한국전쟁과 관련한 중요한 사건이 마을 사람들의 집합기억에서 이탈해 버렸고, 그에 대한 기억은 역사 기록에서만 찾을 수 있게 되었다. 그럼에도 불구하고 몇몇 제보자는 앞의 사건과 명확한 관련성을 확인할 수 없지만, 마을 주변에서 벌어졌던 한국전쟁 관련 사건을 파편적으로 기억하고 있었다. 제보자 김규동은 마을에 사는 우00가 한국전쟁 당시 인민군에 의해서 납북되었다고 증언했다. 대곡1리 해천마을의 제보자 권상기는 1950년생으로 한국전쟁에 대한 직접 경험에 대한 기억은 아니지만, 어른들로부터 전해 들은 이야기를 다음과 같이 구술하였다.

조사자: 어르신, 옛날 한국전쟁 당시에 여기서도 좌우익 사이의 갈등이 없었나요?
제보자: 그런 것 있었어.
조사자: 음. 들었던 이야기나 혹시 마을에서나 보도연맹 사건이나, 아니면 서로 이렇게 대립이나 이런 것이 있으면 이야기해 주세요.
제보자: 그런 대립은 없었고요. 그것은 아마 끝난 사건인데. 아까 자사골 이야기했잖아요. 자사골. (자사골?) 응. 거기에서 진짜 좌익 뭐 빨갱이 생활하다가, 빨갱이 앞잡이 노릇하다가 거기서 이 동네 사람 많이 처형됐다 그래. (이 동네 사람들이?) 어. (여기 대곡?) 이 동네 삼서. 빨갱이들이 억압하고 겁을 주니께네, 잔심부름 해주고, 심지어 자기가 키우던 소도 가서 거 인민군들한테 반납을 하고, 거기 진을 치고 있었으니까. 자사골이라는 데. 그 방향을. 그러니께, 또 협조를 안 하면은 불러서 거기서 빨갱이들이 죽이고. 협조한 놈들은 우리 국군이 경찰들이, 동네에서 마, 저기 가면 덕구먹이라는 데가 대나무 큰 게 있어요. 덕구먹이라는. (덕구멍?) 네. 거기 가면 4백 년 이상 먹은 감정가는 450년이라고 하는데. 대나무가 이런 게 몇 그루가, 저기 있으면 보여.

---

[9] 한국전쟁전후 민간인학살 진상규명 범국민위원회, 『한국전쟁전후 민간인학살 실태보고서』, 한울, 2005, 245쪽.

거기서는 총살을 몇이 당한 사람도. 이야기는 들었어. 보지는 못했고. (이 마을에?) 우리 마을 사람도 그렇고. 이, 이 임동면에, 그때사 안 그랬습니껴. 뭐 빨갱이들이 심부름한 데 시키고. 또, 빨갱이 말을 안 들어서 죽은 사람도 있을 거고. 빨갱이 또, 그 심부름 하고, 협조한 놈들은 우리 국군하고 경찰도 죽인 것도 있을 거고. 그렇게 많았다 그래.[10]

알박스는 개인의 기억이 유지되고 되살려지는 것은 전적으로 '사회적 틀'에 의존한다고 했다. 이 사회적 틀은 시간과 공간이며, 이 중에서 공간이 중요한 기능을 수행한다. 그는 '개인기억'이라는 개념은 무의미한 추상에 불과하며, 기억은 본질적으로 '사회적 틀'을 통해 획득·인지·배치되는 집합적-사회적 현상이라고 보았다.[11] 제보자 권상기는 한국전쟁을 직접 경험한 세대가 아니다. 그럼에도 불구하고 그는 과거 어른들로부터 전해오는 한국전쟁에 대한 기억을 마을 공간에 위치한 표지를 통해서 유지하고 있었다. 제보자 권상기의 한국전쟁 기억은 대곡1리 마을을 연구하는 데 중요한 의미를 지니고 있다. 한국전쟁의 혼란 속에서 기층의 사람들이 살기 위해서 어떻게 행동해야 했으며, 이러한 행동이 전쟁 와중에 교체되는 국가 권력에 의해서 어떤 처벌을 받아야 했는지를 현재를 사는 우리에게 보여주고 있다. 더불어 이러한 비극적 경험이 마을 공동체 및 집단의 삶에 하나의 지표가 되는 집합기억으로 작동했을 것으로 추정된다.

그러나 제보자 권상기의 구술은 집합기억으로서 더이상 유효성을 상실하고 있으며, 개인 차원의 잔존 기억으로 물러나 있음을 보여주고 있다. 한국전쟁은 대곡1리 마을 사람들에게 오랜 과거의 사건으로 인지되고 있다. 한국전쟁을 마을에서 직접 경험한 대부분의 사람들이 세상을 떠나게 되었고, 현재 마을 담론을 구성하는 주체 세대들은 고령의 나이임에도 불구하고 유년 시기에 한국전쟁을 경험하였다. 그나마 집합기억의 형태로 전해온 한국전쟁 경험은 개인의 잔존 기억으로 전환되어 현재에 이르고 있다.

---

[10] 권상기(남, 1950년생)의 제보(2020년 7월 14일, 제보자 자택).
[11] 김용범, 앞의 글, 591쪽.

3. 산전山田의 기억과 전근대적 계급 의식의 충돌

대곡1리는 해발고도가 높은 곳에 위치한 전형적인 산촌山村의 특성을 지니고 있다. 또한 대곡1리는 안동시와 70리 정도의 거리를 두고 있어서 교통이 발달하지 않은 과거에는 상당히 외진 곳에 있었다. 대곡은 마을이 크고 긴 골짜기 모양을 하고 있다고 해서 대곡大谷 또는 한실이라고 불렸으며, 마을 가운데로 장갈령長葛嶺에서 흘러내리는 대곡천 주변으로 자연마을이 산재해 있어서 물을 얻을 수 있는 조건이 제한적이었다. 그래서 논농사는 대곡천을 중심으로 일부 행해질 수 있었고, 대부분 밭농사 위주로 작물을 재배했다.

하지만 마을이 산으로 둘러싸여 있어서 밭농사 또한 수월치 않았다. 밭작물을 재배하기 위해서는 마을 주변의 산을 경작지로 개간해야 했다. 산의 수목을 제거하고 그곳을 경작지로 전환시키는 주요 방식은 화전火田이었다. 그러나 화전은 단순히 경작지 조성 방식만을 가리키는 용어가 아니다. 화전은 한국 사회에서 사회적 주변부에 위치한 사람들이 생존을 위한 수단으로 선택한 삶의 방식이며, 이러한 의미와 연결되어 화전민은 정치경제학적 의미를 지닌 계급적 용어로 인식되었다. 화전은 일제강점기부터 해방 후 1979년에 이르기까지 경제적으로 몰락하여 생계 유지가 곤란해진 농민이 최후의 선택 사항으로 채용했던 하나의 수단이었다. 한국의 화전민은 근대 이후에도 오래 존속하였고, 고도 경제 성장기에 이르러 소멸한 점에서 독특한 역사를 지니고 있다.[12]

대곡1리는 과거부터 화전을 중심으로 마을 주변 농경지를 확보했다. 그런데 마을 사람들은 '화전'이라는 말을 잘 이해하지 못했다. 조사자가 마을 사람들에게 '화전'에 대한 기억을 물을 때, 대부분이 화전이라는 용어를 생소하게 받아들였다. 대신 마을 사람들은 '산전山田'이라는 용어를 사용했다. 그렇다면 마을 사람들은 왜 화전이라는 용어 대신 산전이라는 용어를 사용했을까? 앞서 서술했듯이, 화전은 과거부터 정치경제학적 의미를 지닌 계급적 용어로서 기존의 제도권에서 이탈해서 주변부에 정착하기 위한 하나의 방편으로 이해되는 어휘였다. 하지만 과거부터 오랜 시간 대곡1리에 거주한 사람들, 그 중에서도 조선시대부터 세도가로 유명한 성씨 집단이 마을에 터를 잡고 살아온 곳이었기에 화전이란 용어는 이들에게 어울린 말이 아니었을 것이다. 또한 이들이 경제적 안정을 유지하기 위해서는 산을 이용해서 경작지를 마련해야 했기에 산전은 마을 사람

---

[12] 신민정, 「화전민호수의 변화 요인 분석」, 『농업사연구』 10(2), 한국농업사학회, 2011, 85~86쪽.

들의 경제적 삶을 유지하기 위한 토대였다. 이러한 이유가 복합적으로 작용해서 대곡1리 마을 사람들은 화전이라는 말 대신 산전이라는 말을 사용하고 있는 듯하다.

대곡1리는 전근대적 인식에 기반하는 가문과 계급 의식이 오랜 시간 유지된 곳이다. 제보자 권상기는 안동 예안에서 살다가 유년 시절 조부祖父를 따라서 대곡1리로 이주했다. 당시 대곡1리는 진성이씨, 안동김씨, 안동권씨가 주요 토반으로 함께 거주하였는데, 안동권씨였던 제보자 권상기는 유년 시절 기억을 다음과 같이 구술하였다.

> 제보자: 있었죠. 그러니께네. 진성이씨, 안동권가, 안동김씨가 어였던 삼태 사니께네, 인동장씨하고. (인동장씨?) 네에. 그러니께네, 그 조상이 삼태산이라니께네. 안동권가하고는, 안동김씨하고는 이래 또 서로 짝짝꿍이 됐고. 진성이씨는 이퇴계 후손이라도, 여기에 몇 집이 있어도. 서로 세력 싸움이 좀 좀 심했어요.
> 조사자: 세력 싸움이 심했어요?
> 제보자: 심했지요.
> 조사자: 심했다는 말이 무슨 말일까요? 혹시 어르신은 안동권씨잖아요. 여기는 옛날에 안동권씨가 별로 없는데, 처음으로 들어오신 건가요, 안동권씨로?
> 제보자: 우리, 내가 아마 철들고는, 다섯, 여섯 살 철들고는 우리 권가들도 한 20호 살았어요.
> 조사자: 아, 여기에. 그럼 진짜 세 싸움이 셋겠네요?
> 제보자: 네에, 셋지요. 그래 인제, 영감들은 우리 대에는 안 그랬는데. 우리 조부 대에는 요놈은 객지 숨이래, 요놈은. 니가 또 양반이 권리 세를 낸다고 그리 많이 했어요. 진성이씨 그, 우리 조부하고, 뒷집에는 그 진성이씨 어른이 살았고. 동네 제일 남아 나더니. 그 밑에 우리 조부가 어른이 살았는데. 원래 서로 올려 쳐다 보고 내려다 보고. 에헴, 에헴 그리 많이 그랬어. 지금이야 글치만.[13]

제보자의 구술에서도 알 수 있듯이, 대곡1리는 봉건적 가문과 계급 의식이 산촌이라는 자연적 환경과 결합되면서 오랜 시간 유지될 수 있었다. 그러나 대곡1리는 과거부터 외부에서 이주해 들어오는 사람들이 많았다. 산전을 목적으로 대곡1리로 들어오는 사람들의 출신 지역은 다양했다. 가까운 안동뿐만 아니라 대구 등지에서도 왔고, 멀리 강원도, 충청도, 전라도에서도 이주해 들어왔다. 그리고 이렇게 이주해 온 사람들은 무리를

---

[13] 권상기(남, 1950년생)의 제보(2020년 7월 14일, 제보자 자택).

이루어서 산촌散村을 형성했다. 산전을 일구기 위해서 들어온 사람들이 주로 거주한 곳은 대곡1리 복수천마을에서는 장자골이었으며, 해천마을 주변에도 산전민 마을이 다수 분포하고 있었다.

 제가 철들고요. 가만히 이 동네가 토지고, 농토고, 집이고 형성이 됐어. 그 전에는 여 저 밑에 가면 갯골이라는 동네가 있는데. 여기서 보면 갯골 동네인데. 거기에는 사실은, 타성들. ···중략··· 네에, 많애. 갯골도 글코. 요 너머, 요 너매 가면. 공동묘지가 있고, 구태가리굴이라는 게 있어. 용무굴[용우굴로 발음하기도 함]이라는 게. (용무굴?) 네에. 거 가면 인제, 우리 어릴 적에 가 봤는데. 명주실 알아요? (네에.) 명주실. 당시 할미들, 타래 비우고 두 개 된 것. 그 끼니가 얼마나 길겠어요. 그 그 굴에 들어가면, 세 타래를 놓고 들어가도, 끝이 없어. 그 굴, 용무굴이라는 게 있어. ···중략··· 거기에 우리 어릴 적에, 젊은 새덕이들이 그 산전을 해가지고, 몇 집이 살았어. 젊은 새댁이. 총각들이. 총각이 아니지 결혼을 했으니께네. 그때는 한 열아홉, 스무 살 되면 결혼 다 했잖아요. 일찍 결혼했잖아.[14]

 전술하였지만, 기억의 사회적 틀 가운데 가장 안정적이고도 확실한 과거상을 유지시켜 주는 것은 공간이다. 대부분의 집단들은 어떤 식으로든 땅덩어리 위에다가 자기의 형태를 각인시켜 놓고 있으며, 그 공간적 틀 안에서 자기들의 기억을 재생시키며 유지해 간다. 집단들은 자기 나름의 공간 표상 방식을 갖추고 있으며, 그 집단의 수만큼 다양하다. 그리고 이러한 공간은 상이한 특징을 내보이는 집합기억의 공간적 틀을 이루게 된다.[15] 제보자는 현재 산전과 산전민들이 사라졌지만, 마을 주변에 배치된 공간을 통해서 그들에 대한 기억을 되뇌고 있다. 그리고 이러한 집합기억은 마을의 중심 집단과 주변 집단을 구별짓는 형태로 표현된다. 비록 봉건적 계급 의식에 기반해서 마을의 중심 집단과 주변 집단을 구별짓지만, 중심 집단 또한 산전이라는 형태로 경제적 기반을 마련했다. 하지만 산전의 숙전화에 따른 오랜 거주 기간과 가문 의식이 중심 집단을 구성하는 중요 요인으로 작용했다면, 주변 집단은 가문 의식을 구성할 수 있는 요소의 부재와 곤궁한 경제 상황을 탈피하기 위해서 임시적으로 산전을 행한다는 특징을 보이고 있다. 이에 주변 집단에 해당하는 산전민에 대한 부정적인 인식이 중심 집단에 해당하는 마을

---

[14] 권상기(남, 1950년생)의 제보(2020년 7월 14일, 제보자 자택).
[15] 김영범, 앞의 글, 574쪽.

주민과 그의 후손에까지 전해지고 있다.

> 타성들 뭐 지금 같으면은 상놈들. 근데 옛날 천방지축마골피 그랬잖아요. 상놈들이라고 하면. 보리밥 한덩이를 가 가면, 남의 산을, 뭐 주인이 있는데 허락을 받고, 산전 개간을 해. 그러면 그 개간을 하는 딴 것 할 게 뭐 있는거. 요새는 비료 좋고, 거름 좋으니까 되지만은. 오직 그 서숙, 그 뭐 좁쌀. 서숙을 숨어 가지고, 산주 좀 주고. 자기 저 일 년 생활하고. 그 인제, 안동권가, 안동김씨, 진성이씨들은, 그만 살만 했고, 기본이 잡혀 가지고. 산전 같은 것은 안 했어요. 주로 타성씨들. 타성씨들. …중략… 주로 인제, 옛날에는 뭐 뭐, 이 동네 생길 적에는 뭐, 왕이 뭐, 역적이 되면 이래 성 바꿔 불고. 뭐, 뭐, 그 있잖아요. 이래 불면, 전씨가 되고 그런데. 우리 당시에는 그것은 아니고. 주로 오신 분들이 어떤 분들이 왔나 카믄. 군대 안 갈라고, 군대 안 갈라고 숨어 가지고, 저 청, 강원도나 충청도 이래, 젊은 새댁이가, 그 인제 결혼을 해가지고는. 주위에 가면 잡히잖아. 야간도주 멀리 하는 거여. (야간도주?) 네에. 그래 가지고 거기서 개간을 해가지고, 사는 사람이 많았어. …중략… 저기 가면 자사골이라는 데가 있어. 네에. 거기는 또 저 복수천하고 우리 대곡1동이여, 바드레, 해천, 복수천, 새들 그 밑에 네 군 데가 대곡1리제. 자사골 거기에도, 거기는 문씨들이 무리를 지어, 문씨들이 몇 가구, 몇 집이 살았는데. 거기도 주로 보니께네, 인제 뭐 군대 안 갈라고 숨어 살아, 살다보니. 거, 저, 동네를 이루고, 가족을 이룬, 그런 곳이 세 군데래. 세 군데. 그 뭐, 딴 거기에서 온 것은 없고. 주로 인제 또 저런 사람들도 있잖아요. 그 뭐 살인을 했다가, 범죄자들. 범죄자들 숨어 가지고, 강원도나 충청도나 저 한 번은 거제에서 인제, 뭐 배 타다가 뭐 사람을 죽였는데. 그 자사골 동네 와 가지고, 그 문씨인데. 우리 어릴 적에 문○○이라고 했던가. 여 와 가지고 개간해가지고 먹고 살고. 사식들은 맹 장성해 가지고, 뭐 거기도 우리 나이 쯤 됐어. 서울 가서 살고. 주로 인제 뭐 군대 안 가고, 범죄자들이. 숨어 가지고 그래 요새 같으면 뭐 컴퓨터 세계에 사람 치면, 그때는 못 찾았거든요. 거 숨기는 게 무서워서 가도 못하고, 그 개골에 인제, 거기에 많이 살았죠.[16]

외부에서 유입된 사람들이 마을 주변에 집단을 이루며 살았고, 오래 전부터 터를 잡고 마을의 중심 공간에 거주한 사람들은 그들과 인식적·물리적으로 일정한 거리를 두며 생활을 했다. 특히 마을의 토반 성씨라 할 수 있는 진성이씨, 안동권씨, 안동김씨 집안은

---

[16] 제보자는 유년 시절의 기억을 토대로 산전민에 대해 구술하였고, 그 내용이 확실한 근거에 기반하기보다는 추측성 언술이 대부분이다. 더불어 필자는 구술 내용이 현재까지도 거주하는 마을 주민 사이에 좋지 않은 영향을 줄 수 있다고 판단되어, 제보자의 인적 사항을 표기하지 않기로 했다.

제보자의 유년 시절에 해당하는 1950-60년대에 이미 안정적 기반을 마련했기 때문에 경제적으로 곤궁하지 않는 이상 산전을 이용해서 농사짓지 않았다고 한다.

선 정주민과 이주 산전민 간의 긴장 관계는 아주 오랜 시간 지속되었다. 제보자 김동석은 자신을 순천김씨라 했으며, 고조부대에 전라도 순천에서 대곡1리로 이주했다. 가족들도 이주 산전민이었지만, 자신의 유년 시절에도 산전을 하기 위해서 대곡1리로 들어온 사람들이 많았다. 이들은 끼니를 이어가기조차 힘든 빈곤한 사람들이 대부분이었고, 산 주인에게 허락을 얻고 산전을 일구고 5년 후에 수세 명목으로 세금을 지불했다. 제보자 김동석은 자신들이 비록 오래 전에 산전민으로 마을에 들어왔지만, 시간이 흘러도 선 정주민에 해당하는 마을의 중심 집단에게 많은 차별을 받았다고 했다. 마을의 중요 사안들은 특정 가문에 의해서 결정되었고, 이주 산전민으로 분류되는 사람들의 발언권은 철저히 배제되었다. 또한 특정 가문은 자신들이 확보한 안정적인 경제권을 토대로 이주 산전민들을 일상적으로 천대했다. 제보자 김동석의 집안은 산전의 숙전화 및 오랜 거주를 통해서 안정적인 경제력을 확보했음에도 불구하고 이러한 차별과 배제를 경험했다. 그 이후에 들어온 이주 산전민에 대한 차별과 배제 의식은 더욱 강했을 것으로 추정된다. 그러나 이러한 현상은 제보자 김동석이 군대를 갔다 온 이후, 즉 이주 산전민 후세대들이 청장년으로 성장하고 마을의 중심 집단으로 자리 잡으면서 점점 사라졌다.

반면 복수천마을에 거주하는 제보자 김규동은 선 정주민과 이주 산전민 사이에 큰 갈등이 없었다고 했다. 복수천마을 주변에 있는 정자골이 산전민들이 집단으로 거주하였는데, 이들은 정기적으로 마을을 방문해서 자신들의 생활에 필요한 물품들을 구해서 갔고, 정기적으로 마을 사람들과 교류하면서 특별한 갈등 없이 지냈다. 더불어 제보자 김규동은 안동김씨 집안으로 자신의 조부 또한 양반 의식을 강하게 지니고 있어서, 외부에 일이 있을 때마다 출타를 하면 다른 집안 사람들에게 격에 맞는 대접을 받았다고 했다. 그러나 집안 형편이 넉넉하지 못해서 자신이 어느 정도 성장한 뒤에는 산전을 일구며 농사를 짓기도 했다. 제보자 김규동의 경우는 비록 봉건적 계급 의식을 지니고, 마을의 중심 집단으로 자리매김할 수도 있는 위치였다. 하지만 집안의 경제적 형편이 이러한 의식을 유지하는데 나름 장해가 되었고, 그 또한 산전을 일구며 살았기 때문에 산전민에 대한 인식이 부정적이지만 않았을 것으로 생각된다. 제보자 김규동은 1947년생이지만 자신이 직접 산전을 일군 경험을 다음과 같이 구술하였다.

제보자: 산전 일구는 것은 인제, 내가 먹고 살기 위해서. 내가 여기에 가면 좀 평안하고, 땅이 좀 있을 것 같으니까, 저 산에 가면, 풀을 막 비, 땅을 막 비. 비어 가지고 한테 몰아. 그래놓고, 가를 이래, 불 안 나가지고 설랑, 불 질러불고 올라와. 거, 조 뿌려 가지고랑. 가에로 조아 가지고, 그리고 나면은 가을에 인제 비어 가지고 아주 이래가지고 먹고 살고. 나무는 저, 저런 데 인제, 땅이 좀 있고 하면, 나무 비어 가지고 한 데 모다. 가에 불 안 날 정도로. 그래 불 질러 불고. 인제 불 다 탄 뒤에 인제, 저런 나무 밑에 가면 인제 어로 새 뿌리기 때문에 많이 없거든.

조사자: 뭐가요?

제보자: 잔풀 뿌리가 많이 없거든. 그러니까 조 뿌려가지고, 가에로 싸 가지고랑, 가을에 씨앗이 올라오면은 인자, 조가 다 되면은 가을에 비어 가지고, 쪄 가지고 먹고. 그랬지 뭐.

조사자: 어르신 그러면 이렇게 산전을 언제까지 일구었어요? 안 한 지가 언제부터였어요?

제보자: 그것은 산전하고 할 적에는 내가 쪼매할 때였는데.

조사자: 젊을 때?

제보자: 열 한 댓살. 한 칠십, 육십 한 오년 전 쯤 되게나. 그리고 산전 해가지고 하면은 뭐, 그래 가지고랑 한 산, 산전 해먹고 한 사람당 2-3년씩 하다가 다 치웠어. 다 버리고. 그러니까, 딴 것 이래 나와 가지고. 땅 생기면 인제, 해 가지고 하고. 그렇게 거기서 한 번 살면, 3-4년씩 인제. 한 번에 불 질러 가지고라, 쪼아서 하면, 한 3-4년씩 해 먹고. 또 버려 불고, 산에서, 묵혀 불고. 저 치은 것은 저, 속은 저런 데 가지고랑. 뭐 덤불 비어가지고는, 죄다 불 질러 불고. 화목한. 그 저기를, 낙엽 같은 것이 많이 떨어졌던 것이 인제 썩어 가지고랑, 불을 질러서 땅이 푹신해 가지고 곡식이 되었는데. 3-4년 그냥 해 먹으면, 비어도 암 것도 없으니까, 안 되지 뭐.

조사자: 그러죠. 땅 지력이 없으니까.

제보자: 지력이 다 빠지고 없으니까 인제. 곡식이 안 되니까. 하지고 버려 불고 없다. 이런 식으로 뭐, 저 개골에는 전부 다 산전 다 했어요. 개골, 개골.[17]

대곡1리의 산전은 1970년대 말까지 계속되다가 사라졌다. 더불어 산전민들도 마을을 떠나기 시작했다. 제보자 김동석의 가족처럼 산전을 통해서 경제적 기반을 마련하고, 마을에 안정적으로 정착한 예는 많지 않았다. 산전, 즉 화전은 국가적 차원에서 금지되

---

[17] 김규동(남, 1947년생)의 제보(2020년 7월 21일, 복수천마을 모정).

기 시작했다. 정부는 1966년 「화전 정리에 관한 법률」을 제정했고, 1973년 산림녹화를 효율적으로 수행하기 위해서 산림청을 내무부로 이관하여 '치산녹화 10개년 계획'을 시행했다. 더불어 1960년대 말부터 화학비료와 통일벼 등 신품종이 보급되고, 고도경제 성장기로 인한 노동시장이 확대되면서 화전과 화전민은 점차 감소해 갔다.[18] 대곡1리의 산전과 산전민이 사라진 시기도 정부 시책과 함께 한국의 사회·경제적 여건이 바뀌는 시기와 겹친다. 마을의 중심 집단을 형성했던 일부 가문과 그 후손들도 변화되는 시대 상황에 맞춰서 도시로 이주함으로써 과거에 존재했던 선 정주민과 이주 산전민 사이의 눈에 보이지 않은 갈등도 사라지게 되었다.

4. 달향의 기억과 귀향의 신화화

알박스는 현대 산업사회에서의 욕구와 위계에 관한 연구에서 다음과 같은 주장을 한다. 계급은 가치관의 공유라는 사회학적 변수에 의해 정의함과 동시에 소비 압력은 경제적 변수에 의해서 보다 사회적 요인에 의해 구조화된다는 가설을 세웠다. 이 가설의 연장선에서 그는 욕구의 인지는 사회 계급에 의해서 결정되며, 재화는 일상적 사회 관계의 수립에 이용된다고 보았다.[19] 이에 사람들은 자신들이 일상에서 만나는 집단과의 관계 속에서 소비 욕구가 설정되고, 이 욕구를 실현하는 과정에서 소비의 패턴이 결정된다는 것이다. 이러한 알박스의 주장은 공동체의 삶에 접목시켜 이해하고 분석할 수 있는 단편을 제공한다. 즉 닫힌 공동체는 주변 공간 환경이 제공하는 삶의 방식에 적응하면서 기존의 체제를 유지하며 살아간다. 하지만 외부의 새로운 문화 요소와 접촉하게 되면서 기존 공동체의 삶은 변화를 겪을 수밖에 없다. 외부에서 유입된 근대적 요소와 근대성은 전통 질서를 유지하는 공동체의 삶을 변화시키는 중요한 요인이며, 이에 영향을 받은 공동체 성원은 다양한 형태로 삶의 방식에 변화를 주게 된다.

한국은 1960년대부터 1970년대 본격적인 산업 근대화 시기로 접어들게 되고, 산업적 측면에서 고도 성장을 하게 된다. 한국의 도시는 이러한 고도 성장기에 맞추어서 발전하게 되고, 개인의 능력과 사회 자본 축적은 전통적 사회적 질서와 다른 새로운 사회적

---

[18] 신민정, 「한국 정부의 화전정리사업 전개 과정과 화전민의 실태(1965~1979)」, 『경제사학』 50, 경제사학회, 2011, 73~92쪽.
[19] 알박스, 「노동자계급과 그들의 생활수준: 현대 산업사회에서의 욕구와 위계에 관한 연구」, 1913; 김용범, 앞의 글, 564~565쪽.

계급 질서로 재편할 수 있는 기회를 제공했다. 특히 한 개인이 자본주의 사회 질서에 안정적으로 편입하기 위한 사회 자본이 바로 교육이었다. 교육을 통해서 축적한 사회 자본은 농촌에 사는 한 개인이 도시에 편입할 수 있는 중요한 계기가 되었고, 일정 기간 축적된 전문적 지식은 역동적으로 발전하는 한국 사회에서 각 분야의 전문가 및 숙련자가 될 수 있는 토대가 되었다. 이러한 한국 사회의 변화는 대곡1리에도 영향을 주었다.

대곡1리는 산으로 둘러싸여 있는 관계로 농사를 지을 수 있는 땅이 물리적으로 제한되어 있었다. 앞에서도 이야기했듯이, 그나마 화전을 통해서 산전을 마련해야만 농작물의 생산량을 늘릴 수 있었다. 하지만 산전 또한 정부의 정책으로 인해서 쉽게 일구기 어렵게 되었다. 이런 상황에도 불구하고 대곡1리 마을 사람들이 고향을 떠나 도시로 갈 수 없었던 이유는 소유 자본의 결핍 때문이었다. 즉 모아 놓은 돈이 있는 것도 아니었고, 정상적으로 학교를 다니면서 교육을 수혜한 것도 아니었다. 그러나 더 이상 농촌에서 사는 것이 버거운 사람들은 탈향을 시도하기 시작했다.

대곡1리 마을 사람들이 고향을 떠나는 계기들은 몇 가지로 정리된다. 우선 근대적 교육을 수혜하기 위한 탈향이다. 그나마 경제적으로 안정된 가정은 자식들을 도시로 보내서 교육시키려 했다. 제보자 김동석이 바로 이러한 예에 속한다. 제보자는 고조부 때에 산전민으로 마을에 들어왔지만, 부모 세대가 열심히 노력한 결과 나름 끼니 걱정을 하지 않고 살 수 있게 되었다. 그리고 제보자의 삼촌은 일찍이 안동으로 나가서 사범학교까지 졸업한 뒤에 학교 선생으로 도시에서 근무하고 있었다. 제보자는 부모의 적극적인 권유로 삼촌과 함께 도시에 거주하면서 학교를 다닐 수 있었다. 하지만 제보자는 학교 교육에 적응하지 못했고, 큰형님이 일찍 죽은 관계로 10대 후반에 마을로 돌아와 재정착하게 된다.

다음으로 전통적 가족 질서 체계의 영향으로 탈향하는 예가 있다. 한국의 가부장적 가족 질서 체계에서 아들, 그것도 장남은 한 집안의 대표성을 지닌 존재가 된다. 당연히 이전 세대가 축적한 가족의 경제 자본은 집안의 장남에게 독점적으로 상속되는 경우가 많았다. 사실 이와 같은 현상이 1960~80년대 농촌 인구의 도시 이주 현상을 파악하는데 조금 간과된 면이 없지 않다. 농촌 사회에서 차남 이하의 남성들이 결혼을 하게 되면, 장남과 달리 분가를 하는 경우가 많다. 분가할 때는 최소한 경제적 자립이 가능할 때까지 먹을 수 있는 양식을 본가로부터 받게 된다. 전통 사회에서는 분가한 아들들이 본가와 같은 마을에 거주하는 경우가 많았는데, 1960~80년대에는 이들이 고향을 떠나서 도시로 나가는 경우가 비일비재했다. 한국의 사회경제적 변화가 이러한 도시 이주를 촉진시켰다. 하지만 이들이 도시로 분가해 나갔다고 해서 안정적으로 정착한 것은 아니다. 부족한 경제 자본과 교육 자본으로 인해서 도시로 떠난 사람들은 일정 기간 도시의 주변부에 머물면서 안정적으로 정착할 수 있는 기회 비용을 축적하게 된다.

1960년대 전후로 탈향한 사람들이 도시에서 어떻게 살아갔는가는 정확히 알 수 없다. 하지만 같은 나이대에 마을에 거주했거나 학교를 다녔던 사람들은 다양한 친목계를 조직해서 이후에도 교류를 지속하는 경우가 많았다. 정기적으로 행해지는 친목 모임은 같은 고향과 같은 학교 친구들과 동기들의 단편적인 소식이 교류되는 장소가 되었다.

> 아이고 한 90프로는 나갔지요. 왜냐면 힘드니께네. 여기 살아가지고는 농사를 지어가지고, 첫째 배를 못 채우니께네. 전부 저 여자들은 남의 집에 식모, 밥 얻어 먹으러. 안 그러면 또 우리 동창들도 뭐 그런 사람들이 많았어. 네에. 내가 나가서 늦게 동창들을 만나니께네. 뭐, 그 재처로 결혼을 한 번 하고. 재처라믄, 결혼을 한 번 한 남자. 글로 인제. 겉보리 한두 말 받고. 그게 뭐 지참금이라고 하면, 외국 같으면 여자 인제 시집 가면 지참금 주대요. 우리나라 그런 게 없잖아. 보리쌀 몇 몇 가마니 받고, 그리 갔던지. 또 장애자들 있는 데, 식구는 자 옛날에는 아를 생긴 대로 다 낳았잖아요. 열이고 뭐, 스물이고. 그믄 시집 보낼 돈도 없거니와, 그믄 장애자들한테 시집을 보내는 거야. 보리쌀 몇 말 받고. 그런 사람들. 또 또 여자들 동창생들 보면, 서울이고, 부산이고, 대구고. 식모로. 식모 알지요? 밥이나 얻어 먹고, 그래 많이 가고. 또 우리 동기는 우리 선배들이나 후배들도 보면은, 어쩌면 그때는 부산에 공장이 많았잖아요. 부산쪽으로, 전부 공장살이로 많이 갔지. 가믄, 우리도 뭐 여기서는 돈을 벌 데가 없으니까, 그래 가지고 객지에 가 가지고, 전부 다 흩어지고.[20]

1960년대 탈향한 사람들은 초등학교 교육만 마치고 집안 형편을 고려하여 도시로 이주를 선택했다. 이들은 가깝게는 안동에서부터 대구, 부산, 멀리 서울 등으로 나아갔다. 특히 성차별 인식이 팽배한 당시 한국 사회에서 도시로 이주한 여성들의 삶은 더욱 비참했다. 대구 등에 있는 방직 공장이나 버스 안내양, 전화 교환수로 취직하기 위해서 꼭 거쳐야 하는 직업이 식모였다. 시골에서 온 여성들은 공장 등에 취직시켜준다는 약속만 믿고 중산층 집안의 식모로 2~3년을 무임금으로 일하는 경우가 많았다. 이 과정에서 노동 및 성적 착취가 다양한 형태로 일어나기도 했다. 또 가난한 집안의 여성들은 제보

---

[20] 권상기(남, 1950년생)의 제보(2020년 7월 14일, 제보자 자택).

자의 구술처럼 지참금 형태로 적은 돈을 받고 나이 차이가 많은 남성 및 신체적으로 불편한 남성들에게 반강제적으로 혼인하는 경우가 많았다. 이 당시 탈향은 낙후된 농촌 상황과 빈곤한 가정 형편이 중요 요인으로 꼽힌다.

탈향의 양상은 1970년대에 와서 변화된다. 즉 자녀 세대들의 교육 문제가 탈향의 중요 요인이 되었다. 선대에게 물려받은 땅이나마 잘 경작해서 겨우 먹고 살 정도로 경제 형편을 유지했던 사람들도 자녀 세대만큼은 궁벽한 산골에 남겨두고 싶지 않았다. 그래서 무리해서라도 자녀들만큼은 도시로 보내서 교육을 시키고자 했다. 서울 등으로 보내서 자녀들을 교육시킨 부모도 있었지만, 그러한 경제적 여유를 갖고 있는 집은 대곡1리에 많지 않았다. 현재 대곡1리에 거주하는 사람들의 자녀들은 초등학교는 위동초등학교나 대성초등학교를 다녔고, 중학교는 임동면의 임동중학교로 진학하는 경우가 많았다. 그나마 경제적 형편이 나은 가정은 아이들을 안동 시내로 보내서 자취를 시키거나 친척집에 위탁해서 교육을 시켰다.

그러나 시대가 흐르면서 농사만으로 생계 유지도 어렵고, 자녀의 교육 문제가 겹치면서 가족 전체가 도시로 이주하기 시작했다. 이와 같은 이주 형태는 홀로 이주하는 것보다 더 큰 위험 부담을 지니고 있었다. 가족의 생계를 책임지는 가장의 나이가 30대 중반에서 40대에 이르는 경우가 많았고, 이들이 도시로 나가서 할 수 있는 일은 극히 제한적이었다. 분명 대곡1리 마을 사람들 중에 일찍 탈향해서 도시에 안정적 기반을 마련한 사람도 있었지만, 70년대 후반과 80년대 이후에 도시로 이주한 사람들은 빈곤한 생활에서 벗어나기가 쉽지 않았다. 마을 사람들의 제보를 종합해 보면, 이들은 대부분 일용직 건설업 등에 종사하는 경우가 많았다. 제보자 권정학의 남편도 아이들의 교육 문제로 도시 이주를 적극적으로 고려했다. 하지만 제보자 권정학은 한번도 고향을 떠난다는 생각을 해본 적도 없고, 농사짓는 기술밖에 없는 자신이 도시에 가면 굶어 죽을 것만 같아서 남편의 의사에 적극 반대했다고 한다. 결국 자신의 반대가 관철되어 가족 전체가 이주하는 대신에 자녀들만 안동에 보내는 것으로 결정을 내렸다.

  조사자: 아버님이 형제 관계가 몇 남 몇 녀였는데요?
  제보자: 삼형제요.
  조사자: 삼형제에서 둘째, 둘째로 들어왔어요?
  제보자: 네에.
  조사자: 어머님은 여기 시집 올 때 아버님이 밖에 나갈 생각은 안 했어요?

제보자: 나갈라 글지요. 나갈라 그는 것, 내가 촌에서 살아 나놓으니께네. 나가면 죽을 줄 알고, 안 나갈라 케가지고 여기서, 늙어 죽지 않은기여. 나갈라고, 마구 저기 저기 집 보러 댕기고, 터 보러 댕기고 했는데, 내가 안 나갈라케. 여 여래 고생을 하잖아요.
조사자: 아버님은 왜 나가려고 했어요?
제보자: 아, 여기에, 촌에, 저기에 땅 사고, 나가 가 좀 살고 싶어서, 나가자 했는데. 내가 촌구석에서 이리 오니께네, 나가면 죽을 줄 알고, 굶어 죽을 줄 알고 안 나갔지.[21]

근래에는 귀농·귀촌하는 사람들이 생기면서 새로운 마을 구성원을 형성하고 있다. 대곡1리 복수천마을의 경우도 비록 자신의 고향은 아니지만, 친척들과 인연이 되어서 서울이나 대구에서 귀농한 사람들이 다수 거주하고 있다. 이러한 귀농·귀촌자 중에는 마을에서 태어나 1960년대에 일찍 탈향하고, 도시에서 경제적으로 나름 안정된 생활을 한 후에 노년을 고향에서 보내려는 사람들도 있다. 그 수가 많은 것은 아니지만, 이들의 귀농·귀촌은 마을의 삶에 나름의 변화를 주는 요인이 되기도 한다.

이들 중에 대곡1리 해천마을에 거주하는 마을 이장 권상기가 대표적이다. 제보자 권상기는 마을 주요 토반 중 하나인 안동권씨의 후손이다. 그러나 집안의 경제적 형편이 좋지 않아서 정상적인 학교 교육을 이수하기도 어려웠다. 이때 군대를 제대한 형의 권유로 초등학교를 졸업하고 일찍이 부산으로 이주했다. 제보자는 부산에 있는 고무 공장을 다니면서 공부했고, 18세 전후로 작은 공장을 운영하면서 고등학교 교육 과정을 이수했다. 제보자는 시대를 잘 만나서 작은 신발공장을 운영하면서 일본 등지로 물건을 납품할 수 있었고, 나름 경제적으로 안정적인 기반을 마련할 수 있었다. 그는 1980년대 후반부터 부동산에 투자해서 큰돈을 벌었고, 이 자본을 토대로 고향에 땅을 사서 농사를 짓기 시작했다. 제보자는 우선 고향에 과수원과 농장을 마련하고, 대구의 집에서 정기적으로 왕래를 하다가, 대곡1리 해천마을에 완전히 정착하게 되었다. 제보자는 넓은 과수원 등을 운영하면서 열심히 생활했다. 특히 제보자는 자신이 귀농하면서 마을에 배나무를 심기 시작했고, 도시에서 사업을 하면서 인연이 있는 외국인 친구들의 도움으로 자신이 재배한 배와 사과를 외국으로 수출까지 했다. 자신이 선도적으로 행한 배나무 조성과 외국 수출은 마을뿐만 아니라 지역 사회에 한때 경제적으로 큰 기여를 했음에 자부심을 느끼기도 했다. 제보자는 삶의 어려움을 이겨내고 고향으로 돌아왔고, 귀농 이후 지역

---

[21] 권정학(여, 1947년생)의 제보(2020년 7월 21일, 제보자 자택).

사회 발전에 큰 도움을 준 존재로 자기서사를 구성했다.

한국 농촌은 1960년대 이후 경제 구조가 급속히 재편되는 과정에서 큰 변화를 겪게 되었고, 농민들은 그 변화에 나름의 방식으로 대응해야 했다. 농업의 생산성 및 농산물의 가치 하락은 농민들의 삶을 어렵게 만들었고, 이러한 경제적 어려움은 자녀 세대의 사회 진출의 걸림돌이 되기도 했다. 그래서 농촌에 사는 많은 사람들은 경제적 어려움을 해결하고, 자녀 세대의 사회적 성장을 도모하기 위해서 도시 이주를 선택할 수밖에 없었다. 대곡1리 마을 사람들도 1960년대부터 1980년대까지 이러한 변화된 환경에 대응할 수밖에 없었다. 특히 협소한 농지와 후진적인 교육 시설은 대곡1리 마을 사람들의 도시 이주를 촉진하는 요인이 되었다. 하지만 많은 사람들이 소유한 빈약한 사회 자본으로 인해서 안정적으로 도시에 이주하는 데에 많은 시간이 소요되었다. 몇몇 사람들은 도시에서 크게 성공한 예도 있었지만, 많은 사람들이 도시 정착에 실패하여 힘든 삶을 살기도 했다. 도시로 이주해서 성공한 사람들은 마을 사람들에게 부러움의 대상이 되면서 나름의 서사로 구성되지만, 실패한 사람들은 어느 순간부터 고향과 인연을 끊기 시작하면서 마을 사람들에게 잔존 기억의 형태로 남아서 파편적으로 복기되고 있었다. 탈향과 귀향을 매개로 구성되는 마을 사람들에 대한 기억과 이야기도 집합기억화 되지 못하고 망각되어 가는 시점에 놓여 있다.

5. 일상의 작은 변화 속에 나타난 근대의 삶

대곡1리 마을 사람들은 일상 생활에서 근대화(현대화)된 삶을 누리기까지 꽤 오랜 시간을 기다려야 했다. 현대화된 수도 시설에서부터 전기, 교통 등이 궁벽한 산골인 대곡1리까지 들어오기까지 지난한 세월이 필요했다. 본 민속지는 마을 사람들이 경험했던 현대화된 일상 생활의 변화에 대한 기억을 정리하면서 마무리하고자 한다.

상수도 시설이 대곡1리 복수천마을에 들어온 시기가 대략 2000년대 초반이었다. 그 이전까지는 마을 밑으로 흐르는 계곡에 도랑을 만들어서 물을 모은 다음에, 그 물을 큰 동이 등에 담아서 지게로 짊어지고 집까지 옮겨서 식수 등으로 사용했다. 이러한 상황을 제보자 김규동은 다음과 같이 구술했다.

제보자: 물. 그렇게 도랑 가가지고랑. 흙물 퍼서 받아 먹고. 이 뒤에 우물이 한 개 있어, 요만한 우물이. 이게 동네에서 다 먹었다고, 그 우물을. 샘에 가서 퍼다가. 그러니께네, 동네 인원은 많고, 물은 적게 나오니까. 밥 먹으러 인자, 달밤에 안 그러면, 이래 호롱. 옛날 같으면, 이래 호롱카는 게 있잖아요. 호롱불 쓰고. 초로, 초로 이래. 이렇게 되어 있잖아요. 불 들고, 길이 어두우니까, 들고 가지고랑. 밤에, 다른 이 올까봐, 미리 해 가지고, 한두어 퍼 가지고 오고. 미리 오고. 밤에. 그래 살았다카니 인제. 이게 사는게.

조사자: 그 물을 지하수 팔 때까지 먹고 사셨다는 건가요?

제보자: 그래, 지하수 팔 때까지. 그러니까는 저게 상수[지하수를 잘못 기억함]도 판 지가 지금, 한 35년, 한 40년, 한 35년, 40년 가까이 됐으니께는. 그래 가지고랑, 그 물을 먹다가 상수도를 한 지가 지금 한, 여 상수도가 몇 년도에 들어왔노. 2002년, 2003년. 2003년 15년이라, 한 17년이라. 17년까지는 안 되겠다. 한 10년 밖에 안 됐을기라, 지금. 상수도 들어온 지가. 한 동네에 상수도 들어온 지가 한 10년 밖에 안 됐어.[22]

제보자 김규동은 대곡1리 복수천마을에서 태어나 한 번도 외지로 나간 적이 없는 토박이다. 그는 마을의 과거 사정과 변화에 대해서 정확히 기억하고 있었다. 개천물과 공동우물이 꽤 오랜 시간 마을 사람들의 생활 용수로 사용됐다. 개천물과 공동우물은 수질 상태가 좋지 않고, 수량도 풍부하지 않았다. 그래서 마을 사람들은 밤에도 지게를 짊어지고 가서 물을 퍼왔고, 흙 등 이물질이 가라앉을 때까지 일정 시간 동안 물을 놓아두고 사용했다. 이렇게 개천물과 공동우물을 식수 등 생활 용수로 사용하다가 약 40년 전인 1980년대부터 지하수를 파기 시작했다. 그리고 2000년대 초반에 와서야 상수도 시설이 마을까지 들어오게 되었다. 이러한 사정은 대곡1리 새들마을의 경우도 마찬가지였다. 제보자 권정학은 마을의 수도 시설의 변화를 다음과 같이 기억하고 있었다.

제보자: 옛날에 물이 없어 가지고, 지금 모로, 무도로 만들어 놓은 것을. 무도 왜 양차로 가지고 맨들어 놓은 것, 이고 다니는 것. 그것 이고 저 거랑물 먹었지요. 여기 들어오다 여 공굴있지요? 여 들어오다가 요 앞에 공굴 있잖아요. 여기, 여기 들어오는 데, 여게. 다리. 공굴을 또 모른다. 우리는 옛날 말로 쓰니께네. (공굴?) 네에. 그것을 공구리라

---

[22] 김규동(남, 1947년생)의 제보(2020년 7월 21일, 복수천마을 모정).

글잖아요, 다리 아니 뜬게, 여게 요. 고 밑에, 샘물이 나와요, 나오는데. 다듬어 놓고, 그 물을 여다가 옮겨 내도록, 저 저 점심만 먹으면 마구 쭉 동네가 이리로 나가 가지고. 큰 독에다가 부어 놓고 그리 먹었지요.

조사자: 그러면 언제부터 지하수를 파서 먹었어요?

제보자: 그래고 인제, 그래도 한 근, 근 십, 십 년은 넘었을 게래. 그래 또 마구 저게, 지하로 파데요, 보니. 파로, 사람의 인력으로 파 가지고, 인제 사가지고, 펌프 있잖으니껴. 이래, 이래 눌리는 펌프. 그것을 묻어 가지고 인제 이래 이래 퍼가지고 먹고 마. 그래 하다가, 뭐 그것은 생각이 안 나요, 언제 하는 거는요. 그리하다가, 인제 또 새로 또, 몇 년 또 흘러 가니께네. 또 마구 저게, 지하수를 파러 댕기데요. 어떤 사람이 파, 그 뭐 구덩이를 파주면은, 파 가지고 다, 물이 나오도록 해주마는. 우리도 그래가, 요 마당에다가 불러 가지고 파니께네, 백만 원이데요. 그거 지하수를 파니요. 암반을 뚫데요, 자꾸 빌빌빌 돌아가데요. 그리 뚫어 가지고 해 먹다가. 그리고 십 년 못 되어 가지고, 십 년도 안 됐을께래. 그래 가지고마 또 또 상수도 들어오니께네.[23]

교통 시설은 한 지역의 문화 변화에 가장 큰 영향을 주는 근대적 장치이다. 격강천리 隔江千里라는 말이 있다. 즉 마을들이 가까운 거리에서 마주하고 있지만, 그 사이에 작은 강이나 천이 흐르게 되면 천 리 만큼의 사회문화적 거리감을 느끼게 된다는 것을 의미한다. 이는 자연환경이 전통사회에서 사람들의 삶에 얼마나 큰 영향을 주고 있는가를 압축적으로 보여준다. 그러나 근대적 교통 시설은 이러한 자연환경이 인간에게 부여한 시공간의 한계를 극복하게 했다. 교통 시설은 근대의 민족 국가 성립에 필수적이었다. 교통의 발달은 전근대적 질서 체계에서 사람들이 지닌 파편화된 공간과 시간 관념을 하나로 묶어주는 역할을 했다. 즉 여기와 저기가 동일한 공간과 시간 위에 놓여 있음을 구체적으로 실감케 해준 것이 근대의 교통 시설이었다. 더불어 근대적 교통 시설은 사람들의 이동을 용이하게 했으며, 집단 사이의 정보를 빠르게 공유하게끔 했다. 교통 시설의 발달은 고립된 공간을 변화시키는 근대화의 매개 변수라 할 수 있다.

대곡1리는 근대적 교통 시설이 갖추어지기까지 상당히 오랜 시간이 걸렸다. 마을 사람들은 외부 세계와 연결을 용이하게 했던 도로의 포장을 새마을운동과 연동해서 기억하고 있었다. 마을 사람들은 새마을운동과 관련해서 특별한 기억을 갖고 있지 않다.

---

[23] 권정학(여, 1947년생)의 제보(2020년 7월 21일, 제보자 자택).

사람들은 마을이 원체 외진 곳에 위치해 있었기 때문에 박정희 정권 시절에 전국적으로 행해졌던 새마을운동이 대곡1리까지 영향을 주지 못했다고 이야기한다. 그나마 마을 사람들이 새마을운동과 연결해서 자신들의 기억을 집합화하는 대상은 도로 정도였다. 마을과 외부 세계를 연결하는 길은 논길 정도였고, 이 논길에 자갈이 깔리고, 자갈이 깔린 도로가 조금 넓어진 정도로 새마을운동을 기억하고 있었다.

마을 사람들이 도로 개량과 함께 기억을 집합화 하고 있는 대상이 교통 수단이다. 과거 마을 사람들은 임동장을 이용해서 생활에 필요한 물품을 구입했다. 임동장은 오일장으로 5일과 10일에 열렸으며, 대곡1리 마을 사람들은 임동장에 가서 자신들이 재배한 농작물을 팔고 그 돈으로 필요한 물품을 구입해서 돌아왔다. 임동장은 대곡1리 마을 사람들이 다른 마을 사람들과 교류할 수 있는 거의 유일한 장소였다. 임동장은 임하댐이 건설되면서 수몰되었고, 수몰되지 않은 장소로 옮겨서 신시장을 개설했다. 그러나 이후 교통의 발달로 임동장은 사양길로 접어들었고, 마을 사람들의 물품 매매 및 인적 교류의 기능은 안동장이 수행하게 되었다.

대곡1리 마을 사람들은 장날이 되면 임동장에 가서 장을 봤다. 그러나 도로 사정이 좋지 않아서 장에서 구입한 물품을 마을까지 가지고 오는 것도 힘든 일이었다. 당시 대곡1리와 임동장을 연결해주는 교통 수단이 있었는데, 마을 사람들은 그것을 '장차'라고 불렀다. 장차는 '제무시 트럭'이었는데, 안동시에 사는 김태연씨가 소유하면서 장차를 운행했다. 장차는 더러 사람을 태우기도 했지만, 중요 기능은 사람들이 임동장에서 구입한 물품을 마을 입구까지 옮겨주는 것이었다. 대곡1리의 해천마을과 복수천마을은 산속에 위치해 있었고, 도로 사정도 좋지 않아서 장차가 마을 입구까지 들어올 수 없었다. 그래서 장차가 운행이 가능한 도로변에 물건을 놔두고 가면, 사람들이 장에서 돌아오는 길에 자신의 물건을 지게에 짊어지고 마을까지 올라왔다. 제보자 김규동은 당시 장차 운행에 대해서 상세히 기억하고 있었다.

> 제보자: 장, 장 보는데. 어른들한테 마령3동에 지리실 카는데, 지리실. 지리실, 마령3동. 3동. 마령3동 거기 가면은 인제 옛날에는 저, 소로 이래 달구질을 구르마 끌고 다녔어. 달구질. 달구질. 지리실, 거게가 그 달구질, 인제 구르마 해가지고 매 가지고설랑, 짐 싣고 다니는 사람이 있었고. 그래 거기에 마령을 가면 비료 같은 거나 뭐 장 봐가지고 오는 게 아니라, 거게 싣고 와 가지고, 거기서 짊어지고, 저 산, 재를 넘어 왔어. 전부 다 지게로 져 날랐지, 지게로. 그러고 여기가 차 들어온 지가, 한 육십 년, 내가 한

나이 열댓 살 쯤 됐다. 그때 여기가 제무시 한 대가 다녔어. 장차, 장차. 그 사람이 누구냐 하면, 사월에 가면 저기, 정산요 사월이라는 카는 데가. 사월. 어 거기에 사월에서 인제 거 자기 처갓집이 거 사월에 있어. 사위는 안동에 살았는데. …중략… 그 사람 이름이 김태연인데. 죽었지, 벌써. 죽었겠지. 김태연, 연, 연. 김태연이랬는데. 그 사람이 장차를 끌고 다녔어, 대곡2동에 갔다가, 여기에도 인제, 그때는 고랑으로, 도랑으로 길이 있었지만. 이 돌이 이래, 막 떠덕 떠덕 나아 가지고. 제무시 같으면은 힘이 다 잘 다니니까. 그래 다녀 가지고 들어왔지만, 차 다닐 적에는. 그때가 뭐 한 육십 년 전쯤 됐을 거야.

조사자: 이 장차가 하는 역할이 뭐예요?

제보자: 그리 짐도 싣고 들어오는, 뭐. 예를 들어서 뭐 장에 가설랑, 뭐 무거운 짐 같은 것이 있으면 실어다 갖다 주고. 운임 받아가지고, 가지고 가고. 뭐 장 보기, 장 거리 같은 것 많이 이래 못 들고 오잖아요. 차가 없고, 뭐 임동에서. 저도 이, 임동에서 올라올 때는 마, 져 나르기도 했죠. 여기에, 나무 해가지고 지게로 짊어지고, 임동에 나무 팔러 갔어. 임동 저 시장까지. 여 뭐 갈비래 이래 끌어, 갈비, 솔잎. 그거 끌어가지고래, 짊어지고, 임동에 팔아가지고. 여기서 거까지 가면은 한 8킬로하고 9킬로 정도 되니까. 장까지. 9킬로든, 10킬로 가까이 되니까. 한 10킬로 쯤 되겠다. 여기서 나무 해 짊어지고 팔러 가는 것까지. 거 팔아가지고 국밥 한 그릇 사 먹고, 뭐, 보리쌀 한 되 사고. 뭐, 여러 때 되면, 옛날 같으면 고기 카는 꽁치, 꽁치, 꽁치. 고등어 거 말고, 꽁치라는 게 있어. 그 놈에다 두 마리 사고 해가지고, 나무 한 짐 지고 거 애먹고, 30리를 걸어 짊어지고 팔아가지고. 밥 한 그릇 사 먹고, 보리쌀 한 되 사고. 꽁치 두 마리 사면은, 그게 각이다. 짊어지어 갖고 사 가지고 오니까. 여기서 한 12킬로, 한 10킬로 넘겨 짊어지고 가봐요, 지게를. 어깨가 빠져, 어깨가 빠져.

…중략…

조사자: 장차가 언제까지 운행이 됐었어요?

제보자: 김태연이가 장차하는 지가 한, 장차 하기 전이가 45년, 사십, 내가 한, 끝날 무렵에가 한 스무 살 쯤 됐을라.

조사자: 그때까지 장차가 있었어요?

제보자: 장차가 거의 끝났지 뭐 그때는.

조사자: 끝난 이유가 뭐예요? 장차.

제보자: 그게 장사가 안 되니까. 딴 게 인제 뭐 버스가 한 대, 두 대 썩 들어오니까 인제.[24]

제보자 김규동이 구술한 대로 버스가 마을에 들어온 뒤부터 장차 운행은 서서히 역사의 뒤안길로 사라지게 되었다. 버스 운행은 마을 사람들의 활동 범위를 안동으로까지 확장하는 중요한 계기가 되었다. 제보자 권정학은 남편이 소를 팔기 위해서 안동장까지 나가려고 하면 새벽 밥을 먹고 출발해야 늦은 밤에 집에 도착할 수 있었다고 했다. 그러나 버스 운행은 이러한 이동 거리를 단축하는 역할을 했고, 조금은 번거롭더라도 안동장까지 나가면 같은 물건이라도 임동장보다 싸게 구입할 수 있었다.

버스 운행은 다방면으로 마을 사람들의 생활에 변화를 주었다. 4장에서도 언급했지만, 자녀의 교육 문제를 조금이나마 수월하게 해결해 주는 역할을 했다. 한국 사회가 산업 근대화를 거치는 과정에서 고도 성장기에 접어들었고, 산간벽지의 작은 땅에 기대어 농사를 짓는 것으로 자녀들을 교육시키는데 한계가 있었다. 그렇다고 평생 농사를 지어온 농사꾼이 도시로 나가서 살아갈 수 있는 뾰족한 방안이 있는 것도 아니었다. 이러한 난처한 상황에서 버스 운행은 그나마 아이들만이라도 안동으로 보내서 교육시킬 수 있게 했다. 안동 시내에 친척이 있으면 자녀를 그들에게 맡기기도 했고, 작은 자취방을 얻어서 학교에 다니게 했다. 대곡1리 마을 사람들은 이르면 중학교, 늦으면 고등학교 과정부터 자녀들을 안동으로 보내서 교육을 시켰다. 자녀들은 주말이 되면 버스를 타고 집으로 왔고, 여의치 않을 경우에는 부모들이 버스를 타고 안동으로 잠깐 나가서 자녀들의 생활을 보살펴 주었다.

버스가 대곡1리에서 운행을 시작한 것은 1970년대 초부터이다. 초기에는 하루에 1회 운행을 했다. 버스는 아침에 대곡2리에서 출발했고, 저녁이면 마을로 들어왔다. 저녁 운행을 마친 버스 기사는 대곡2리 종점에서 숙식했고, 다음 날 아침 첫차를 운행하면서 안동으로 나갔다. 마을 사람들은 하루 1회 운행하는 버스를 타기 위해서 분주히 움직여야 했다. 많을 때는 육칠십 명이 버스를 타기도 해서 움직일 틈이 없었다. 그러나 버스 이용객이 많은 관계로 얼마 되지 않아서 버스 운행이 하루 2회로 증편되었다.

대곡1리 마을 여성들은 시장에 대한 기억이 파편적으로 남아 있다. 장날에 임동장에 가서 물건을 구입해 오는 일은 남성들의 몫이었다. 1950~60년대에 결혼한 여성들은 전통 혼례로 시집을 왔고, 전근대적 생활 체제를 유지하고 있는 마을살이와 시집살이에서 남성과 여성의 역할은 명확히 구분되어 있었다. 그래서 마을 여성들의 삶은 반복되는 집안일뿐이었고, 마을 밖으로 나가는 일은 상상도 하지 못했다. 남편을 따라서 임동장에

---

24 김규동(남, 1947년생)의 제보(2020년 7월 21일, 복수천마을 모정).

가서 가족들의 생활 물품을 구입하고, 국밥이라도 먹고 오는 일은 아주 특별한 경험에 해당됐다. 이러한 대곡1리 여성들의 삶에서 근대적 삶의 양식으로 인식되는 일이 있었는데, 바로 파마였다. 대곡1리 해천마을에 거주하는 제보자 이순남은 쪽진머리를 하고 시집을 왔다. 그리고 얼마 되지 않아서 친정 식구들이 시집을 방문하게 되었다. 시어머니는 며느리가 시집에서 잘 살고 있다는 것을 보여주기 위해서 며느리인 제보자 이순남을 데리고 시장에 가서 파마를 해주었다. 제보자 이순남은 그때의 경험을 다음과 같이 구술했다.

제보자: 우리는, 내가 스무 살에 와 가지고 석 달 만에, 옛날에 어른들 시, 엄마 집에서 인제 보러 왔어. 석 달 만에 보러 오는데. 우리 삼촌, 우리 오촌, 우리 아부지. 그래 보러 온다고 파마를 했어. 석 달 만에. 그때까지 안 했어요. 석 달까지.

조사자: 결혼하고 나서 석 달 만에 파마를 했어?

제보자: 네에. (어머니는 빨리 하셨네?) 응. 그래 가지고 파마를 하러 온지, 우리 시어머님하고 갔어. 걸어서, 걸어서. 걸어서, 걸어서 가니. 이놈의 머리가 샛머리, 우리 머리가 이만 했거든. 머리 길이가 이만 했어. 이 따가 앉으면 막 머리 흙이 두리두리 묻었다. 그래가 끊으니께네, 어른이 화가 나가지고. 화가 나가지고, 저런, 저런 머리를 왜 끊노. 옛날식으로 그래 가지고 점심도 안 사주고, 그 머리, 샛머리 풀어가지고 오니라고. 그 깜깜한 별이 새파랗도록 올랐어, 그리고 막 30리를 걸어서. 파마 몇 시간 감아 가지고 있으니까. 그래 가지고, 캄캄한 때 올라오니, 별이 새파랄 때 올라오니. 시동생이 저 산 끝에까지 후라시 들고 마중을 왔다. 그래도 점심 쫄쫄 굶고 왔어.

조사자: 그러면 친정에서 온다고.

제보자: 야, 온다고. 이제.

조사자: 온다고 파마를 하러 간거야, 시어머니랑 같이?

제보자: 네에, 네에, 네에. (이쁘게 보일라고?) 네에, 네에.

조사자: 근데 시어머니가 왜 파마하러 가자고 그랬어요?

제보자: 내일도, 그때만 해도 인제 시, 시, 저 사돈집에서 그래 오니, 조금 인제 더 잘 하기를 원했겠지, 어른들도. 그래고 나니 속이 상한거라, 그 긴 머리를 끊으니까. 그래였다 하니께.[25]

---

[25] 이순남(여, 1947년생)의 제보(2020년 7월 13일, 해천마을 마을회관).

제보자 이순남은 1960년대 후반에 시집을 왔다. 그때 당시만 해도 여성들의 파마는 나름 대중화가 되어 있던 시기였다.[26] 파마는 여성들에게 근대적 미 의식의 표상이자 하나의 패션으로 인식되었고, 이는 가부장적 남성 질서와 갈등을 빚기도 하는 요소로 작용했다.[27] 그러나 어느 정도 시간이 흐르면서 파마는 여성의 의례 즉 결혼과 결합되는 양상을 보인다. 여성들이 머리를 기르다가 결혼 시기에 맞춰서 파마를 했다는 증언이 다수 발견된다. 파마는 어느 순간부터 단순히 외모 치장 행위를 벗어나 있었다.[28] 제보자 이순남도 쪽진머리를 하고 시집을 왔지만, 친정 식구의 방문에 맞춰서 시어머니의 허락으로 파마를 하게 되었다. 그러나 시어머니는 잘려나간 머리카락과 파마한 며느리의 모습을 보고 속이 상해서 돌아오게 된다. 시어머니가 보인 모습은 대상화된 여성의 신체가 전근대적 모습에서 근대적 모습으로 넘어가는 과정에서 어떻게 독해되고 있는지를 단편적으로 보여주는 예라 할 수 있다.

대곡1리 여성들이 파마에 대한 경험을 이야기할 때, 집합기억화 되는 대상이 있다. 바로 '벌부리 미용사'이다. '벌부리 미용사'는 여성 미용사인데, 남성처럼 행동한다고 해서 붙여진 별명이다. 제보자 권정학은 벌부리 미용사를 다음과 같이 기억하고 있다.

조사자: 어머님은 그러면 파마는 언제 하셨어요?

제보자: 파마 같은 것을 왜 물어요?

조사자: 처음.

제보자: 처음에요? 처음에는 맹 와 가지고 좀 있다가 했지 뭐요. (시집 올 때?) 네에.

조사자: 그러면 시집을 오기 전에 쪽진머리를 하고 있었어?

제보자: 맹 비녀 머리로 왔지요. 하하하.

조사자: 비녀 머리로, 그때는 뭐 파마 같은 것은 모르고? 그러면 파마를 언제 처음했어요, 와 가지고는.

제보자: 와 가지고는 맹 이내 했지요. 여 오니 막 다 다 모두 파마 많이 했데요.

---

[26] "파마는 한국에서 일제강점기에 출현했다. 1920년대 경성에 일본인 설립한 미장원이 있었으나 이는 주로 일본인을 대상으로 하는 것이었다. 조선 여성들에게 파마가 확산되기 시작한 것은 1933년 오엽주가 화신백화점에 '화신미장원'을 개업하면서부터였다. 특히 명동과 종로에서는 수많은 사람들이 '최고'와 '최신'을 추구하며 유행을 만들었고 퍼뜨렸는데 그 시초가 명동의 양장점과 미장원이라고 해도 과언이 아니다."(김미선, 『명동 아가씨』, 마음산책, 2012, 67쪽; 공다해, 「파마를 통해 본 혼례 전통과 규범의 변화」, 『남도민속연구』 39, 남도민속학회, 2019, 68쪽).

[27] 공다해, 위의 글, 65쪽.

[28] 공다해는 경북의 한 마을 여성들을 대상으로 구술조사를 실시하였는데, 1950년대 초반에서 1960년대 후반에 혼례를 올린 여성들은 시집을 오고 2~3년 뒤에 파마를 했다. 이후 여성들은 혼례 및 혼례 이후 신행 과정에서 파마를 하기 시작했고, 파마가 기혼여성을 상징하는 것으로 표식되기 시작했다.(공다해, 위의 글, 70쪽)

조사자: 옛날에는 파마도 함부로 안 했잖아요.

제보자: 파마도 한 몇 년 있다 했지.

…중략…

조사자: 저기 옛날에 보니까, 임동장에 장춘 미용실이라고 있었다던만요.

제보자: 장춘이 아니고, 장천 미용실. 장천, 장천. 응. 장천이래, 장천이라. (장천?) 장천 미장원이제, 벌부리라고 있어요, 벌부리 있었어요.

조사자: 거 돌아다니면서 파마해 주고, 그러셨다면서요.

제보자: 네에, 돌아다니며, 와서 했지. 우리 못 나갔어요, 그 전에는.

조사자: 왜 못 나갔어요? 장천 미용실이요?

제보자: 네에, 장천 미용실이랬어요. 우리 거기에 처음부터 사무 했지. 제일 오래 했어요. 그, 그 장천 미용, 미용, 지금 요양원에 가 있을걸요. 네에, 있어요, 있는데. 얼라를 업고, 온 저 바드래, 복수천, 업고 댕기매 머리 다 해도, 우리 젊은 새덕네가 저기 뭐, 못 나가가 해가지고, 시장도 몰라요, 그 전에는. 그 여자가 댕기며, 벌부리가. 벌부리 미용수라 그래요.

한: 왜 벌부리라 그래요?

권: 좀 벌벌 해요.

조사자: 벌벌해요가 무슨 말이에요?

제보자: 하여튼 벌 마고, 저기 뭐로 남자 매너로, 벌가워라 글잖아요. 응, 남자 맨치로 마구 저기, 여자 모습이 아니고, 막 남자 성격이었다니. 그래 나 놓으니께네, 그리 댕기면서 고리 고생했어요, 그 할마니도. 그 할마니가 아마, 나이가 지금 팔십 서인동 그래요.[29]

전근대적 질서가 유지되는 공간에서 여성들의 파마는 부정적 의미를 지닌 기호였다. 그러나 1950~60년대를 경유하는 과정에서 여성들의 파마는 기존의 의례 질서와 결합하기도 하고, 생활의 편의성 때문에 대중적으로 보급되기 시작했다. 그러나 대곡1리 여성들은 대중적으로 보급되고 있던 파마를 쉽게 할 수 없었다. 1960~70년대까지도 파마가 여성들의 혼인 의례와 결합되는 양상을 보이긴 하지만, 일상에서 쉽게 할 수 있는 것은 아니었다. 그나마 임동장에 나가야 할 수 있는게 파마였지만, 제보자 권정학은 장에 나가서 일을 보는 것은 남성들의 일이었지 여성들의 일이 아니었다고 말을 한다. 이런

---

[29] 권정학(여, 1947년생)의 제보(2020년 7월 21일, 제보자 자택).

상황은 단순히 제보자 권정학만 해당되지 않았다.

　대곡1리 여성들에게 파마를 대중적으로 보급한 사람이 '벌부리 미용사'였다. 대곡1리 여성들은 파마에 대한 집합기억을 '벌부리 미용사'로 수렴하는 양상을 보였다. '벌부리 미용사'는 임동장에 '장춘 미용실'을 운영한 여성이었는데, 시골 여성들이 임동장에 쉽게 나올 수 없다는 것을 알고 자신이 직접 미용 도구를 들고 마을을 방문했다. 그리고 마을 여성들은 벌부리 미용사가 방문하는 날에 맞춰서 파마 등 머리 치장을 했다. 여성들의 머리 모양은 전통 사회에서 하나의 기호였다. 결혼하기 전까지 곱게 기른 머리를, 혼례를 통해서 쪽진머리로 바꾸면서 여성의 신분적 변화를 표시했다. 이런 측면에서 서양 문물로 인식되는 파마는 여성들이 기존 사회 질서에 도전하는 하나의 코드로 인식되었다. 하지만 파마가 전통사회의 의례 형식과 결합되고, 기능상의 편의로 인해서 대중적으로 보급되면서 새로운 문화코드로 자리 잡게 되었다. 대곡1리 여성들에게 파마는 일정 국면에서 근대적 경험으로 독해되고 있으며, 그 과정에서 '벌부리 미용사'는 여성들의 집합기억을 촉발하는 매개적 대상으로 수렴되고 있다.

　이상으로 대곡1리 마을 사람들의 '근대화와 집합기억'에 대해서 살펴보았다. 근대는 복잡한 개념으로 명확하게 하나의 기준을 갖고 설명하기에 어려움이 따른다. 이에 본 민속지는 '근대'의 개념을 마을 거주 주민들의 연령대에 맞추어 설정하였다. 즉 현재 대곡1리에 거주하는 주민들 중에서 마을의 통시적 흐름을 올곧이 경험하고, 이를 토대로 마을 역사에 대한 담론을 구성하는 중심 주체를 기준으로 근대를 설정하였다. 그래서 이들이 이전 세대가 유지해 온 전통적 마을 질서 체계에 변화를 느끼면서, 다른 삶의 방식을 경험한 시기인 1950년대부터 현재까지의 경험 중에서 특이성을 지닌 사건을 중심으로 민속지를 서술했다. 이에 한국전쟁에 대한 경험, 산전과 산전민에 대한 기억, 산업 근대화 시기에 맞추어서 고향을 떠나고 시간이 지난 뒤에 고향으로 돌아온 경험, 마을에 근대적 시설이 들어오면서 일상적 삶의 변화를 겪은 경험을 소재로 민속지를 서술했다.

　본 민속지는 최대한 필자의 분석을 자제하고 마을 사람들이 현재의 시점에서 기억하고 있는 과거의 사건을 중심으로 구성했다. 그리고 이러한 구성을 통해서 마을 사람들이 과거의 경험과 기억을 어떻게 집합기억화 하고 있는지, 어떤 사건을 파편적인 잔존 기억화 하고 있는지를 살펴보았다. 이렇게 작성된 대곡1리 마을 민속지는 추후 분석적 내용을 추가한다면 유의미한 연구 결과가 나올 수 있을 듯하다. 본 민속지가 유의미한 연구 결과를 도출할 수 있는 소중한 기초 자료가 되었으면 한다. 더불어 대곡1리 마을 사람들의 근대화에 대한 집합기억은 전승 주체의 단절로 인해서 급격히 망각되는 양상을 보이고 있다. 이러한 상황에서 작성된 본 민속지는 그나마 마을 사람들의 삶과 역사를 기록·보존할 수 있었다는 데 중요한 의미를 부여할 수 있다.

일생의례의 기억과 수행적 의미

공다해

1. 일생의례 기억의 재현과 생애담

이 글은 강변마을의 강복순·유이숙 부부와 바드레마을의 김동석·남영자 부부 삶 마디마디에 놓여있던 의례 기억을 살펴본다. 이들은 대곡리에서 태어나고, 시집와 평생을 살아왔으며, 마을에서 일생의례를 수행했던 세대의 끝자락이다. 그렇다고 하더라도 이들이 마을의 의례 경험을 대표하는 것은 아니다. 하지만 구술은 하나의 문화적 담론으로 여기에는 그것을 경험한 세대들이 놓은 사회적 성격과 문화적 환경이 결부되어 있으며, 그 환경에서 구조화되는 취향과 그 수행 실천의 의미가 복합적으로 압축되어 있다. 따라서 공동체 구성원으로 살아온 이들의 기억은 순수한 자신의 기억이 아닌, 공동체의 기억이기도 하다는 점에서 마을의 역사를 같이 담고 있는 사례로 생각되었다.

과거의 경험을 현재로 호출하는 기억은 주변의 관계를 비롯한 현재 자신의 위치·의식·경험 등 다양한 것들의 영향을 받아 재현된다. 즉 개인적인 경험이라고 여겨지는 것들도 그 안에는 그들이 속해있는 지역·계급·가족 등 사회적 요인들에 의해 형성과 전달, 해석의 영향을 받는다. 기억은 발화자에 의해 재구성된 일종의 구성물인 것이다. 따라서 의례의 경험은 재현으로서의 기억이며, 주관적이면서도 유동적인 특징을 지닌다. 이 같은 구술 기억의 구조적 특징을 중시하면서 의례 경험을 살펴보고자 한다.

특히 이 글은 강복순 씨와 남영자 씨의 구술을 중심으로 한 여성 중심의 서사이다. 여성의 목소리에 주목한 것은, 남성 중심의 가부장체제 규범을 따르고 수행했던 이들의 목소리를 들을 수 있기 때문이었다. 일생의례는 남성 중심의 가부장체제를 더욱 견고하게 하는 문화적 장치였다. 의례의 과정을 수행하면서 여성은 그 체제를 내면화하게 되는 것이다. 그러므로 일생의례의 절차를 살펴봄에 있어서 여성의 목소리를 듣는 것은 중요할 것이다.

또한 이 글은 의례의 절차가 아닌 기억에 주목한다. 그러므로 의례의 절차에 대한 서술이 아닌, 제보자가 발화하는 의례의 기억이 지닌 의미망을 살펴보는 것에 초점을 두고 있다. 따라서 제보자의 기억을 중심으로 의례 경험을 풀어내고자 하였다. 또한 제보자의 생애 궤적에 따라 혼례 - 출산 - 환갑 - 상례 순으로 다루었다.

2. 유이숙·강복순 부부의 일생의례

1) 혼례

강복순 씨는 안동시 풍산면에서 1남 9녀 중 맏딸로 태어났다. 풍산에 살던 어린시절에는 제법 부유한 삶을 누렸던 것으로 기억하는데, 5~6살 무렵 아버지가 병으로 앓아 눕게 되면서부터 살림이 어려워졌다. 아버지의 병을 치료하기 위해 집안의 재산을 조금씩 팔다 보니 병이 다 나았을 때 쯤엔 이미 살림이 많이 어려워졌다. 이로 인해 강복순 씨의 가족들은 예천으로 이사를 가게 된다. 이사 갈 당시에도 살림이 없어 "이불 속에 좁쌀 두어 되"뿐이었다. 그렇게 아버지가 짊어진 이불 위에는 셋째 동생이, 어머니의 등 뒤로는 갓난아기였던 넷째 동생이 엎혀 "피난가는" 것 마냥 이사를 갔다.

남의 집 사랑방에서 살림을 시작한 이들은 "소주 끓이는 이맛한 솥에다가 밥을 해먹고 살았"는데, 밥을 하려 해도, 밥을 할 곡식이 없어 배를 곯았다. 하루는 아버지와 어머니가 밤늦게 팥 이파리를 얻어와 좁쌀과 함께 끓여 죽을 해 먹었는데, 그마저도 부족해 납작한 접시로 떠 먹을 정도였다고 한다. 그렇게 보릿고개를 난 뒤에야 다시 쌀과 보리가 섞인 밥을 먹을 수 있었다. 강복순 씨는 아버지가 어려운 세월을 겪었던 자신을 부잣집으로 시집 보내고 싶어했다고 말한다.

당시 마을에 살던 중이 "골의 제일 부자"라며 유이숙 씨를 중매했다. 이후 아버지가 나무하러 간 사이에 중매쟁이가 유이숙 씨와 함께 찾아왔는데, 당시 강복순씨의 어머니는 석축 기술을 가지고 있던 남편을 일꾼으로 쓰기 위해 찾아온 사람이라고 착각하기도 했다. 강복순 씨가 교회를 갔다오니 중매쟁이와 유이숙씨, 아버지가 셋이서 사랑방에서 대화를 나누고 있었다.

교회 갔다가 딱 오니까 사랑방에 구두도 있고 그 중매하는 사람도 있고. 아버지하고는 너이가 있더라고 있는데 이래 그 처마에 앉아가 가만 들어보이께네, 이제 시집 보내라 뭐 이런 소리 하는 거 그태. 그래가주고 거 있을라이 들캘거 겉고 부엌에 와가주고 부뚜막에 가만 앉아 있어봤지. 들으이 들어내나, 사랑방 있고 마루있고 마루 뒤에 안방이고. 안방 앞에 마루 있고. 저 부엌인데. 세 칸 건너인데 들끼나(들리나). 그래가 방에 갈라그이 글코 그래가주고 거 앉아가 있다이께네. 엄마가 "야 야. 점슴 좀 해라." 이라데. 그런 걸 내가 일부러 들으라고. "내가 언제 밥했나. 내보고 왜 밥 하라 그노" 하고 고암을 지르느께는. "그럼 고구마라도 삶던동" 이래 "아이 고구마도 나는 안 삶아." 그고 이제 그 부두가 앉아 있었어. 앉아 있다. 이게 가더라고. 혼자 가더라고. 미리. 미리 이제 혼자 중매쟁이는 거 있고. 먼저 나오더라만 나 그리 나올 때 구두신니라고 엎드려가 있고 할 때, 부엌 대문은 옛날에 이렇게 닫는 대문이잖아. 그래 고 틈으로 다 봤지. 틈으로 하만 나올 때 하만 나는 사람은 다 봐버렸지. 글때는 볼 때는 인물은 개안더라고. 그래도 키도, 키도 크고. 그래가 있다이께 중매쟁이가 들어오라 그데, 드갔어. 드가이께네. 뭐. 부자고 어떻고 저떻고 뭐뭐 가면 고생도 안 하고 뭐 어떨거래. 고생은 직살나게 고생하는데. 진짜 그래가주고 이제 그럼. 내가 뭐 그때는 내가 나이 18살이랬는데 뭐 아는 게 있었나. 그래가주고 '뭐 그럼 그런겁다' 그고 우리 아버지가 '뭐 시집 보낸다' 이제 이랬어.[1]

교회에서 온 강복순씨는 중매쟁이와 아버지가 사랑방에서 나누는 대화가 궁금해 처마에 앉아 몰래 듣다가 들킬 것 같은 걱정에 부엌으로 가 귀를 기울였다. 그러나 부엌과 사랑방 간의 거리가 멀어 듣지는 못했다. 그리고 어머니는 강복순 씨에게 손님에게 내갈 밥을 준비하라고 하자, 강복순 씨는 "내가 언제 밥 했나"라고 화를 낸다. 이는 자신이 귀하게 자랐음을 표하고 싶었던 욕망이 담겨져 있었다고 할 수 있다. 즉 시집에서도 자신은 밥을 하며 고생하고 싶지 않다는 것이기도 하다. "고구마라도" 삶으라는 것 역시

---

[1] 강복순(여, 1955년생)의 구술(2021년 6월 11일, 자택). 이하 동일 각주 생략.

수행하지 않는 것 역시 같은 맥락으로 이해할 수 있다. 또한 당시 시대적 상황 속에서 혼처를 구하는 것에 여성 당사자의 의견은 완전히 배제되었다. 가부장제 문화에서 여성은 독립된 주체가 아닌 남성의 공간이자 소유물로 여겨져 왔기에,[2] 여성이 시집을 가는 것은 아버지라는 남성에서 남편이라는 다른 남성에게 그 소유가 이전되는 것이나 다름없었다. 여기서 여성이 자신의 의지대로 상황을 바꾸기는 어려운 탓에, 상차림 거부를 통해 그 의사를 표명하는 것이다. 그러나 전통적 규범을 체화한 여성은 기존의 관습에 대한 불만을 가지고 있다고 하더라도 이에 적극적으로 저항하기보다는 이를 수용하고 따른다. 강복순씨 역시 상을 차리라는 어머니의 말에 저항하지만, 중매를 통해 아버지가 자신의 혼처를 결정하는 것에는 "그런겝다"하고 수용할 뿐이다. 이는 당시 여성의 위치를 보여주는 대목이라고 할 수 있다.

강복순 씨보다 13살이 많았던 유이숙 씨는 중매가 성사되자마자, 혼사를 빠르게 진행했다. 혼사가 진행되는 것을 알게 된 이웃의 아버지 6촌 형수는 혼처를 제대로 알아보지도 않고 딸을 보낸다고 나무랐고, 상대 집의 살림을 파악하기 위해 혼사를 치루기 하루 전에 미리 가 엿볼 계책을 세운다. "그 집 음식 먹고 하면 걸배이 집이래도 줘야 되고 문디 집이라도 줘야"되기 때문이었다. 상대쪽에서 준비한 음식을 먹는다는 것은 승낙의 의미로 받아들여지기 때문에, 상대의 집이 생각에 미치지 못하더라도, 혹은 문제가 있더라도 약속을 무를 수 없게 된다는 것이다. 특히 당시 여성의 지위가 낮았기 때문에 남성이 갖고 있는 문제를 함부로 제기할 수 없었음을 보여준다. 남성의 경우 혼인 이후 여성이 아이를 낳지 못하거나 혹은 아들을 낳지 못할 경우 여성을 내치거나 다른 여성을 들이는 것이 가능했지만, 여성의 경우에는 남성의 집안에 문제가 있더라도 이를 껴안고 감내하며 살아가야 했다. 그만큼 사회적으로 여성의 지위가 낮은 상황에서 혼처의 살림을 제대로 알아보지 않아 생기는 문제는 온전히 시집가는 딸이 짊어져야 했다. 그렇게 육촌 아지매와 아버지는 혼사를 치루기 전에 유이숙 씨 집에 조용히 찾아간다.

이들은 대곡리와 마주하고 있는 위동에 살고 있던 유이숙씨 집안을 찾아갔다. 버스를 두 번 갈아타고도 10리를 넘게 걸어서 가야만 했던 산골마을에 도착했을 때는 이미 날이 저물 때쯤이었다. 결국 이들은 그 집에서 하룻밤 신세를 져야만 했고, 그들의 계획은 수포로 돌아갔다. 다만, 집의 살림을 엿볼 수는 있었다.

---

[2] 정희진, 「여성에 대한 폭력과 미투 운동」, 정희진 엮음, 『미투의 정치학』, 교양인, 2019, 78쪽.

하도 부자라 그이께네 캄캄한 데 들어가면서 보이께네 수꾸대가 엮어놨는기, 이렇게 큰 어장이 두 개가 있더란다. 그러니까 우리 아지매가 여자들 암만해도 꾀가 많잖아. 더 눌러 보니께 어석어석 그이께네, '아 부자는 부잔갑다. 이게 마구 나락인갑다' 이래 생각했데. 그래 생각했는데, 아침에 자고 딱 나와가주고 화장실 간다고 나와가 보이께네 나락이 아이고(아니고), 콩껍데기 이거. 콩껍데기 그거더란다. 그거 이제 소 준다고 (…) 아지매가 아버지한테 "사랑방에는 뭐가 있더." 물으이께네, "사랑방에는 나락이, 나락이 여섯 가마니라 일곱 가마니가 들게 있더더" 이카더란다. 이카이께네 아지매가 "그 자리를 눌러봤니껴" 이래. 남자들이 놀려 보나? 옛날에는 그 속이나라고 새끼를 막 담아가 쟁여 엎어놓고 속였거든. 그러이께네 옛날에는 순 먹는 게 위주잖아. 그러이께네 이제 오면, 이제 그 암것도 없다 글까봐, (…) "그걸 눌러봤나" 물으니께네 우리 아버지가 눌려보지는 아했는데, 쟁여놨는게 뭐 좀 해비는게 보이 틀리지, 좀 해가본 거 하고, 그지. 그거는 나락이 맞기는 맞는 끝드라 이제 그래. 그래가지고 우리 아지매가 하는 소리가 "큰일 났다. 큰일 났다. 아 하나 이제 막 그. 막 부자가 아니고 집도 없는 집 그튼데, 큰일 났다" 이제 이래가 우리 아버지는 이제 날 고생하는 거 못 본다고 내가 먼저 죽어야 된다고. 시집 보내키 전에 죽어야 된다고 일주일을 밥을 굶고. (…) 걱정은 돼가 1년에 두 번씩 우리 아버지가 여기를 왔어. 여기와가 어에 사는동 보고 일도 해주고 가고.

아버지와 육촌 아지매는 들어가자마자 수숫대로 만든 커다란 가마니 두 개를 보았다. 그리고 방에 들어가서 그 가마니를 누르자 "어석어석"해 '나락'이라고 확신했는데, 아침에 눈을 떠 보니 '나락'이라고 생각했던 것은 소죽을 끓이기 위한 '콩 껍데기'였다. 아버지가 잠을 청했던 사랑방에도 '나락 여서 일곱 가마니'가 들어 있다고 생각했지만 이는 부유하게 보이기 위한 눈속임이었다고 말한다. 가마니에 새끼를 넣어 부풀려 곡식이 가득 든 것으로 보이게 만든 것이었다. '수숫대', '나락', '콩 껍데기', '가짜 가마니'로 이어지는 구술은 곡식이 살림을 확인하는 가장 중요한 지표로 작용했다는 것을 보여준다. 이 구술에서 수숫대와 나락은 부유함의 상징이자, 딸인 강복순 씨를 부잣집에 보내고 싶어했던 아버지와 아지매의 욕망으로 나타나며, 콩껍데기와 가짜 가마니는 가난했던 시집살림을 드러내는 것으로 표현되고 있다.

또한 여기서 아지매는 결정을 번복할 수 있는 기회를 제공했던 "꾀가 많"은 여성이다. 아지매의 꾀로 인해 혼처에 미리 가볼 수 있었고, 그 살림도 파악할 수 있었다. 비록 혼인은 그대로 진행되었지만, 강복순 씨의 구술에서 아지매는 자신을 좋은 곳으로 시집보내기 위해 노력한 인물이자, 빠르게 상황을 파악하고 실천으로 옮기는 인물이다. 그로 인해 아버지는 자신의 섣부른 결정으로 인해 딸이 고생하게 될 것을 알게 되었고, 그에 대한 죄책감을 가지게 되었다. 그 죄책감은 딸을 시집 보내기 전에 "먼저 죽어야 된다"며 "일주일을 밥을 굶"는 것으로, 이후 1년에 두 번씩 자신을 보러 와 일을 해주는 것으로 이어졌다. 그런 점에서 아지매는 혼인 이후 여성의 처지에 대한 이해를 바탕으로 아버지 결정의 불합리함을 발견하고 이를 바꾸려고 했던 저항성을 지닌 인물이라고 할 수 있다. 이것이 기존의 질서를 바꾸고자 했던 적극적인 저항은 아니지만, 그럼에도 가부장체제의 구조 속에서 여성이 취할 수 있는 가장 최선의 선택을 위해 노력한 인물이다.

강복순 씨의 아버지가 혼처를 받아들인 이유는 "고생도 안하"는 "부자"집이었기 때문이었다. 혼처가 정해지면, 폐물 목록을 통해 상대측의 부를 확인할 수 있었기 때문에, 마을에서도 "이 집에는 폐물이 뭐 왔노"라며 관심을 가졌다. 상대 집안에 대한 정보를 많이 얻을 수 없었던 당시에는 폐물을 통해서 혼처의 살림을 파악할 수 있었기 때문이다. 그런데 "폐품도 다 해주고 다한다"던 혼처에서 막상 가져 온 폐물은 당시 7,500원 짜리 시계 한 개와 금 3돈의 반지 하나였다. 반지와 시계만 받은 강복순 씨는 자신이 시집 갈 곳이 부유하지 못함을 깨달았다.

1972년 음력 1월 29일에 강복순 씨와 유이숙 씨는 혼례를 올렸다. 강복순 씨는 친정집 앞마당에서 꼬꼬재배를 올리고 바로 당일 신행을 갔다. 시집은 안동시 임동면 위리로 대곡1리 건너편에 있는 마을이었다. 강복순 씨의 친정은 영주시 문수면 조제리였는데, 시댁인 안동까지 걸어가기에는 무리가 있었기 때문에 시내버스를 한 대 빌렸다. 다만, 친정집에서도 버스가 세워진 곳까지 가기 위해서는 약 5리 정도를 걸어가야 했는데, 아버지는 새신부가 걷는 것을 반대해, 가마꾼을 구했고 강복순 씨는 버스가 있는 곳까지 가마를 타고 갔다. 그렇게 버스를 타고 임동 도착했을 땐 이미 늦은 밤이라 사방이 캄캄했는데, 도로도 정비되어 있지 않아 작은 천변을 따라 한참을 걸었다. 혼례를 올리고 온 시집에는 맏동서를 포함해 열세 식구가 살고 있었다. 그리고 이 열세 식구의 식사 준비는 오로지 여성들의 몫이었다.

> 이래 보이께네 막 보리밥을 했는데, 단말지 솥에 한 솥이야. 한 솥 막 펴내. 그래가지고 막 쌀은 옛날 놋대집이 거기다가 한 거, 한 대집이만 딱 떠가지고 가가지고 보리밥만 해가지고 고거 딱 던져놓으면 봉판에 딱 쌀을 앉치면 밥을 푸면은 싹 빠져. 고래 싹 돌려가지고 보리밥 좀 섞어가지고 시아버지 떠 주고, 시어머니 떠 주고, 또 시숙하고 시동생, 우리 신랑 이래 떠주고, 우리는

꽁당보리밥 가지지(전부지). 쌀이 한 개도 없이. 그래가 그것도 그마이 해도, 이제 또 이따만 양지기에다 밥을 한 양지기 퍼놔. 내가 그래가 하도 놀래가지고, "형님, 이 밥을 다 어에 해요." 이라이께네, "아이고 이 사람아 이래도 이거 점심에 모자려서 감자를 한 버지기 끓어 삶아야 된다" 이래. 그래가지고 허이고 세상에 이걸로 어에 다 먹고 버지기, 한버지기를. 진짜 다 그 밥 먹어부고, 열서이가 먹어부이, 요새, 요새는 쪼맨큼씩 먹지. 옛날에는 많이 먹었잖아 또. 먹을 게 없으이. 그이 다 먹어부고. 진짜. 점심에 감자를 버지기를 한 버지기 저기. 뭐로 끓어 삶아야 돼. 내가 그거 끓기 싫어 죽을 뻔 했다. 그거는 내 차례래. 하이고, 맏며느리는 동서 있다고 동서한테 쳐 밀어부고 하나? 죽으나 사는 설거지하고 그런건 내 차례래. 그런데 막 날 따시고 이런 날은 괜찮은데, 이래 비가 오고 이런 날은 막 촌에 일하고 하면은 귀찮잖아. 둘누어(드러누워) 자고 막 이러잖아. 자다 일나가지고 감자 한 버지기 끓을라 그래봐라. 진짜 하기 싫더라. 죽을 것 같더라. 하이고, 나는 그게 제일 고생 시러웠어.

강복순 씨는 시집와 맏동서를 따라 부엌 일을 하면서 식사 준비량에 크게 놀랐다. 열세 식구가 먹을 밥을 하기 위해서는 한 말 크기의 무쇠솥에 밥을 해야 했다. 흰쌀을 놋그릇에 담아 솥 가운데에 퍼 놓고 밥을 하면 흰 쌀밥만 뜰 수 있었는데, 이것은 시어머니와 시아버지의 몫이었고, 부엌일을 한 맏동서와 강복순 씨는 "꽁당보리밥"을 먹었다. 그렇게 식구들 밥을 해주고 난 뒤에는 또 "감자 한 버지기"를 삶아야 했는데, 이 두 가지는 오로지 18살 새댁이었던 강복순 씨의 몫이었다. 비 오는 날에도 쉴 수 없었던 강복순 씨는 당시를 "죽을 것" 같이 힘들었다고 말한다.

2) 출산

강복순 씨의 첫 출산은 아이의 죽음으로 기억된다. 설을 앞둔 음력 12월 17일, 첫 아이가 태어났는데, 설이 지나고 며칠 뒤 아이가 죽었다. 채 한 달이 되기 전에 죽은 아이에 대한 기억은 강복순 씨가 죽고 나면 기억되지 않을 죽음이다. 명절을 앞두고 강복순 씨는 방앗간에 가서 쌀을 찧어야 하는 등 일이 많았기 때문에 태어난지 막 10일이 넘은 갓난아기를 시댁에 잠시 맡겨둘 수밖에 없었다. 식구들이 모두 모인 시댁은 시끌벅적했고, 아기는 평소와 다른 분위기에서 하루를 보냈다. 그리고 이튿날 집으로 돌아오자 아이가 아프기 시작했다.

한 11시나 됐나. 되이께네 지혼자 자다가 안 자고 깨가지고 막 쉬기도 안오고 그냥 에에—…. 이래 울어. 이래 우는 거 그래가 아가 이상해 가주고 아바이 자는 걸 깨가지고 어른들 데려온나고 그러이께네 데루고 왔어. 데루고 왔는데 데루고 와도 어른들도 그 바람인가도 모르더라고. 그래 몰래, 몰래 가지고 밤 홀딱 세우고, 한 잠도 못 자고, 홀딱 세우고, 이제 아침에, 마을에 이제 이 저 시어른들 사는 마을에 거 이제 바람 따고 하는 사람이 있어. 거기를 데리고 가이께네. 그 바람 따주는 할매가 "아이고 따주기는 따준다마는 내 원망은 하지 마라 하마 이미 때는 늦었다" 이래.

집으로 돌아온 아기는 잠을 제대로 자지 못하고 울기 시작했는데, 그 소리가 이상해 강복순 씨는 남편 유이숙 씨를 통해 곧장 시어른들을 불렀다. 하지만 어른들도 아기가 왜 우는지, 어디가 아픈지는 정확하게 알지 못했다. 그렇게 결국 강복순 씨는 한숨도 자지 못하고, 이튿날 바로 마을에 "바람 따주는 할매"를 찾아갔다.

마을에서 병에 대한 처방과 치료를 담당하는 이들은 마을의 무당 혹은 경험과 지식이 많은 어른으로, 나름의 치료 담당 분야가 정해져 있었다. 병의 치료는 약초를 이용하기도 했지만 때로는 주술적인 방법이 동원되었다. 작은 질병도 사람의 생사를 결정하는 두려운 것으로 여겨졌던 과거, 민간에서는 병과 그 치료법에 대한 지식과 방법을 전승하면서 나름의 방식으로 마을 내부의 의료체계를 형성했다. 이 체계는 명확하게 형성되어 있는 것은 아니었지만, 마을 공동체에서는 경험적 지식을 통해 충분히 공유되고 있는 정보였다. 그리고 이러한 민간치료 요법은 새로운 의료체계가 구축되는 동안에도 여전히 주도적인 역할을 담당했다. 실제로 강복순 씨는 아기가 아파도 "병원에 갈 줄도 모르고"라고 구술하는 대목에서, 당시에는 병원보다는 마을의 민간의료에 의지해왔던 것을 보여준다. 그러므로 "바람 따주는 할매"란 그런 민간의료에 대한 지식을 지닌 인물로, 바람을 잘 따는 인물로 알려져 있었던 것으로 이해할 수 있다.

강복순 씨의 가족들은 아기를 데리고 "바람 따주는 할매"에게 갔지만, 할매는 "이미 때는 늦었다"며 아기의 생명을 장담하지 못했다. 다만 임동의 약방에서 약을 사 먹는 것을 권했다. 이웃집에도 임동의 약방에서 약을 먹고 괜찮아진 경우가 있기 때문이었다. 그 이야기를 들은 유이숙 씨는 곧장 자전거를 타고 임동의 약방으로 갔다.

그 험한 길에 비포장 길, 돌, 여 마구 돌이잖나. 길도 없이 막 도랑 건너서, 막 이래 가이되는데, 자전거를 타고 아바이가 얼매나 빨리 갔다 왔는 둥, 20리를 왕복 30분분이 안 걸렸어. 근데 막 한 겨울이잖아 글때 설에. 땀이 막 쭉쭉쭉쭉쭉 내려와. 얼마나 빨리 갔다 왔는지. 그래가 그 약을 맥였는데, 약 한 번 먹고. 한 번 매개 가지고 놔놓고, 젖 맥여 놔놓이께네 자더라고. 자다만은 해 넘어 갈 무렵 되이께네 깼어. 깼는데, 깨는 거 약 한 번 더 믹여가주고 또 젖믹애가주고 놔놓고, 하룻밤 새웠으니 나도 자부랬지, 그러이께네 젖 맥여가 해놔 놓고 이제 이불 덮어가 이래 놔놓고 잤어.

유이숙 씨는 마을 도로도 설비되기 전, 자갈밭인 흙길을 자전거를 타고 "20리를 왕복 30분"만에 다녀온 유이숙 씨는 한겨울임에도 온몸이 땀에 흠뻑 젖어있을 정도였다. 이는 아이를 살리고자 하는 이들의 간절함으로 표현된다. 그렇게 유이숙 씨가 가지고 온 약을 먹은 아기는 엄마의 젖을 먹고 잠이 들었다. 아기가 약을 먹고 잠이 들자 한숨도 못 자고 아기 곁을 지켰던 강복순 씨와 유이숙 씨 역시 잠을 이기지 못하고 잠이 들었다.

자고 있다이 우리 시어머니가 이래. "야들이. 아 아픈데 불은 왜 끄고자노." 그래. 전기가 없으니까, 호롱불이니까, 석유가 떨어져서 꺼져버렸어. 꺼진 것도 모르고 잤지. 하룻밤 새고 그랬으이. 그걸 뭐, 오디만은 아를 만져봤는 모양이래. 캄캄한 방에. 만져보이 하만 이미 숨이 떨어졌는 모양이라. "야들아 아가 갔는 긑다만은" 뭐 어떻고 저떻고 그디 할매가 난리가 나는 게라. 마구 안방에 큰 며느리보고 마구 "석유병 가 온나"고 고암을 지르고 하디만은 불 켜가지고 보이께네. 죽었는 모양이래. 그런데 우리는 못 보게 해가지고, 이래 보이께네 자는 같더라고. 가마 자는 긑은데 죽었데, 그렇다 하만서 얼라 기저귀 가지고 막 젖 먼저 막 동이 돼. 불지마라고. 탱탱 동여 매부데. 매부고 딴 방 가라 그러더라고. 딴 방 쫓겨 나와부랬지. 쫓거나와 보이께. 날 새고 시숙하고 시아버지 하고 둘이 어데 갔다 묻어버렸는 동 갖다 묻어부고 없었더라.

그들이 잠든 사이에 찾아온 시어머니는 아기를 만져보곤 이미 숨이 끊어진 것을 느끼고, 부부를 깨웠다. 이어 석유없어 꺼져버린 호롱불을 켜기 위해 시어머니는 맏며느리에게 석유병을 가져오라고 소리를 질렀다. 그렇게 불을 켜고 보니, 아기는 결국 병을 이기지 못해 죽었다. 사실을 안 시어머니는 강복순 씨와 유이숙 씨에게 죽은 아기를 보여주지 않고 다른 방으로 가도록 조치를 취했고, 그리곤 아기의 기저귀로 사용하던 부드러운 천으로 강복순씨 가슴을 동여맸다. 아기가 죽었더라도, 산모의 몸은 이를 인식할 수 없어 젖이 계속 나오기 때문이었다. 젖 먹을 아기는 없는데, 젖이 계속 나오게 되면 산모의 몸에 젖이 고여 염증을 발생시킬 수 있어 이에 대한 조치를 취한 것이다. 이처럼 아기가 죽는다는 것은 아이뿐만 아니라 산모의 신체에도 영향을 미치기 때문이었다. 이는 아이가 죽었을 때 해야 하는 행동에 대한 지식이 공유되고 있었다는 것을 알 수 있다.

아기가 죽자 부모였던 강복순씨와 유이숙씨를 다른 방에 가게 한 후, 시숙과 시아버지가 아기의 시신을 묻었다. 이렇게 아이의 죽음에서 부모의 참여를 배제할 뿐만 아니라 의례를 치루지 않는 것은 이를 공식적 기억에서 배제하고자 하는 의도를 지닌다. 의례를 치름으로써 공식적으로 기억하는 죽음이 되는 것인데, 특히 아이의 죽음은 비정상적 죽음으로 의례를 치르지 않아 공식적으로 기억되지 않는 죽음이다.[3] 그러므로 아이의 죽음은 개인적인 차원에서만 기억될 수 있는 비공식적 죽음인 것이다. 죽음의례를 지내지 않음으로써 아이의 죽음을 애도하거나 기념할 수 있는 구조 자체를 소거시키는 것이다. 즉 아이의 존재를 망각하게 함으로써 공동체 구성원으로 부정하는 효과를 가져온다. 따라서 강복순 씨가 구술하는 아이의 죽음은 비공식적이기 때문에 기억될 수 없는 죽음이지만, 부모인 자신은 기억할 수밖에 없는 죽음인 것이다.

이후 강복순 씨는 삼남매를 낳았다. 하루는 "마른 고기 팔고, 채 팔고", "점을 약간"하는 할머니가 마을에 돌아다녔는데, 강복순 씨는 그 할머니에게 아이들의 "명이 기니껴 안기니껴"라고 물었다. 즉 아이들이 오래 살 수 있는지를 물었다. 첫 아이를 떠나보낸 강복순씨는 자신이 낳은 아이들이 탈 없이 크는 것을 원했던 것으로 이해할 수 있다.

대개의 경우 여성이 첫 아이를 낳으면 친정에서 산후조리를 하거나 혹은 친정엄마가 잠시 들려 도와주곤 했다. 하지만 집안의 맏이였던 강복순 씨가 시집을 오고 아이를 낳았을 때, 친정엄마도 막내를 낳은 탓에 강복순 씨의 출산에 신경을 쓸 수 없었다. 20살 전후로 혼인을 치렀던 당시에는 이처럼 모녀가 비슷한 시기에 출산을 하는 일이 드물지 않았다. 강복순 씨의 친정엄마는 생전에 외손주를 업어보지 못한 것에 대해 아쉬움과 미안함을 표하기도 했다.

출산 이후 친정엄마의 손길을 바랄 수 없었던 강복순 씨는 시어머니가 미역국을 끓여주는 등의 산후조리를 도왔다. 이후 아이가 100일이 되었을 때 미역국을 끓여 마을주민들에게 "백일 국 잡수러 오라고" 집에 초대했다. 아이가 태어난지 1년이 되던 해에는 미역국을 끓이고 백설기를 쪘다. 아이가 첫 돌을 맞이하면 마을 주민들이 이를 축하하기 위해 집에 방문했다. 방문하는 사람들은 특히 "할매들"이었는데, 이들은 아이가 오랫동

---

[3] 서경원, 「죽음의례의 의미작용 구조와 정동론적 함의」, 안동대학교 석사학위논문, 2017, 71~90쪽 참고.

안 건강하게 살라는 의미를 담아 타래 실을 아이의 목에 걸어주었다.

3) 환갑

아이를 모두 낳고 나면 얼마 지나지 않아 집안 어른들의 환갑이 다가온다. 환갑은 육십갑자의 갑이 돌아왔다는 뜻으로 61살을 이르는 말로, 한 주기의 인생을 다 살고, 새로운 다음 인생의 탄생을 축하하는 날이다.[4] 특히 평균수명이 짧았던 과거 환갑은 한 사람의 일생에 있어서 중요한 의례에 해당했기 때문에 마을의 큰 잔치 중 하나에 해당했다. 유이숙, 강복순 부부는 막내 아들이 5살이 되었을 무렵 강복순 씨의 시아버지, 즉 유이숙 씨의 아버지 환갑을 치렀다. 환갑은 마을주민들을 모두 초대해 성대하게 치르는 생일이었기 때문에 여성들의 노동은 그만큼 집중될 수밖에 없었다. 강복순씨 역시 시아버지 환갑상을 차리기 위해 이웃에 사는 여성들과 함께 음식을 준비했다.

환갑잔치를 집에서 내가 음식을 해서 집안 식구들 집 안에 다 부르고, 이웃 한 그때만 해도 요 이 동네가 한 70호 됐거든. 그 사람들 다 오고. 또 집안에 다 오고 그래. 그 음식을 내 손으로 다 만들었어. 얼마나 했는지 아나. 마을 사람 불러가 닭을 글때 당시에도 그 그거 식용류를 아깝다고 안 쓰고, 큰 일 같은 거 하면 돼지기름 빚어가지고, 돼지비계 같은 거, 이렇게 굵게 이만큼 잘라서 솥뚜껑에 이렇게 이렇게 문대서 떡 구우고 했거든. 큰일 집에 그 당시에 내가 기름을 식용류를 한 말 드는 깡통 기름을 두 통을 들고 왔어. 두 통을 사가 와가 닭을 열 마리를 샀어. 안동에서 그 파는 닭 있잖아. 열 마리를 사가지고, 그걸. 다 또 두드려가 뼈째로 두드려가 밀가루 섞어가고 해가 동그란 땡을 만들었어. 생각해봐라 얼매나 많겠노. 그래가지고 동네 아줌마들을 대 여섯이 불러 놓고…….

70호 동네 주민들을 모두 초대해서 치루는 잔치인 만큼 그에 걸맞는 음식을 만들어야 했는데, 강복순 씨는 닭 10마리를 구매해 이를 두들겨 밀가루와 섞은 뒤 동그랑땡을 빚었다. 음식을 만드는 모든 과정에 사람의 힘이 들어간다는 것은, 그만큼 고된 노동이라는 것을 의미하기도 한다. 닭을 두들기는 일, 동그랑 땡을 빚는 일, 빚어진 동그랑땡을 굽는 일, 구워진 동그랑땡을 상에 차리는 일은 한두 사람의 힘으로는 감당할 수 없다.

---

[4] 김태우 외, 『한국일생의례사전』, 국립민속박물관, 764~767쪽 참고.

특히 마을 주민들을 대접하기 위해서는 "경운기로 몇 발"을 실어 나를 정도의 양을 만들어야 했다. 그런 탓에 음식을 만드는 일은 이웃에 사는 부녀자들의 도움을 받아야만 했다. 그렇게 마을의 부녀자들의 도움을 받아 잔치음식을 만들었다. 공동체 안에서 이러한 도움에 대한 인식은 하나의 문법으로 자리잡고 있었다.

당시 식용류는 고급 기름으로 인식되었기 때문에 음식을 굽거나 튀길 때는 대부분 돼지기름을 사용했는데, 강복순 씨는 동그랑땡을 구울 때 식용류를 사용했다. 많은 음식을 만드는 데 식용류를 사용하는 것은 당시로써는 일반적이지 않은 일이었다. 그렇기 때문에 잔치 음식을 만드는 데 식용류를 사용했다는 것은 그만큼 사람들에게 잘 대접했다는 것을 표현하는 것으로 이해할 수 있다. 과거 요리제작법에 대한 지식은 입에서 입으로 전달되는 것이 일반적이었는데, 당시 라디오, TV와 같은 대중매체가 보급되면서 미디어를 통해 지식이 공유되기 시작했다.

> 그때 당시에 흑백 테레비가 있었는데, 이 아침으로 보면 아침 요리 뭐. 요리 시간 있었잖나. 그래가 한날 이래 보이께네, 밀가루 반죽 해가지고, 국수 매로 밀어서 이만큼씩 잘라서 이렇게 칼집 여어서, 야를 홰딱 디배가(뒤집어서) 하이께네 리본겉이 생겼어. 그거를 보고, 그거를 보고 그거를 만들었어. 그러니까 그거를 만들어서 튀겨가지고 엿물에다가 해가지고 과자를 만들어가, 그것도 막 이따만한 다라이 두 다라이 했어. 그래 그래 해가지고 그 환갑잔치를 내가 집에서 해줬어요.

강복순 씨는 집에 있던 TV에서 요리 프로그램을 보고 '매작과'를 만드는 방법을 익혔다. 기존에 전해지던 요리가 아닌 매체를 통해서 새롭게 익힌 요리를 강복순 씨는 손님들 간식으로 만든 것이다. 구술을 통해 소규모 공동체 내에서 공유되던 생활지식들이 대중매체 보급 이후에는 광범위해진 것으로 이해할 수 있다. 이는 지식습득의 확장으로도 이해할 수 있지만, 한편으로는 방송에 출연한 소수의 전문가 지식을 따르게 됨으로써 공동체 내에서 전승되어 오던 방식을 낡은 것으로 여기게 되는 효과를 가져오는 것이기도 했다. 즉 서로 다른 방식이 아닌, 지식의 서열화가 발생하는 것이다. 이러한 강복순 씨의 지식습득 방식은 과도기적 모습을 보여준다. 나아가 '음식을 잘하는' 것에 대한 인식의 기준에도 변화를 가져온다. 새로운 음식을 선보인 강복순 씨는 시아버지 환갑잔치 이후 음식을 잘한다고 소문이 났고, 잔치집에 불려가 음식 조리를 도왔다.

그래가지고 소문났다 음식 잘하고, 음식 많이 하고, 잘 한다고 자기네 먹고 실컷 남도록 해서, 많이 하고 해서, 그런 데다가 돼지기름이 요래요래 발라가지고 먹다가 튀김을 해놨으이, 얼마나 맛있겠노. 야채튀김을 이런 다라이에 세 다라이 해가주고 그거를 다 튀겼으이 얼마나 많겠노. 그렇게 딱 튀겼지. 야채했지, 과자 만들었지, 그라고 그 또 나머지 그 고기 사고 뭐 이라이께네 잔치해주고 그랬지. 그래 그 뒤로. 그래가지고 우리 시외가 가서. 시외가 저기. 시외삼촌이 그라고 2년 있었나 환갑이었어. 아이고 이질부 빨리 와 가지고 음식 좀 해라고. 음식 좀 하그러 빨리 온네이. 해 나사가 또 고 또 가가 다 해줬잖아. 그래가지고 그럴 때 막 그 튀김을 생전에 안 먹다가 먹으이께네 마구, 막 음식이 맛있다고 막 난리가 나. 그게 자기네들이 안 먹었던 걸 먹어서 맛있는 거지 뭐. 기름을 그렇게 튀기고 했는 거는 안 먹어봤으니까. 맨날 싹싹 요래 발라가 쪼매꿈 씩 먹었지. 그거 했나. 부치개도 몇 다라이 굽었지.

시아버지 환갑잔치 이후 음식 솜씨가 좋다고 소문 난 강복순 씨는 이후 시외삼촌의 환갑잔치 준비에 불려가 음식 만드는 것을 도왔다. 잔치와 같은 큰일을 치르기 위해서는 많은 물적·인적 자원을 필요로 했는데, 이는 가정 내에서 감당할 수 없기 때문에 공동체 구성원인 가족, 친인척, 이웃 등의 도움을 필요로 했다. 이처럼 공동체 구성원의 도움은 유기적으로 이루어졌는데, 새로운 음식을 선보였던 강복순 씨에게는 몸부조(노동력)가 요구되었다. 강복순 씨가 만든 음식은 "안먹던" 것이었기 때문에 "맛있다고 막 난리가" 날 정도로 호평을 받았다. 이는 윗세대로부터 일방적으로 지식을 습득해야 했던 기존의 관습이 기술발전으로 인해 변하고 있는 양상을 보여준다. 이처럼 강복순 씨의 사례는 미디어를 통해 다양한 문화들이 대중들에게 어떻게 영향을 끼쳤는지를 보여준다.

그런데 이제는 평균수명의 연장으로 인한 환갑잔치의 간소화, 외식문화의 활성화로 마을에서 이루어지는 환갑잔치에도 변화가 생겼다. 유이숙 씨의 경우에도 환갑잔치는 하지 않고 칠순 잔치를 치렀다. 유이숙 씨의 칠순 잔치는 집 마당에서 진행했는데, 현수막을 설치하여 칠순을 알렸고, 음식은 이동식 뷔페를 이용했다. 집 마당에서 진행된 잔치는 마을 주민들을 집으로 초대하는 방식으로 진행되었지만, 잔치 음식 준비를 위한 몸부조(노동력)를 기대할 수 없는 상황인 탓에 이를 뷔페를 이용한 것이다. 뷔페는 다양하게 준비된 음식을 먹고 싶은 만큼 이용할 수 있다는 점에서 잔치 음식의 성격을 지닌다. 이 사례는 새로운 방식들이 잔치에서 결합 되면서도, 기존의 성격을 담보하면서 변화되는 것을 보여준다.

4) 상장례

강복순 씨와 유이숙 씨의 장례 경험 역시 과도기적 성격을 지닌다. 시아버지의 장례는 집에서 치렀지만, 시어머니의 장례는 장례식장에서 진행했다. 당시 여성들은 가사노동의 주체였고, 집안의 큰일을 치를 때는 특히 많은 손님들을 대접하기 위한 음식을 마련해야 했는데, 모든 것이 수작업으로 이루어졌던 탓에 그 노동강도는 굉장히 높을 수밖에 없었다.

> 집에서 장례식 그튼거 하면 손님들이 오면 밤새도록 술상 차례가 댕겨야 돼. 밤새도록 이제 촌에는 집이 솔잡잖아. 그러면은 막 이 집, 저 집, 방 한 개씩 얻어가, 손님이 들어가 있단 말이래. 그러면 그 손님들을 저녁 해 줘야되지. 저녁 먹고 설거지하고 나서 또 술상 차려줘야 되지, 또 12시쯤 되면 저녁 야참, 그거 또 갖다 줘야 되지. 또 아침에 한 5시쯤 일요일 6시쯤 되면은 아침 해전 그고 그거 또 갖다 줘야 되지. 밤새도록 갖다 날라야 돼. 잠도 못 자.

강복순 씨에게 집에서 치른 장례는 강도 높은 노동으로 인한 고통의 기억으로 자리 잡고 있다. 고인의 명복을 빌기 위해 찾아온 사람들 중에는 외부인도 있었기 때문에 그들이 쉬어갈 수 있는 거처를 마련해줘야 했으며, 음식과 술상을 계속 차려야 했다. 적어도 3일 이상 지속되었던 장례에서 여성들은 "밤새도록" 오는 손님을 대접해야 했던 것이다. 이처럼 여성과 남성의 역할이 구분되어 있던 사회에서 여성에게 가사노동이 강요되었다.

강복순 씨 중심의 일생의례 서사는 절차나 그 의미보다는 '노동'에 초점이 맞춰져 있다. 중매가 진행되는 과정에서 어머니는 강복순 씨를 가사노동의 주체로 호명했고, 혼인 이후에도 부엌에서 가족들 먹을 밥과 참을 만들어야 했으며, 집에서 진행되는 잔치와 장례에서는 손님들을 대접할 음식을 조리해야 했다. 이처럼 강복순 씨에게 의례는 강도 높은 가사노동으로 기억되고 있다. 이는 여성의 '가사노동'은 일상을 넘어 의례 속에서도 수행되었으며, 이것은 끊임없이 반복되어왔다는 것을 보여주는 것이다. 그러면서도 한편으로는 여성에게 부여되는 규범이 내재화되는 모습을 보인다. 예컨대 잔치 때마다 불려가며 새로운 음식을 손님들에게 대접했던 일은, "난리가 나"는 자랑스럽고 뿌듯한 일로 구술된다.

그리고 그 노동으로 점철된 구술 속에서 엿볼 수 있는 것은 공동체 구성원들의 긴밀한 협력이다. 시집와서 시누이와 함께 가족들이 먹을 밥상을 준비했고, 첫아이가 아팠을 때는 마을의 할매의 도움을 받았으며, 아이가 죽었을 때는 시어머니와 시숙, 시아버지가 주도적으로 이를 해결했다. 또한 잔치 음식을 준비할 때는 마을 주민들이 모여 함께했다. 기술과 자원이 부족한 사회에서 공동체 구성원들은 서로 협력함으로써 극복해 나아간 것이다.

3. 김동석·남영자 부부의 일생의례

1) 혼례

김동석 씨는 대곡1리 바드레마을 출신이며, 남영자 씨는 대곡2리 도고마을 출신이다. 동갑인 부부는 모두 대곡리에서 나고 자라, 혼인 전에도 어느 정도 안면이 있었다. 특히 당시 남영자 씨의 집은 방앗간을 운영했기 때문에 많은 사람들과 마주쳤다. 그렇다고 하더라도 당시 시대적 풍조상 남성과 여성이 친밀하게 지내기는 어려웠기 때문에, 얼굴만 아는 사이였다. 그런 둘이 "영양에 사는 할배"의 중신으로 부부의 연을 맺게 되었다.

이들 부부는 남영자 씨의 집 마당에서 꼬꼬재배를 했는데, 이때 입을 혼례복 사모관대는 안동 김씨 참봉공파 문중에서 새로 마련해 두었던 것을 이용했다. 일생에 한 번 입는 혼례복은 개인이 구매하는 것이 아닌, 마을에 마련된 것을 이용한다. 자주 사용하지 않지만 반드시 필요한 물품들, 그릇, 악기, 혼례복 같은 것들이 대표적이다. 이런 물품들은 대체로 마을의 공동기금으로 구비하여, 마을 주민들이 모두 사용할 수 있는 공공재로 두었다. 이들 부부가 이용한 혼례복 역시 문중에서 문중 사람들이 사용하도록 마련한 공공재였다. 남영자 씨는 길렀던 머리를 자르고 파마를 한 뒤 족두리를 머리에 썼다.

> 친정에 있었는데, 그때는 임동 가서 머리하고 오고 그랬어요. 파마. 옛날에는 머리 저래 길게 있었잖아. 조만큼. 저래 있는 머리를 그 전날 가서 머리하고 왔다. 파마했어요. 요새 맹치로. 비녀를 너주하게 질렀어요 옛날에. 바짝 댕겨 하면 "시집살이 되게 한다" 그면서 "그리 하지 마라" 그러더라. 우리 언니 결혼식 때 비녀 질렀거든요. 우리 저기 언니 아지매가 "야들아 저기 머리 저기 바짝 댕기지 마라. 바짝 댕기면 시집살이 되게 한단다" 그러시더라고.[5]

과거에는 혼례를 치룰 때 여성이 머리를 비녀로 올림으로써 미혼에서 기혼으로 지위가 바뀌는 것을 드러냈다. 그런데 미적 요소의 하나로 등장했던 파마를 욕망했던 당시 여성들은 윗세대들의 거부감과 저항을 최소화하기 위해 의례를 전략적으로 사용했는데, 혼례는 여성들이 머리모양에 변형을 가하는 유일한 의례였기 때문이었다.[6] 남영자 씨 역시 혼례 전날 임동의 한 미용실에서 머리를 자르고 파마를 했다. 그리고 그 머리에 비녀를 느슨하게 꽂았다. 비녀를 꽂기 위해 머리를 "바짝 댕기"면 시집살이로 고생하는 것을 의미했기 때문이다. 이는 '비녀'는 단순히 머리 모양이 아니라, 이미 구시대적인 유물로서 '가부장체제의 규범을 수행하는 여성'이라는 의미를 상징하게 된 것이다. 그렇기에 비녀를 느슨하게 꽂는 것은 여성에게 가해지는 전통적인 규범에서 벗어나고자 하는 욕망의 표현으로 이해할 수 있다.

이들 부부와 같은 날 혼례를 치르는 집이 두 집이 더 있었다. 혼례를 올리는 날은 그만큼 길한 날을 잡은 것이니 만큼, 좋은 기운이 많이 감도는 날을 의미했다. 그런 까닭에 혼례의 과정에서 먼저 길을 지나가기 위해 눈치 싸움을 하기도 하고, 가마를 타고 신행을 가다가 다른 가마와 마주치게 되면 길싸움이 일어나기도 했다.

> 그래 좋은 날이니까 같은날 한동네 하지. 옛날에 결혼식을 하면, 한동네 둘이가 있으면, 길을 안삣긴다 하거든. 예를 들어서, 똑같이, 맹 그 길로 다니야 되니께네 '그 길로 먼저 가야된다' 이기래. 우리는 새북에(새벽에) 여서(여기서) 내려갔어. 그래 저서(저기서) 오는 거는 거리가 멀어가주고, 갱장히 늦게 왔지. 우리 혼례 다 치르고 난 뒤에 오던데 뭐. 그래 두 집이래 나 놓으니까. 길 안뺏길라고 먼저 찾아가야 된다 이 말이라.

김동성 씨와 남영자 씨가 혼례하는 이웃집에서도 혼례를 올렸다. 그런 탓에 혼례 당일 김동성 씨는 마을로 가는 길을 먼저 선점하기 위해 삼촌과 함께 새벽 일찍 신부인 남영자 씨의 집으로 갔다. 심지어 너무 이른 아침이었던 탓에 남영자 씨의 가족들은 모두 잠자리에서 일어나기도 전이었다. 장가를 들기 위해 가는 길은 신랑으로서 가는 초행길로, 혼인 이후의 운세를 점치는 날이기도 하다. 그렇기 때문에 다른 사람이 그 길을 먼저 지나가게 되면, 길한 기운을 다 빼앗겨 운수가 나쁘다고 생각했던 것이다. 이 같은

---

[5] 남영자(여, 1951년생)의 구술(2021년 5월 16일, 제보자 자택). 이하 동일 각주 생략.
[6] 혼례 과정에 파마라는 새로운 문화 양식을 전략적으로 들여와 전통 규범에 변화를 가져온 것에 관한 자세한 내용은 공다해, 「파마를 통해 본 혼례 전통과 규범의 변화」, 『남도민속연구』 39, 남도민속학회, 2019 참고.

인식은 혼례의 과정에 다양한 기복적 상징들이 존재하는 것, 신랑과 신부가 수행해야 할 금기와 절차가 많았던 것에서도 살펴볼 수 있다. 혼례를 마치고 나면 신부는 길게는 몇 년 동안 친정에서 머물며 혼수를 마련하기도 했지만, 김동성, 남영자 부부가 혼례를 치렀을 당시에는 당일 신행이 보편적이었다.

> 걸어오는데 저 밑에까지 우리 언니가 데려다주고 그렇게 울고 왔다 그이께네. 우리 언니가. 여 뫼백이 안 와봤는데, 여 안 와봤어. 언니가. 여 밑에 저 본가 꺼즘 왔다가 그렇게 울고갔다 하이께네. "야야 우에 살 참이로" 막 울더라 카이께네. 언니가 날 붙잡고 오면서 "이클 높은데, 야 뫼백이 어에 살라노" 이카더라그이께네.

남영자 씨의 마을과 김동성 씨의 마을은 같은 동네였기 때문에 남영자 씨는 가마를 타지 않고 걸어서 신행을 왔다. 그렇지만 산 아래 길가에 있던 남영자 씨의 친정마을과 달리 김동성 씨의 집은 산꼭대기에 있는 마을이었다. 또한 지금과 같이 도로가 정비되기 이전에는 산길로 걸어와야 했기 때문에 험한 곳처럼 여겨졌다. 그런 탓에 남영자 씨의 신행길을 동행했던 언니는 "어에 살라노"라며 걱정을 했다. 산골에서 산다는 것은 그만큼 고생할 일이 많다는 것을 의미했기 때문일 것이다.

신행을 온 지 며칠되지 않아 부부는 처가로 인사를 하러 간다. 이때 신부집의 젊은 일가친척들과 마을의 청년들이 신랑 다루기를 했다. 신랑 다루기는 장가든 신랑이 신부집에 머무르는 동안 신부집의 젊은 일가친척들이나 마을 청년들이 신랑에게 괴로움을 주어 고초를 겪게 하는 의식으로, 하나의 재미기도 했지만, 신랑의 사회적 지위를 승인하기 위해서 행해지는 신체적 시련, 이를테면 성인식의 한 과정이기도 했다.[7]

> [남영자: 처갓집에 와서, 결혼한 다음에 처가 집에 오만 저 지게꼬리, 갖다 놓고, 발 붙들어 묶어가주고 달아매고] 힘들게 했다 (…) 나도 등발이 그때 괜찮앴는데, 여럿이 달려드니까 못이기. 하이튼 너무 안받아주면 안된다고. 그래 애 안먹을 수가 없어. 뭐 뭐, 방망이, 방망이 가 발바닥 두드리고, 뭐 돈내놓으라 그고, 뭐 뭐 어디가가주고 뭐 찾아가 오라 그고, [남영자: 달(닭) 잡아오라 카고 막 이쿠 그랬어.] 그래 그 달(닭) 붙들어 오라. 그런거 해가 오라 하고, 가만 뭐 술 가 찾아오라 그고, 막, 그래 전부 발바닥 이래 들고, 방망이 가지고 때리면서 그러면서 그러이께네,

---

7 김태우 외, 앞의 책, 357~358쪽 참고.

발바닥 때려 봐 얼매나 아픈지. 요즘은 사실 그런게 없잖아. 자꾸 뭐 처형들이고 전부 다 처남댁들이고 전부 계시잖아. 그 뭐 좀 갖다 달라카면 안맞게 할라고 자꾸 갖다 주지. 때리지마라 그면서 자꾸 내 놓지. [남영자: 맞지 말라고 자꾸 갖다줘. 갖다주면 이제 그거 먹고 이제 놀고, 재미로] 재밌느라고 하는 거지. 한 시간 정도. 한 시간 정도 하니까 열흘 앞잽이, 열흘 앞잽이라고 그래 하는게.[8]

부부가 처가로 처음 오는 날에는 온 일가친척들이 모두 모여 새신랑과 새신부를 반긴다. 그리고 신랑은 동년배들과 함께 술을 마시며 노는데, 그 중 한 명이 "오늘 김서방 붙들어 매자, 달아매자"라고 신호를 보내면, 청년들이 달려들어 신랑의 발을 지게꼬리로 묶어 맨다. 그리고 그들은 자신들이 원하는 것, 예컨대 술과 음식, 돈을 요구하며 이를 줄 때까지 신랑의 발바닥을 방망이로 때린다. 신부와 신부의 자매들은 새신랑이 맞는 보며 발을 동동 구르며 그들이 원하는 것을 재빨리 갖다 준다. 그렇게 돌아가며 원하는 것을 요구하고, 이를 갖다주는 것을 약 1시간 동안 반복한다. 이는 새신랑에게 치는 장난이기도 하지만, 새신부를 고생시키지 말라는 의미를 담고 있기도 했다. 그 1시간이 새신랑이었던 김동성 씨에겐 열흘처럼 느껴질 정도였다.

집안 청년들이 신랑의 발바닥을 때리는 것은 부부가 함께 살아가면서 겪을 고통을 예시하는 것이며, 고통에서 벗어나기 위해서는 여성, 즉 신부의 힘이 절대적으로 필요하다는 교훈을 담고 있는 것으로 해석할 수 있다. 따라서 신랑 다루기는 단순한 매타작이라기보단 그들을 성인으로 거듭나게 하고, 나아가 공동체의 구성원으로 받아들이는 과정의 의미를 담고 있는 것이다.

2) 출산

혼인한 여성에게 부여되는 역할 중 가장 중요한 것은 대를 이을 남자아이를 낳는 것이었다. 대를 잇는 것이 중대한 의무로 여겨졌던 당시 사회에서 여성의 출산은 단순히 한 생명의 출산이 아닌, 집안의 존폐가 달린 것이었다. 시집온 여성이 아이를 갖지 못하는 것이 칠거지악七去之惡 중 하나였을 만큼, 출산은 기혼 여성이 수행해야 할 책무였다. 그런 까닭에 아들을 낳기 위한 기자의례가 성행했는데, 이는 대부분 '아들'을 낳기 위한

---

[8] 김동석(남, 1951년생)의 구술(2021년 5월 16일, 제보자 자택).

목적에서 행해졌다. 그뿐만 아니라 임신을 못하거나, 남자아이를 낳지 못하는 경우, 집에서 내쫓기거나 다른 여성을 통해 아이를 낳기도 했다. 강하게 표현하자면, 여성의 몸은 출산을 위한 도구로 인식되었다.

> 하루베 한다고 하면, 내가 만약 이 집에 시집을 와가주고 자식을 못놓고 있잖아. 못놓고 있는데다가, 하루베 만들어가주고 옷을 해 입해놓으만, 애기가 생긴데. (그걸 왜 하루베라고 해요?) 그날 하루에 베를 이래 메 가주고, 베틀에다 놓고, 하루에 베 메가주고 다 해가주고. 하루 동안에 해 가주고 입해가 자고. 인쟈 버리더라도, 몇 번 입어도. 그날 만들어야돼. 그게 하루베래. (누구 옷을 만든거에요?) 신랑옷. 하루베 카면 신랑옷 했어. 속에 팬티 하나만. 팬티 하나만 만들었어. 밤새도록 만들었다는데? 모에가주고 마구 베를 하루 하는데, 여자들 모여가 했다케. 모여야 베 만든 사람 만들지. 하마 방에 베틀 하는 사람 해 놓고 하잖아. 새북부터 해도, 닭이 울고 새북부터 하만 명주꼬타리 만졌답니다. 그래다가 달기[닭이] 우기[울기] 전에 다 했답니다.

혼인한 남녀가 수년이 지나도록 자녀가 없으면 자녀를 갖기 위해 기자의례를 행해졌는데, 남영자 씨는 자신의 언니가 혼인 후 아이를 갖지 못해 '하루베'를 했던 경험을 구술했다. 하루베는 하루 동안 길쌈노동을 해서 신랑의 속옷을 만드는 것이었다. 이때 길쌈은 삼을 메는 것부터 옷이 만들어지기까지의 과정들 모두를 포함한다. 이 과정은 혼자서 할 수 없는 것일뿐더러, 많은 노동력을 들여야 했기 때문에 마을 여성들의 도움을 받아야만 했다. 그렇게 새벽부터 모인 여성들은 길쌈을 하기 시작해 이튿날 닭이 울기 전까지 남성의 속옷을 완성시켰다. 이는 남성에게 필요한 의복을 만들기 위한 여성의 희생으로 주술적 의미가 포함되어 있었다고 할 수 있다. 여성들의 희생과 고통으로 남성의 의복을 마련하는 것은 "양밥"의 의미를 지니고 있었다. 여성이 임신하지 못하는 것을 액운이 닥친 것으로 인식했기 때문이다.

여성이 임신을 했다고 해서 일상의 노동에서 배려받는 것은 아니었다. 민간에서는 임산부 역시 한 사람의 노동력이었기 때문에 그 역할을 지속해야만 했다. 그런 탓에 홀몸이 아님에도 대부분의 여성은 출산이 임박하기 이전까지 집안 대소사에 참여했다. 남영자 씨 역시 밭일을 하다가 산통을 느끼고 집으로 돌아와 혼자 아이를 낳았다.

> 아이고 둘째는요 영연이 속에 들고요. 아이고 점슴 먹고 밭에 가야되는데 갈라이께네 힘들어. 배도 아프고. 그래도 또 어른들 계시니께네, 또 안간다 소리 모했어요. 갔어 또. 밭에 가가주고

그때 수수밭 매니더, 6월 달에. 수수밭 매고있으이 배가 아파 못배게. 아이고 집에 가야될따 싶어 집에 왔어. 올라오다 생각하이께네 아이고 내 이 발에 흙이 이클 많은데, 집에 가가 못씨면 어에노 싶어가 올라오다가 논요. 논에 물을 퍼 부어가 발을 씻고, 그래고 올라왔어. 올라오이께네 우리 막내이 시누가 마당에 아들하고 놀았어. 노다가 "형님아 왜 오노" 이카는거. "아 내가 배가 아파가 왔어" 카이께네 꾀가 많아 놓이께네 "야들아 너네 집에 가라" 이러더라만. 그래가 또 수건에 발 씻었어요. 발 씻고 방에 드가가주고 발 닦고 드가 금방 낳아버렸어. 마마 배가 아파가 못 걷는데도 집에 올라왔다 카이. 그래 와가주고 집에 들어가 아 금방 낳아버렸어.

수수밭을 한 참 매던 6월, 남영자 씨는 둘째를 낳았다. 출산이 임박해 진통이 오는 중에도 "어른들 계시니께네" 아픔을 참고 밭일을 하러 나섰다. 일손이 부족했던 탓에 임산부라고 하더라도 밭일에서 제외될 수 없었다. "배가 아파가 못 걷는" 정도가 되어서야 남영자 씨는 집으로 돌아올 수 있었다. 그렇게 올라간 집 마당에는 동네 아이들과 시누가 놀고 있었고, 남영자 씨는 홀로 방에 들어가 혼자서 아이를 낳았다. 그만큼 남영자 씨는 집에 돌아온 후 아이를 "금방 낳아버렸어"라고 하지만, 밭일을 하는 동안에도 계속 출산의 과정이 진행 중이었던 것으로 이해할 수 있다. 출산을 하고 난 뒷일, 즉 탯줄을 자르고 주변을 정리하는 일은 시어머니가 도와주었다.

남영자 씨는 눈이 많이 내리던 동짓달에 막내아들을 낳았다. 분가分家하여 부부와 아이들만 살던 집이었기 때문에 신랑의 도움이 절실했다. 하지만 놀러나간 남편은 아이를 낳기 직전까지도 집에 돌아오지 않아 서운했던 기억이 아직도 남아있다.

막내이도 동짓달인데도, 눈이 마이 왔어. 옛날에 막내이 속에서 이 집에서. 요 방이고, 저 부엌이랬어. 마당 문이 요만큼 있었어. 배는 저녁에 아팠어. 아파가지고 아이고, 오늘 밤에 그래도 아를 또 낳을따 싶었는데. 이 양반이 놀러가가 아와(안와). 놀러가도 지사 나오면 되는데, 정승의 집에 하토 치고 들어앉아 있었어. … 그래가 그날 지역에 속사우가주고(속상해가지고), 배만 조매 아팠으면, 가가지고 그 집에 가 문 뚜드랬부껜데 내가 못 갔다캤다. 춘서이도 오고, 임동 사람들도, 아침에 뭐 눈 많이 와 있는데 8시 좀 넘으이께 그래 오더라. 그래 와가 마당 쓸어 놓고 들어오는거 막 고함을 질러부랬는데, 뭐. 그래가주고 막내이는 아침 9시 반에 나왔어요. 9시 반에, 아침 먹고 9시 반에 낳아 놓고 (…) 아 너이(넷) 낳아도 나는 내 혼자 다 낳았어요. 머스마. 둘, 첫 번째 아들 놓을 때도, 또 이 양반, 또 그때 생활 지도자 보니 뭐 보니, 카면서 또 회의라고 가디만 또 아왔어. 아왔는데 또 밤 11시 반인동 그래 낳았다고요 가를요.

날이 추워지고, 농한기가 되면 농촌에서는 '놀이판'이 자주 벌어진다. 바드레마을 역시 다르지 않았다. 사람들은 삼삼오오 모여 윷을 놀거나 화투를 치며 시간을 보냈다. 막내 아들을 출산하던 날 역시 남편 김동석 씨는 화투를 치러 이웃집으로 놀러갔다가 오랜만에 만난 사람들과 함께했던 탓에 그 시간이 길어져 날을 세웠다. 혼자서 산통을 겪어야 했던 남영자 씨는 집으로 돌아오지 않은 남편이 괘씸했지만, 진통으로 인해 찾아갈 수도 없었고, 남편이 집에 들어온 직후에 바로 아이를 낳았다. 그뿐만 아니라 첫 아들을 역시 남편은 생활지도사로 활동해 회의에 갔다가 아이를 낳고 난 뒤에 돌아왔다.

출산에 관한 남영자 씨의 구술은 누구의 도움도 받지 않았음에도 혼자서 아이를 낳았던 것이 서사의 중요한 흐름으로 나타난다. 출산의 기억을 되새기며 "사람이 있으면" 아이가 나오지 않았다고 발화하는 것은, 혼자서 아이를 출산한 것이 자신의 출산 경험에서 중요하게 인식되고 있는 것을 보여준다.

안그래도 내 부애 살아서 누웠는데. 속이 상해 들누었는데, 가만 들누어 있다이께네 저 무실댁 점미 있잖느겨, 점미가 쫓애 왔어요. 쫓아와 문을 펄떡 열어요. "영미 어매요." 문을 열고 그카이, 아가 하나 들어 있으이께네, 어마이하고 들누어 있으이께네, 놀래가 문닫아부고 달아내부랬어. 채반 얻으러 왔더라고. 그때. 그래가주고 "예" 그고 내다보이께네 고마 달아 내빼더라이께네. "아이 난 몰랬어요"하고 가부잖아. 그래 내 혼자 들어앉아 있다이께네 왔더라.

아이를 낳고 다음날 채반을 빌리러 남영자 씨 집에 온 이웃은 옆에 누워있는 애기를 보고놀라 "몰랬어요"라며 되돌아갔다. 출산 직후 아이와 산모는 마을에서 분리되어 부정한 것의 접근을 막고, 보호의 대상이 된다. 따라서 무실댁 점미가 함부로 출산한 집에 들어오는 것은 당시 마을사회의 문법상 금기에 해당하는 것이기도 했다. 그런 탓에 남영자 씨가 출산한 사실을 모르고 집에 들어온 무실댁은 아기를 보자마자 달아나버린 것이다. 출산이 이루어지면 집안 어른이 왼새끼로 꼰 금줄을 문 앞에 걸어 마을 주민들에게 아기의 탄생을 알리고, 외부인의 출입을 금지했다. 그런데 한밤중에 아기를 낳아 금줄을 치고, 출산을 알리기도 전에 이웃집에서 찾아와 생긴 헤프닝이었다.

이처럼 금줄은 마을 주민들에게 아이가 태어났음을 알리고, 초상을 치른 사람이나 초상집에 다녀온 사람, 동냥하는 사람 등 험한 사람은 그 집에 방문하지 않도록 하는 주술적 기능을 했다. 금줄은 왼새끼로 꼬는데, 사이 사이에는 소나무 가지와 솔잎을 끼웠는데 아들일 경우 고추를 여자일 경우엔 숯을 함께 걸었다. 남영자 씨네 집안에서는 시아버지가 금줄을 만들어 집 문 앞에 걸어두었다. 완성된 금줄은 삼칠일 동안 집 문 앞에 걸어 놓았다. 즉 금줄은 외부인의 출입을 금지하여 부정을 막으려는 주술적 의미가 담긴, 일종의 문화적 안전장치였다.[9] 이것은 일정 기간 동안 산모와 아이를 마을 구성원으로부터 분리하는 것을 의미했다. 아직 불안정한 상태의 존재는 삼칠일이 지나면 비로소 아이는 마을의 구성원으로 인정받게 된다. 그동안 시어머니는 삼신에게 아이의 명복을 기원했다.

    우리 시어머니가 이제 손자 봤다고 이 상에다가 물 떠다 놓고 삼신할매한테 빌어. 애기 낳고 난 뒤에. [조사자: 뭐라고 빌어요?] "어에든동 어에든동 만수무강하고, 건강하그로 잘하그로 해주소. 어에든동 앉으나 서나 모든 것을 조심하고 그래 해달라" 이카더라만 할매가. 애 낳고 난 뒤에 삼신할매한테. 어에든동 빌어주더라. 초칠날도 보이께네 하고. 이 집에도 물 떠놓고 미역국 놓고 하고, 삼칠에도 하고. (…) 우리는 또 클 때는요 삼신할매한테 절가락 안났어요. 그냥 물하고, 국하고, 밥하고 세 가지로 놔요. 왜그러노 하면, 우리 친정에서 클 때는 글케했다 그이. 여 오이께네 안그러더만은. 왜 절가락, 어른한테 "절가락 안놓노" 이캤거든, 그카이께네 "야야 절가락 놓으믄 집에 다 갈등 생기가 싸운단다." 이카더라만, 그래가 절가락은 절대로 안놔요. 근데 여 오이께네 막 놓드라만, 근데 그게 아랫대 싸움이 잘 난다니더, 그래가주고 절가락 못 놓그러 해요. 삼신할매는 숟가락만 잡솨. 절가락 없이.

삼신은 아이의 생명을 관장하는 신으로 출산과 깊은 관련이 있다. 아이를 출산할 때 산모가 난산을 겪으면 삼신에게 빌기도 하고, 아이가 자라면서 잔병치레를 할 때도 정성을 들였다. 이처럼 삼신은 어린 아이의 생명과 직결되어 있는 신이었다. 남영자 씨네는 시어머니가 아이가 태어나고 뒤 칠일 마다 "삼신할매"에게 물과 미역국을 떠놓고 "어에든동 만수무강하고 건강하그로 잘하그로 해주소"라고 말하며 빌었다. 특히 남영자 씨는 삼신상에 젓가락 올린 것에 대한 기억을 구술하고 있다. 친정에서는 젓가락이 서로 부딪치는 모양새가 자손들의 갈등을 의미한다고 해석해 삼신상에 숟가락만 올렸다. 하지만 시댁에서는 삼신상에 젓가락을 올리고 비손을 했었던 탓에 남영자 씨는 그 장면을 기억하고 있는 것이다.

---

[9] 김태우 외, 앞의 책, 83쪽.

금삭(금줄)을 달아 놓았다가, 삼칠에, 삼칠이 21일이 삼칠이 아니고, 그날부터 꼽쳐가주고 19일 만에 삼칠 나부더라고. 초칠부터 쳐부면 19일만에 돼. 그럼 삼칠난다 하고, 그라고는 이제 아 낳는 어마이가 댕기며 밥도 해 먹고 그래. [조사자: 그럼 삼칠일동안 쉬시는 거예요?] 그치. 밭엔 안가고. 집에서 쉬고, 밥해먹고. 미역국 끓여주고, 그래 옛날에 잘살아가주고 미역국에 소고기 넣어가 끓여주더라? 소고기 옇고 끓여주다가 명태도 옇가 끓여주다가, 고대포인동 그것도 닳여가 주더라. 고대포라고 커다란 포가 있어요. 그거 푹 삶으면 뽀얀 게 좋아. 구수한게 좋아. 생선포야. 그래 먹지. 그래도 못사는 사람은 소고기 안 여(안 넣어). 잘 산다고, 그래도 아 낳았다고 좋다고 마구 끓여주더라고.

삼칠일 동안 집 앞에 달아 놓았던 금줄은 삼칠일이 지나면 제거된다. 특히 남영자 씨는 삼칠일을 7일마다 겹치게 해서 총 19일로 계산했다. 이 계산 방식을 '곱치기'[10]라고 한다. 이렇게 하면 '늘치기'인 21일보다 이틀 일찍 일상에 복귀하게 된다. 어쨌든 남영자 씨는 19일 동안 집에서 밥과 미역국을 먹으며 산후조리를 했다. 특히 비교적 부유했던 시댁 덕에 소고기, 명태포 등이 들어간 미역국을 먹으며 산후조리를 할 수 있었다. 그렇게 삼칠일이 지나면 금줄을 떼고, 산모와 아이는 다시 마을의 구성원으로 통합되었다. 산모는 일상에 복귀하여 집안 살림과 밭일을 했고, 시어른들이 아이를 양육했다. 그리고 1년이 지나 아이가 처음 맞이하는 생일을 기념하기 위해 돌잔치를 했다.

특별히는 건 돌잔치에 떡 하고, 백설기. 백설기는 하고, 만두도 했어. 만두는 왜 했노 그면, 만두는 속이 다 비게 아무것도 안 옇고 해. 쌀 피로만 해주고, 왜 그래노 그이께네 속이 늘으란다. 애기들이 속이 너르라고. 수꾸무살미 하고, 아들 키크라고. 수꾸떡. 떡을 세가지 했어. 백설기하고, 만두하고, 수꾸무살미하고. 첫돌이라고. 물 한 그릇하고. 돌상에만 떡하고 막 차리 놓고, 삼신할맨 미역국하고 물하고 밥하고.

돌잔치를 할 때는 상에 백설기, 만두, 수수팥떡은 반드시 올렸다. 이때 만두는 쌀로 피를 만든 뒤 속을 채우지 않고 만들었는데, 이는 넓은 마음을 지닌 사람으로 자라라는 의미를 담았다. "수꾸무살미"는 수수로 떡을 만들어 팥고물을 묻힌 것인데, 아이의 수수처럼 쑥쑥 자라라는 의미가 담겼다. 이 세 가지는 돌 상에 반드시 올라갔다. 그리고

---

[10] 김태우 외, 앞의 책, 258쪽.

돌잔치를 하면 방문하는 어른들은 아이의 목에 실을 한 타래씩 걸어주었는데, 오래 살라는 의미를 담은 실이라는 뜻에서 "명실"이라고 했다. 돌잡이는 상 위에 돈, 연필, 공책, 실 등을 늘어놓고 아이가 무엇을 잡는지를 통해 미래를 점쳤다. 아이의 돌잔치 날 삼신할머니에게 미역국과 밥, 물 한 그릇을 올려 아이의 건강을 빌었다.

3) 환갑

본래 환갑은 노인들의 장수를 축하하는 의례이자, 육십갑자의 갑이 돌아온 것을 축하하는 잔치이다. 환갑은 자녀들이 대접하는 잔치로, 자식들의 효심을 보여주는 것이기도 했다. 그러나 김동석 씨의 부모님은 큰아들이 먼저 죽은 탓에, 환갑을 치르지 않고, 집안 식구들이 모여 밥을 먹는 것으로 끝냈다. 이는 부모에 앞서 죽은 자식이 있을 경우 부모가 대접을 받을 수 없다는 것으로 이해할 수 있다.

윗대 어른들이 환갑을 치르지 못하면, 아랫대도 환갑잔치를 할 수 없었다. 부모의 환갑잔치를 하지 않은 이들이, 자신들의 환갑을 축하하는 것은 도리에 어긋난다고 생각했기 때문이다. 그런 탓에 김동석 씨와 남영자 씨 부부도 환갑은 하지 않고, 칠순을 지냈다.

"먹으러 가는 잔치"인 칠순은 부조도 받지 않고 "내가 하는 잔치"로 인식되었다. 또한 이 잔치를 통해 후손들이 윗대를 얼마나 잘 모시고 있는지를 마을에 보여주는 것이기도 했다고 한다. 부부의 칠순은 안동에 있는 한 한정식 식당에서 마을 주민들을 초대해 성대하게 치렀다. 한정식 식당에서는 의복 단장과 사진 촬영까지 모두 상품화되어 있어, 이를 이용했다. 자본주의 사회는 의례의 과정을 모두 상품화했고, 대부분의 사람들은 이를 통해 의례를 치른다.

4) 상장례

구성원들 간의 긴밀한 유대관계 속에서 형성되었던 마을살이는 한 사람의 죽음은 집안을 넘어 마을의 초상이었다. 그렇기 때문에 상례는 개인이나, 집안이 아닌 마을의 의례였다. 김동석, 남영자 부부는 약 20여 년 전 음력 10월에는 사랑어른이, 이듬해 2월에는 안어른이, 7월에는 시동생이 죽어 1년 사이에 3번의 장례를 치렀다. 그리고 마을에서 치러지는 장례는 이들이 마지막이었다. 김동석, 남영자 부부는 마을에서 의례를 행했던 마지막 세대였던 것이다.

남영자 씨의 시아버지는 갑작스러운 병환으로 인해 병원에 입원했다가 집에 돌아온 직후 돌아가셨다. 산소마스크를 하고 집으로 돌아오셨던 시아버지는 거의 마지막 숨을 내뱉고 계셨고, 집안 식구들은 아버지의 임종을 지키기 위해 모두 모였다. 연락을 받고 온 남영자 씨의 친정아버지는 사돈의 숨이 얼마 남지 않은 것을 직감하고, "숨 떨어지기 전에는 어에든동 다리를 자꾸 주물러가 다리를 피그러 해래이"라며 오그라들어 있는 다리를 굳기 전에 펴도록 했다. 그렇게 시아버지는 다리 펴고, 곧 돌아가셨다. 그러자 시아버지의 종질은 시아버지가 평소에 입는 옷을 지붕 위에 던지며 부고를 알렸다.

숨 떨어지면은 바로 이제 옷을 갖다 지붕에 얹으라 케. 이렇게. 사랑어른 입는 옷. 평소에 입는 옷. 던져 놓으만, [김동석: 뭐라 하면서 올리더라.] 죽은 뒤에 옷 올리면 뭐라뭐라 그며 얹어 둬. [김동석: 세 마디를 해. 세 번 하면서 옷을 던져. 뭐라 그는지 모르겠네.] 종질이 하마 없었거든. 우리 어른 할 때. 우린 육촌이고, 사랑어른한테는 종질인데, 던져 올리면서 그카시더라고. 그래 아무이나 하면 돼. 사촌도 되고 그런데, 없으이께 종질이 했지. [김동석: 그래 지붕케 얹어 놓으만 상 당했구나.] 까마구가 나가가 많이 지서, 얹어 놓으면. 울어. 깍깍 그면서. 요새도요 까마구 많이 짖으만 어디서 연락이 와. [김동석: 까마귀가 많이 짖고 나면, 독한 감기 안 오면은 죽었다 얘기를 들어.]

종질은 옷을 지붕 위로 던지며 "뭐라 뭐라" "세 마디" 했다. 이는 상례 절차 중 '복復'으로 이해된다. 복은 사람이 죽은 직후 지붕의 중앙으로 올라가 북쪽을 향해 망자가 입던 옷을 흔들면서 혼을 부르는 의례이다.[11] 따라서 이 세 마디는 아마도, '아무개는 돌아와라'였을 것으로 생각된다. 복을 하고, 지붕 위에 망자의 옷이 올라가면 마을 주민들은 그 집에 초상이 났음을 알고, 부고를 서로 전달한다. 그리고 주변 지역에는 사람을 통해서 부고장을 보냈다. 부고장을 받은 친정에서는 "뽀얀 상주 옷"을 부조로 보내왔다. 그리고 이웃에서도 부조를 해오는데, 과거에는 팥죽, 묵과 같이 상주가 편하게 먹을 수 있는 음식 부조를 많이 해왔지만, 김동석, 남영자 부부가 상례를 치룰 때는 대부분 돈부조가 들어왔다. 이는 마을에서 상을 치루었음에도, 부조에 대한 인식과 방식이 변화하고 있었음을 보여준다. 부부는 복을 한 뒤 까마귀가 많이 울었다고 구술하는데, 이는 까마귀를

---

11 김태우 외, 앞의 책, 191쪽.

불길한 상징으로 이해하고 있는 것에서 비롯된다. "까마귀가 많이 짖고 나면 독한 감기 안오면 죽었다 얘기"를 듣는다는 인식 역시 까마귀의 상징을 죽음과 연결시키고 있는 것으로 이해할 수 있다. 복을 하고 나면 망자의 몸을 닦이는 '습襲'을 진행했다.

　　옛날에는 알콜이 없으니까, 물 가지고, 그걸 가지고, 향물로. 화장 다 시키고, 여자들은. 얼굴 화장 다 시케요. 저게 저게 향물로 얼굴 씨케 닦이고, 화장 다 시케. 근데 요새는 병원 안에서 하니까 몰래. … 그때 울지요. [김동석: 그때 제일 많이 울지. 글때는 보면은 사람들 다 자기 마음이 아니야. 사실 그럴 때는. 이게 마지막이고, 이제 더 못 보니까.]

장례식장에서 모든 절차가 이루어지는 지금과 달리 마을에서 상례를 치룰 때는, 집안 식구들과 마을 주민들이 모든 절차에 직접 참여해야 했다. 고인이 된 시아버지의 몸을 씻기고, 수의로 갈아입히는 것까지 식구들이 함께하는 자리에서 진행되었다. 망자의 몸은 향나무를 담근 물로 깨끗하게 씻겼다. 향나무를 담근 물은 망자의 존재를 현세적 존재에서 내세적 존재로 변신시키기 위한 정화의 수단이었다.[12] 그리고 시어머니의 경우에는 화장까지 해주어, 가장 곱다고 여겨지는 모습으로 보내주었다. 고인의 죽음을 인정해야 하는 이 시간은 살아있는 이들의 감정이 가장 격해지는 시간이었다. 마을에서 치르는 죽음의례는 공동체 구성원의 죽음으로 인한 불안정한 감정과 혼란을 해소시키고, 다시 일상으로 회복될 수 있도록 설계되어 있다.

　　밤에 어른을 저 바깥에 마당 모셔놨잖니껴. 그래 놓고 밤에도 왜 신음곡을 다 해. 밤에. [김동석: 9시쯤 되면 일어나서 곡을 하고, 그래놓고 잠자리에 드리라고] 잘 주무시라고 신음곡이라고, 식구들이 다 곡을 해. [김동석: 그래 하고, 식구들이 또 자고, 새벽에 또 일찍 일어나가주고, 일어났다고 신음곡을 하고.] 여자들 신랑없는 사람 아이고 아이고 하고, 신랑 있는 사람 아이고 소리 못해. 으이 하고. 으이 으이 해. 신랑 없는 사람 아이고 해. 맏이들은, 맏아들은 아이고고, 기차는 맹 으이래. 곡은 3일 동안, 밤낮으로 안 자고 있어야지. 하나이는. [김동석: 교대로. 교대를 하나씩은. 사무 해. 안자고] 요새사 보이께네 교대가 어디있노, 막 잘 때는 다 자부고, [김동석: 그때는 잠도 안 자고 교대로 돌아가면서 자고 이렇게 하면서 계속 소리가 안 끊기게.] 옛날에 그래 했어요. 곡소리가 안 끊기야. 가시는 어른도 좋고, 아랫대도 좋다 하고 울어라 하고 곡소리를

12　표인주, 「상장례와 상여 소리에 나타난 죽음관」, 『호남학』 27, 호남학연구원, 1999, 171쪽.

내라 켔어. 성북 지내면 혼자 있는 사람은. 아이고고 같이 둘 가족이 사는 사람은 기차는 으이고 이래요. 그래 틀린다고. 그래 성복 지낸 뒤에는 마구 또 울음이 바뀌지. 뭐. 성복 전에는 너도 나도 마구 아이고래. 성복 전에.

망자를 관에 넣어 마당에 모셔놓으면, 식구들은 곡哭 하는데, 상례를 치르는 동안 밤낮 동안 끊이지 않도록 했다. 곡은 산자들이 구성원의 죽음으로 인한 두려움, 슬픔, 아쉬움, 괴로움과 같은 감정들을 소리로 표출해 이를 비워낼 수 있도록 하는 것이었다. 따라서 곡은 문화적 현상으로 슬픔의 감정에 특정한 형태를 부여한 울음의 표현이다.[13] 초상을 치르고 3일이 지나면 성복을 지내는데, 상 위에 떠 놓은 물로 손을 적신 뒤 옷을 갈아입었다. 그렇게 성복을 지내고 나면 조문객을 받을 수 있게 되며, 곡의 소리도 바뀌었다. 성복 전에는 모두 '아이고'라고 곡을 하지만, 성복 이후에는 망자와 산자의 관계에 따라 '으이'와 '아이고'로 나뉬었다. 기혼의 딸과 사위는 '으이'라고 했으며, 신랑이 없는 여성, 즉 미혼의 딸과 아들은 '아이고'로 곡을 했다. 이처럼 곡의 언표들은 망자와 혈연관계인지, 비혈연 관계인지에 따라 다르게 표현되었다. 또한 곡이 끊이지 않아야 망자가 저승길을 잘 갈 수 있으며, 남은 자들에게 복이 온다고 여겨졌다.

성복을 하고 나면 상주들은 조문객을 받기 시작했다. 음식은 전부 만들지 않고, 동네에 들어오는 식품차를 통해 구매했다. 식품차에 전, 소머리, 반찬과 같은 음식들을 주문하면 배달해주는 형식으로 상갓집 음식을 마련했다. 상갓집에 온 이웃들은 망자를 장지로 옮기기 위해 마을 외딴 곳에 있는 곳집에서 상여를 가져온다. 그러면 이웃들은 행상의 틀을 조립하고, 상여장식을 만든다. 완성된 상여는 출상하기 전날 마당에서 운상을 연출하며 대돋움을 했다.

내일이 장사 지낸다 그러면 오늘 저녁에 동민들이 모여가지고 그 행상 틀을 만들어 놓고, 대돋움 한다그러면, 밤에, 그 행상을 미고. 거짓말로 한 번 미고 해. 그러면 막 술 나고 고기하고 술하고 있는 대로 또 다 대접하고 그래 했어요. 그때 고무신 한 켤래씩 다 사드렸잖니껴. [김동석: 고무신 한 커리, 수건 한커리, 이래 됐지] (…) [김동석: 곡하면서 이제 빈거 미고설랑 왔다 갔다 하면서 헛소리꾼들 헛소리 하고, 헛소리 하면 맞자가 하고, 이래 하면서 돈 한 푼 쏙 또 주고 이래 이래 해. 내일 하는 걸 이제 오늘은 그러면 뭐 연습하는거지. 그래고 한 30분 이래 노다가 이제 술

---

[13] 서경원, 앞의 글, 98쪽.

한 잔 먹고 돈 줌 돈 받아가지고 가고 그래.]

　호상이었던 상갓집은 출상 전날 행상을 미는 동군들은 '대돋움'을 했다. 대돋움은 빈 상여놀이의 경상도 말인데, 장례를 행하기 전날 상가에서 빈 상여를 둘러매고 실제로 상여가 나가는 흉내를 노는 놀이를 말한다. 특히 대돋움은 호상이면서도 상주집의 살림이 부유할 경우 행해졌다. 김동석 씨 집안은 바드레 마을에서 잘사는 집에 속했고, 망자가 된 아버지는 비교적 오래 사시다가 돌아가셨기 때문에 대돋움이 이루어진 것이다. 김동석 씨가 "살이가 괜찮아 놓이까 자꾸 그래"라고 구술하는 점에서도, 부유한 집에서 대돋움이 이루어진다는 인식이 여전히 유효했던 것을 볼 수 있다.

　바드레 마을에서는 상여를 매고 가는 사람들을 '동군'이라고 했는데, 동군들은 집 마당에서 비어있는 상여를 매고, 앞소리꾼이 헛소리를 하면, 상가집에서는 음식과 술, 약간의 돈을 주며 대접했다. 대돋움을 했을 때 상주집에서는 이들에게 고무신 한 켤레와 수건 한 장을 주었다. 대돋움을 하는 것은 상여가 잘 조립되었는지 확인하는 것이기도 하지만, 한편으로는 상가에서 흥을 돋움으로써 상주와 유가족들을 위로하고자 하는 의도도 있었다.[14] 즉 대돋움은 상례 기간 계속되는 금기와 슬픔으로 억눌려 있는 기분을 운구와 더불어 해소하기 위하고, 나아가 죽음의 국면을 삶의 국면으로 전환시킨다.[15]

　　온 가족이 또 이날 상주들이 와가주고, 또 거 놓고 제사 지내요. 제사 지내고 이제 그래. 그거 갖다 여어 가지고. 미고 가요. 미고 가다 저 중간에서 저 가다 또 쉬가지고 또 가시고. 또 술 대접하고. 돈 봉투 놓고. 막 그랬어. 그랬어. 돈 봉투도 좀 많이 나갔어. [김동석: 살이가 또 괜찮아 놓이까. 자꾸 막 붙들어 짚고.] 우리 어른들이 산소, 저 있어. 사랑어른 할배가. [김동석: 저기 산 밑에 서 있잖아.] 비섰는데 저기. 그래가 거 갖다 모시는데, 몇 번 쉬다 갔다. [김동석: 그래 살이가 괜찮고 이래 놔 놓이까 자꾸 가면서 이제 쉬가고, 아고 다리아파 못 간다 카고 그는데 어에노.] 봉투 한 장씩 나가면 또 가고 이래.

　이튿날 아침 동군들이 오면 식사를 대접하고, 발인 제사를 지낸 뒤 운상을 했다. 운상 행렬은 순서대로 빨간 망전대, 혼백 함, 소리꾼과 상여, 상주였다. 당일에 상여를 매고

---

[14] 김태우 외, 앞의 책, 228쪽.
[15] 임재해, 「장례관련 놀이의 반의례적 성격과 성의 생명상징」, 『비교민속학』 12, 비교민속학회, 1995, 284쪽.

장지로 가는 동군들은 중간 중간 "다리가 아파 못간다"며 자주 쉬었는데 그때마다 상주들은 동군들이 다시 움직일 수 있도록 술을 대접하고, 돈봉투를 쥐어줬다. 운상은 단순히 망자를 집에서 장지까지 운구하는 것이 아닌, 인간에서 조상이 되는 존재론적 변화를 도모하는 실천적 과정이자, 이승에서 저승으로의 공간 변화를 수행하는 과정이다.[16]

시아버지와 시어머니가 돌아가셨을 때 상여소리는 중평리의 '해바우'가, 시동생이 죽었을 땐 '달바우'가 맡았다. 해바우는 안동시 임동면에서 앞소리꾼으로 활동한 권칠목(남, 1914년생)의 별칭이었는데, 기량이 뛰어난 것으로 알려져 있었으며, 달바우는 해바우의 소리를 계승해 임동지역 선소리를 맡게 된 인물이다. 소리꾼은 출상하기 전에 미리 망자의 생애, 가족의 내력과 정보를 파악하고, 그 정보들을 적절하게 사설로 꾸며 소리를 했다. 남영자 씨는 해바우를 "헛소리 잘맥였어요. 헛소리 얼매 잘 맥였다고"라고 평가하는데, 이 평가는 소리꾼이 소리를 하며 상주들의 마음을 잘 달래주고, 눈물을 많이 흘리게 하는 것에 있었다.

망자를 장지에 묻고 난 뒤 집에 돌아온 상주들은 혼백 제사를 지내고, 3일 뒤에 탈상했다. 이후 장례를 치르며 착용한 의복과 고인이 생전에 가지고 있던 물건을 태움으로써 끝이 났다.

4. 일생의례의 수행적 의미

일생의례는 한 개인의 생애 주기 속에서 중요한 기점마다 이루어지는 것으로, 마을 공동체 구성원들의 긴밀한 연결과 협동이 이루어지는 장이었다. 하지만 한편으로 일생의례는 가부장적 질서를 견고하게 하기 위한 하나의 문화적 장치기도 했다.

(A) 우리 집에 아들이 없었어. <u>딸만 일곱</u>이를 키웠어. 그래서, 그래서 이제 저기 뭐로 딸이 일곱이가 막 커바라. 처자가 한 집 버글버글 거지. 그래가지고 이제 내가 맏이니까 이제. 이제 누가 자꾸 시집을 보내라고 자꾸 그이께네 그래가지고 <u>하나 추린다고 보냈겠지</u>. 그러고 이제 나서 내가 결혼을 하고 나서 이제 우리 남동생이 났어.[17]

---

[16] 김태우 외, 앞의 책, 470쪽.
[17] 강복순(여, 1955년생)의 구술(2021년 6월 11일, 제보자 자택).

(B) 우리 언니도 베를 잘 짰거든요. 베를 짜다 놓이께네 시백모 어른이 그카시더랍니다. "아이고 이 집은 며늘도 잘봤니더, 베도 잘짠다" 이카니께네 시어른이 있다 그칸다. "베 잘 짠다고 잘 본게 아이시더" 결혼해가주고 3년 동안 <u>아를 안낳었어. 안생기가 안낳었어.</u> 그래가 하이가 4년 만에 생겼어. 4년 만에 생겼으니까 어른들이 바랬지. "명주베 잘짠다고 좋은게 아이래요" 이카더란 다.[18]

(C) 맏딸만 삼 남매 낳았지. 딸 둘 낳아놓니께네 <u>아들 낳아야 된다고. 10년 만에 아들 낳았다. 안 놓는다 그랬다</u> 그이. 안놓는다 그랬다 그이, 안놓는다 그래가 내가 마구 <u>사위한테 장개 가라캤 어</u>. 새로 장개 가 아들 낳아가주고, 집에 아들 없으면 되나. 10년 됐는데 안놓으이께네 내가 그켔다 그이. 10년 만에 10년 넘어가 아들 낳았니더.[19]

(A)의 구술에서 딸은 "버글버글"해 한 명이라도 "추리기" 위해 시집을 "보내야"하는 존재로 이야기된다. 미혼의 여성은 친정 살림을 축내는 객식구지만, 혼례를 치른 여성은 대를 이을 자손을 낳을 수 있는 존재가 된다. 이는 (B)에서 베를 잘짜는 여성이 아이를 낳지 못해 "좋은" 며느리로 인정받지 못하는 점에서도 드러난다. 베를 잘 짜는 것, 즉 살림을 돌보는 것은 여성이 가져야 할 기본 소양이었지만, 아이를 낳지 못하는 것은 문제로 인식되고 있었다. 이처럼 혼례를 통해 아버지에서 남편으로 여성이 종속되는 주체가 바뀌었고, 그에 따라 여성의 몸은 가사노동과 더불어 남성 권력을 재생산하기 위한 아들을 낳을 것을 강요당했다. 그리고 그 강요에 따라 아들을 낳은 여성은 비로소 아들을 통해 권력을 얻게 되면서, 체제에 순응하게 된다. 그런 여성에게는 아들만이 자신의 존재를 의미있게 만들어 줄 수 있는 것이다. 결국 여성은 가부장체제를 내면화하여 자신을 도구적 존재로 위치시킨다. (C)의 화자는 집안 어른들로부터 아들 낳기를 강요받거나, 딸을 낳고 구박들 받은 경험이 없음에도 불구하고 혼인한 자녀에게도 '아들' 출산을 강요했다. 화자의 인식 속에서 아들을 낳지 않는 여성은 결함이 있는 것으로 인식되었기 때문이었다. 딸을 낳았던 자녀가 이후 출산 중단을 선언하자 화자는 사위에게 남아출산을 위해 "새로 장개[장가]" 가길 종용하기까지 한다. 이는 여성이 아들을 낳지 못할 경우, 남성이 '새로 장개'를 가더라도, 문제 삼을 수 없는 것으로 인식된다.

---

[18] 남영자(여, 1951년생)의 구술(2021년 5월 16일, 제보자 자택).
[19] 남영자(여, 1951년생)의 구술(2021년 5월 16일, 제보자 자택).

가부장체제의 이데올로기를 체화한 여성은 여성혐오를 내면화하여 체제 유지를 자신의 사명으로 받아들이는 것이다. 이처럼 일생의례는 종법 제도를 중심으로 견고하게 유지되어 왔던 남성 중심 가부장사회의 체제 유지와 관련된 의지를 내포하고 있었다.[20]

손님들을 저녁 해 줘야 되지. 저녁 먹고 설거지 하고 나서 또 술상 차려줘야 되지, 또 12시쯤 되면 저녁 야참 그거 또 갖다 줘야 되지. 또 아침에 한 5시쯤 일요일 6시쯤 되면은 아침 해전 그고 그거 또 갖다 줘야 되지. 밤 새도로 갔다 날라야 돼. 잠도 못 자. 그래. 그래도 그 시아버지는 집에서 그래 했고. 시어머니는 고마 벌써 세월이 흐르니께네 장례식장 가부이 편테. 그래가 두 번은 고생했어 내가.[21]

칠순을 하는데 우리도 요 마당에서 했어. 마당에 조리 채려 갖고 그 플랭카드 아들이 써가지고 뭐 유이숙씨 칠순을 축하합니다 써가 붙여놓고. 마을 사람들 부르고 친구들 부르고 해가지고 뷔페, 뷔페시켜가주고 뷔페시켜가 점심 주고, 뷔페가 요 채려놓고 자기네 떠 먹으라고, 차려놓고 그래 그래 그래. 했지.[22]

일생의례는 남성 중심의 가부장사회 체제 유지를 위한 문화적 장치이면서도, 그 과정에서 여성에게는 강도 높은 노동이 강요되었다. 의례를 수행하기 위해서 여성은 손님을 접대하기 위해 집을 정비하고, 음식을 장만하는 등의 강도 높은 노동이 동반되었다. 그런 탓에 의례의 상품화는 여성들에게 강요되었던 노동의 해방을 의미하는 것이기도 했다. 위의 화자가 집 앞마당에서 치르는 칠순잔치에서도 출장 뷔페를 이용했으며, 술상을 차리기 위해 밤새도록 노동해야 했던 과거의 장례 풍경과 달리 장례식장에서는 이를 필요로 하지 않아 편리했다.

여성들은 그동안 수행했던 노동에서 해방되어 육체의 편함을 얻었다. 하지만 한편으로는 마을에서 이루어졌던 의례가 지닌 위로, 편안함, 등과 같은 것들을 같이 잃어버리게 된 것에 대해 안타까워한다. 의례 절차에 담긴 여러 함의들이 상품화로 인해 무화되거나, 축소된 채 그 절차가 형식적으로 진행되기만 할 뿐이다. 그런 탓에 의례를 통해 전달되었던 의미나 뜻이 대부분 사라지는 상품화된 의례를 거부하는 욕망이 표현되기도

---

[20] 강혜정, 「혼례 공동체의 문화적 기억과 수행적 정체성」, 안동대학교 석사학위논문, 2019, 3쪽.
[21] 강복순(여, 1955년생)의 구술(2021년 6월 11일, 제보자 자택).
[22] 강복순(여, 1955년생)의 구술(2021년 6월 11일, 제보자 자택).

한다.

1년 동안 3번의 장례를 치렀던 김동석, 남영자 부부의 상례 경험은 사랑어른의 상례 경험을 중심으로 섞여서 구술되고 있다. 그럼에도 이를 분명하게 구분하지 않은 것은, 이들의 상례 경험 속에서 각각 중요하게 여겨지는 것을 드러내고 싶었기 때문이었다. 특히 구술 속에서 장례식장에서 치르는 장례에 대한 비판과 비교가 주목되었다.

> 요새는 영안실에서 뭐 유리창 열어놓고 입혀두고, 보라그고 이 가지래요. 상주들 와서 쭉 이래 들따 보고, 구경하는거 긑이로, 구경만 허는거 긑애. 남 긑애.[23]

> 남자들은 지팡이 짚지. 베로 해가주고 터드래 쓰고 다 했어, 다리에 행전 메고, 완전 상준데, 요샌 상주 없어요. 마구 똑같이 까맣게 입혀부고. 그래도 우리는 상주 옷 해 입히고 싶으다.[24]

과거의 경험을 현재로 불러오는 기억은 현재 자신의 위치, 의식, 경험 등 다양한 것들에 영향을 받기 때문에 하나의 재구성된 '구성물'이다. 이들의 시선에서 장례지도사인 타인이 고인의 마지막을 정리하고, 상주들은 이를 유리창 넘어 보기만 하는 것은 마치 "남"의 죽음을 "구경"하는 것과 다름없는 것으로 여겨진다. 또한 자식들이 까만 정장의 상복보다는 베로 만든 상복을 입길 바란다. 이처럼 이들은 지금의 장례를 비판적으로 인식하면서 과거 마을에서의 장례 경험을 불러오는 것으로 이해할 수 있다. 고인의 마지막을 지켜보고, 염습을 하고, 곡을 하는 것, 그리고 마을 주민들과 대돋움을 한 것과 같이 지금의 장례절차와 다른 부분을 두드러지게 서술하는 것 역시 그러한 현재의 인식에 의한 것으로 이해할 수 있다.

---

[23] 남영자(여, 1951년생)의 구술(2021년 5월 16일, 제보자 자택).
[24] 남영자(여, 1951년생)의 구술(2021년 5월 16일, 제보자 자택).